Mit digitalen Extras:
Exklusiv für Buchkäufer!

Ihre digitalen Extras zum Download:

Checklisten:
- Checkliste: Personen- und Institutionenkreis für ein kommunales Bündnis für Wohnen und Arbeiten in Immobilien
- Checkliste: Auswahl Kompetenz- und Entscheidungsträger
- Checkliste: Beraterauswahl
- Checkliste: Kommunaler Auftraggeber
- Checkliste: Social-Media-Management

Leitfäden:
- Leitfaden: Repositionierung von Problembeständen
- Leitfaden: Produktreport
- Leitfaden: Vermietungsreport
- Leitfaden: Strukturierte Transaktion

 ▶ http://mybook.haufe.de/

▶ Buchcode: ORF-2454

Praxishandbuch kommunale Immobilienwirtschaft

Marco Boksteen/Torsten Bölting

Praxishandbuch kommunale Immobilienwirtschaft

Gründung, Management, Bewirtschaftung und Vermarktung von kommunalen Immobilienbeständen

1. Auflage

Haufe Group
Freiburg · München · Stuttgart

Bibliografische Information der Deutschen Nationalbibliothek

Die Deutsche Nationalbibliothek verzeichnet diese Publikation in der Deutschen Nationalbibliografie; detaillierte bibliografische Daten sind im Internet über http://dnb.dnb.de/ abrufbar.

Print:	ISBN 978-3-648-15870-8	Bestell-Nr. 16085-0001
ePub:	ISBN 978-3-648-15871-5	Bestell-Nr. 16085-0100
ePDF:	ISBN 978-3-648-15872-2	Bestell-Nr. 16085-0150

Marco Boksteen/Torsten Bölting
Praxishandbuch kommunale Immobilienwirtschaft
1. Auflage, Juni 2022

© 2022 Haufe-Lexware GmbH & Co. KG, Freiburg
www.haufe.de
info@haufe.de

Bildnachweis (Cover): © Laura, adobe

Produktmanagement: Jasmin Jallad
Lektorat: Text und Design Jutta Cram, Augsburg

Dieses Werk einschließlich aller seiner Teile ist urheberrechtlich geschützt. Alle Rechte, insbesondere die der Vervielfältigung, des auszugsweisen Nachdrucks, der Übersetzung und der Einspeicherung und Verarbeitung in elektronischen Systemen, vorbehalten. Alle Angaben/ Daten nach bestem Wissen, jedoch ohne Gewähr für Vollständigkeit und Richtigkeit.

> Sofern diese Publikation ein ergänzendes Online-Angebot beinhaltet, stehen die Inhalte für 12 Monate nach Einstellen bzw. Abverkauf des Buches, mindestens aber für zwei Jahre nach Erscheinen des Buches, online zur Verfügung. Ein Anspruch auf Nutzung darüber hinaus besteht nicht.
>
> Sollte dieses Buch bzw. das Online-Angebot Links auf Webseiten Dritter enthalten, so übernehmen wir für deren Inhalte und die Verfügbarkeit keine Haftung. Wir machen uns diese Inhalte nicht zu eigen und verweisen lediglich auf deren Stand zum Zeitpunkt der Erstveröffentlichung.

Inhaltsverzeichnis

Geleitwort 13
Vorwort 15

1	**Die Situation am Immobilienmarkt (Torsten Bölting)**	19
1.1	Boden- und Grundstücksmarkt	22
1.2	Der Wohnungsmarkt	25
	1.2.1 Die Segmentierung der Wohnungsmärkte	25
	1.2.2 Die Anbieterstruktur am Wohnungsmarkt	26
	1.2.3 Die Preisentwicklung an den Wohnungsmärkten	28
	1.2.4 Bauleistung und Baufertigstellung	30
	1.2.5 Der öffentlich-geförderte Mietwohnungsbestand	33
1.3	Gewerbliche Immobilienmärkte	36
	1.3.1 Der Büroimmobilienmarkt	39
	1.3.2 Der Markt für Gesundheitsimmobilien	41
2	**Kommunale Liegenschaften (Torsten Bölting)**	45
2.1	Kommunale Wohnraumversorgung als Bestandteil der kommunalen Daseinsvorsorge	45
	2.1.1 Die Entstehung kommunaler Wohnungsunternehmen	47
	2.1.2 Debatte um die Privatisierung kommunaler Wohnungsbestände	51
	2.1.3 Neue sozialpolitisch orientierte Wohnungspolitik	55
2.2	Typologie öffentlicher Immobilien in der Kommune (Andreas Schulten)	56
	2.2.1 Wirtschaftliche Dimension öffentlicher Immobilien	56
	2.2.2 Typologie der öffentlichen Gebäudeinfrastruktur	61
	2.2.2.1 Klassische Verwaltungs- und Büroimmobilien	62
	2.2.2.2 Immobilien der öffentlichen Sicherheit und Ordnung	65
	2.2.2.3 Schul- und Bildungsimmobilien	66
	2.2.2.4 Sport- und Freizeitimmobilien	67
	2.2.3 Öffentlich-private Partnerschaften (ÖPP)	68
3	**Die strategische Ausrichtung einer kommunalen Immobiliengesellschaft (Marco Boksteen)**	73
3.1	Vision, Ziel und Zweck	73
	3.1.1 Sichere und soziale Wohnraumversorgung für breite Schichten der Bevölkerung	74
	3.1.2 Erhebung von Marktmieten in sozialverträglichen Grenzen	74
	3.1.3 Bereitstellung von Wohnungen für Notfälle	75
	3.1.4 Besondere Betreuungsleistungen für prekäres Mieterklientel	75

	3.1.5	Umsetzung wohnungspolitischer Ziele der Kommune	75
	3.1.6	Aktiver Beitrag zur Stadtentwicklung	75
	3.1.7	Ausschüttung von Dividenden zur Stärkung des Kommunalhaushalts	77
	3.1.8	Beitrag zur Klima- und Mobilitätswende	78
3.2	Kommunale Anforderungen im Lichte des Immobilienmarkts		79
	3.2.1	Metropolen, A- und Schwarmstädte	80
	3.2.2	B- und C-Städte	82
	3.2.3	Shrinking Cities und ländlicher Raum	84
3.3	Die strategische Ausrichtung anhand gesellschaftlicher und technologischer Entwicklungen		87
	3.3.1	Digitale Kommunikation und Präsenzreduzierung	88
	3.3.2	Kommunale Entwicklungspotenziale für Innenstädte	89
		3.3.2.1 Energetische Quartiersentwicklung	91
		3.3.2.2 Fassadengestaltung und Außenwerbung	93
		3.3.2.3 Bepflanzung und Begrünung	93
		3.3.2.4 Moderne Verkehrskonzepte	94
		3.3.2.5 Aktive Personen und Netzwerke	95
	3.3.3	Strategische Lösungsansätze bei Wegfall und Reduzierung von Flächennutzungen	96
	3.3.4	Interkommunale Flächenkonzentration und Zentralität	97
3.4	Erfolgreiche Managementstrategien in der kommunalen Immobilienwirtschaft		98
	3.4.1	Immobilienstrategie als Chefsache	98
	3.4.2	Umsetzung eines strategischen immobilienwirtschaftlichen Handlungskonzepts	98
	3.4.3	Handlungs- und Ergebnisorientierung	99
	3.4.4	Etablierung kommunaler Bündnisse	101
	3.4.5	Verwaltungsinterne Anreizsysteme	103
4	**Rechtliche Rahmenbedingungen kommunaler Immobiliengesellschaften (Marco Boksteen)**		**107**
4.1	Die Gründung einer kommunalen Immobiliengesellschaft		107
	4.1.1	Rechtsform	107
	4.1.2	Gründungsvorgang	107
		4.1.2.1 Kapitalisierung der Gesellschaft	109
		4.1.2.2 Auswahl der Kompetenz- und Entscheidungsträger	109
4.2	Die Kommune als Gesellschafterin		110
	4.2.1	Kommunale Willensbildung	112
	4.2.2	Der Rat	113
	4.2.3	Die Ausschüsse des Rates	115
	4.2.4	Die Kreise und deren Besonderheiten	116

4.3	Organe der Gesellschaft		116
	4.3.1	Geschäftsführung und Vorstand	116
	4.3.2	Aufsichtsrat	117
4.4	Kommunale Besonderheiten		118
	4.4.1	Wirtschaftliche Betätigung von Kommunen	118
	4.4.2	Erfolgreiche Bewältigung von Krisensituationen	119

5	**Kaufmännische Steuerung (Marco Boksteen)**			**123**
5.1	Portfoliomanagement kommunaler Immobilienbestände			123
	5.1.1	Wohnimmobilien – Bewirtschaftung und dauerhafte Vermietung		123
		5.1.1.1	Fluktuation und friktionelle Leerstände	124
		5.1.1.2	Strukturelle Leerstände	125
		5.1.1.3	Up-Renting	126
		5.1.1.4	Exkurs: Diskriminierende Mieterselektion in kommunalen Beständen	127
	5.1.2	Öffentliche Immobilien – Herausforderungen und Handlungskonzepte zur Bewirtschaftung durch die Kommune		127
		5.1.2.1	Aufbau immobilienspezifischer Strukturen	128
		5.1.2.2	Kommunales Asset-Management	129
		5.1.2.3	Kommunales Property-Management	130
		5.1.2.4	Neubau- und Projektentwicklung	131
	5.1.3	Klimaneutralität als wesentlicher Erfolgsfaktor bei der Bewirtschaftung von Immobilienbeständen		132
5.2	Problem- und Schrottimmobilien – Chance zur Repositionierung			135
5.3	Controlling und Reporting			142
	5.3.1	Controlling – Soll- und Ist-Planung		142
	5.3.2	Reporting		147
		5.3.2.1	Produktreport	148
		5.3.2.2	Vermietungsreport	149
		5.3.2.3	Performance-Report	150
5.4	Transaktionen – An- und Verkauf sowie Development kommunaler Immobilienbestände			151
	5.4.1	Vorkaufsrecht		152
	5.4.2	Ankauf		154
	5.4.3	Exit und Verkauf		155
		5.4.3.1	Auswahlverfahren für Immobilienberater und -Makler	156
		5.4.3.2	Art der Beauftragung	158
		5.4.3.3	Strukturierung des Verkaufsprozesses	159
		5.4.3.4	Exkurs: Kommunale Grundstücksreserven	161
	5.4.4	Development		162

6		**Personal und Unternehmensführung (Thomas Körzel)**	163
6.1		Personal – Aufgabenfelder und Kompetenzen	163
6.2		Die typische Organisationsstruktur eines Unternehmens der kommunalen Wohnungswirtschaft	165
6.3		Stellenprofile in der kommunalen Wohnungswirtschaft	166
	6.3.1	Objektverwaltung	169
	6.3.2	Vermietung	170
	6.3.3	WEG-Verwaltung	172
	6.3.4	Rechnungswesen: Objektbuchhaltung (Betriebs- und Nebenkosten)	174
	6.3.5	Projektleitung	175
	6.3.6	Technisches Objektmanagement	178
	6.3.7	Hausmeisterservice und Siedlungsverwaltung	179
	6.3.8	Forderungsmanagement (Mahn- und Klagewesen)	181
	6.3.9	Sozialmanagement	182
	6.3.10	Portfoliomanagement	184

7		**Bauleistungen, Vergabe und Einkauf (Dirk Buttler und Henrik Trockel)**		187
7.1		Einordnung kommunaler Wohnungsgesellschaften als privater oder öffentlicher Auftraggeber		188
	7.1.1	Juristische Person des Privatrechts		190
	7.1.2	Staatsverbundenheit		190
		7.1.2.1	Überwiegende Finanzierung	190
		7.1.2.2	Aufsicht über die Leitung	191
		7.1.2.3	Mehrheitliche Organbesetzung	191
		7.1.2.4	Mediatisierte Staatsverbundenheit	192
	7.1.3	Erfüllung im Allgemeininteresse liegender Aufgaben		193
	7.1.4	Nichtgewerbliche oder gewerbliche Tätigkeit		195
		7.1.4.1	Fehlender Wettbewerb auf dem Markt	197
		7.1.4.2	Fehlende Gewinnerzielungsabsicht	198
		7.1.4.3	Wirtschaftliches Risiko	201
		7.1.4.4	Finanzierung der Tätigkeit aus öffentlichen Mitteln	202
	7.1.5	Aktuelle Rechtsprechung		206
7.2		Vergabe und Einkauf		209
	7.2.1	Vergabe von Bauleistungen oberhalb des Schwellenwerts		209
		7.2.1.1	Auftragswert	210
		7.2.1.2	Definition Bauauftrag	210
		7.2.1.3	Ausnahme vom Vergaberecht	212
		7.2.1.4	Beurteilung typengemischter Verträge	212
	7.2.2	Vergabe von Bauleistungen unterhalb des Schwellenwerts		214
	7.2.3	Landesspezifische Besonderheiten		216
	7.2.4	Besonderheiten bei der Verwendung von Fördermitteln		217

8		Marketing und Presse-/Öffentlichkeitsarbeit (Marco Boksteen)	219
8.1		Imagemarketing	220
	8.1.1	Anzeigenwerbung	221
	8.1.2	Außenwerbung	224
	8.1.3	Fahrzeugwerbung	225
	8.1.4	Events	226
	8.1.5	Kooperationen	226
	8.1.6	Radio- und TV-Werbung	226
	8.1.7	Sponsoring	227
8.2		Digitale Vermarktung	228
	8.2.1	Internetportale	228
	8.2.2	Social Media	231
8.3		Digital Advertising	235
8.4		Street-Art	237
8.5		Kommunale Marketingstrategien	242
8.6		Presse- und Öffentlichkeitsarbeit	245
9		Kommunales Beziehungsmanagement (Marco Boksteen)	249
9.1		Kommunalverwaltung	250
9.2		Kommunalpolitik	251
9.3		Kommunale Unternehmen	254
9.4		Wirtschaft	254
9.5		Medien, Institutionen, Vereine, Influencer	255
10		Verbände, Vereine, Arbeitsgemeinschaften (Alexander Rychter)	257
10.1		Kommunale Wohnungsgesellschaften als wesentlicher Akteur des gemeinwohlorientierten Wohnungsbaus	257
10.2		Historischer Rückblick: Erste kommunale Wohnungsunternehmen entstehen	259
10.3		Interessenspolitische Vertretung kommunaler und öffentlicher Wohnungsunternehmen	260
	10.3.1	Überblick der wohnungs- und immobilienwirtschaftlichen Verbändelandschaft	260
	10.3.2	Entstehung des GdW und seines Regionalverbandes in Rheinland und Westfalen	261
	10.3.3	Kommunale und öffentliche Wohnungsunternehmen in den gemeinnützigen Verbänden	264
	10.3.4	Exkurs: Historische Entwicklung von der nationalsozialistischen Machtergreifung bis heute	265
10.4		GdW und VdW Rheinland Westfalen	269
	10.4.1	Bundesarbeitsgemeinschaften	272
	10.4.2	Regionale Arbeitsgemeinschaften	272

10.5		Praktischer Nutzen der Verbands- und Gemeinschaftsarbeit aus Sicht kommunaler Gesellschaften	273
	10.5.1	Wissens- und Innovationstransfer	273
	10.5.2	Personalentwicklung	274
	10.5.3	Einkaufs- und Verhandlungsvorteile bei kooperativer Zusammenarbeit	275
11		**Zukunftsorientiertes kommunales Immobilienmanagement (Marco Boksteen)**	277
11.1		Dekarbonisierung und Klimaneutralität	277
11.2		Die 15-Minuten-Stadt	278
11.3		Smart Cities: Der Weg zur intelligenten Stadt	281
11.4		ESG-Konformität	281
11.5		Agile, bezahlbare Gemeindetransformation	284
12		**Kommunale Immobilien im Spiegel von Stadt- und Quartiersentwicklung (Dieter Kraemer)**	285
12.1		Stadterneuerung und Quartierserneuerung aus der Perspektive kommunaler Immobilienbestände	285
12.2		Neue Aufgaben für das kommunale Immobilienmanagement	289
12.3		Verankerung des kommunalen Immobilienmanagements der Zukunft in Haushalten und Ressourcenplänen	291

Literaturverzeichnis	293
Stichwortverzeichnis	301
Die Autoren	313

Geleitwort

Das vorliegende Praxishandbuch widmet sich in dieser Form zum ersten Mal umfassend den Belangen und Themen der kommunalen Immobilienwirtschaft. Die kommunalen Akteure haben seit jeher einen komplexen Spagat zwischen Gemeinwohlorientierung und Wirtschaftlichkeit zu meistern. Diese herausfordernde Aufgabe kann nur gelingen, wenn immobilienwirtschaftliches Know-How mit pragmatischen Handlungsansätzen für die praktische Arbeit in den Gemeinden und Städten kombiniert wird. Dekarbonisierung, Klimaneutralität, steigende Baukosten, Fachkräftemangel und die Notwendigkeit von Wohnungsneubau sind nur einige Aufgabenstellungen, die es aus Sicht von Bürgerinnen und Bürgern, Politik und Gesellschaft zu bewerkstelligen gilt.

Die Autoren dieses Werks sind Praktiker, die sich - mit mindestens einem Ohr – äußerst nah am Immobilienmarkt bewegen und durch ihre jahrelange Tätigkeit ein feines Gespür für Erwartungshaltungen, Anforderungen und Ziele von Kommunen gegenüber der Immobilienwirtschaft entwickelt haben. Aus ihren wertvollen Beiträgen lässt sich diese Praxisnähe und Verbundenheit zu jeder Zeit feststellen. Mit einfacher, darstellender Sprache werden komplexe und differenzierte Sachverhalte geschildert. Auf diese Art und Weise wird sowohl dem Novizen der Einstieg in die Materie eröffnet, als auch dem erfahrenen Kenner der Branche ein strukturiertes Werk mit vielen Details und Hintergrundinformationen bereitgestellt. Nicht zuletzt sorgen neben Best-Practice-Modellen auch und gerade die Praxisbeispiele, die Schwierigkeiten, Spannungen und Scheitern skizzieren für ein abwechslungsreiches Lesevergnügen. Dabei wird das Lernen aus Fehlern und Misserfolgen anderer als positiver, aufmunternder Ansatz ohne erhobenen Zeigefinger didaktisch ansprechend eingesetzt.

Die kommunale Immobilienwirtschaft befindet sich in einer Renaissance. Die Zukunft des Wohnens und Arbeitens spielt sich vor Ort in den Gemeinden und Städten ab. Ihnen liebe Leserinnen und Leser sowie den Autoren wünsche ich eine glückliche Hand bei der Bewältigung der vor uns liegenden Aufgaben.

Berlin im April 2022

Axel Gedaschko, Senator a.D.
Präsident GdW
Bundesverband deutscher Wohnungs- und
Immobilienunternehmen e.V.

Vorwort

Ende 2020 gab es in Deutschland noch knapp 10.800 Städte und Gemeinden. Diese Städte und Gemeinden sind hinsichtlich Einwohnerzahl, Fläche und auch Organisationsform sehr heterogen. Nur etwa 15 Prozent der Städte und Gemeinden haben dem aktuellen Gemeindeverzeichnis zufolge mehr als 10.000 Einwohner, etwa 35 Prozent liegen zwischen 1.000 und 10.000 Einwohnern und weitere 15 Prozent haben sogar weniger als 1.000 Einwohner. Einige größere Städte sind kreisfrei, viele sind kreisangehörige Gemeinden und manche kleinere Gemeinden sind – je nach Bundesland – zu unterschiedlichen Verwaltungseinheiten zusammengefasst (Einheitsgemeinde, Samtgemeinde, Verbandsgemeinde).

Zusammen mit den Kreisen stellen die Städte und Gemeinden in Deutschland eine wichtige Basis unserer demokratischen Grundordnung dar. Dort werden – im Rahmen der geltenden Landes- und Bundesgesetze – konkrete Entscheidungen über Ziele und Maßnahmen wie auch über die Verwendung öffentlicher Mittel von den gewählten Abgeordneten in den Stadt- und Gemeinderäten getroffen. Gleichzeitig haben die Kommunen in Deutschland ausgehend vom Sozialstaatsprinzip des Grundgesetzes (Art. 20) die Möglichkeit und Pflicht, die kommunale Daseinsvorsorge zu organisieren, sofern dies nicht von staatlicher Seite übernommen wird (sog. subsidiäres Allzuständigkeitsprinzip). Dies ist zusammen mit der kommunalen Selbstverwaltung ebenfalls im Grundgesetz geregelt: »Den Gemeinden muss das Recht gewährleistet sein, alle Angelegenheiten der örtlichen Gemeinschaft im Rahmen der Gesetze in eigener Verantwortung zu regeln« (Art. 28 GG), ohne dass dort allerdings eindeutig geklärt würde, was die »kommunale Daseinsvorsorge« konkret ist. Weitere Ausführungen dazu auf der Ebene der Bundesgesetze liefert das Raumordnungsgesetz (ROG) in § 2 Abs. 2 Nr. 1, wonach in Deutschland ausgeglichene soziale, infrastrukturelle, wirtschaftliche, ökologische und kulturelle Verhältnisse anzustreben sind, wozu die »nachhaltige Daseinsvorsorge« zu sichern sei. Allerdings ist kaum zu verlangen, dass eine einzelne Kommune diese Ziele für ganz Deutschland erreicht, weshalb hier im Wege des Gegenstromprinzips die örtlichen Planungen mit höheren Ebenen abzustimmen sind.

Um die Leistungen der (kommunalen) Daseinsvorsorge erbringen zu können, benötigen die Kommunen neben finanziellen Ressourcen, die sie z. B. über Steuern erhalten oder über den Finanzausgleich zugesprochen bekommen, und weiteren Ressourcen wie Wissen, Fachkräften etc. sehr häufig auch Immobilien. Ohne entsprechende Gebäude und Liegenschaften gibt es weder eine Feuerwehr, eine Grundschule oder eine Bürgersprechstunde im Rathaus noch eine fachgerechte Hege und Pflege des Stadtwalds ausgehend vom Forsthaus. Hallen- und Freibäder, Krankenhäuser, Straßenbahnausbesserungswerke, Pump- und Klärwerke – alle diese für unseren Lebensstandard wichtigen Funktionen erfordern komplexe (Spezial-)Immobilien. Es ist davon auszugehen, dass die Kommunen in Deutschland direkt oder indirekt (über kommunale Tochterunternehmen) zu den größten Immobilienbesitzern Deutschlands gehören. Noch dazu verwalten sie ein derart komplexes und heterogenes Portfolio wie kaum ein anderes Immobilienunternehmen in Deutschland, sieht man vielleicht einmal von der Bundesanstalt für Immobilienaufgaben (BImA) ab, die ebenfalls über sehr unterschiedliche Immobilienbestände verfügt.

Während allerdings um die gewerbliche Immobilienwirtschaft sowie im Speziellen die Wohnungswirtschaft herum in den vergangenen Jahrzehnten eigene Wissenschafts- und Ausbildungszweige entstanden und diese Segmente in Marktberichten, Bedarfsanalysen und Detailstudien vielfältig untersucht wurden, liegen solche Studien für kommunale Immobilien bislang nicht vor. Dies ist insofern erklärbar, da einige der kommunal genutzten Immobilien hinsichtlich der Typologie mit anderen (privatwirtschaftlichen) Immobilienmärkten vergleichbar sind. Rathäuser z. B. können im weiteren Sinne als Büroimmobilien verstanden werden und kommunale Pflegeheime z. B. finden zahlreiche Pendants im privatwirtschaftlichen oder freigemeinnützigen Bereich. Bei vielen anderen kommunalen Objekten gibt es aber kaum Vergleichbares, weshalb hier eine separate Betrachtung notwendig wäre.

Lange wurden die kommunalen Immobilien somit vornehmlich von ihrer spezifischen Nutzung her geplant, betrieben und genutzt. Eine strategische Auseinandersetzung mit dem Immobilienportfolio innerhalb der Kommunen fand kaum statt. Hinzu kommt, dass viele der kommunalen Immobilien wegen der jahrzehntelangen desolaten kommunalen Haushaltslage einem veritablen Investitionsstau unterliegen. Sie sind schon heute vielfach kaum mehr geeignet, so genutzt zu werden wie ursprünglich geplant. Das gilt vor allem auch für Anforderungen, die sich aus dem Wandel eben dieser Nutzungen ergeben. Angesichts des gewaltigen medizinischen Fortschritts in den vergangenen Jahrzehnten sind die erforderlichen Gerätschaften und Infrastrukturen für einen modernen Operationssaal kaum in Räumlichkeiten aus den 1960er-Jahren unterzubringen, ohne dass es zu größeren Änderungen kommt. Moderne Leiterwagen der Feuerwehren passen schon aufgrund ihrer Länge und Breite kaum in Spritzenhäuser aus der Kaiserzeit und auch die Anforderungen an eine moderne Verwaltung und an eine diskriminierungsfreie Teilhabe z. B. von bewegungseingeschränkten Personen erfordern mindestens erhebliche Umbauten in Rathäusern aus der Wiederaufbauzeit nach dem Zweiten Weltkrieg. Viele der kommunalen Immobilien stammen zudem aus einer Zeit, in der (fossile) Energie billig und vermeintlich unbegrenzt verfügbar schien. Wenn wir die Klimaschutzziele einhalten wollen, wird das auch ohne erhebliche Verbesserungen des öffentlichen bzw. kommunalen Immobilienbestands nicht gehen.

Ein besonderer Schwerpunkt in den öffentlichen Diskussionen (wie auch im vorliegenden Band) liegt allerdings auf kommunalen Wohnungsbeständen. Angesichts der erheblichen Nachfrageüberhänge vor allem in den wachsenden Städten in den vergangenen Jahren kam es hier zu einem (erneuten) Paradigmenwechsel von der Privatisierung kommunaler Wohnungsbestände hin zu einer (Re-)Kommunalisierung der Wohnungsangebote. Nicht zuletzt auf die Kommunen und ihre noch immer über 2,5 Mio. Wohnungen in Deutschland kommen hier durch Neubau und Modernisierung erhebliche Aufgaben zu.

Insofern erschien es sinnvoll, einen genaueren Blick auf die bislang unterschätzten kommunalen Segmente der Immobilienmärkte zu werfen, wobei der Begriff »Markt« gar nicht immer geboten scheint. Während Kommunen sich bei Wohnimmobilien durchaus in einem mehr oder weniger polypolistischen Markt mit mehreren Anbietern und vielen Nachfragern bewegen, gibt es für viele der hochspezialisierten Immobilien in den kommunalen Anlagebüchern praktisch kaum Märkte im klassischen Sinne. Feuerwehren z. B. stehen nicht in Konkurrenz zueinander; auch Krankenhäuser, Verkehrsbetriebe oder Schulen sind nicht ohne Weiteres von jeder Person an jedem Ort zu betreiben. Insofern gibt es auch niemanden, der in einem Ort (jenseits einer musealen Nutzung) beispielsweise eine alte Feuerwache als ebensolche nachfragt. Wenn es also zur Veräußerung kommunaler Immobilien kommt, geht das häufig mit einer mehr oder weniger komplexen Nutzungsänderung einher.

Das berührt eine weitere Dimension, innerhalb der Kommunen eine bedeutsame Verbindung zum Feld »Immobilien« haben. Sie haben von Rechts wegen hoheitliche Aufgaben übertragen bekommen – dazu gehören u. a. die Gebiets- und v. a. die Planungshoheit. Kommunen sind als Träger der Planungs- und Bauaufsicht in der Lage, (lokale) Immobilienmärkte umfangreich zu beeinflussen oder überhaupt zu schaffen. Wenn eine Kommune über lange Zeit kein Bauland ausweist, wird das den lokalen Markt für (neue) Einfamilienhäuser faktisch austrocknen. Wenn die Kommune über Einzelhandelsgutachten und entsprechende Satzungen (Flächennutzungs- und Bebauungspläne) die Ausweisung von gewerblichen Flächen für den großflächigen Einzelhandel massiv beschränkt, wird es hier zwar möglicherweise zu einer Nachfrage, aber kaum zu einem hinreichenden Angebot kommen. Ebenso ist dies natürlich auch im Sinne einer »Angebotsplanung« andersherum möglich.

Schließlich können Kommunen eben durch das Satzungsrecht jedenfalls in der Theorie massiv Einfluss auf die konkrete Ausgestaltung von Flächennutzungen und Gebäudetypologien nehmen bis hin zu gestalterischen oder technischen Details, wie z. B. bestimmten Dachformen, Nutzungs- und Wohnungsmix oder auch Heizungsarten etc. und tun dies durchaus auch, um eine nachhaltige und ausgewogene Stadtentwicklung sicherstellen zu können.

Der vorliegende Band nähert sich dem kommunalen Immobilienwesen zunächst von der allgemeinen Perspektive auf Immobilienmärkte und kommunale Immobilien und der Einordnung in die kommunale Daseinsvorsorge sowie in die Privatisierungsdebatte

(Kap. 1). Es folgt ein Aufschlag für eine Typologie kommunaler Immobilien (Kap. 2), bevor die strategische Ausrichtung kommunaler Immobilienwirtschaften (Kap. 3), ihre rechtlichen Rahmenbedingungen (Kap. 4) und zentrale Fragen der kaufmännischen Steuerung kommunaler Immobiliengesellschaften (Kap. 5) beleuchtet werden. Anschließend wird detailliert auf Anforderungen an die Personal- und Unternehmensführung in kommunalen Immobiliengesellschaften (Kap. 6) sowie das besonders für kommunale wie auch andere öffentliche Unternehmen maßgebliche Thema der (öffentlichen) Vergabe von Bauleistungen und anderen Leistungen (Kap. 7) eingegangen. Kommunale Unternehmen stehen häufig besonders im Lichte der Öffentlichkeit, woraus sich spezielle Anforderungen an Marketing und Öffentlichkeitsarbeit (Kap. 8) und das kommunale Beziehungsmanagement (Kap. 9) ableiten lassen. Schließlich liefert ein Exkurs Einblicke in das Verbandswesen der kommunalen Wohnungswirtschaft (Kap. 10), bevor ein Ausblick auf zukünftige Anforderungen an kommunales Immobilienmanagement gegeben wird (Kap. 11).

Dieser Band versteht sich als Auftakt: Er kann nicht alle Fragen rund um das kommunale Immobilienwesen abschließend beantworten, doch soll er dabei helfen, die einzelnen Felder zu erschließen und zu sortieren, sowie in vielen Managementfeldern konkrete Hilfestellung bieten und Angebote aufzeigen, wie die kommunale Immobilienwirtschaft agieren kann und welche besonderen Zusammenhänge und Verantwortlichkeiten hier zu erwarten sind.

Oberhausen/Recklinghausen im April 2022

Dr. Marco Boksteen
Prof. Dr. Torsten Bölting

1 Die Situation am Immobilienmarkt

Bearbeitet von Torsten Bölting

Die Immobilienwirtschaft ist ein bedeutsamer Wirtschaftszweig innerhalb der Volkswirtschaft. Die Immobilienmärkte sind im ökonomischen Sinne »unvollkommene« und sehr heterogene Märkte, weil die dort gehandelten Produkte sehr vielfältig sowie die Märkte regional und sektoral stark ausdifferenziert sind. Zudem fehlt aufgrund der Spezifika des Produkts Immobilie die für einen vollkommenen Markt erforderliche Anpassungselastizität und – jedenfalls in bestimmten Teilmärkten – die polypolistische Konkurrenz. In der Folge kommt es zu einer erheblichen Zyklizität an den Wohnungs- und Immobilienmärkten: Phasen der deutlichen Entspannung wechseln sich – teils nur bezogen auf bestimmte Teilräume oder -segmente – mit Zeiten erheblicher Anspannung ab und es kommt nur selten zu einer dauerhaft ausgeglichenen Situation von Angebot und Nachfrage.

Materiell ist die gesamte Branche zu unterscheiden in die Grundstücks- und Wohnungswirtschaft, die »Immobilienwirtschaft im engeren Sinne« (vgl. amtliche Statistik nach Statistisches Bundesamt, WZ Nr. 68; vgl. Website DESTATIS a) 2021) sowie die »Immobilienwirtschaft im weiteren Sinne«, wie sie u. a. von Voigtländer et al. (2017) definiert wird. Hierzu zählen neben der Grundstücks- und Wohnungswirtschaft auch weitere Teilbranchen wie z. B. die Bauwirtschaft, Dienstleistungen rund um die Bewirtschaftung und Vermarktung von Immobilien sowie Leistungen im Bereich der Immobilienfinanzierung. Kommunale Immobilienakteure sind weit heterogener, als dass sie nur der »Immobilienwirtschaft im engeren Sinne« zuzuordnen wären, wie sich noch zeigen wird. So verfügen viele Kommunen nicht nur über klassische Verwaltungsgebäuden, sondern z. B. auch über städtische Bauhöfe – teils auch über solche, die im Hochbau tätig werden.[1] Kommunale Fachbereiche »Immobilienwirtschaft« kümmern sich ebenfalls um die Bewirtschaftung und Vermarktung kommunaler Immobilien. Selbst im Bereich der Immobilienfinanzierung sind Kommunen indirekt engagiert. Die – kommunal getragenen – Sparkassen erreichten zuletzt (Q3 2021) immer noch knapp 31 Prozent Marktanteil bei Baufinanzierungen in Deutschland und lagen damit deutlich vor privaten Baufinanzierern (26,5 Prozent) und Genossenschaftsbanken (25 Prozent) (vgl. PwC 2021a).

---

[1] Bottrop im Ruhrgebiet ist eine der wenigen Städte, die (noch) einen eigenen »Hochbauhof« unterhalten, um Bau und Instandsetzung von (kommunalen) Immobilien selbst abwickeln zu können. Vgl. Website Bottrop 2021.

1 Die Situation am Immobilienmarkt

Etwa 80 Prozent des gesamten Anlagevermögens in Deutschland entfielen 2020 auf Immobilien (Bauten). Das entspricht einem Bruttoanlagevermögen von 17,4 Billionen Euro – davon etwa 10,2 Billionen Euro Wohnbauten. Unter Berücksichtigung von Abschreibungen bleibt ein Nettoanlagevermögen von 9,6 Billionen Euro. Zusammen mit Grundstücken (4,6 Billionen Euro) ergibt das somit ein Immobilienvermögen von 14 Billionen Euro (vgl. Vornholz 2021: 2).

Grundsätzlich lässt sich der Immobilienbestand hinsichtlich dreier wesentlicher Prinzipien beschreiben: der räumlichen Perspektive, der Perspektive der Besitzverhältnisse sowie verschiedener Nutzungen und entsprechender Segmente. Daneben sind bauliche Segmentierungen bzw. Typologien denkbar, die die Nutzungsarten noch weiter ausdifferenzieren. Die regionale Differenzierung (regionale Teilmärkte) für Immobilien ergibt sich aus der Standortgebundenheit des Gutes Immobilie – Immobilien in der Region A können somit die möglicherweise in der Region B bestehende Nachfrage nicht befriedigen. Dies gilt im Grundsatz für alle Immobilien. Je nach Nutzungsart kann es jedoch sein, dass diese regionalen Immobilienmärkte sehr unterschiedliche Größen annehmen. Beispielsweise sind die regionalen Märkte für Wohnimmobilien aufgrund der Wohnstandortpräferenzen der Nachfrager in ihrer Ausdehnung mehr oder weniger auf die Pendeldistanzen, die Nachfrager bereit sind zu überwinden, limitiert. Der regionale Markt für Logistikimmobilien wiederum bemisst sich an dem Radius, der von dem Standort aus unter Berücksichtigung der jeweiligen Distributionsplanung abgedeckt werden kann. Bei großen Industrieansiedlungen spielen häufig übergeordnete Anbindungen eine große Rolle, weshalb hier Immobilien an auch weiter voneinander entfernt liegenden Standorten alternativ betrachtet werden. Insbesondere für kommunale Infrastrukturimmobilien spielt häufig die Betrachtung möglicher Aktionsradien und der Abdeckung eines kommunalen Gebiets eine Rolle – etwa bei Feuerwachen, Schulen oder auch Krankenhäusern etc.

Für praktisch alle Immobilienarten und -typen sowie in allen Regionen sind – jedenfalls in der Theorie – unterschiedliche Vertragsarten denkbar, um Eigentums- und Nutzungsrechte zu regeln. Sie können zum Kauf und zur Selbstnutzung angeboten sowie auch zur Miete bereitgestellt werden. Auch Pacht und Nießbrauch sind möglich, wenn auch selten. Insofern lassen sich für die unterschiedlichen Marktsegmente (Nutzungsarten) meistens jeweils Kauf- und Mietmärkte (innerhalb der jeweiligen regionalen Teilmärkte) betrachten. Bei Anlagemärkten in den unterschiedlichen Segmenten verliert die unmittelbare räumliche Komponente häufig an Bedeutung – hier ist es möglich, dass Liegenschaften aus unterschiedlichen Regionen in einer Anlage zusammengefasst werden.

Darüber hinaus werden Immobilien häufig nach Nutzungsarten unterschieden, wie es auch im Folgenden geschehen soll. Neben dem Markt für (unbebaute) Grundstücke werden klassisch Märkte für Wohnimmobilien sowie gewerblich genutzte Immobilien voneinander getrennt betrachtet. Hinzu kommen agrarisch genutzte Immobilien und Sonderimmobilien, für die Marktinformationen allerdings kaum in verwertbarem Umfang vorliegen.

Seit vielen Jahren werden jährlich etwas über eine Million Transaktionen von Immobilien (Grundstücke, Gebäude, Teileigentum) in der Bundesrepublik festgestellt. Angesichts steigender Preisniveaus steigt der Umsatz allerdings jährlich – allein innerhalb der letzten zehn Jahre hat er sich auf über 310 Mrd. Euro (2020) verdoppelt. Etwa 70 Prozent dieses Umsatzes (und der Zahl der Transaktionen) entfallen auf Wohnimmobilien, knapp ein Viertel auf Wirtschaftsimmobilien und die restlichen knapp fünf Prozent auf übrige und agrarische Immobilien (vgl. AK OGA 2021: 22 f.).

Derzeit ist nicht eindeutig zu klären, wie groß der »kommunale« Anteil an den Immobilienbeständen und Transaktionen tatsächlich ist. Das hat unterschiedliche Gründe. Zum einen gibt es keine entsprechende Datenbank, nach der sich die Immobilien in Deutschland über alle Segmente bestimmten Eigentümern zuordnen ließen. Zumal es, selbst wenn sie vorhanden wäre, einer komplexen Überarbeitung bedürfte, um tatsächlich »kommunale« Immobilien zu identifizieren – seien sie nun direkt im Besitz von Kommunen oder mittelbar z. B. über Tochtergesellschaften etc. Zum anderen ist davon auszugehen, dass ein großer Teil kommunaler Immobilien faktisch gar nicht an einem »Markt« direkt gehandelt werden – kommunale Immobilien sind vielfach Spezialimmobilien, wie z. B. Feuerwachen, Schulgebäude oder Rathäuser, für die es jedenfalls im ursprünglichen Nutzungszweck aufgrund des Territorialprinzips der kommunalen Daseinsvorsorge im Prinzip keine Nachfrage gibt (außer der Nachfrage durch die Kommune selbst). Dennoch sind Fälle möglich und bekannt, in denen auch diese Immobilien im Wege eines Sale-and-lease-back-Verfahrens vermarktet wurden und damit dann am Anlagemarkt für Investoren eine Rolle spielen. Auch hier liegen jedoch öffentlich zugänglich keine repräsentativen Statistiken vor.

Dennoch bewegen sich Kommunen mit Teilen ihres Immobilienportfolios in einem Marktumfeld. Im Besonderen gilt das für den Gewerbeimmobilienmarkt auf der einen Seite, auf dem auch Kommunen mit eigenen Objekten tätig werden, sowie den Wohnimmobilienmarkt auf der anderen Seite. Hier gibt es durchaus (noch) größere kommunale Anbieter und Akteure. Angesichts der erheblichen Anspannung am Markt für Wohnimmobilien – jedenfalls in einigen Regionen – ist in besonderer Weise auch das kommunale Engagement dort in den vergangenen Jahren erneut verstärkt in den Fokus gelangt. Daher soll im Folgenden der Schwerpunkt auch auf dieses Marktsegment gelegt werden. Aufgrund der Möglichkeit, Baurecht zu schaffen, spielen Kommunen allerdings auch am Markt für (unbebaute) Grundstücke eine besondere Rolle, weshalb hierauf ebenfalls kurz eingegangen werden soll.

1 Die Situation am Immobilienmarkt

1.1 Boden- und Grundstücksmarkt

Aufgrund ihrer grundgesetzlich geregelten Planungshoheit und -verantwortung sind Kommunen im Grunde als einzige Akteure überhaupt in der Lage, den Boden- und Grundstücksmarkt maßgeblich durch strategisches, planerisches Handeln und die Anwendung und Umsetzung ordnungsrechtlicher Vorgaben zu beeinflussen. Kommunen können durch ihre Planungstätigkeit »Bauland schaffen« und somit die konkreten Flächen per Verwaltungsakt einem anderen Marktsegment zuordnen (Bauerwartungsland, Bauland), sie können aber ebenso durch die verbindliche Bauleitplanung die Nutzbarkeit und damit auch Vermarktungsfähigkeit von Grundstücken erheblich einschränken. Diese umfangreichen Eingriffsmöglichkeiten der öffentlichen Hand und namentlich der Kommunen in einen Markt sind kaum mit anderen Märkten und marktwirtschaftlichen Bereichen vergleichbar, sieht man einmal von sehr speziellen Gütern, wie etwa Kriegswaffen, Gefahrgütern oder auch Rohstoffvorkommen ab, wo es – jedenfalls in gewissem Umfang – auch erhebliche staatliche Einflussnahme gibt oder geben kann.

Teil des Bodenmarktes insgesamt ist auch der Markt für z. B. landwirtschaftlich genutzte Flächen (landwirtschaftlicher Bodenmarkt), an dem es in den vergangenen Jahren durchaus zu Spekulationserscheinungen und Preissteigerungen u. a. infolge von Share-Deals kam.[2] Inwieweit Kommunen als alte oder neue Eigentümerinnen im Rahmen dieser Entwicklungen eine größere Rolle spielen, ist bislang nicht untersucht. Allerdings ist zu vermuten, dass nur wenige Kommunen sich intensiver mit der landwirtschaftlichen Produktion auseinandersetzen und es wenn, dann zu Aufkäufen landwirtschaftlicher Flächen im Zuge der vorbereitenden Bauleitplanung kommt (etwa durch Bodenfonds o. Ä.). Ein solches strategisches Flächenmanagement der Kommunen gewinnt aber in Zeiten wachsender Flächenengpässe zunehmend an Bedeutung. Die folgenden Darstellungen nehmen daher den Grundstücksmarkt für Bauplätze in den Blick.

Grundlegend kann hier unterschieden werden in den Baulandmarkt für Wohngebäude, für Wirtschaftsimmobilien und für land- und forstwirtschaftlich genutzte Gebäude sowie das Bauland für andere Immobilienarten. Die Gutachterausschüsse unterscheiden innerhalb der Bodenmärkte für wohnbauliche Nutzungen in Abgrenzung zu den planungsrechtlichen Kategorien, in denen solche in der Regel ausgeschlossen sind (z. B. Bauplätze in Industrie- und Sondergebieten) weiter nach Bauplätzen für die

---

2 Beispielsweise hat sich das Thünen-Institut in verschiedenen Schriften mit dem Thema auseinandergesetzt; z. B. auch in Laschewski, L.; Tietz, A. (2020).

1.1 Boden- und Grundstücksmarkt

(Wohnungsbau-)Typen Eigenheime und Mehrfamilienhäuser. Innerhalb von Misch- und Kerngebieten ist dies jedoch mitunter schwierig, weshalb diese Bauplätze in der Statistik als solche in Misch- und Kerngebieten gesondert ausgewiesen werden (vgl. AK OGA 2021: 154).

Insgesamt nimmt der Markt für Bauplätze mit 26,1 Mrd. Euro (2020) knapp mehr als acht Prozent des gesamten Transaktionsvolumens ein. Davon wiederum entfallen fast zwei Drittel auf Bauplätze für Eigenheime und Mehrfamilienhäuser in Misch- und Kerngebieten (vgl. Abb. 1).

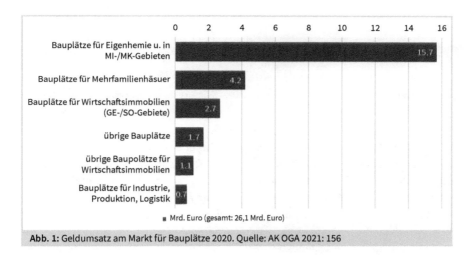

Abb. 1: Geldumsatz am Markt für Bauplätze 2020. Quelle: AK OGA 2021: 156

Während die Transaktionszahlen für Bauplätze über alle Immobilienarten in den vergangenen Jahren relativ stabil um etwa 130.000 Transaktionen pro Jahr lagen, sind die Geldumsätze lange Zeit von Jahr zu Jahr weiter gestiegen. Seit 2017 allerdings liegt der Geldumsatz für Bauplätze bezogen auf alle Immobilienarten auch mehr oder weniger unverändert bei etwa 26 Mrd. Euro pro Jahr ebenso wie der Flächenumsatz (ca. 18.000 bis 20.000 ha pro Jahr) (vgl. AK OGA 2021: 158f.).

Diese Entwicklungen könnten darauf schließen lassen, dass der Bodenmarkt insgesamt – wenigstens in den vergangenen Jahren – vergleichsweise stagnierend zu bewerten ist bzw. eine weiter steigende Anspannung nicht festzustellen ist. Allerdings verläuft die Entwicklung regional und auch kleinräumig sehr unterschiedlich. Dies zeigt sich z. B. auch an der Entwicklung der Preisniveaus für Eigenheimbauplätze.

1 Die Situation am Immobilienmarkt

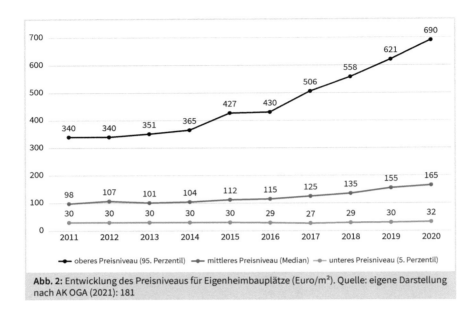

Abb. 2: Entwicklung des Preisniveaus für Eigenheimbauplätze (Euro/m²). Quelle: eigene Darstellung nach AK OGA (2021): 181

Während die Grundstückspreise im unteren Fünftel des Marktgeschehens über die vergangenen zehn Jahre nahezu unverändert blieben, stieg der Median über den gesamten Markt schon um 68 Prozent auf 165 Euro/m² an. Im oberen Fünftel hingegen verdoppelte sich das Preisniveau bis 2020 – es gab einen Anstieg um 103 Prozent auf fast 700 Euro/m². Viele dieser Bauplätze wurden in zentralen Lagen in wachsenden Regionen veräußert, woran sich die erhebliche Polarisierung des Bodenmarkts für Wohnimmobilien und infolgedessen auch der Wohnungsmärkte (vgl. Kapitel 1.1) ablesen lässt. Mit anderen Worten: An den prosperierenden Standorten sind die bereits hohen Grundstückspreise nochmals wesentlich stärker gestiegen als in strukturschwachen und vielen ländlichen Regionen. Die Anziehungskraft vieler Ballungsräume hat sich nochmals verstärkt. Ergänzend sind weitere attraktive Standorte mit eigenen Einzugsbereichen hinzugekommen, die bestimmte (Alters-)Kohorten verstärkt anziehen, beispielsweise aufgrund der Bildungswanderung. Die Disparitäten zwischen den »Schwarmstädten« (vgl. GdW 2015) bzw. den etablierten Ballungsräumen und den strukturschwachen Regionen nehmen zu.

Den Kommunen kommt – insbesondere mit Blick auf die wieder verstärkt diskutierte »Wohnungsfrage« – eine große Verantwortung zu, was die nachhaltige Nutzung der knappen Ressource Boden angeht. Insbesondere wird darüber nachgedacht, inwieweit Kommunen möglichst dauerhaft ihren Einfluss auf Nutzungsarten und -intensitäten des Bodens sichern können. Dazu werden zahlreiche Instrumente diskutiert, die den Wohnungsmarkt (s. Kap. 1.2), aber auch die Bodenpolitik betreffen, u. a. eine verstärkte Flächenausweisung für preisgebundenen Wohnungsraum etc. (vgl. hierzu beispielsweise Klöppel, v. Lojewski 2021: 187 ff.).

1.2 Der Wohnungsmarkt

Vor diesem Hintergrund sind die Wohnungsmärkte in den vergangenen Jahren in einigen Regionen erheblich unter Druck geraten, was insbesondere in einer (durch Zuwanderung) gestiegenen Nachfrage in diesen Regionen sowie einem (qualitativen) Wandel der Wohnungsnachfrage begründet ist.

1.2.1 Die Segmentierung der Wohnungsmärkte

Grundsätzlich lässt sich der Wohnungsmarkt als Teil des Immobilienmarkts nach verschiedenen Ansätzen kategorisieren. Wie auch bei anderen Immobilienteilmärkten ist angesichts der Unbeweglichkeit der Wohnobjekte selbst eine regionale Differenzierung der Teilmärkte vorzunehmen. Die Größe der einzelnen Wohnungsmarktregionen ist dabei nicht eindeutig bestimmt, zudem werden sie sich in der Praxis überlagern. Als Faustformel gilt die Bemessung anhand der örtlichen Flexibilität der Nachfrage – also üblicher Pendlerdistanzen oder der Wanderungsverflechtungen. Einen Ansatz hierzu liefern Michels et al. (2011) mit der Anwendung eines kombinatorischen Fusionsalgorithmus und der Herausarbeitung einer regionalen Verflechtungskennzahl (vgl. Michels et al. 2011: 37 ff.). Daneben werden Wohnungsmärkte nach Eigentum und Miete klassifiziert. 46,5 Prozent – etwas weniger als die Hälfte aller bewohnten Wohnungen (in Wohngebäuden) – sind Eigentumswohnungen (und -Häuser; vgl. Website DESTATIS b). Dieser Anteil ist im europäischen Vergleich erstaunlich niedrig, wofür es neben dem umfangreichen Mietrecht und einer entsprechend langen Tradition des Wohnens zur Miete verschiedene weitere Gründe gibt (vgl. Kaas et al. 2022). Eine große Rolle spielt dabei auch die umfangreiche Zerstörung von Wohneigentum im Privatvermögen im Zweiten Weltkrieg.

Schließlich werden Wohnungsmärkte – ebenso wie andere Immobilienmärkte – nach Typologien unterschieden. Häufig wird einerseits nach individuellen Wohnformen und kollektiven Wohnformen (Geschosswohnungsbau) unterschieden; die Ein- und Zweifamilienhäuser werden zudem in verschiedenen Marktstudien noch in Reihen-, Doppelhaus- und freistehende Einfamilienhäuser unterteilt. Hinzu kommen »Spezialsegmente« wie etwa Villen, gemeinschaftliche Wohnformen oder sonstige spezielle Wohnmodelle. Wohnheime wie etwa Alten- und Pflegeheime, aber auch Studierendenwohnheime werden gemeinhin in den Statistiken nicht dem Wohnungsmarkt zugeschlagen, da es sich hier in vielen Fällen (und z. B. bei Pflegeheimen auch aus gutem Grund) nicht um abgeschlossene Wohnungen (mit eigener Küche, Bad, Wohn- und Schlafräumen) handelt.

Mit Blick auf »kommunale« Wohnungsangebote ist eine Unterscheidung nach dieser letztgenannten Typologie wenig sinnvoll, da sich diese Unterteilung praktisch nur anhand der Auswertung von Marktdatenbanken überhaupt nachvollziehen lassen könnte. Auch die Betrachtung nach Eigentum und Miete ist mit dem Ziel der Beschreibung

»kommunaler« Wohnungsangebote nicht unproblematisch. Hierbei ist zu berücksichtigen, dass Kommunen neben indirekten Einflussmöglichkeiten durch Flächen- und Wohnungspolitik in mindestens zweierlei Hinsicht auch direkt als Akteur auf das Marktgeschehen an Wohnungsmärkten einwirken: Zum einen können Kommunen als Projektentwickler auftreten und durch die Überplanung ehemals unbeplanter Bereiche sowie die damit zusammenhängende Entwicklung der Flächen durch Besitz oder (vorherigen) Aufkauf der Flächen und Abverkauf an Bauherrn im Zuge der Entwicklung zu Bauland transformieren. Zum anderen treten Kommunen (mittelbar) auch nach wie vor als Anbieter von Wohnungen auf. Im Folgenden wird hier ein Schwerpunkt der Betrachtungen liegen.

1.2.2 Die Anbieterstruktur am Wohnungsmarkt

Maßgeblich für das Verständnis und die weiterführende Analyse der Wohnimmobilienmärkte insbesondere mit Blick auf Handlungsoptionen und handelnde Akteure ist die Klassifizierung der Wohnungsmärkte nach Anbieterstrukturen. Wie bereits dargelegt sind knapp 57 Prozent aller Wohnungen Mietwohnungen, davon sind etwas mehr als ein Drittel sogenannten »professionell-gewerblichen« Anbietern zuzurechnen. Etwa 2,5 Mio. Wohnungen in Deutschland, das entspricht knapp sechs Prozent des Wohnungsbestands, sind in der Hand öffentlicher Eigentümer. Dieses Segment ist nach den Privatisierungen von Bundes- und Landeswohnungsgesellschaften in den Flächenländern wesentlich dem kommunalen Sektor zuzurechnen, wenngleich es auch zur Privatisierung kommunaler Gesellschaften kam (vgl. Kap. 2.1.2).

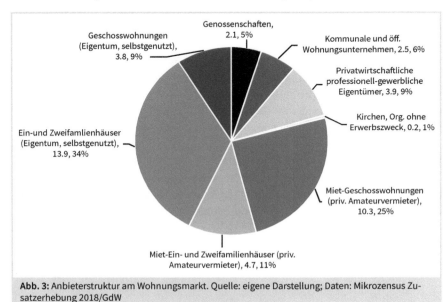

Abb. 3: Anbieterstruktur am Wohnungsmarkt. Quelle: eigene Darstellung; Daten: Mikrozensus Zusatzerhebung 2018/GdW

Fast gleichauf liegen die Wohnungsgenossenschaften mit knapp über zwei Mio. Wohnungen in Deutschland. Privatwirtschaftliche Wohnungsgesellschaften, zu denen auch die größten Anbieter Deutschlands gehören (z. B. Vonovia/Deutsche Wohnen mit zusammen mehr als 500.000 Wohnungen, aber auch z. B. LEG Wohnen und Vivawest Wohnen mit je deutlich über 100.000 Wohnungen). Kirchliche Wohnungsunternehmen und sonstige Stiftungen etc., die als professionelle Mietwohnungsanbieter am Markt auftreten, spielen quantitativ mit nur rund 200.000 Wohnungen kaum noch eine Rolle. Die für sich genommen größte Gruppe von Anbietern am Mietwohnungsmarkt sind sog. »Amateurvermieter«. Diese Gruppe ist allerdings recht heterogen aufgestellt; neben einer großen Zahl von Eigentümern, die lediglich eine einzige vermietete Wohnung besitzen, gibt es auch (wenige) Privateigentümer mit größeren Wohnungsbeständen. Im Wesentlichen sind viele dieser Privateigentümer am Markt tätig, da sie eine sichere Geldanlage gesucht und somit Wohnungen (häufig im Teileigentum) erworben haben (vgl. BBSR 2015: 178 f.). Im Unterschied zu »institutionellen« Anbietern von Mietwohnungen wird den privaten Amateurvermietern ein eher zurückhaltendes Verhalten bei der Investition und Modernisierung von Beständen, aber auch bei Mieterhöhungen nachgesagt, was sich allerdings nicht durchgängig belegen lässt. Klar ist allerdings, dass sie allein schon wegen der Granularität für wohnungspolitische Maßnahmen und Handlungsansätze als Akteure schwieriger zu erreichen und weniger in kommunale wohnungspolitische Strategien einzubinden sind (vgl. Bölting, Niemann-Delius 2019: 41 ff.).

Die selbstnutzenden Eigentümer gelten häufig als »versorgt« – sie werden jedenfalls mit Blick auf Mietwohnungsbedarfe praktisch nicht berücksichtigt. Das ist zwar nicht ganz zutreffend, nimmt man an, dass zumindest ein Teil von ihnen (perspektivisch) den Verkauf der eigenen Immobilie und den Umzug in eine – z. B. altersgerechte – Mietwohnung in Betracht zieht. Insbesondere in Regionen mit rückläufiger Bevölkerungsentwicklung dürfte diese Sichtweise verkürzt sein, wenn man bedenkt, dass hier einerseits adäquate Alternativen zum eigenen (aber ggf. zu großen und ungeeigneten) Eigenheim nicht zur Verfügung stehen und andererseits angesichts der (zukünftig) geringen Nachfrage in einigen ländlichen Regionen die eigene Immobilie mit Wertverlust zu kämpfen hat (vgl. z. B. BBSR 2019: 68 f.).

Damit bleiben mit Blick auf wohnungspolitische Handlungsansätze und die Einbindung in entsprechende (lokale, landesweite oder nationale) Strategien insbesondere die professionell-gewerblichen Anbieter als »ansprechbare« Akteure. Nicht zuletzt aus diesem Grund sind viele von ihnen bzw. die sie vertretenden entsprechenden wohnungswirtschaftlichen Verbände in alle wesentlichen strategischen Bündnisse etc. auf Bundes- und Landesebene maßgeblich eingebunden. Ebenso wird eine solche Einbindung zumeist auch auf lokaler Ebene etwa bei der Anfertigung von Handlungskonzepten zum Thema Wohnen o. Ä. angestrebt.

1 Die Situation am Immobilienmarkt

1.2.3 Die Preisentwicklung an den Wohnungsmärkten

Die Preise für Wohnimmobilien sind in den vergangenen Jahren regelmäßig gestiegen. In besonderer Weise liegt das an steigenden Baulandpreisen, doch auch die Preise für bestehende und neue Wohnimmobilien sind nicht zuletzt infolgedessen und wegen höherer Baukosten weiter gestiegen.

Jahr	Häuserpreisindex 2015 = 100	Preisindex für neu erstellte Wohnimmobilien 2015 = 100	Preisindex für bestehende Wohnimmobilien 2015 = 100	Preisindex für Bauland[1] 2015 = 100
2020	138,7	130,4	140,2	158,1
2019	128,7	122,9	129,8	146,1
2018	121,7	118,9	122,2	134,5
2017	114,1	111,8	114,5	122,7
2016	107,5	106,9	107,6	110,0
2015	100,0	100,0	100,0	100,0

1: 2019 vorläufig

Abb. 4: Preisindizes für Immobilien (Häuserpreise, Baulandpreise). Quelle: Website DESTATIS c) (2021), Stand 22. Dezember 2021

Bei einer weiteren Analyse der Märkte nach Immobiliensegmenten kommt es mithilfe der Auswertung von Marktdaten insbesondere seit Überwindung der schlimmsten Auswirkungen der Finanzkrise zu erkennbaren Preissteigerungen, wie die Auswertungen des Empirica-Instituts zeigen.

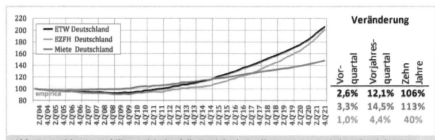

Abb. 5: empirica-Immobilienpreisindex (alle Baujahre). Quelle: empirica-Preisdatenbank (VALUE Marktdaten), Fundstelle: empirica-Preisdatenbank Immobilienpreisindex 4/2021, S. 2; 1. Quartal 2004 = 100

Die Preissteigerungen sind insbesondere in wachsenden Regionen deutlich zu spüren. Dort kam es in den vergangenen Jahrzehnten infolge der Zuwanderung in diese Regionen zu erheblichen Preisanstiegen – in allen Segmenten. Angesichts der in den Großstädten nochmals niedrigeren Eigentümerquoten sind allerdings insbesondere viele Miethaushalte von den hohen Preisen und weiteren Preissteigerungen betroffen.

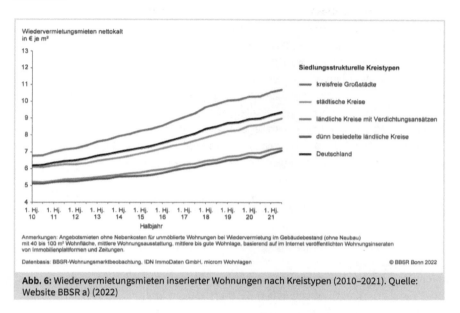

Abb. 6: Wiedervermietungsmieten inserierter Wohnungen nach Kreistypen (2010–2021). Quelle: Website BBSR a) (2022)

Damit wird die Preissteigerung in den angespannten regionalen Wohnungs- und Immobilienmärkten zu einem erheblichen Problem für Nachfragende. Vielerorts sind die Wohnkosten für Haushalte kaum noch tragbar. München z. B. gilt als teuerster Mietwohnungsmarkt in Deutschland. Hier sind für Mietwohnungen aller Baujahre bei Wiedervermietung derzeit im Durchschnitt 17,61 Euro/m² aufzubringen; für Neubaumieten gar 19,37 Euro/m². Auch in Frankfurt, Stuttgart und Berlin liegen die Neubaumieten fast bei oder sogar über 15,00 Euro/m² (vgl. empirica-Institut 2022: 6). Für viele Haushalte bedeutet dies, dass sie 1.400 oder mehr Euro pro Monat allein für die Kaltmiete einer durchschnittlichen Wohnung aufbringen müssen. Dies überfordert viele Haushalte, weshalb sie gezwungen sind, die Wohnfläche zu reduzieren oder auf andere regionale Mietwohnungsmärkte bzw. ins entferntere Umland auszuweichen. Allerdings sind auch dort kaum noch günstige Wohnungen verfügbar. Am Beispiel München zeigt sich dies: Auch der Landkreis München sowie die nahe gelegenen Kreise Starnberg, Fürstenfeldbruck, Ebersberg, Miesbach und Dachau stehen unter den »Top Ten« der Wohnungsmarktpreise (vgl. empirica-Institut 2022: 6). Die (überschaubaren) Kostenvorteile infolge geringerer Wohnkosten werden dort allerdings durch die längeren und weiteren Pendlerwege meist mehr als aufgehoben. Insbesondere infolge einer zunehmenden Digitalisierung und der Zunahme von Homeoffice weiten sich diese Wohnungsmarktregionen um die Ballungsräume weiter aus, wie aktuelle Studien zeigen (vgl. Moser et al. 2021).

1.2.4 Bauleistung und Baufertigstellung

Vor dem Hintergrund der erheblichen Engpässe an den angespannten regionalen Wohnungsmärkten, die insbesondere seit 2010 deutlich spürbar wurden, hat die Wohnungspolitik in Bund und Ländern die Devise ausgerufen, den Wohnungsbau (erneut) deutlich anzukurbeln. Während in den 1970er-Jahren teils noch mehr als 600.000 Einheiten pro Jahr allein in Westdeutschland fertiggestellt wurden, war die Baufertigstellungszahl bis Ende der 1980er-Jahre deutlich zurückgegangen. Nach einer kurzen Wachstumsphase nach der Wiedervereinigung setzte sich dieser Trend angesichts rückläufiger Bevölkerungszahlen und einer schwierigen wirtschaftlichen Lage auch in den 2000er-Jahren weiter fort. Seit 2011 wurden in Deutschland 3,14 Mio. Wohnungen genehmigt und 2,54 Mio. Wohnungen fertiggestellt. Dabei ist es gelungen, die Fertigstellungszahlen mehr oder weniger kontinuierlich auf ein Niveau von aktuell über 300.000 pro Jahr zu steigern. Die Baugenehmigungszahlen sind noch etwas stärker gestiegen: Sie lagen 2020 bei fast 370.000 genehmigten Wohnungen in Wohn- und Nichtwohngebäuden.

Damit nähern sich die Fertigstellungszahlen wenigstens ein gutes Stück den ermittelten Bedarfszahlen. In den vergangenen Jahren hatten verschiedene Gutachten und infolgedessen auch das Bündnis für bezahlbares Wohnen und Bauen, das seitens der Bundesregierung mit verschiedenen Partnern eingerichtet wurde und in der sogenannten »Wohnraumoffensive« mündete, einen jährlichen Bedarf von bis zu 400.000 Fertigstellungen ermittelt. Hierzu hatten die Bundesregierung und weitere beteiligte Partner ein ganzes Bündel von Maßnahmen vereinbart, das den Wohnungsbau ankurbeln sollte. Viele dieser Maßnahmen sind nach Auffassung der Bündnispartner umgesetzt (vgl. BMI 2021), das Ziel, in der 19. Legislaturperiode 1,5 Mio. Wohnungen neu zu errichten, wurde allerdings trotz der Steigerung der Bauaktivitäten voraussichtlich knapp verfehlt.[3]

Zwischen etwa 37 und 45 Prozent aller Fertigstellungen bzw. 37 und in Spitzenjahren sogar fast 50 Prozent aller Baugenehmigungen entfielen laut Statistik auf »Unternehmen« als Bauherren im Unterschied zu privaten Haushalten, öffentlichen Akteuren oder sonstigen Organisationen ohne Erwerbszweck. Diese unternehmerisch tätigen Bauherren sind laut öffentlicher Statistik weiter unterteilt in Wohnungsunternehmen, Immobilienfonds und sonstige Unternehmen, wobei die beiden letztgenannten Gruppen hinsichtlich der Genehmigungs- und Fertigstellungszahlen innerhalb der Gruppe der unternehmerisch tätigen Bauherren eine untergeordnete Rolle spielen. Über die vergangenen zehn Jahre gehen fast 83 Prozent der Baufertigstellungen innerhalb der

---

3 Noch liegen die aktuellen Zahlen für 2021 nicht vor. Ohnehin lassen sie sich nicht »scharf« auf die Monate herunterbrechen; nimmt man der Einfachheit halber die Fertigstellungszahlen von 2017 bis 2020 als Grundlage, wurden in diesen vier Jahren immerhin über 1,42 Mio. Wohnungen genehmigt, allerdings nur 1,17 Mio. fertiggestellt – es fehlen also über 300.000 Wohnungen zum Ziel.

Gruppe der unternehmerisch tätigen Bauherrenschaft auf das Konto der Wohnungswirtschaft; die sonstigen Unternehmen stehen in dieser Zeit für nur 15 Prozent, die Fondsgesellschaften sogar für nur zwei Prozent der Bauleistung innerhalb der unternehmerisch tätigen Bauherrenschaft.

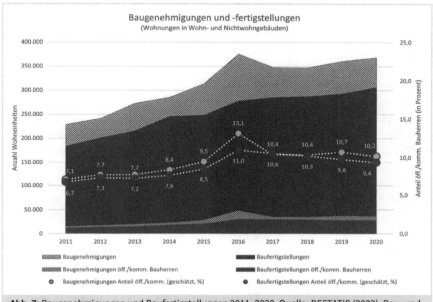

Abb. 7: Baugenehmigungen und Baufertigstellungen 2011–2020. Quelle: DESTATIS (2022), Bau- und Wohnungsstatistik

Die Gruppe der Wohnungsunternehmen selbst wird in der öffentlichen Baustatistik nicht weiter spezifiziert. Kombiniert man die Baugenehmigungs- und -fertigstellungszahlen der öffentlichen Bauherren mit der Bauleistung eines hochgerechneten Anteils (mehrheitlich) kommunaler und öffentlicher Wohnungsunternehmen, kann hilfsweise die Statistik des GdW-Verbands[4] herangezogen werden. Hier wurden die Fertigstellungen der Verbandsunternehmen auch nach sog. Sparten ermittelt. 2019 beispielsweise entfielen etwas über 20.000 Fertigstellungen auf öffentliche und kommunale Mitgliedsunternehmen des Verbands – das entspricht knapp 66 Prozent der insgesamt rund 30.700 fertiggestellten Wohnungen aller Verbandsunternehmen (vgl. GdW 2020: 93). Berücksichtigt man die Tatsache, dass nicht nur – wegen der Pflichtmitgliedschaft in Prüfungsverbänden – praktisch alle Wohnungsgenossenschaften, sondern aufgrund

---

4   Der GdW – Bundesverband deutscher Wohnungs- und Immobilienunternehmen e.V. steht nach eigenen Angaben für etwa 3.000 Mitgliedsunternehmen mit knapp unter 6 Mio. Mietwohnungen (dies entspricht rund 30 Prozent aller Mietwohnungen in Deutschland (vgl. Website GdW). Damit stünde der Verband in der Tat für knapp 70 Prozent der »professionell-gewerblichen« Anbieter in Deutschland (vgl. Abb. 7). Die üblichen etwa 2,5 Mio. professionell bewirtschafteten Mietwohnungen wären damit Wohnungsunternehmen zugeordnet, die nicht in diesem Verband organisiert sind.

der gemeinnützigen Tradition auch alle größeren kommunalen und öffentlichen Wohnungsunternehmen in diesem Verband bzw. seinen Regionalverbänden organisiert sind, ist der Prozentsatz jedoch nicht vollständig auf die Gesamtbauleistung der unternehmerischen Wohnungswirtschaft in Deutschland zu übertragen. Vielmehr muss man annehmen, dass außerhalb der GdW-Verbände nur wenige weitere kommunale bzw. öffentliche Wohnungsunternehmen existieren und somit der größte Teil der übrigen Baufertigstellungen innerhalb der in der Baustatistik erfassten Gruppe der Wohnungsunternehmen als Bauherren nicht kommunalen oder öffentlichen Ursprungs sind.

Dies bedeutet, dass seit 2016 etwa um die zehn Prozent der Gesamtbauleistung im Wohnungsbau in Deutschland (gemessen an den Fertigstellungszahlen) durch öffentliche Bauherren sowie öffentliche bzw. kommunale Wohnungsunternehmen verantwortet wurden. Hervorzuheben ist hierbei, dass diese Unternehmen »nur« für etwa fünf bis sechs Prozent des gesamten Wohnungsbestands stehen. Demgegenüber haben die privaten Bauherren über die vergangenen zehn Jahre knapp 52 Prozent der Bauleistung zu verantworten – stehen aber, nimmt man selbstgenutztes Eigentum und den Wohnungsbestand privater Amateurvermieter zusammen, sogar für mehr als drei Viertel des gesamten Wohnungsbestands (s. o., vgl. Abb. 3).

Man kann daraus schlussfolgern, dass die professionelle Wohnungswirtschaft insgesamt, aber auch die öffentlichen und kommunalen Wohnungsunternehmen in besonders herausgehobenem Umfang ein wesentlicher Motor der Wohnungsbautätigkeit in Deutschland sind. Der Zusammenhang zwischen (ehemals gemeinnützigen) Wohnungsunternehmen und der Bautätigkeit wurde für Nordrhein-Westfalen durch den dortigen Regionalverband detailliert untersucht. Dabei zeigt sich, dass die in diesem Verband organisierten (privatwirtschaftlichen, genossenschaftlichen und öffentlichen) Wohnungsanbieter, die an der Erhebung teilnahmen, für mehr als 50 Prozent der Neubautätigkeit im Mietwohnungssegment in den untersuchten Teilregionen verantwortlich waren. Besonders in Städten mit angespannter Wohnungsmarktlage schafften es die Verbandsunternehmen, teils erhebliche Anteile an der lokalen Mietwohnungsbauleistung zu erreichen – so z. B. in Münster, wo die VdW-Unternehmen, die dort tätig sind und an der Befragung teilnahmen, eine mehr als dreifach höhere Bauleistung in diesem (begehrten) Marktsegment erreichten als alle übrigen Marktteilnehmer (vgl. Bölting et al. 2021: 23 f.). Dafür sind maßgeblich auch kommunale und öffentliche Wohnungsunternehmen verantwortlich.[5]

---

[5] An dieser Erhebung haben nicht nur kommunale und öffentliche Wohnungsunternehmen teilgenommen, sondern auch Wohnungsgenossenschaften und Wohnungsunternehmen der Privatwirtschaft. Knapp 22 Prozent der insgesamt 133 Unternehmen waren der Sparte »öffentlich/kommunal« zuzuordnen; die Bautätigkeit fällt jedoch innerhalb dieses Spektrums je nach Unternehmen und Teilregion durchaus unterschiedlich aus. Insgesamt sind etwa 40 Prozent der etwa 6.200 Neubauwohnungen von VdW-Unternehmen, die im Rahmen der Unternehmensbefragung berücksichtigt wurden, kommunalen und öffentlichen Wohnungsunternehmen zuzuordnen.

1.2.5 Der öffentlich-geförderte Mietwohnungsbestand

Ein besonderes Segment des sehr großen Mietwohnungsmarktes in Deutschland ist der öffentlich geförderte Wohnungsbestand. Dieses Segment entstand in Deutschland und einigen anderen Ländern als Folge der Bedeutung des Gutes Wohnung als Sozialgut (vgl. Kofner 2004: 8). Der Verlust bzw. das Nichtvorhandensein einer Wohnung gilt für die Menschen bzw. genauer für die Haushalte als existenzbedrohend, da die Wohnung als Lebensmittelpunkt und letztlich nicht substituierbar mit Blick auf eine eigenständige Lebensführung ist. Wohnungslosigkeit gilt als wesentlicher Risikofaktor für den Verlust von Arbeit und Einkommen. Damit führt der Verlust einer Wohnung häufig zu einem Teufelskreis, denn ohne Wohnung wird es erst recht schwer, eine neue Arbeit zu finden etc. In letzter Konsequenz führte diese Erkenntnis auch zu den seit einigen Jahren diskutierten Ansätzen des »Housing First« zur Bekämpfung von Obdachlosigkeit. Hier wird – anders als in traditionellen gestuften sozialen Hilfesystemen (»Continuum of Care«) – die eigene Wohnung als Voraussetzung für die erfolgversprechende Inanspruchnahme anderer Hilfen gesehen. Damit ist nicht das erfolgreiche Durchlaufen anderer Hilfeprogramme Voraussetzung für die Zuteilung einer Wohnung (vgl. Busch-Geertsema 2013: 156 f.).

Damit es im besten Fall überhaupt nicht zu einer Wohnungslosigkeit aus wirtschaftlichen Gründen kommt und Haushalte auch bei zunehmender Anspannung der Wohnungsmärkte und entsprechend steigenden bzw. hohen Preisen eine Wohnung finden und sich leisten können, sind seit vielen Jahrzehnten staatliche Eingriffe in den Wohnungsmarkt zu beobachten (vgl. Hafner 1993: 115–117). Die Notwendigkeit staatlichen Handelns im Wohnungssektor war in Deutschland nach dem Zweiten Weltkrieg mit der weitgehenden Zerstörung der Städte und einer Vernichtung von fast 40 Prozent des urbanen Wohnraums einerseits sowie der durch die Flüchtlingsströme überbordenden Nachfrage nach Wohnraum andererseits existenziell und wurde in der ersten Dekade der jungen Bundesrepublik zur zentralen innenpolitischen Aufgabe.

Im Prinzip sind solche Eingriffe auch heute notwendig, wenn auch nicht in der Intensität der frühen Nachkriegszeit, da ein Marktversagen an den Wohnungsmärkten im Grunde dem Normalzustand entspricht. Sowohl die Standortgebundenheit, die verhindert, dass das Wohnungsangebot an den Ort verbracht werden kann, an dem die (aktuelle) Wohnungsnachfrage feststellbar ist, als auch die Heterogenität und damit – bezogen auf die Nutzung – relative Inflexibilität der Immobilien führen dazu, dass mancherorts nicht ausreichend Wohnraum für die große oder steigende Nachfrage zur Verfügung steht. Aufgrund der langen Produktionszyklen mit Planungs- und Realisierungszeiträumen für Neubauwohnungen von mehreren Jahren gelingt es den Anbietern auch nicht, Nachfrageüberhängen in kurzer Zeit durch eine Ausweitung des Angebots zu begegnen.

1 Die Situation am Immobilienmarkt

Insgesamt hat sich ein vielfach ausdifferenziertes Instrumentarium etabliert, mit dessen Hilfe die öffentliche Hand versucht, auf Angebot und Nachfrage am Wohnungsmarkt Einfluss zu nehmen. Neben einer Subjektförderung, die z. B. mithilfe von Zuschüssen und Vergünstigungen darauf abzielt, Haushalte finanziell besser auszustatten bzw. sie bei der Anmietung oder beim Kauf von Wohnungen finanziell zu unterstützen oder abzusichern, versuchen insbesondere der Bund, z. T. aber auch die Länder, durch prozesspolitische Maßnahmen, wie z. B. die Regulierung der Mietpreishöhe, Einfluss auf den Markt zu gewinnen. Beide Flanken betreffen in gewisser Weise auch die Kommunen. So z. B. die Zuschüsse, die Haushalte im Rahmen der Regelungen des § 22 SGB II (Bedarfe für Unterkunft und Heizung) im Falle zu geringer Einkommen zu den »Kosten der Unterkunft« geleistet werden oder auch die Aufstellung von Mietpreisspiegeln bzw. die Festlegung der ortsüblichen Vergleichsmiete. Doch bewegen sich Kommunen hier nur im Rahmen der geltenden Rechtsnormen und setzen diese um, ohne sie selbst maßgeblich beeinflussen zu können.

Dies gilt zwar im Grundsatz auch für die dritte Dimension der Einflussnahme auf den Wohnungsmarkt, die Förderpolitik. Doch die Objektförderung und hier insbesondere der »soziale Wohnungsbau« eröffnen nicht zuletzt auch Kommunen die Möglichkeit, direkt mit preisverbilligtem Wohnraum Einfluss auf die Angebotsseite des Marktes zu nehmen.

Bis Ende der 1980er-Jahre wurden in (West-)Deutschland vor diesem Hintergrund rund sieben Millionen sozial geförderte Mietwohnungen errichtet, um »breiten Schichten der Bevölkerung«, aber eben auch Einkommensschwachen angemessene und erschwingliche Wohnungen anbieten zu können. Diese Zielsetzung stammte noch aus den Wohnraumfördergesetzen der 1950er-Jahre, die noch bis 2001 Grundlage der staatlichen Wohnungspolitik waren. Die Orientierung an den »breiten Schichten der Bevölkerung« als Zielgruppe gilt für den öffentlich geförderten Wohnungsbau im Prinzip bis heute. Allerdings stellte man in den 1970er-Jahren fest, dass trotz aller Anstrengungen nicht ausreichend geförderte Wohnungen gebaut werden konnten, um dem theoretischen Bedarf zu genügen. Daher sollte mithilfe einer Fehlbelegungsabgabe, die 1981 eingeführt wurde, die Verteilung der öffentlichen Wohnungen »gerechter« organisiert werden (vgl. Pahnke 1998: 23 ff.). Das Instrument wurde immer wieder – u. a. aufgrund des hohen Erhebungs- und Verwaltungsaufwands – als wenig zielführend diskutiert (vgl. Thomsen et al. 2020: 461 ff.). Nach der Föderalismusreform liegt die Zuständigkeit heute bei den Ländern, wo diese Abgaben in unterschiedlicher Form bis heute erhoben werden.

Zum Ende der 1980er-Jahre entspannte sich die Lage aber an den Wohnungsmärkten zunehmend u. a. infolge einer Stagnation bzw. eines Rückgangs der Bevölkerungszahlen. Infolgedessen verlor die Wohnungspolitik an Bedeutung (s. u.). Seit 1987 (Gebäudezählung im Rahmen des damaligen Zensus) ging der Bestand von (damals) noch knapp vier Millionen Wohnungen somit stetig zurück, weil Sozialbindungen für die bestehenden Wohnungen nach und nach ausliefen und nicht in gleichem Umfang neue öffentlich geförderte Wohnungen gebaut wurden (vgl. FES 1999). Bis Anfang der 2000er-Jahre schrumpfte der Bestand auf dann knapp 2,5 Mio. Wohnungen. Vor allem in den 2010er-Jahren beschleunigte sich der Rückgang des geförderten Wohnungsbestands nochmals deutlich und lag 2019 bei (nur) noch 1,14 Mio. belegungsgebundenen Mietwohnungen (vgl. Dt. Bundestag 2019: 2).

Abb. 8: Öffentlich geförderte Wohnungen in Deutschland. Quelle: eigene Darstellung nach FES (1999), BAG Wohnungslosenhilfe (2016), Dt. Bundestag (2019)

Demgegenüber wird mittlerweile in vielen Städten ein erheblicher (und wachsender) Bedarf an »bezahlbaren« Wohnungen[6] konstatiert. Eine aktuelle Studie hatte für die 77 deutschen Großstädte einen Bedarf von mehr als 1,9 Mio. weiteren »leistbaren« Wohnungen ermittelt (vgl. Holm et al. 2018: 64 ff.). Dieser Bedarf bezieht sich zwar nicht ausdrücklich auf öffentlich geförderte Wohnungen, doch erscheint es angesichts der hohen Baukosten kaum möglich, auf andere Weise zusätzlich (annähernd) leistbare Wohnungen zu beschaffen.

In diesem Marktsegment spielen traditionell kommunale Wohnungsanbieter eine große Rolle. Im Jahr 2021 sind Auswertungen der NRW.BANK zufolge 35 Prozent aller in Nordrhein-Westfalen bewilligten Wohnraumfördermittel von kommunalen

---

6   Der Begriff der »Bezahlbarkeit« oder auch »Leistbarkeit« wird unterschiedlich definiert. Beispielsweise gehen die Vereinten Nationen davon aus, dass Haushalte maximal 40 Prozent ihres Nettoeinkommens für die unmittelbaren und mittelbaren Wohnkosten (»bruttowarm«) aufbringen sollten, um noch ausreichend Einkommen für übrige Verpflichtungen zur Verfügung zu haben. Andere Studien gehen von geringeren Sätzen aus; beispielsweise werden in Deutschland häufig auch max. 30 Prozent des Haushaltseinkommens angesetzt (vgl. z. B. Holm et al. 2018).

Wohnungsunternehmen beantragt worden. Insbesondere nutzen diese Unternehmen – neben dem Neubau – die in NRW verfügbaren Mittel auch zur Modernisierung. In diesem Bereich entfielen 2021 sogar 60 Prozent aller abgerufenen Fördermittel auf kommunale Wohnungsunternehmen.[7]

1.3 Gewerbliche Immobilienmärkte

Auch der gewerbliche Immobilienmarkt spielt für Kommunen eine Rolle, die allerdings anders zu bewerten ist als bei den vorgenannten Boden- und Wohnimmobilienmärkten. Die Kommunen sind am Bodenmarkt maßgeblich für die Steuerung des Angebots verantwortlich und – jedenfalls was die Schaffung von Baurecht angeht – sogar Monopolist. Auch beim Wohnimmobilienmarkt haben sie eine wichtige Rolle, weil sie (neben der vorgelagerten Boden- bzw. Baulandpolitik) im Rahmen der kommunalen Daseinsvorsorge (vgl. Kap. 2.1) und beispielsweise durch kommunale Wohnungsunternehmen (vgl. Kap. 2.1.1) auch das konkrete Angebot des »Sozialguts« Wohnen direkt beeinflussen, wenngleich sie in aller Regel auch bezogen auf Teilmärkte, wie den Mietwohnungsmarkt, in aller Regel weit entfernt von monopolistischen Anbietern sind.

Beim Angebot von gewerblichen Immobilien sieht die Rolle der Kommunen etwas anders aus. Gewerbliche Immobilien gelten nicht in gleicher Weise als ein Sozial- oder Existenzgut, wie es Wohnimmobilien tun. Dennoch wird die Bedeutung eines hinsichtlich Quantität und Qualität ausreichenden Angebots an gewerblichen Flächen in der Wirtschaftsförderung und Clusterpolitik vor allem von Industrie- und Gewerbetreibenden selbst als wesentlicher Standortfaktor für die wirtschaftliche Entwicklung einer Stadt oder Region bewertet (vgl. DIHK 2018: 5 f.).

Angesichts der Fülle sehr unterschiedlicher gewerblicher oder gar industrieller Nutzungen und entsprechend vielfältiger Anforderungen an die jeweiligen Immobilien sowie der damit verbundenen extremen Heterogenität des Immobilienangebots fällt eine eindeutige Strukturierung dieses Marktsegments nicht leicht. Knapp 19 Prozent der Siedlungsfläche in Deutschland werden derzeit gewerblich genutzt (vgl. DIHK 2018: 5) – allerdings eben durch sehr unterschiedliche Nutzende.

Der Branchenverband ZIA sowie der Arbeitskreis der Oberen Gutachterausschüsse, zentralen Geschäftsstellen und Gutachterausschüsse in der BRD haben gemeinsam mit zahlreichen Verbänden und (Forschungs-)Partnern 2016 eine »Strukturierung des

---

[7] Die Daten zum Fördermittelabruf wurden freundlicherweise von der NRW.BANK zur Verfügung gestellt. Sie werden in ähnlicher Form im Jahresbericht der Wohnraumförderung veröffentlicht.

sachlichen Teilmarkts wirtschaftlich genutzter Immobilien« vorgelegt. Dort werden »Wirtschaftsimmobilien« in Abgrenzung zu Wohnimmobilien, Agrar-/Forst-/Fischerei-immobilien und »übrigen Immobilien« als solche Immobilien beschrieben, »die der Nutzer zur Erstellung eines Produkts oder einer Dienstleistung als Produktionsfaktor einsetzt. Nutzer solcher Wirtschaftsimmobilien sind Unternehmen oder die öffentliche Hand« (ZIA et al. 2016: 20).

Hier wird schon darauf hingewiesen, dass »die öffentliche Hand« – also auch Kommunen – durchaus als Nachfrager solcher Immobilien in Betracht kommen. Seltener werden sie Immobilien für die gewerbliche Produktion nutzen, da eine entsprechende Betätigung der Kommunen durch die Gemeindeordnungen in der Regel deutlich eingeschränkt ist und dem marktwirtschaftlichen Sektor überlassen bleibt. Aber im Feld der Dienstleistungen lassen sich viele der behördlichen Verwaltungsakte und Leistungen durchaus verorten, jedenfalls was die Anforderungen an entsprechende (Büro- oder z. B. Bildungs-)Immobilien angeht. Die Autoren haben die Kategorie »Wirtschaftsimmobilien« in neun Segmente unterteilt, die sich im Wesentlichen aus unterschiedlichen Nutzungen und damit verbundenen verschiedenen Anforderungen an die Immobilien ergeben.

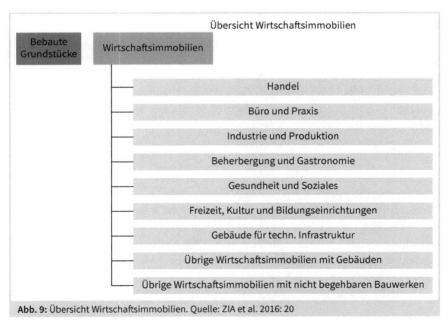

Abb. 9: Übersicht Wirtschaftsimmobilien. Quelle: ZIA et al. 2016: 20

Neben den bereits genannten Büroimmobilien, die von den Kommunalverwaltungen selbst oder nachgelagerten kommunalen Betrieben genutzt werden, sind insbesondere die Segmente der Gesundheits- und Sozialimmobilien sowie Freizeit-, Kultur- und Bildungsimmobilien sowie Gebäude für technische Infrastruktur relevante Segmente

1 Die Situation am Immobilienmarkt

für die öffentliche Hand. Insbesondere die Handelsimmobilien sowie die Büro- und Praxisimmobilien werden im selben Gutachten noch hinsichtlich verschiedener Typologien unterteilt. Während dies bei den Handelsimmobilien insbesondere anhand der Größe der Flächen geschieht (großflächiger Einzelhandel > 1.200 m², kleinflächiger Einzelhandel < 1.200 m² und Geschäftshäuser) sowie dann weiter unterteilt nach verschiedenartigen Typologien (Shopping-Center, Warenhäuser, Verbrauchermärkte …), werden Büroimmobilien nach der Homogenität ihrer Nutzung unterteilt (vgl. ZIA et al. 2016: 22-27).

Aufgrund der bereits beschriebenen Heterogenität und der sehr unterschiedlichen Bedeutung einzelner (nutzungsbezogener) Teilmärkte in Deutschland ist der Markt für gewerbliche Immobilien in Deutschland deutlich intransparenter als der für Wohnimmobilien, wobei auch dieser hinsichtlich der komplexen regionalökonomischen Verflechtungen für Außenstehende schwerlich vollständig zu erfassen ist. Umso mehr ist jedoch der Handel an den gewerblichen Immobilienmärkten wie auch die Marktforschung in diesem Feld auf das Engagement teils hochspezialisierter und/oder regional orientierter Maklerhäuser angewiesen. Ebenso haben sektoren- und regionenübergreifende Internetangebotsdatenbanken im gewerblichen Bereich keine vergleichbare Marktdurchdringung wie im Wohnungsmarkt. Die Deutsche Bundesbank liefert zwar ein etabliertes Indikatorenset für den gewerblichen Immobilienmarkt[8], doch die Analyse und v. a. Bewertung wird häufig durch Maklerhäuser oder auch durch auf Immobilieninvestments ausgerichtete Finanzhäuser vorgenommen. In der Folge findet sich eine unübersehbare Fülle von Veröffentlichungen und »Marktberichten« etc. zum gewerblichen Immobilienmarkt oder auch einzelnen Teilmärkten, die hier nur ansatzweise berücksichtigt werden kann. Im Einzelfall ist daher – auch für Kommunen – eine Investitionsentscheidung sorgfältig abzuwägen und es empfiehlt sich, möglichst entsprechend spezialisierte (regionale/marktsegmentorientierte) Maklerhäuser einzubeziehen.

Im Folgenden wird auf einige für kommunales Handeln besonders bedeutsame Marktsegmente näher eingegangen. Insbesondere der »Markt« für im Kern kommunale Immobilien, wie z. B. Rathäuser, spezielle Infrastrukturgebäude oder auch Schulgebäude, ist jedoch hier kaum erfasst. Angesichts des Nachfragemonopols besteht hier faktisch kaum ein echter »Markt«, sieht man von den meist marktwirtschaftlich geprägten Neubauten und der ggf. denkbaren Zweitverwertung entsprechender Immobilien einmal ab.

---

8   Online verfügbar unter https://www.bundesbank.de/de/statistiken/indikatorensaetze/indikatorensystem-gewerbeimmobilienmarkt/indikatorensystem-zum-gewerbeimmobilienmarkt-775486

1.3.1 Der Büroimmobilienmarkt

Der Markt für Büroimmobilien war über die vergangenen Jahre insbesondere in den sog. Top-7-Städten[9] von erheblichen Nachfrageüberhängen gekennzeichnet. Regionale Teilmärkte haben sich zum Teil anders entwickelt; dies wird jedoch in vielen übergeordneten Marktberichten angesichts der hohen Bedeutung, welche die Großstädte für das Marktgeschehen insgesamt haben, kaum beleuchtet. Stattdessen liegen vielerorts regionale Berichte vor, die sich mit den dortigen Büroimmobilienmärkten befassen.

Insbesondere seit etwa 2007 stieg in den Top-7-Städten die Anzahl der Bürobeschäftigten kontinuierlich an, was nicht zuletzt im Zusammenhang mit der Zuwanderung und dem daraus resultierenden Wohnungsmangel in diesen Städten zu sehen ist (s. o.).

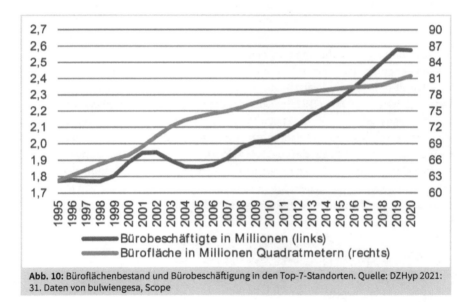

Abb. 10: Büroflächenbestand und Bürobeschäftigung in den Top-7-Standorten. Quelle: DZHyp 2021: 31. Daten von bulwiengesa, Scope

Der Zuwachs an Bürofläche verlief hingegen sehr viel langsamer, womit es zu deutlich sinkenden Leerständen und in vielen Städten zu erheblichen Preisanstiegen kam. In allen Top-7-Städten zusammen sind die Bürospitzenmieten von 2010 bis Mitte 2021 um 40 Prozent gestiegen, in Berlin sogar um 90 Prozent.

---

9   Hierzu werden Berlin, Hamburg, München, Köln, Frankfurt, Düsseldorf und Stuttgart gezählt.

1 Die Situation am Immobilienmarkt

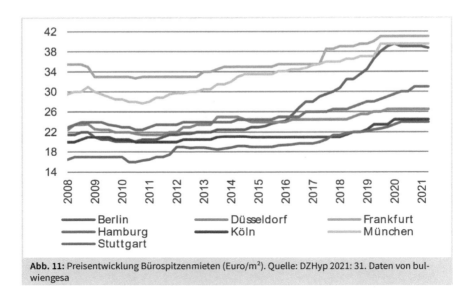

Abb. 11: Preisentwicklung Bürospitzenmieten (Euro/m²). Quelle: DZHyp 2021: 31. Daten von bulwiengesa

Zuletzt wurde der Büroimmobilienmarkt insbesondere vor dem Hintergrund der grassierenden Corona-Pandemie und dem infolgedessen beschleunigten Wandel der Arbeitswelt mit einem – zwangsläufig – höheren Anteil an Homeoffice-Tätigkeiten intensiver untersucht. Dabei fällt zunächst auf, dass die Spitzenmieten zwar stagnierten, aber noch nicht sanken. Für die Zukunft werden unterschiedliche Szenarien diskutiert. Nach den ersten Lockdown-Erfahrungen 2020 kam u. a. das große Maklerhaus JonesLangLasalle zu dem Schluss, dass der Büroflächenbedarf – wenn überhaupt – nur leicht sinken würde. In drei Szenarien untersuchte man die künftige Entwicklung des Bedarfs und ging im wahrscheinlichsten Szenario »Back to Business« lediglich von einem verhältnismäßig geringfügig zurückgehenden Bedarf von bis zu –10 Prozent aus.

Abb. 12: Drei Szenarien zum Büroflächenbedarf nach Corona. Quelle: JLL (2020): 7

1.3 Gewerbliche Immobilienmärkte

Die Marktexperten führen dies unter anderem darauf zurück, dass nur ein bestimmter Teil der Bürobeschäftigten dauerhaft von zu Hause arbeiten würde und im Gegenzug der Flächenverbrauch pro Kopf im Büro aufgrund eines wieder steigenden Anteils an Zellenbüros und größeren Gemeinschaftsflächen sogar steigen könnte (vgl. JLL 2020: 12). Vor dem Hintergrund aktualisierter Umfrageergebnisse prognostizierte das Beratungsunternehmen PwC Ende 2021 hingegen, dass angesichts eines fortschreitenden Wandels in der Arbeitswelt und mit Blick auf die Gewöhnungseffekte durch die lang anhaltende Pandemie durchaus eine Reduzierung des Büroflächenbedarfs von bis zu 20 Prozent realistisch erscheint, wodurch sich 12 Prozent der immobilienbezogenen Kosten für Unternehmen einsparen ließen (vgl. PwC 2021b: 21).

Der Büroflächenmarkt ist angesichts der Veränderungen der Büroarbeit (Stichwort: mobiles Arbeiten) offenkundig einem starken Wandel unterzogen. Dies führt einerseits zu erheblichem Investitionsbedarf in Bezug auf bestehende Büroimmobilien, die an die neuen Gegebenheiten angepasst werden müssten (PwC geht in der oben genannten Studie von ca. 700 Euro pro m² Fläche aus). Das trifft auch Kommunen als Nutzer von Büroflächen. Gleichzeitig zeigt sich eine Tendenz zu einem infolge von Homeoffice-Regelungen stagnierenden oder sogar schrumpfenden Büroflächenbedarf mit entsprechenden Kostenreduzierungen. Das könnte die Engpässe auch in vielen Kommunalverwaltungen beheben helfen und die kommunalen Haushalte schonen, wenn schon nicht direkt entlasten.

1.3.2 Der Markt für Gesundheitsimmobilien

Gesundheitsimmobilien, auch Healthcare-Immobilien genannt, umfassen ein in sich heterogenes Feld von Immobilien, in denen Gesundheitsleistungen erbracht werden. Die Asset-Klasse ist aufgrund ihrer baulichen Anforderungen wie auch der Nutzungskonzepte deutlich von anderen Immobilien zu unterscheiden. Für viele Immobilien in diesem Feld bestehen spezielle Anforderungen, die über die Standards der BauNVO z. B. für Wohn- oder Gewerbebauten hinausgehen. Dies hängt einerseits mit den besonderen Sicherheitsanforderungen der dort wohnenden oder behandelten vulnerablen Gruppen zusammen (z. B. Möglichkeiten der Liegend-Rettung im Brandfall etc.) sowie auch mit der eingeschränkten Mobilität vieler Nutzender (Barrierefreiheit, Rollstuhlgerechtigkeit), andererseits mit den dort erbrachten Leistungen selbst (z. B. umfangreiche Versorgungs- und Leitungsinfrastruktur von eigenen Sauerstoffleitungen bis zu komplexen Notstromversorgungen in Krankenhäusern etc.). Darüber hinaus lassen sich die Immobilien aufgrund ihrer mit der dort stattfindenden Wohnnutzung oder einer temporären Unterbringung (z. B. im Krankenhaus) verbundenen umfassenden medizinisch-pflegerischen oder betreuerischen Leistungsangebote deutlich von anderen Immobilien unterscheiden. In Teilen werden die entsprechenden Einrichtungen (jedenfalls stationäre) Angebote daher auch als »EULA«, Einrichtungen mit umfassendem Leistungsangebot, bezeichnet.

Im Marktsegment der Healthcare-Immobilien sind Kommunen (neben anderen) ein wichtiger Stakeholder, wenngleich es hier auch viele private, gemeinnützige und beispielsweise kirchliche Akteure gibt. So werden von den knapp unter einer Million Plätzen in 15.380 Pflegeheimen, die es 2019 gab, immerhin 5,6 Prozent (rund 55.000) in fast 700 Einrichtungen »öffentlichen Trägern« zugeordnet (vgl. Website DESTATIS 2022: d)). Ein Hinweis auf die Bedeutung kommunaler Akteure in diesem Feld ist etwa der Bundesverband der kommunalen Senioren- und Behinderteneinrichtungen e.V. (BKSB), der nach eigenen Angaben bislang etwa 71 Träger mit 400 Pflegeeinrichtungen und über 28.000 Plätzen (SGB XI) vertritt.[10] Dies entspricht etwa der Hälfte der Pflegeplätze und fast 60 Prozent aller »öffentlichen« Einrichtungen. Darüber hinaus sind aber auch Spezialimmobilien der Gesundheitswirtschaft, wie etwa Krankenhäuser oder seit einigen Jahren wieder vermehrt medizinische Versorgungszentren, in öffentlicher bzw. kommunaler Trägerschaft.

Insgesamt galt dieses Immobiliensegment lange Zeit aus der Perspektive (internationaler) Investoren als nicht allzu attraktiv, was weniger an der öffentlichen Hand als an dem traditionell noch deutlich größeren Anteil freigemeinnütziger Träger am Marktgeschehen lag. Die Immobilien in deren Besitz und Bewirtschaftung sind weitgehend im Eigentum ebendieser gemeinnützigen Trägerschaften. Hinzu kamen und kommen immer noch die bereits geschilderten komplexen technischen, baulichen und betriebswirtschaftlichen Anforderungen an Bau und Betrieb von Gesundheits- und Pflegeimmobilien.

Mit der fortschreitenden Ökonomisierung des Gesundheitssektors aber kam es zu einem verstärkten Auftreten privater Anbieter (vgl. Bauer 2006). Insbesondere aufgrund des fortschreitenden demografischen Wandels und der entstehenden und sich stetig vergrößernden Angebotslücke in der Pflegeversorgung wurden Pflege- und Gesundheitsimmobilien zunehmend als lohnendes Investment wahrgenommen (vgl. Cushman&Wakefield 2021). Zwar ging die Spitzenrendite im Pflegeimmobiliensektor in den vergangenen zehn Jahren kontinuierlich zurück – von etwa acht Prozent auf jetzt unter vier Prozent (vgl. BNP Paribas 2021: 1). Vor dem Hintergrund der lang anhaltenden Niedrigzinsphase galten aber auch diese Renditen in Verbindung mit der aufgrund des demografischen Wandels zwangsläufig wachsenden Nachfrage und dem entsprechend niedrigen Risiko als sehr gut. Aus diesen Gründen steigt seit vielen Jahren das Investitionsvolumen in diesem Immobiliensegment signifikant – zuletzt

---

10 Der Bundesverband ging vor einigen Jahren aus dem nordrhein-westfälischen Landesverband hervor; vgl. Website BKSB e.V.

wurde nach einer Untersuchung des bankverbundenen Spezialmaklers BNP Paribas ein Transaktionsvolumen von 4,0 Mrd. Euro pro Jahr deutlich überschritten.

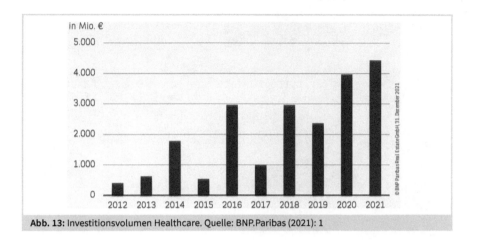

Abb. 13: Investitionsvolumen Healthcare. Quelle: BNP.Paribas (2021): 1

Insbesondere die Corona-Pandemie hat nochmals die Bedeutung dieses Immobiliensektors vor Augen geführt. Zugleich wird die bereits angesprochene »Ökonomisierung« des Gesundheitssektors durchaus kritisch bewertet. Einiges spricht dafür, dass das kommunale Engagement in diesem Segment zukünftig weiter wachsen könnte, womit auch die Pflege- und Gesundheitsimmobilien in den kommunalen Portfolios noch mehr an Bedeutung gewinnen könnten.

2 Kommunale Liegenschaften

Bearbeitet von Torsten Bölting

Im Zusammenhang mit dem Immobiliensektor haben die Kommunen, wie bereits dargestellt, neben der Vorhaltung von Zweckbauten bzw. Bauten der (öffentlichen) Infrastruktur eine besondere Bedeutung bei der Versorgung der Bevölkerung mit Wohnraum. Kommunale Wohnungsunternehmen lassen sich als Teilbereich der öffentlichen Wohnungsunternehmen dadurch von anderen Sektoren der organisierten Wohnungswirtschaft (z. B. Genossenschaften, privatwirtschaftliche Wohnungsgesellschaften) abgrenzen, dass sie mehrheitlich im Besitz öffentlicher (Gebiets-)Körperschaften stehen. Damit werden die Unternehmen in den Aufsichtsräten zumeist auch durch gewählte Politikerinnen und Politiker (z. B. Ratsfrauen und -herren) oder kommunale (Wahl-)Beamten, wie etwa Stadtbauräte o. Ä., die wiederum den demokratisch gewählten Räten und Ausschüssen Rechenschaft schuldig sind, kontrolliert (vgl. Kofner 2004: 29).

Von besonderer Bedeutung ist die Tatsache, dass die Kommunen bzw. kommunale Wohnungsunternehmen ihre Tätigkeit letzten Endes in einem – mehr oder weniger unregulierten – Marktumfeld verrichten. Sie treten mit dem Angebot an Wohnungen in Konkurrenz zu anderen Anbietern am Markt und stehen – mindestens mit Verlust der Privilegien der Gemeinnützigkeit – hier mitunter in einem deutlichen Wettbewerb. Gleichzeitig stellte sich in diesem Spannungsfeld innerhalb der vergangenen 30 Jahre immer wieder die »Sinnfrage« – d. h. die Frage danach, ob Kommunen einer solchen Tätigkeit überhaupt nachgehen sollten. Im Folgenden wir dieser Zusammenhang daher näher beleuchtet.

2.1 Kommunale Wohnraumversorgung als Bestandteil der kommunalen Daseinsvorsorge

Die Aufgabe der Kommunen, die in ihnen lebenden Menschen mit angemessenem Wohnraum zu versorgen, steht im Zusammenhang mit einem Wandel im Verständnis von (öffentlicher) Verwaltung. Während zeitweilig eher eine Perspektive auf den Staat als Träger einer »Eingriffsverwaltung« bestand, die mittels Eingriffs in die Rechte von Personen die Abwehr von Gefahren sichert, änderte sich dieses Verwaltungsverständnis im Zuge der Industrialisierung sukzessive zu einer Verwaltung als Leistungsträger.

Da die Menschen, u. a. als Folge der Arbeitsteilung in der industrialisierten Gesellschaft, nicht mehr in der Lage waren, selbstständig für alle für ihr Dasein wesentlichen Belange zu sorgen, sollte der Staat hier einspringen und z. B. die Müllentsorgung sowie die Versorgung mit Energie und Wasser übernehmen. Auch der (öffentliche) Personennahverkehr galt lange als Domäne öffentlicher Daseinsvorsorge. Im Sinne von Karl Jaspers und Ernst Forsthoff[11] wurde somit ein recht breites Spektrum an Infrastruktur- und Versorgungsaufgaben dem staatlichen Handeln zugeordnet. Heute wird die Aufgabe der (kommunalen) Daseinsvorsorge durch das Sozialstaatsprinzip (Art. 20 GG) den Kommunen zugeordnet, die dafür im Rahmen ihrer kommunalen Selbstverwaltung Sorge tragen. Mittlerweile ist allerdings strittig, was im Detail zur (kommunalen) Daseinsvorsorge zählt bzw. zählen sollte (s. z. B. Hill 1996, der die Tätigkeit der Kommunen konservativ recht weit auslegte). Der Streit darum ist letztlich Ursache der Privatisierungsdebatten in den 1990er- und 2000er-Jahren (s. u.), während derer es zur Privatisierung ganzer (vormals öffentlicher) Wirtschaftszweige kam, wie etwa der Energieversorgung oder eben auch (teilweise) der Wohnraumversorgung. Den Rahmen der kommunalwirtschaftlichen Betätigung regeln heute die Gemeindeordnungen der Länder; in Nordrhein-Westfalen ist es z. B. der § 107 GO NRW (»Zulässigkeit der wirtschaftlichen Betätigung«). Dort werden – im Unterschied zur »wirtschaftlichen« Betätigung – insbesondere öffentliche Einrichtungen für Bildung, Kultur usw. sowie Sport- und Grünanlagen sowie Gesundheits- und Sozialeinrichtungen, aber eben auch »Einrichtungen, die (...) der Wohnraumversorgung dienen« (§ 107 Abs. 2 Satz 3 GO NRW) als »nicht-wirtschaftliche« Betätigung betrachtet, wobei gleichwohl die Maßgabe gilt, dass diese »nach wirtschaftlichen Gesichtspunkten« zu verwalten sind.

Dabei wird das »Wohnen« selbst als ein Existenzgut gesehen und könnte damit dem staatlichen Bereich der Daseinsvorsorge grundsätzlich zugerechnet werden (vgl. Pfeiff 2002). Damit ist ein staatliches Engagement dort also nicht nur möglich, sondern eine Wahrnehmung der staatlichen Regelungskompetenz erscheint sogar geboten, um die Bereitstellung des Existenzguts (oder auch Sozialguts) für alle zu gewährleisten. Neben anderen öffentlichen Wohnungsunternehmen übernehmen vielfach kommunale Unternehmen diese Tätigkeit, die sich eben durch die Zielsetzung bzw. den Unternehmenszweck des Wohnraumversorgungsauftrags von vielen anderen (privaten) Unternehmen unterscheiden. Insbesondere sollten und sollen sie diesen Auftrag durch die Beeinflussung der Angebotsseite des Wohnungsmarktes (durch das Angebot eigener Wohnungen) vor allem für solche Zielgruppen wahrnehmen, die sich z. B. aufgrund einer begrenzten wirtschaftlichen Leistungsfähigkeit mit Versorgungsengpässen am Wohnungsmarkt konfrontiert sehen (vgl. Kiepe et al. 2011: 667). Diese grundlegende Aufgabenstellung besteht heute nach wie vor, wobei viele Wohnungsunternehmen – auch aus Gründen der Wirtschaftlichkeit des Gesamtunternehmens infolge des Verlustes der Gemeinnützigkeit – durchaus zusätzlich auch andere (wohl-

---

11   Forsthoff legte seine um die Leistungsverwaltung erweiterte Dogmatik der Verwaltung in »Die Verwaltung als Leistungsträger« (Königsberg, 1938) vor.

habendere) Zielgruppen ansprechen. Einen Überblick über die Aufgaben kommunaler Wohnungsunternehmen liefern Kühne-Büning et al. (2005). Demnach zählen zu den Aufgaben kommunaler Wohnungsunternehmen

- »[…] Bau, Vermietung und Verwaltung von Wohnungen,
- der soziale Wohnungsbau zur Erfüllung des kommunalen Versorgungsauftrages,
- die wohnliche Versorgung von am Wohnungsmarkt benachteiligten Bevölkerungsgruppen,
- die Errichtung von Boardinghäusern, Wohnheimen und Hoteleinrichtungen,
- die Umnutzung und der Umbau von brachfallenden Altgebäuden und Industrie- und Verkehrsbrachen (Fabriken, Schulen, Krankenhäuser, Kasernen, Bahnanlagen etc.),
- der experimentelle Wohnungsbau im Rahmen des kosten- und flächensparenden sowie des kommunikativen Wohnens,
- ökologisches und energiesparendes Bauen und Wohnen,
- die Planung und Realisierung von Infrastrukturmaßnahmen in den Kommunen,
- die Vorbereitung und Umsetzung städtebaulicher Planungen und die Umsetzung von Bodenordnungsmaßnahmen,
- die Planung und Realisierung von Wohnumfeldmaßnahmen sowie von Sanierungs- und Erneuerungsmaßnahmen,
- die Organisation von Bürgerbeteiligungen.« (Kühne-Büning et al. 2005: 123)

Insbesondere die Hinweise auf die Aufgaben der Flächenentwicklung sowie Bodenordnungsmaßnahmen etc. verweisen auf die Rolle der kommunalen Wohnungsunternehmen als Sanierungsträger. Hierin unterscheiden sie sich nicht wesentlich von anderen (öffentlichen) Unternehmen sowie den noch bestehenden (meist landeseigenen) »Heimstätten« (vgl. Fontaine-Kretschmer, Stratmann 2022: 48 f.).

Etwa seit Ende der 1980er-Jahre war es jedoch zunehmend Gegenstand von Diskussionen, in welcher Form und in welchem Umfang die öffentliche Hand und somit auch die Kommunen sich in diesen Feldern der Daseinsvorsorge weiterhin engagieren sollten. So kam es in den 2000er-Jahren zu einem Umdenken und zu einem »Rückzug des Staates« (s. hierzu auch die Debatte um die Privatisierung von Wohnungen und Wohnungsunternehmen: Kap. 2.1.2).

2.1.1 Die Entstehung kommunaler Wohnungsunternehmen

Die Tradition der kommunalen Wohnraumversorgung entstammt wie die entsprechenden Anstrengungen, die Versorgung der Bevölkerung mit Energie, Wasser usw. zu sichern, der Zeit der Industrialisierung. In der zweiten Hälfte des 19. Jahrhunderts wurde infolge des erheblichen Wachstums der (Industrie-)Städte deutlich, dass es hier Handlungsbedarf gab. Während sich die Wurzeln des Bauordnungsrechts, das der Gefahrenabwehr (z. B. vor Brand, Seuchen usw.) diente und beispielsweise im Wege des Eingriffs in die Rechte von Grundstückseigentümern die Art und das Maß der baulichen Nutzung regelte, bis in mittelalterliche Regelwerke zurückverfolgen lassen (vgl. Schmidt-Eichstaedt et al. 2018: 67), gilt das für die Wohnungspolitik nicht. Sie und entsprechende Instrumente und Rechtsfolgen kamen letztlich erst mit der Weimarer Republik zum Tragen.

In den 1850er- und 1860er-Jahren oblag die Schaffung von Wohnraum in den wachsenden Industriestädten noch weitgehend (privaten) Erschließungsgesellschaften. Zwar traten Kommunen hier auch z. T. als (Mit-)Gesellschafter auf, doch wurden diese Unternehmungen letztlich allein zum Zweck der Gewinnmaximierung gegründet und geführt. Insbesondere in Berlin führte deren Tätigkeit zu einer stark verdichteten »Mietskasernen«-Typologie und zu enormen Preissteigerungen am Wohnungsmarkt – auch infolge von Bodenspekulation (vgl. Rottke 2011). Die Folgen für die Menschen waren katastrophal: Nicht nur gab es viel zu wenig Wohnungen, sondern die vorhandenen Objekte waren auch in schlechtem Zustand, klein und arg überteuert.

Bevor der Staat oder die Kommunen hier jedoch in Form der o. g. Daseinsvorsorge tätig wurden, etablierte sich ein Instrument der Selbsthilfe – mancherorts auch unter wohlwollender Begleitung der örtlichen Politik und Verwaltung. In der zweiten Hälfte des 19. Jahrhunderts entstanden die ersten Bauvereine und Wohnungsgenossenschaften. Die damals noch neue bzw. wiederentdeckte Form der genossenschaftlichen Wirtschaftsform verfährt bis heute nach denselben Prinzipien, die im Genossenschaftsgesetz (GenG, zuletzt novelliert 2006) niedergelegt sind. Dieses Gesetz geht zurück auf das entsprechende Reichsgesetz von 1889 bzw. dessen Vorläufer für den »Norddeutschen Bund« (1869) bzw. kurz zuvor für Preußen[12].

In Bezug auf die Frage einer gemeinnützigen oder gemeinwohlorientierten Verbesserung des Wohnungsangebots gilt insbesondere Victor Aimé Huber als wichtiger Pionier. Ähnlich wie einige andere Sozialreformer aus der Mitte des 19. Jahrhunderts griff auch er zunächst die genossenschaftliche Idee der Selbsthilfe auf und war später an der Gründung entsprechender Bauvereine beteiligt.[13] Allerdings sah er die Aufgabe der Wohnraumversorgung für Industriearbeiter und ihre Familien nicht nur allein durch Selbsthilfeorganisationen als lösbar an.

---

12   An diesen Gesetzen hatte u. a. Hermann Schulze-Delitzsch mitgewirkt, der neben Wilhelm Raiffeisen und Victor Aimé Huber (s. u.) als einer der »Väter« der Genossenschaftsidee gilt. Sie hatten zunächst mit landwirtschaftlich (Raiffeisen) oder handwerklich (Schulze-Delitzsch) orientierten Versorgungs-, Finanzierungs- und Produktionsgenossenschaften genossenschaftliche Betriebe gegründet, wobei sie auf Vorbilder aus England zurückgriffen (z. B. Robert Owen, Rochdale Society usw., um 1840), die sich mit der Verbesserung der Arbeitssituation von Industriearbeitern auseinandersetzten (vgl. hierzu u. a. Wendt 1995).

13   Erst später konnte ihm z. B. das zur Zeit der Revolution 1848 anonym verfasste Manuskript »Die Selbsthilfe der arbeitenden Klasse durch Wirtschaftsvereine und innere Ansiedlung« zugeordnet werden.

Ähnlich (und zur gleichen Zeit) wie Friedrich Engels unternahm er eine Reise nach England, die ihn auch in Arbeitersiedlungen führte. Dort wurde ihm klar, dass angesichts der völligen Mittellosigkeit und Abhängigkeit der dortigen Arbeiter das notwendige Startkapital für genossenschaftliche Modelle vielfach nicht durch die Arbeiter selbst oder Sparvereine aufzubringen war. Zudem gab es, wie bereits dargestellt, zur Mitte des 19. Jahrhunderts noch keine Rechtsgrundlage für genossenschaftliche Formen der wirtschaftlichen Betätigung. Im Sinne eines von Huber als »innere Kolonisation« bezeichneten Arbeitersiedlungsansatzes sollten daher private (wohlhabende) Industrielle wie auch der Staat selbst in der Wohnraumversorgung aktiv werden und »Kolonien« mit je etwa 150 Häusern um die Industriestädte herum zur Versorgung der Arbeiterfamilien mit Wohnraum anbieten (vgl. Jenkis 1985: 31). Während die stadtplanerische Konzeption dieser »Kolonien« vor den Toren der Industrieanlagen hinsichtlich der städtebaulichen Zielsetzung Ähnlichkeiten zu den später durch Ebenezer Howard publizierten Gartenstadt-Konzepten aufweist, nimmt Huber mit der Dreiteilung in Wohnungsgenossenschaften, privatwirtschaftliche (industrieverbundene) sowie öffentliche bzw. v. a. kommunale Wohnungsgesellschaften die im Prinzip bis heute geltende Strukturierung der professionellen Wohnungswirtschaft voraus (vgl. Abb. 3).[14]

Hubers Ideen dienten auch bei der Gründung der »Berliner gemeinnützigen Baugesellschaft« 1847/1848 als Vorbild (vgl. Wendt 1995: 71). Das Unternehmen gilt bis heute als eines der ersten gemeinnützigen Wohnungsunternehmen in Deutschland, wenngleich es vom Unternehmenszweck her durchaus auch als (gemeinnützige) Erschließungsgesellschaft und ausgehend vom Gesellschaftsvertrag als eine Mischung aus Kapitalgesellschaft und Genossenschaft gesehen werden kann (der königliche Bestätigungsvermerk spricht von einem »Aktienverein«[15]).

Die als Aktiengesellschaft verfasste Unternehmensgründung macht aber deutlich, worum es den Sozialreformern damals ging, die diese Gründungen – noch vor der Entstehung der ersten Wohnungsgenossenschaften 1862 – anschoben. Zum einen sollte das Unternehmen günstige Mietwohnungen beschaffen und Berliner Arbeiterfamilien anbieten, zum anderen die Wohnungen nach der Amortisationszeit von 30 Jahren an eigens zu gründende Hausgenossenschaften übertragen. Somit entstand eine Art »Miet-Kauf-Modell« für Mikrogenossenschaften.

Ähnliche Ansätze finden sich auch in modernen wohnungspolitischen Diskussionen und Instrumenten. Der Gemeinnützigkeitsgedanke spiegelt sich insbesondere in der Zweckbindung auf sog. »kleine Leute« (§ 1, Berl. gem. Bauges. 1814) wider und – wie

---

14 Zur Geschichte der gemeinnützigen Wohnungswirtschaft in Deutschland vgl. auch GdW 2014: 7 ff.
15 Der Gesellschaftsvertrag von 1848 ist erhalten und bei der Zentral- und Landesbibliothek Berlin unter https://digital.zlb.de/viewer/image/15478624/1/einsehbar.

allgemein üblich in frühen gemeinnützigen Gründungen – im Verzicht auf hohe Gewinne oder Gewinnausschüttungen (vgl. GdW 2014: 7 f.). Bemerkenswert ist auch die Begrenzung auf kleinteiligen Wohnungsbau mit Mehrfamilienhäusern von maximal zwölf Wohneinheiten (s. § 13, Berl. gem. Bauges. 1848).

Einen größeren Aufschwung nahm die Entwicklung der gemeinnützigen Wohnungswirtschaft und im Zuge dessen auch der kommunalen Wohnungsgesellschaften erst zum Ende des 19. Jahrhunderts. In Bezug auf die Genossenschaften hing das damit zusammen, dass erst mit der Novellierung des Genossenschaftsgesetzes von 1889/1890 eine Beschränkung der Haftung vollends umgesetzt wurde. Die Rechtsform wurde nun richtig attraktiv, weil die (Mit-)Eigentümer eben nicht mehr mit ihrem ganzen Vermögen haften mussten, sondern nur noch mit ihrer Einlage. Zudem erkannte der Staat den Nutzen der sozialreformerisch geprägten gemeinnützigen Wohnungsunternehmen und genossenschaften und förderte sie durch Steuerbefreiungen. Auch der allgemeine Bedeutungszuwachs der Wohnungspolitik im Deutschen Reich trug dazu bei (vgl. GdW 2014: 16).

Nach dem Ersten Weltkrieg kam es zu einer verstärkten Wohnungsbauförderung und mit Gründung der (Volks-)Heimstätten und Wohnungsfürsorgegesellschaften auch zu einem direkten staatlichen Engagement an den Wohnungsmärkten, was die gewachsene Bedeutung der gemeinnützigen Wohnungsanbieter und speziell derer des öffentlichen Sektors unterstrich (vgl. GdW 2014: 27). Viele der heute noch tätigen kommunalen Wohnungsunternehmen sind während dieser ersten Gründungswelle entstanden und somit heute schon rund hundert Jahre alt (vgl. Lieberknecht 2016: 79).

Auch nach dem Zweiten Weltkrieg kam auf die gemeinnützigen Wohnungsbaugesellschaften und hier auch die kommunalen Gesellschaften eine weitere große Herausforderung zu. Sie waren, gemeinsam mit privatwirtschaftlich tätigen Unternehmen und Wohnungsbaugenossenschaften, maßgeblich für den Wiederaufbau zerstörter Wohnungen, v. a. aber auch für den Neubau ganzer Stadtteile und Siedlungen für die infolge der erheblichen Flüchtlingsströme gewachsenen Städte in Westdeutschland zuständig. Eines von vielen Beispielen, das gleichwohl an einem besonders geschichtsträchtigen Ort entstand, ist der neue Stadtteil Nürnberg-Langwasser. Hier errichtete insbesondere die dortige kommunale Wohnungsgesellschaft (WBG) seit den 1950er-Jahren mehr oder weniger auf dem Gelände der »Reichsparteitage« einen neuen Stadtteil für bis zu 40.000 Einwohner (vgl. Windheimer 1995).

Darüber hinaus kam es nach der politischen Wende 1989/1990 zu größeren Veränderungen in der Unternehmenslandschaft insbesondere in Ostdeutschland. Hier übernahmen bestehende oder neu gegründete kommunale Gesellschaften teils große Bestände aus den DDR-Wohnungsbauprogrammen und mussten sie zunächst entschulden.

Heute stellen die kommunalen Wohnungsgesellschaften mit 2,5 Mio. Wohnungen knapp 30 Prozent der Wohnungen professionell-gewerblicher Anbieter in Deutschland (vgl. GdW 2021: 23). Sie sind meist als Gesellschaft mit beschränkter Haftung (GmbH) oder als Aktiengesellschaft (AG) organisiert (vgl. Kofner 2004: 29). Die Verfasstheit als Kapitalgesellschaften und deren Prinzip gewinnorientierten Handelns mit Blick auf die (ehemals) gemeinnützige Aufgabenstellung der Wohnraumversorgung (s. o.) und entsprechende Erwartungen z. B. an die Preisgestaltung von Wohnungsangeboten führen in der Praxis und in der Ausgestaltung und Bewertung der tatsächlichen Geschäftsgestaltung durchaus zu Konflikten – u. a. in den Aufsichtsgremien bzw. in den Debatten zwischen Aufsichtsgremium und Geschäftsführung bzw. Vorstand, wie sich noch zeigen wird.

Die Unternehmen sind in ihrer Größe recht heterogen, wenngleich die größten unter ihnen aus nachvollziehbaren Gründen auch in den großen Städten ansässig sind. Die Hamburger SAGA mit ihren etwa 130.000 Wohnungen gilt gemeinhin als größtes einzelnes kommunales Wohnungsunternehmen. In Berlin gibt es derzeit noch sechs kommunale Wohnungsgesellschaften mit zusammen knapp 340.000 Wohnungen.[16] München als drittgrößte Stadt Deutschlands verfügt über zwei kommunale Wohnungsgesellschaften[17] mit ca. 65.000 Wohnungen und Köln als vierte Millionenstadt über die GAG Immobilien AG mit 43.500 Wohnungen. Daneben gibt es viele Städte mit mittelgroßen kommunalen Wohnungsunternehmen sowie auch sehr kleine kommunale Wohnungsgesellschaften mit wenigen Häusern und Wohnungen.

2.1.2 Debatte um die Privatisierung kommunaler Wohnungsbestände

Etwa seit den 1990er-Jahren kam es in Deutschland wie auch in anderen Ländern zu umfangreichen Diskussionen über die Privatisierung vormals staatlicher Aufgaben. Bogumil und Jann beschreiben diese Liberalisierungsbestrebungen und nennen z. B. die Energieversorgung, den öffentlichen (Nah-)Verkehr, die Wohnungswirtschaft, Entsorgungsbetriebe sowie Krankenhäuser bzw. den Gesundheitssektor als Aufgabenfelder, in denen es verstärkt zu Privatisierungen kam. Dabei ist beachtlich, dass sowohl Anzahl wie auch Ausmaß der Privatisierungen mit der Größe der Städte zunahmen. Die Autoren deuten an, dass dies auch mit der Vielzahl an Beteiligungen in Großstädten und der daraus folgenden Unübersichtlichkeit sowie der Tatsache, dass insbeson-

---

16 Dies sind die degewo AG, die Gewobag AG, die HOWOGE mbH, die STADT UND LAND Wohnbauten-Gesellschaft mbH, die GESOBAU AG sowie die WBM Wohnungsbaugesellschaft Berlin Mitte mbH. Hinzu kommt noch die landeseigene Berlinovo, die neben zahlreichen gewerblichen Objekten auch 15.000 Wohnungen und mehr als 6.000 Appartements bewirtschaftet sowie Beteiligungen an weiteren kleineren Gesellschaften (vgl. Website wohnungsbaugenossenschaften-berlin).

17 GWG Städtische Wohnungsgesellschaft München mbH, 29.000 Wohnungen und GEWOFAG mbH mit 36.000 Wohnungen

dere in größeren Städten häufig die Möglichkeiten der Steuerung von kommunalen Beteiligungen infolge kleinerer kommunaler Anteile eingeschränkt sind (vgl. Bogumil, Jann 2020: 327 f.).

In dieser Zeit wurden im Rahmen dieser Debatte und angesichts der geschilderten Entspannungstendenzen an den Wohnungsmärkten auch die öffentlichen und kommunalen Wohnungsbestände einer intensiven Überprüfung unterzogen. Nachdem es bis in die 1980er-Jahre angesichts des Wiederaufbaubedarfs und der Dynamik des »Wirtschaftswunders« weitgehend unstrittig war, dass staatliche und insbesondere kommunale Wohnungsunternehmen Wohnungen bauten und bewirtschafteten, änderte sich das im Verlauf des Jahrzehnts. Diese Entwicklung hatte – neben den geschilderten allgemeinen Liberalisierungstrends – mehrere auf die Branche bezogene Ursachen:

Zum einen wurde die ursprüngliche Aufgabenstellung der kommunalen – wie insgesamt der gemeinnützigen – Wohnungswirtschaft weitgehend als »erledigt« betrachtet. Die Bevölkerungsentwicklung in den 1980er-Jahren stagnierte und die Wohnraumversorgung galt – jedenfalls quantitativ – weitgehend als gesichert. In diesem Zuge kam es auch zur Abschaffung der Gemeinnützigkeit für Wohnungsunternehmen (1990) und damit zum Verlust der Steuerbefreiung der Vermietungstätigkeit[18] – allerdings auch zur Erlangung unternehmerischer Freiheiten, indem gleichzeitig z. B. die Spielräume für Mietanpassungen und die Möglichkeiten der Gewinnverwendung ausgeweitet wurden.

Zur gleichen Zeit erschütterte zudem der »Neue-Heimat-Skandal« die (gemeinnützige) Wohnungswirtschaft – Misswirtschaft und Korruption führten zum Zusammenbruch eines der größten Wohnungskonzerne in Europa. Der Hamburger SPIEGEL deckte die Vetternwirtschaft in dem gewerkschaftlich getragenen Konzern mit über 400.000 Wohnungen auf und zeigte, dass die multinational agierende »Neue Heimat« hochverschuldet und praktisch bankrott war. In der Folge drohte der massenhafte Ausverkauf von Hunderttausenden belegungsgebundenen Sozialwohnungen an gewinnorientierte Investoren mit unklarer Perspektive für die darin lebenden Mieterinnen und Mieter sowie für die Stadtteile, in denen sie sich – teils zu Tausenden – befanden. Eine geplante bundesweite Auffanglösung scheiterte, sodass die Bestände nur teilweise von einspringenden Landesgesellschaften erworben werden konnten (in NRW gelang dies in Verbindung mit der noch landeseigenen Landesentwicklungsgesellschaft LEG; vgl. Bussfeld 2020: 445 ff.).

---

18 Wohnungsgenossenschaften, die mindestens 90 Prozent der Vermietungstätigkeit aus dem Mitgliedergeschäft rekrutieren, sind weiterhin nach § 5 I Nr. 10 des Körperschaftsteuergesetzes nicht steuerpflichtig.

2.1 Kommunale Wohnraumversorgung als Bestandteil der kommunalen Daseinsvorsorge

Ein weiterer Grund für die Diskussion um Sinn und Unsinn öffentlicher wie auch kommunaler Wohnungsunternehmen war die zunehmende Veränderung des Aufgabenspektrums in der Wohnungswirtschaft, zu der es infolge neuer und wachsender Herausforderungen kam. Längst ging es nicht mehr nur um den »Versorgungsauftrag« der Bevölkerung (mit Wohnraum), sondern der fortschreitende demografische Wandel, die zunehmende Pluralisierung von Lebensstilen, die Erkenntnis, dass man sich auch durch Modernisierung und energieeffizienten Neubau gegen die Auswirkungen des Klimawandels stemmen müsse sowie ein wachsender Digitalisierungsdruck waren auch in der Wohnungs- und Immobilienwirtschaft spürbar (vgl. Bölting 2017: 44 ff.).

Zugleich wurde vermehrt gefordert, dass die gemeinnützige Arbeit von Wohnungsunternehmen und anderen Akteuren »messbarer« gemacht werden müsse, um ihre Bedeutung in den Diskussionen um die Sinnhaftigkeit öffentlicher Wohnungsunternehmen besser bewerten zu können. Der Versuch von Schwalbach et al., am Beispiel der Berliner degewo eine »Stadtrendite« zu ermitteln und somit die vielfältigen im weiteren Sinne gemeinnützigen Leistungen dieses Unternehmens zu monetarisieren bzw. zu bilanzieren, steht für dieses Bestreben (vgl. hierzu Spars et al. 2008).

Vergleichbare Ansätze, gemeinnützige Leistungen messbar zu machen, haben auch andere Branchen erfasst, die z. T. – ähnlich wie die DEGEWO – versuchten, mithilfe alternativer Renditeverfahren usw. die Diskussion zu ihren Gunsten zu beeinflussen. Beispielhaft sei hier auf die Pflegewirtschaft verwiesen, die im Netzwerk »SONG« – »Soziales neu gestalten« – entsprechende Verfahren untersuchen und entwickeln ließ (vgl. Borgloh, Westerheide 2010).

Hintergrund dieser Debatten in anderen Branchen, aber auch und besonders in der Wohnungswirtschaft, war ein Vorwurf, der sich im Zuge des verstärkten Engagements privater Investoren als Aufkäufer am deutschen Wohnungsmarkt in die Diskussionen schlich: Kommunale Wohnungsunternehmen galten vielen als »undermanaged«. Die Verwendung dieses Begriffs in Bezug zur Wohnungswirtschaft geht auf eine Studie des Beratungshauses McKinsey aus dem Jahr 2004 zurück. Darin wurde angeführt, dass die Rendite kommunaler Wohnungsunternehmen deutlich hinter der Rendite privater Unternehmen zurückbliebe (vgl. Bölting 2017: 57).

Die entsprechende Argumentation verfing insbesondere im konservativen und liberalen politischen Spektrum und tauchte fortan nicht nur auf Bundes- und Landesebene, sondern auch in den kommunalen Gremien immer wieder auf. Die Tatsache jedenfalls in einigen Fällen eher zurückhaltender Renditen kommunaler Wohnungsunternehmen wurde dabei allerdings kaum je auf das besondere Leistungsspektrum der kommunalen Wohnungsunternehmen bezogen, die – wie dargestellt – in der Tradition gemeinnütziger Unternehmen eben auch solche Aufgaben übernommen hatten, die keine besonders hohen Renditen erwarten ließen. Der Bau und die Bewirtschaftung

2 Kommunale Liegenschaften

öffentlich geförderter Wohnungen z. B. konnte schon deswegen kaum als besonders renditeträchtig gelten, weil damit sofort (und berechtigt) die Diskussion um den zielgerichteten Einsatz öffentlicher Fördermittel losgetreten worden wäre. Auch die aufwendige Entwicklung von Brachflächen mit komplexen Anforderungen war eine Aufgabe, die sich private (gewinnorientierte) Projektentwickler in Zeiten eines stagnierenden Marktes kaum zutrauten.

Schließlich wurde – angesichts der vorgenannten Aspekte – der Verkauf kommunaler Wohnungsbestände als ein probates Mittel angesehen, die durch deutlich gestiegene Ausgaben und – infolge der Wirtschaftskrise – gesunkene Einnahmen stark überschuldeten kommunalen Haushalte zu entlasten. Im Zusammenspiel der genannten Gründe für den Verkauf bzw. die Privatisierung kommunaler Wohnungsbestände oder Wohnungsunternehmen kam es tatsächlich vor allem in der ersten Hälfte der Nullerjahre zu einer regelrechten Verkaufswelle öffentlicher Wohnungsbestände. Nicht nur der Bund (z. B. Gagfah) und viele Bundesländer (z. B. NRW mit der LEG oder Niedersachsen mit der NILEG) veräußerten gewaltige Wohnungsbestände (vgl. Bussfeld 2020: 449 f.). Auch viele Kommunen taten Gleiches – in vielen weiteren wurde ein Verkauf der eigenen Unternehmen mindestens ernsthaft diskutiert. Die folgende Abbildung zeigt den Verkauf allein kommunaler Wohnungsbestände seit 1999 in Deutschland.

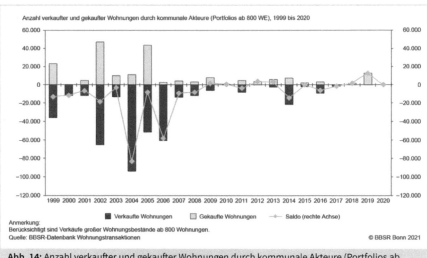

Abb. 14: Anzahl verkaufter und gekaufter Wohnungen durch kommunale Akteure (Portfolios ab 800 Wohneinheiten, 1999–2020). Quelle: Website BBSR b) (2021), Fachbeitrag 30.09.2021

Seit 1999 haben Kommunen den Erhebungen des BBSR zufolge etwa 418.000 Wohnungen veräußert – davon etwa ein Drittel im Wege »interner« Verkäufe an andere Akteure im Konzern Stadt (z. B. Stadtwerke, Holding-Gesellschaften o. Ä.), aber auch mehr als die Hälfte (226.000 Einheiten) an Privatakteure. Insbesondere in den Jahren zwischen 2002 und 2006 kam es zu erheblichen Abgängen. Große kommunale Gesellschaften, wie z. B.

in Dresden oder in Berlin wurden komplett veräußert. Allein Berlin hat über 120.000 Wohnungen in dieser Zeit an private Investoren veräußert (vgl. Website BBSR 2021 b).

Der GdW – Gesamtverband der Wohnungs- und Immobilienwirtschaft – sowie Mieter- und Verbraucherschützerverbände reagierten hierauf energisch. In einem Positionspapier der Friedrich-Ebert-Stiftung verwies der damalige Verbandspräsident Lutz Freitag auf die Erkenntnisse, die u. a. im Rahmen einer großen Tagung der Branche erarbeitet wurden: »Kommunale Wohnungsunternehmen sind nicht ›undermanaged‹. Sie werden […] von qualifizierten Unternehmerpersönlichkeiten professionell im Rahmen eines nachhaltigen Geschäftsmodells geführt. Die ältesten kommunalen Unternehmen sind bis zu 150 Jahre alt und wirtschaftlich gesund. Kein Unternehmen, das ›undermanaged‹ ist, hält so lange durch. Die unternehmerische Strategie ist vor allem an Wertzuwachs und langfristiger Rentabilität orientiert. […] Nach einer repräsentativen Auswertung […] durch den GdW ergab sich für 2004 eine entsprechende Rentabilität von rund 6 %. Damit ist dieser Maßstab für die erfolgreiche Steuerung der Unternehmensprozesse nicht schlechter als bei vergleichbaren privaten Unternehmen« (Freitag 2007: 30 f. in Steinert (Hg.) 2007).

2.1.3 Neue sozialpolitisch orientierte Wohnungspolitik

Spätestens mit dem Ausbruch der Finanzkrise kam es zu einer Trendwende. Die Verkäufe gingen deutlich zurück. Seit einigen Jahren wird zudem eine »Renaissance« kommunaler Wohnungsbestände diskutiert (vgl. Lieberknecht 2016) oder auch tatsächlich umgesetzt. Insgesamt hat die (kommunale) Wohnungspolitik infolge des in einigen Regionen deutlich gestiegenen Bedarfs eine Renaissance erlebt (vgl. z. B. Egner et al. 2018). Tatsächlich wurden kommunale Bestände gar »zurückgekauft«, wie jüngst in Berlin (vgl. Website BBSR 2021 b). Daneben kommt es auch zur Neugründung kommunaler Gesellschaften – zumal dies von der Politik und den Verbänden explizit gefordert und unterstützt wurde. Insgesamt vollzieht sich somit ein Paradigmenwechsel: Kommunale Wohnungspolitik rückte erneut näher an die ursprünglich im Kontext der Daseinsvorsorge diskutierte sozialpolitische Perspektive der Wohnungsfrage heran. Grohs und Zabler nennen hier mit Kaufmann vier zentrale Aufgaben kommunaler Wohnungspolitik:

- die **Sicherung der Grundversorgung mit Wohnraum** – insbesondere für Wohnungsnotfälle (z. B. von Obdachlosigkeit betroffene Personen);
- die **Vermeidung von Armut** insbesondere im Zusammenhang mit steigenden Wohnkosten bei stagnierenden oder gar sinkenden Realeinkommen. Dieses Ziel bezieht sich ausdrücklich nicht nur auf Wohnungsnotfälle, sondern auf breitere Schichten der Bevölkerung und kumuliert in einer Sicherung bezahlbarer Wohnungsangebote in den Städten sowie im Neubau (bezahlbarer) Wohnungen zur Entlastung der Märkte;
- die **Kostendämpfung in sozialen Sicherungssystemen:** Durch ein ausreichendes Wohnungsangebot an den lokalen Märkten können im besten Fall die »Kosten der Unter-

kunft« für Bezieher von Leistungen nach SGB II und XII gedämpft oder zumindest in ihrem Anstieg begrenzt werden, was zur Entlastung der öffentlichen Haushalte beiträgt;
- die **Vermeidung von Segregation:** Durch das gezielte Angebot von modernen und auf bestimmte Zielgruppen ausgerichtete Wohnungsangebote im städtischen Kontext kann ein Beitrag zu einer nachhaltigen Stadtentwicklung und zu einer Vermeidung allzu starker räumlicher Segmentierungen unterschiedlicher sozialer Gruppen geleistet werden (vgl. Grohs, Zabler 2021: 43 f.).

Die Zusammenstellung zeigt, dass für Kommunalpolitik und -verwaltung weiterhin erhebliche Herausforderungen bei der sozialen und nachhaltigen Gestaltung der lokalen Wohnungspolitik bestehen. In diesem Zusammenhang wird auch das kommunale Engagement als Akteur der Anbieterseite an den lokalen Wohnimmobilienmärkten weiter an Bedeutung gewinnen.

2.2 Typologie öffentlicher Immobilien in der Kommune

Bearbeitet von Andreas Schulten

2.2.1 Wirtschaftliche Dimension öffentlicher Immobilien

Sowohl der kommunale Immobilienbestand als auch der deutsche Immobilienbestand insgesamt ist sehr ungenau erfasst – in Summe wie auch in seiner Untergliederung nach Nutzungstypen (kommunales Wohnen, Verwaltung, Bildung, Gesundheit, Infrastruktur, Grundstücke etc.). Für die in diesem Kapitel vorgelegte grobe Struktur hinsichtlich Flächen und Vermögenswerten wird deshalb auf relativ alte Daten zurückgegriffen, um zumindest eine in sich wissenschaftlich konsistente Basis heranzuziehen, was die Betrachtungsebenen betrifft. Das Verbände-Gutachten zum Wirtschaftsfaktor Immobilien 2017 (Just/Voigtländer et al., 2017) bietet aus heutiger Sicht eine Ausgangsbasis, die in ihren Flächen geringfügig und in ihren (marktwirtschaftlich betrachteten) Vermögenswerten um ca. 10 bis 15 Prozent höher bewertet werden dürfte als in den dort verwendeten Daten aus 2016 und 2015.

Die Immobilienwirtschaft hat eine tragende Bedeutung für die deutsche Volkswirtschaft: Rund 18 Prozent der Bruttowertschöpfung entfällt auf immobilienbezogene Wirtschaftsaktivitäten. Diese Aktivitäten verteilen sich auf über 815.000 Unternehmen, zu denen auch die knapp 2.000 Kommunalbetriebe[19] zählen, knapp 3,9 Mio. private Vermieter und rund 16 Mio. Selbstnutzer.

---

19 VKU, Verband Kommunaler Unternehmen e. V.

2.2 Typologie öffentlicher Immobilien in der Kommune

Immobilien sind die bedeutendste reale Anlageklasse in Deutschland. Vom gesamten Bruttoanlagevermögen (zu Wiederbeschaffungspreisen) in Höhe von 17,3 Billionen Euro zum Jahresende 2016 entfielen 80,3 Prozent oder 13,9 Billionen Euro auf Bauten aller Art. Nach Abzug von Abschreibungen beläuft sich das gesamte deutsche Nettoanlagevermögen in Bauten auf knapp 8 Billionen Euro, wovon circa 4,8 Billionen Euro in Wohnbauten und 3,2 Billionen Euro in Nichtwohnbauten gebunden sind. Das gesamte in Immobilien enthaltene Vermögen übertrifft damit das Nettonationaleinkommen Deutschlands im Jahr 2015 um mehr als das Dreifache.

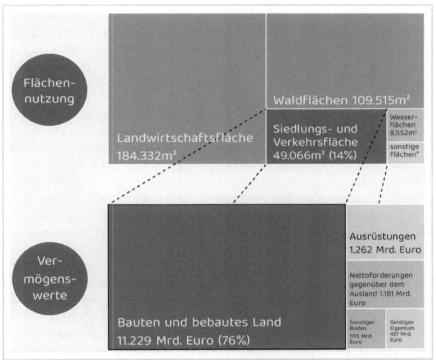

Abb. 15: Verhältnis von Flächennutzung (UGR) zum Vermögenswert (VGR) der jeweiligen immobilienwirtschaftlichen Anteile an der Gesamtwirtschaft in Deutschland 2015. Quelle: Wirtschafsfaktor Immobilien 2017, Gutachten der Immobilienverbände Deutschland

Ende des Jahres 2015 lebten in Deutschland rund 82,2 Mio. Menschen in gut 41,4 Mio. Wohnungen und 19,4 Mio. Gebäuden mit einer Wohnfläche von rund 3,79 Mrd. Quadratmetern. Dabei arbeiteten die Menschen z. B. auf rund 426 Mio. Quadratmetern Büroflächen, 2,8 Mrd. Quadratmetern Industrie- und Logistikflächen oder 123,7 Mio. Quadratmetern Verkaufsfläche im Einzelhandel (geschätzt zum Jahresanfang 2015). Mit vollständiger Exaktheit lässt sich dies aber nicht sagen, da insbesondere der Bestand an Wirtschaftsimmobilien von der öffentlichen Statistik nur sehr unzureichend abgebildet wird.

Die Abgrenzung des Gesamtvolumens und -wertes von kommunalen und öffentlichen Immobilien in diesem Kontext ist unscharf. Eine relativ klar strukturierte Perspektive ist die Statistik zum Nettoanlagevermögen aus der volkswirtschaftlichen Gesamtrechnung, die bei Sachanlagen als drei grobe Eigentümerformen »private Haushalte«, »Kapitalgesellschaften« und »Staat« unterscheidet. Dort sind Immobilien die bedeutendste reale Anlageklasse in Deutschland. Vom gesamten Bruttoanlagevermögen (zu Wiederbeschaffungspreisen) in Höhe von 17,3 Billionen Euro zum Jahresende 2016 entfielen 80,3 Prozent oder 13,9 Billionen Euro auf Bauten aller Art. Nach Abzug von Abschreibungen beläuft sich das gesamte deutsche Nettoanlagevermögen in Bauten auf knapp 8 Billionen Euro, wovon circa 4,8 Billionen Euro in Wohnbauten und 3,2 Billionen Euro in Nichtwohnbauten gebunden sind. Hier sind die Grundstückswerte nicht enthalten.

Das Nettoanlagevermögen der öffentlichen Hand ist mit 1,3 Billionen Euro zu einem großen Teil in Immobilien gebunden. Allerdings machen hier Nichtwohnbauten mit 85,1 Prozent oder über 1,1 Billionen Euro den überwiegenden Teil des Vermögens aus. Auf Wohnbauten in öffentlicher Hand entfallen nur 27,6 Mrd. Euro. Es ist zu beachten, dass hierin nur vom Staat direkt gehaltene Immobilien eingeschlossen sind. Die Wohnungsbestände der kommunalen Wohnungsunternehmen finden in der Gruppe der (nichtfinanziellen) Kapitalgesellschaften Berücksichtigung. Diese besaßen 2015 ein Nettoanlagevermögen in Höhe von 3,6 Billionen Euro mit einem Immobilienanteil von 2,2 Billionen Euro.

Die direkt von Kommunen und Staat gehaltenen Nichtwohnbauten mit einem Wert von 1,3 Billionen machen in dieser Struktur etwa 16 Prozent des gesamten deutschen Immobilienmarktes aus. Der kommunale Anteil am Sachvermögen des Staates ist hier nicht gesondert ausgewiesen, aber Bauinvestitionen der Kommunen machen rund 60 Prozent der gesamten Bauinvestitionen aller Gebietskörperschaften aus. Grob geschätzt kann dieser Anteil auch auf den Anteil der Sachvermögen übertragen werden – möglicherweise leicht reduziert auf einen 50 : 50-Verhältnis, das die weniger werthaltigen Immobilien in ländlichen Städten und Gemeinden sowie strukturschwachen Regionen berücksichtigt.

Kommunale Gebäudebestände profitieren, anders als der freie Wohnungs- und Immobilienmarkt, nur zu einem sehr geringen Teil von dem starken Wertanstieg zwischen 2007 und 2022. Problematisch sind für die kommunalen Immobilien und Infrastrukturen Ausfälle in erwarteten kritischen Größenordnungen. Im Zuge der Corona-Pandemie sind signifikante Einbrüche bei den Einnahmen festzustellen – durch geringere Zuflüsse aus der Einkommens- und Umsatzsteuer. Die Ausgaben steigen dagegen weiter dynamisch. Die meisten Bundesländer haben für diese drohende finanzielle Situation kommunale Stützungsprogramme aufgelegt, die aber voraussichtlich in den Jahren nach der Pandemie kaum mehr wirksam sein werden. Dabei schieben die deutschen Kommunen bereits einen Investitionsstau vor sich her, der allgemein mit rund 130 bis 150 Mrd. Euro beziffert wird (s. u.).

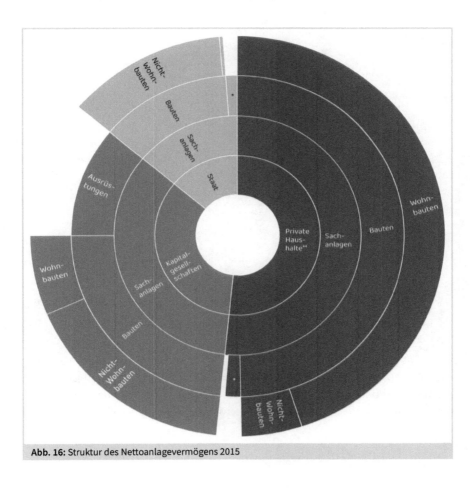

Abb. 16: Struktur des Nettoanlagevermögens 2015

2 Kommunale Liegenschaften

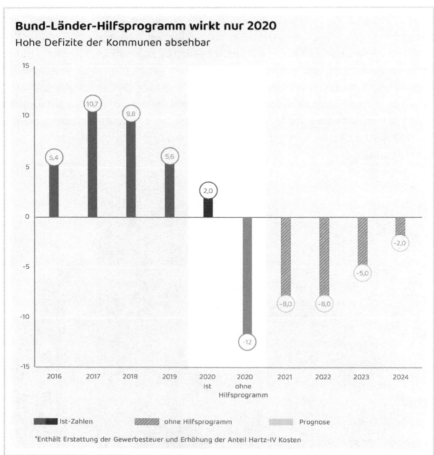

Abb. 17: Kommunalhaushalte 2016 bis 2024 (Prognose). Quelle: Berechnung und Darstellung durch Bertelsmann Stiftung, nach Angaben des Statistischen Bundesamtes, der Bundesagentur für Arbeit, des Arbeitskreises Steuerschätzung, der mittelfristigen Finanzplanungen der Länder sowie des Finanzplans 2021 des Bundes

Räumliche Disparitäten und unterschiedliche wirtschaftliche Handlungsfreiheiten bleiben ein strukturelles Problem, das durch regionale Strukturförderung in absehbarer Zeit nur unzureichend abgepuffert werden kann. Dies gilt auch für kommunale Immobilien.

2.2 Typologie öffentlicher Immobilien in der Kommune

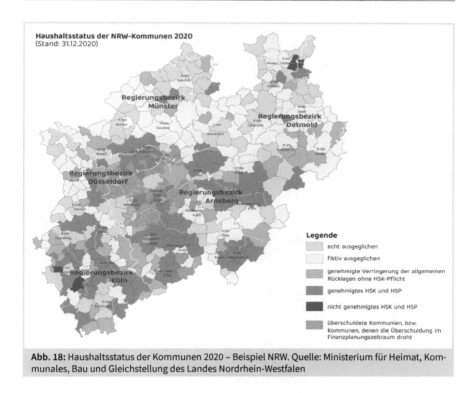

Abb. 18: Haushaltsstatus der Kommunen 2020 – Beispiel NRW. Quelle: Ministerium für Heimat, Kommunales, Bau und Gleichstellung des Landes Nordrhein-Westfalen

2.2.2 Typologie der öffentlichen Gebäudeinfrastruktur

Die kommunalen Immobilien und ihre Bedeutung für die gesellschaftliche Daseinsvorsorge sind seit Jahrzehnten in der Diskussion für öffentlich-private Partnerschaften (ÖPP), um Anlagedruck auf der privaten Seite mit der Notwendigkeit für Investitionen auf der öffentlichen Seite zu verbinden. Diese öffentliche Infrastruktur verteilt sich im Wesentlichen auf
- Kommunen,
- Länder und
- den Bund.

In einem erweiterten Sinne können neben allen technischen Anlagen der Energie- und Wasserversorgung, Abfallentsorgung und des Verkehrs auch soziale Räume wie Schwimmbäder oder Bibliotheken, Bildungs-, Kultur- und Betreuungseinrichtungen als Infrastrukturen bezeichnet werden. Grundsätzlich gilt, dass Infrastruktur sowohl auf einer technischen (u.a. Verkehrsnetze) als auch auf sozialer Ebene (u.a. Schule, Kita, Verwaltung) anzusiedeln ist. Dabei werden die Leistungen als hoheitliche Aufgabe der Daseinsvorsorge angesehen und dadurch primär durch staatliche Institutionen erbracht. Die Infrastruktur kann somit als »Hardware des täglichen Lebens« verstanden werden.

2.2.2.1 Klassische Verwaltungs- und Büroimmobilien

Mit rund 12 Prozent verfügt der öffentliche Sektor nach dem produzierenden Gewerbe über die zweithöchste Zahl an Bürobeschäftigten in Deutschland und zählt nicht selten zu den größten Arbeitgebern einer Stadt. Hinzu kommen noch rund 700.000 Beamte im Verwaltungsdienst, wodurch der Anteil des öffentlichen Sektors in etwa mit dem des produzierenden Gewerbes gleichzusetzen ist. Daraus lässt sich die immense Bedeutung ableiten, die von der öffentlichen Hand für den Immobilienmarkt ausgeht. So werden z. B. in Berlin rund 25 Prozent der Büroflächen durch die öffentliche Hand verwendet.

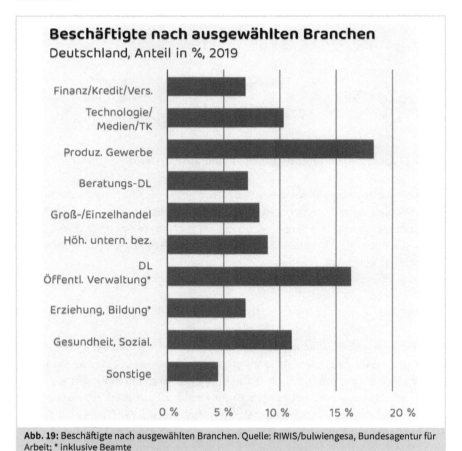

Abb. 19: Beschäftigte nach ausgewählten Branchen. Quelle: RIWIS/bulwiengesa, Bundesagentur für Arbeit; * inklusive Beamte

2.2 Typologie öffentlicher Immobilien in der Kommune

Der föderalen Gliederung Deutschlands folgend sind unterschiedliche Arten öffentlicher Nutzer zu unterscheiden. Grundsätzlich sind diese in Einrichtungen des Bundes (u. a. Ministerien), der Länder sowie der Kommunen (Gemeinden und Landkreise) zu gliedern. Daneben gibt es noch weitere Teilbereiche wie bspw. die Sozialversicherung und die Agentur für Arbeit, aber auch kommunale Stadtwerke, die zum Teil in einer privatwirtschaftlichen Gesellschaftsform betrieben werden, dennoch aber analog zu klassischen Behörden gesehen werden können. Außerdem verfügen die unterschiedlichen Zweige der öffentlichen Verwaltung über ein sehr breites Nachfragespektrum. Dieses betrifft nicht nur die Ausstattungsanforderung an eine Immobilie, sondern auch die Standortpräferenzen. Neben sehr hochwertigen Standorten in 1a-Lagen finden sich öffentliche Nutzer auch in allen übrigen Lagen.

Konkrete Zahlen zum Flächenbestand sind nicht vollumfänglich vorhanden, wodurch auch das tatsächliche quantitative Volumen eines Marktes für Behördenimmobilien nur indikativ zu quantifizieren ist. Ausgehend von einer Bürobeschäftigtenanzahl von rund 1,45 Mio. und weiteren rund 700.000 Beamten lässt sich bundesweit ein Bestandsvolumen an Büro- und Verwaltungsflächen des öffentlichen Sektors von rund 45 bis 50 Mio. qm MFG (Mietfläche nach gif) unterstellen. Das entspricht in etwa dem aufsummierten Flächenvolumen der drei größten A-Städte Berlin, München und Hamburg.

Deutschlandweit ist die Bundesanstalt für Immobilienaufgaben (BImA) für die Immobilienangelegenheiten des Bundes zuständig. Diese baut, verwaltet und mietet die benötigten Büroflächen für die diversen Bundeseinrichtungen. In Summe befinden sich mehr als 18.000 Liegenschaften in ihrem Bestand. Die verwalteten Flächen verteilen sich derzeit auf 114 unterschiedliche Nutzer. Auf Büroflächen entfallen dabei rund 1.300 laufende Mietverträge (2019)[20]. Die Mietzahlungen hierfür summierten sich auf einen Gesamtaufwand von 313 Mio. Euro[21].

---

20 Unternehmensbroschüre BImA
21 Antwort vom 23.11.2020 auf kleine Anfrage der FDP Bundestagsfraktion, Drucksache 19/23385.

Ausgewählte Vermietung mit langer Laufzeit

Stadt	Mieter	Abschluss	Fläche	Laufzeit
Nürnberg	Stadt	2019	42.000 qm	25 Jahre
Wiesbaden	Land	2021	31.000 qm	30 Jahre
Frankfurt/Main	Stadt	2019	26.500 qm*	20 Jahre
Hannover	Stadt	2018	23.700 qm*	20 Jahre
Halle/Saale	Land	2007*/ 2019**	18.000 qm	15 Jahre
Berlin	Land	2020	13.000 qm	10 Jahre
Braunschweig	Stadt	2020	12.900 qm	30 Jahre

Abb. 20: Ausgewählte Vermietungen der öffentlichen Hand. Quelle: bulwiengesa; * Lease-back, ** Anschlussvermietung

Da die öffentliche Hand als Mieter nicht zur Umsatzsteuer optiert, sind deutliche Preisaufschläge von rund 20 Prozent im Vergleich zur Umfeldmiete bzw. Teilmarktmiete (im Neubau) nicht unüblich. Aufgrund des akuten Flächenmangels in den A- und B-Märkten ziehen diese Nutzer dabei auch immer häufiger in Neubauten ein und sind dabei bereit, Spitzenmieten zu bezahlen.

Ausgewählte hochpreisige Vermietungen

Stadt	Mieter	Miete	TM-Miete*
München	Deutsches Patent- und Markenamt (DPMA)	35,80	31,90
Berlin	Bundesamt für Verbraucherschutz und Lebensmittelsicherheit	22,80	28,00
Berlin	Bundesanstalt für Immobilienaufgaben	22,30	18,00
Wiesbaden	Hessen Mobil	19,90	14,30
Wiesbaden	Hessisches Landeskriminalamt	19,90	14,30
Bonn	Generalzolldirektion	17,90	12,00
Köln	Bundesanstalt für Immobilienaufgaben	16,00	15,00

Abb. 21: Ausgewählte hochpreisige Vermietungen. Quelle: bulwiengesa; * Spitzenmieten im Teilmarkt

2.2.2.2 Immobilien der öffentlichen Sicherheit und Ordnung

Die öffentliche Sicherheit und Ordnung zu gewährleisten und zu bewahren ist eine der bedeutendsten Aufgaben des Staates. Hierfür steht in Deutschland eine Vielzahl an Institutionen und Behörden zur Verfügung. Die konkrete Aufrechterhaltung der öffentlichen Sicherheit und Ordnung erfolgt durch die Ausübung des staatlichen Gewaltmonopols. Dabei umfasst die Behördenstruktur – der föderalen Gliederung folgend – die Bundesbehörden sowie die 16 Landesbehörden. Belastbare Statistiken zum Immobilienbestand der Sicherheitsbehörden waren nicht zu recherchieren. Jedoch können anhand der jeweiligen Aufgabenfelder Rückschlüsse auf die Ansprüche sowie Nachfragepräferenzen gezogen werden.

Insbesondere den Staatsanwaltschaften und Bundesbehörden können klassische Nachfragemuster von Büronutzern unterstellt werden, da deren Tätigkeiten regulär im Büro stattfinden. Dabei folgen die Institutionen keinem klaren Standortmuster und sind sowohl in zentralen als auch dezentralen Lagen zu finden – analog zu den bereits dargestellten Mustern klassischer Behördenimmobilien.

Ein Großteil der Polizeiarbeit findet ebenfalls in gängigen Bürostrukturen statt. Auch hier sind die Standortpräferenzen breit gefächert. So finden sich Polizeiwachen in innerstädtischen Lagen, aber auch an Standorten in dezentralen Bereichen sowie an neuralgischen Verkehrspunkten (z. B. Bahnhof, Flughafen, Autobahn).

Ausgewählte Vermietungen* an Sicherheitsbehörden

Stadt	Mieter	Fläche in qm MFG	Teilmarkt
Hamburg	Staatsanwaltschaft	17.600	City
Frankfurt am Main	Land Hessen-Polizei	16.800	Bürolage
Potsdam	Hauptzollamt	15.850	Bürolage
Düsseldorf	Hauptzollamt	12.600	Bürolage
Wiesbaden	Hessisches Landeskriminalamt	12.400	Cityrand
Siegen	Kreispolizeibehörde Siegen-Wittgenstein	10.200	Peripherie
Köln	Hauptzollamt Köln	10.000	Bürolage

Abb. 22: Ausgewählte Vermietungen an Sicherheitsbehörden. Quelle: bufWenges; * ab 2020

Ebenso wie bei klassischen Verwaltungs-/Behördenimmobilien optieren Sicherheitsbehörden nicht zur Umsatzsteuer, wodurch sich die Miethöhe bis zu 20 Prozent über den Vergleichsmieten bewegt. Sicherheitsbehörden sind äußerst standorttreu und schließen dabei langfristige Mietverhältnisse ab, wodurch der Cashflow gesichert wird. Der klassischen Objekt-DNA folgend stellt ein überwiegender Teil der Immobilien der öffentlichen Sicherheit dadurch einen attraktiven Investment Case dar. Neben der angesprochenen Standorttreue und dem gesicherten Cashflow ist auch eine gute Drittverwendungsfähigkeit zu unterstellen. Diese wird erst durch spezielle Nutzerausbauten und Objekteigenschaften eingeschränkt.

2.2.2.3 Schul- und Bildungsimmobilien

Deutschlands Schulen sind seit Jahren marode und vielerorts fehlt das Geld für dringend nötige Investitionen. Der Investitionsstau im Schul- und Bildungswesen summiert sich mittlerweile auf rund 46,5 Milliarden Euro. Die deutsche Bildungslandschaft ist dabei sehr vielfältig. Das mehrgliedrige Bildungssystem verteilt die rund 8,5 Mio. Schülerinnen und Schüler ausgehend von der Grundschule auf verschiedene weiterführende Bildungseinrichtungen. Insgesamt liegt die Anzahl der allgemeinbildenden Schulen in Deutschland derzeit bei rund 32.000.

Abb. 23: Anzahl der Schulen in Deutschland. Quelle: Statistisches Bundesamt

2.2 Typologie öffentlicher Immobilien in der Kommune

Dabei unterstreichen auch die prognostizierten Schülerzahlen in den kommenden Jahren den hohen Bedarf an Schulbauinvestitionen. So rechnet die Kultusministerkonferenz mit einem Schülerzuwachs von rund einer Million Schülern bis 2030. Nicht zuletzt der zukünftige Rechtsanspruch auf Ganztagsbetreuung in Grundschulen erhöht den Investitionsbedarf insbesondere dort zusätzlich.

Neben den allgemeinbildenden Schulen findet sich in der Bildungslandschaft noch ein weitreichendes Spektrum an (Berufs-)Fachschulen/Ausbildungszentren sowie Weiterbildungseinrichtungen (z. B. Volkshochschulen). Die Volkshochschulen bilden ein bundesweites Netz wohnortnaher Weiterbildungs- und Kultureinrichtungen – mit insgesamt fast 4.000 Anlaufstellen. Mit ihren Angeboten organisieren und unterstützen sie den Prozess des lebenslangen Lernens. Zudem stellen sie mit ihren Sprachkursen einen bedeutsamen Baustein bei der Integration von Zuwanderern bereit.

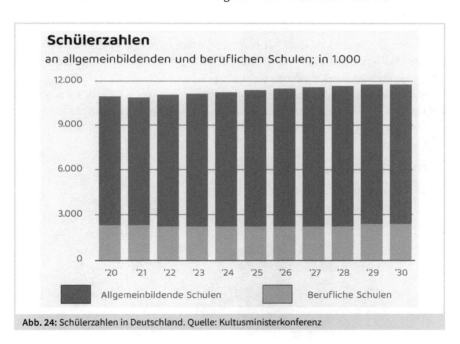

Abb. 24: Schülerzahlen in Deutschland. Quelle: Kultusministerkonferenz

2.2.2.4 Sport- und Freizeitimmobilien

Weitere öffentliche Assetklassen sind die Sport- und Freizeitimmobilien. Mit dem Schwerpunkt Sport zählen dazu Turn- und Mehrzweckhallen, Schwimmbäder sowie Stadien.

Im Bereich Freizeit zählen zu dieser Klasse insbesondere die verschiedenen Gebäude für Kultureinrichtungen. Theater, Philharmonien, Opern- und Schauspielhäuser gehören in verschiedenen bundesweiten Kommunen zum Immobilieninventar. Prominentestes Beispiel ist die Elbphilharmonie, deren Realisierungsprozess viele Jahre dauerte und zu erheblichen Baukostensteigerungen führte.

2.2.3 Öffentlich-private Partnerschaften (ÖPP)

Nicht zuletzt die angespannte Haushaltslage stellt eine Vielzahl von Kommunen zusehends vor große Herausforderungen, die lokalen Infrastrukturangebote und -einrichtungen aufrechtzuerhalten. Doch im Sinne des Wirtschaftswachstums und der zukünftigen Stadtentwicklung sind Verwaltungen praktisch zu weiteren Ausgaben gezwungen. So hat sich über die Jahre eine Schuldenlast von rund 133 Mrd. Euro akkumuliert. Die grundgesetzlich verankerte Schuldenbremse der öffentlichen Haushalte engt den zukünftigen Spielraum für anfallende und nötige Investitionen weiter ein. Hinzu kommt ein Investitionsstau von geschätzt rund 150 Mrd. Euro. Dabei zeigen sich neben Investitionsrückständen bei der technischen Infrastruktur (u. a. Straße und Verkehr) insbesondere Lücken bei Schulen/Bildungseinrichtungen, öffentlichen Verwaltungsgebäuden und hinsichtlich des Brand- und Katastrophenschutzes. Bereits diese drei Bereiche benötigen Investitionen in Höhe von rund 73 Mrd. Euro, um das vorhandene Angebot aufrechterhalten zu können, und vereinen etwa die Hälfte des überfälligen Investitionsrückstandes auf sich.

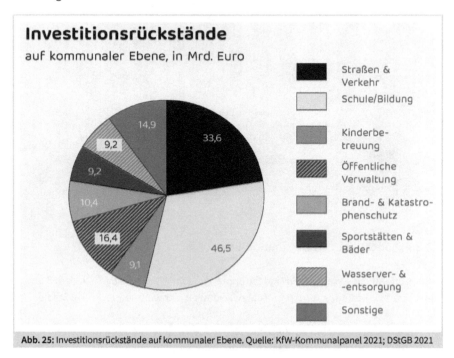

Abb. 25: Investitionsrückstände auf kommunaler Ebene. Quelle: KfW-Kommunalpanel 2021; DStGB 2021

2.2 Typologie öffentlicher Immobilien in der Kommune

Dabei stehen neben dem Bedarf an Fachkräften und einer zeitgemäßen Ausstattung besonders die Immobilien im Fokus der Investitionsflüsse. Marode Verwaltungs- und Schulgebäude sowie baufällige Feuerwachen sind bereits ein Hemmschuh für eine funktionierende Wirtschaftsstruktur. Nachfolgend wird daher der Fokus auf

- Verwaltungsimmobilien,
- Immobilien der öffentlichen Sicherheit sowie
- Bildungsimmobilien

gelegt. Diese stellen zwar nur einen kleinen Ausschnitt des breiten Immobilienspektrums der öffentlichen Infrastruktur dar – hier gibt es allerdings den größten Investitionsstau. Damit einher geht ein entsprechender Handlungsbedarf.

Wie also soll modernisiert werden? Private Investoren (u. a. in Form von institutionellen Anlegern) stehen bereit, der öffentlichen Hand zur Seite zu springen. Auf den Finanzmärkten zirkulieren liquide Mittel in Billionenhöhe, für die nach rentablen und risikoarmen Anlageformen gesucht wird. Die öffentliche Hand als Projektpartner und potenzieller Mieter auch in privat erstellten Gebäuden stellt dabei einen bonitätsstarken Risikoanker in der Projektkalkulation dar, der in potenziellen Abschwungphasen gesucht wird.

Bundesweit stehen Kommunen immer häufiger unter Zugzwang, da ihre Haushaltskassen, vorwiegend durch Altschulden gebeutelt, leer sind. Sie haben nicht selten Liquiditätsprobleme und können nur durch Hilfsmaßnahmen und Strukturfördertöpfe einen ausgeglichenen Haushalt aufstellen. In Summe beliefen sich die Schuldenstände aller deutschen Städte und Gemeinden Ende 2019 auf rund 133 Mrd. Euro. Wichtigste Einnahmequelle sind dabei seit jeher die Steuereinnahmen, insbesondere die Gewerbesteuer. Die Corona-Pandemie und die damit verbundenen wirtschaftlichen Auswirkungen auf die lokalen Unternehmen haben somit für Einnahmeeinbußen gesorgt, deren Auswirkungen auch in den kommenden Jahren zu spüren sein dürften. Immer häufiger sind die Kommunen daher gewillt bzw. gezwungen, auch an ihr »Tafelsilber« zu gehen und dieses in Form von Rathäusern und ähnlichen öffentlichen Verwaltungsbauten zu veräußern.

Insgesamt ist die öffentliche Hand – im Gegensatz zu privatwirtschaftlichen Unternehmen[22] – an einer langfristigen Anmietung ihrer Büroflächen interessiert. Interne Richtlinien sehen dabei eine Mietdauer bis zur eigentlichen Amortisation einer möglichen Eigenentwicklung vor. So sind Anmietungen über 10, 15 oder 20 Jahre kei-

---

22 Unternehmen aus der Privatwirtschaft mieten Büroflächen durchschnittlich für 4,5 bis 5 Jahre an, höchstens aber für 10 Jahre, vgl. https://expore.de/blog/oeffentlich-rechtliche-einrichtungen-als-gewerbemieter abgerufen am 30.03.2022.

ne Seltenheit wie die angeführten Beispiele zeigen. Auch das Ziehen von Optionen ist üblich und dokumentiert die hohe Standorttreue öffentlicher Nutzer. Zusätzlich wird die Standorttreue der öffentlichen Verwaltung durch langfristige Anschlussvermietungen unterstrichen. Nach einem langfristigen Mietverhältnis ist es nicht unüblich, dass Mieter den Standort wechseln, doch gerade Mieter der öffentlichen Hand entscheiden sich häufig bewusst für ihren Standort und schließen erneut langfristige Anschlussmietverträge ab. Die Gründe hierfür liegen im Wiedererkennungseffekt sowie der Flächenverfügbarkeit, den Flächenanforderungen und internen Richtlinien und Prozessen. Neben den langfristigen Mietvertragslaufzeiten bietet allem voran die gute Bonität bzw. die geringe Ausfallwahrscheinlichkeit eines öffentlichen Nutzers dem Investor eine hohe Sicherheit. Mieter der öffentlichen Hand erreichen dabei überwiegend Bestnoten im Risikoscoring und gelten daher als besonders risikoarm.

ÖPP-Modelle sind beim Bau und Betrieb von Schul- und Bildungsimmobilien sinnvoll. Nicht zuletzt in den durch Zuzug immer stärker wachsenden Ballungszentren ist der Sanierungs- und Neubaudruck von Schulgebäuden in den kommenden Jahren enorm. Nicht wenige Kommunen haben deshalb bereits zur Schulbauoffensive angesetzt, jedoch können nicht alle Städte und Gemeinden die an- und ausstehenden Investitionen stemmen. Durch die Corona-Krise dürfte sich diese Tendenz weiter verstärken. Sonderausgaben auf der einen und sinkende Einnahmen auf der anderen Seite machen eine düstere Vorhersage wahrscheinlich und engen den Spielraum der Kommunen (als Träger des lokalen Bildungswesens) weiter ein. Doch sind es nicht nur die hohen Schulden der Kommunen, die eine fortlaufende Sanierung und Entwicklung hemmen. Oft fehlt es auch am Fachpersonal in den Bauplanungsämtern – und langwierige Entscheidungsprozesse tun ihr Übriges. Da in Kommunen nicht regelmäßig Schulen gebaut werden, fehlt es am nötigen Know-how sowie der Effizienz. Zielgerichtete und effektive Lösungen sind daher gefragt, um den Ausbau nicht weiter zu verzögern. Was in anderen Ländern längst gang und gäbe ist, soll nun auch in Deutschland Einzug halten: die Bildungsinfrastruktur mithilfe privater Mittel verbessern und so für eine gute Ausstattung und langfristige Planungssicherheit sorgen. Beispiele hierfür finden sich bereits immer häufiger, wenn die konkrete Ausgestaltung der Maßnahmen sich auch regional stark unterscheidet.

Dabei zeigen sich verschiedene und vielfältige Konstellationen bei der Ausgestaltung der Partnerschaft mit privaten Investoren. Im Ergebnis übernimmt ein Investor mit Eigenmitteln den Bau einer neuen Schule bzw. die Sanierung und die Kommune mietet diese langfristig (über einen Zeitraum von ca. 20 bis 30 Jahren) an. Dabei erhält die Kommune insbesondere Kostensicherheit, da über die Miete bereits der Unterhalt sowie anfallende Sanierungskosten abgedeckt sind.

2.2 Typologie öffentlicher Immobilien in der Kommune

Ausgewählte Schulbauten durch priv. Investoren

Stadt	Schulart	Investor	Inv. Volumen	Miet-dauer
Zossen	Gesamtschule	Hemsö	47 Mio. Euro	20 Jahre
Nürnberg	Realschule	Georg Reisch & Co. KG	65 Mio. Euro	25 Jahre
Engelskirchen	Gymnasium	n/a	15 Mio. Euro	30 Jahre
Pinneberg	Gymnasium	Hochtief	21 Mio. Euro	20 Jahre
Weiden i.d. Opf.	FOS/BOS	n/a	22 Mio. Euro	25 Jahre
Schwarzenbeck	Gymnasium	Konsortium	20 Mio. Euro	25 Jahre

Abb. 26: Ausgewählte Schulbauten durch private Investoren. Quelle: Recherche bulwiengesa

Ein transparenter Investmentmarkt, wie man ihn von gängigen Assetklassen kennt, findet sich bei Schulbauten nicht. Bildungsimmobilien wie Schulen, Volkshochschulen oder Universitäten sind in Deutschland bis dato noch zum größten Teil in staatlichem Besitz, was primär auf die hoheitliche Aufgabe der Bildungsarbeit zurückzuführen ist. Der Sanierungsstau und der Neubaubedarf machen aber verstärkt auch Investitionen privater Partner notwendig. Dabei werden Bildungsimmobilien meist in Form von ÖPP-Projekten realisiert, wodurch die öffentliche Hand immer noch ein gewisses Mitspracherecht behält. Oft lässt sie sich auch ein Vorkaufsrecht auf das Objekt festschreiben. Die Partnerschaftsstrukturen zwischen öffentlicher Hand und privatem Investor gestalten sich meist unterschiedlich und gehen aus einer langwierigen politischen Diskussion hervor.

Aussagen zu Renditeerwartungen oder anderen Investitionskennziffern können in diesen Zusammenhang nicht getroffen werden. Zu dünn ist das vorhandene Datenmaterial und zu unterschiedlich sind die jeweiligen Projekte gelagert bzw. organisiert. Insgesamt kann jedoch festgehalten werden, dass beide Vertragspartner durch einen langfristigen Mietvertrag Planungssicherheit bekommen. Aufseiten der Kommune besteht Planungssicherheit durch fixe Mietzahlungen für die Schule und der Investor bekommt im Gegenzug einen krisen- und ausfallsicheren Cashflow.

3 Die strategische Ausrichtung einer kommunalen Immobiliengesellschaft

Bearbeitet von Dr. Marco Boksteen

3.1 Vision, Ziel und Zweck

Vor dem Hintergrund der aktuellen gesellschaftlichen und sozialen Entwicklungen in Deutschland beraten einige Kommunen darüber, ob die Gründung einer kommunalen Immobilien- und insbesondere Wohnungsgesellschaft für sie sinnvoll ist. Zur Beurteilung dieser Frage sind verschiedene Untersuchungen und Analysen anzustellen. Insbesondere ist im Vorfeld einer Gründung genau zu spezifizieren, welche strategische Zielsetzung die Gründung einer derartigen Gesellschaft verfolgen soll. Eines steht nämlich bereits zu Beginn jeder Beratung fest: Die Gründung einer kommunalen Gesellschaft verursacht erhebliche fixe und variable Kosten, die ungeachtet des wirtschaftlichen Erfolgs getragen werden müssen. Gerade in Zeiten klammer öffentlicher Kassen und zahlreicher Kommunen, die innerhalb eines Nothaushalts agieren, ist das Eingehen zusätzlicher finanzieller Verpflichtungen nur unter bestimmten Voraussetzungen gerechtfertigt.

In der politischen Beratung werden häufig vorschnelle Schlussfolgerungen anhand medialer Berichterstattung in ergebnisrelevante Entscheidungen und Beschlüsse umgemünzt. Beispielsweise führt die zugespitzte öffentliche Diskussion über zu hohe Mietpreise dazu, dass der Ruf nach Neubauten lauter wird. Dieses Erfordernis wird dann im kommunalpolitischen Raum oft pauschal als Forderung bzw. Erfordernis aufgenommen, unabhängig davon, ob es im konkreten Praxisfall indiziert ist. Auf diese Art und Weise entstehen zum einen nicht erfüllbare Erwartungen und auf der anderen Seite – im Laufe der Zeit – Frustrationen im Hinblick auf die tatsächlichen Wirkungskreise eines kommunalen Akteurs. Am Beispiel des Wohnungsmarkts und der potenziellen Neugründung einer kommunalen Wohnungsgesellschaft können im Folgenden die relevanten Erwägungen nachvollzogen werden.

Zunächst entscheidet die objektive und vor allem subjektive Wohnungsmarktsituation darüber, ob die politischen Akteure Handlungsbedarf sehen. Der Handlungsbedarf orientiert sich an den offenkundigen aktuellen Gegebenheiten am lokalen bzw. regionalen Wohnungsmarkt. Hier ist zu unterscheiden zwischen den boomenden Märkten in den Metropolen und Schwarmstädten, den gemäßigten B- und C-Lagen sowie auf der anderen Seite den schrumpfenden Gemeinden in ländlichen Regionen. Jeder Markt hat seine eigenen Gesetzmäßigkeiten, die wiederum individuelle Lösungsansätze erfordern. Die Zielsetzung einer kommunalen Wohnungsgesellschaft kann insofern folgende Punkte umfassen:

3.1.1 Sichere und soziale Wohnraumversorgung für breite Schichten der Bevölkerung

Die vorrangige Zielsetzung einer sicheren und sozial verantwortbaren Wohnungsversorgung der breiten Schichten der Bevölkerung ist vielen kommunalen Immobiliengesellschaften immanent. Gut- und Besserverdiener können sich grundsätzlich ohne größere Hindernisse mit adäquatem Wohnraum versorgen und in die von ihnen präferierten Gebiete ziehen. Je schmaler das monatliche Budget ausfällt, desto stärker sind Mieter auf ein preisgünstiges Angebot am Wohnungsmarkt angewiesen. Die Profitabilität von Investitionen in den Immobilienmarkt erfordert dabei eine angemessene Miete. Gestiegene Grundstückspreise oder – wie im Zuge der Corona-Krise leidvoll festzustellen – die rasante Steigerung der Baukosten, spiegelt sich sowohl bei Neubauten als auch bei größeren Modernisierungen unmittelbar in der Höhe des zu erzielenden Mietzinses wider.

Insofern wünschen sich Bürger und kommunale Entscheidungsträger einen Akteur am Immobilienmarkt, dessen Gewinnerzielungsabsicht nicht vom Maximierungsgedanken geprägt ist, sondern davon, Spannungen am Wohnungsmarkt abzufedern. Die sichere und soziale Wohnraumversorgung ist auch ein klares Bekenntnis zur Entwicklung und zum Bau neuer Wohnflächen. Ein zusätzliches Wohnungsangebot am Markt sorgt unmittelbar für eine Entlastung. Dabei schafft öffentlich geförderter Wohnungsbau sofort neue, attraktive Wohnungsangebote für eine finanziell schwache Mieterklientel. Aber auch frei finanzierte Wohnungen im Neubau sorgen für »Sickereffekte«, da Menschen, die sich eine höhere Miete leisten können, ihrerseits bestehende Wohnungen aufgeben, in die dann wieder andere einziehen können.

3.1.2 Erhebung von Marktmieten in sozialverträglichen Grenzen

Eine weitere Zielsetzung für kommunale Wohnungsunternehmen kann darin liegen, Marktmieten nur in sozialverträglichen Grenzen zu erheben. Gerade vor dem Hintergrund der Preisentwicklungen am Mietwohnungsmarkt in den letzten Jahren, insbesondere in den Metropolen und Schwarmstädten, wird deutlich, welche Rolle staatlich verbundene Unternehmen in derartigen Vermietermärkten spielen. Die Zielsetzung ist auf Dauer ausgerichtet und sorgt daher für eine kontinuierliche, dämpfende Wirkung auf den Mietwohnungsmarkt. Diese Rolle übernehmen in Kommunen häufig auch Genossenschaften, die sich zwar in ihrer gesellschaftsrechtlichen Organisation unterscheiden, allerdings eine vergleichbare soziale, nachhaltige Unternehmensphilosophie verfolgen (vgl. Schlüter/Luserke/Roth 2019: 40 ff.). Die genossenschaftliche Organisation mit den Mietern als Anteilseignern weist einen engen Bezug zu kommunalen Wohnungsgesellschaften auf, deren mittelbare Eigentümer die Bürger und damit mehrheitlich ebenso Mieter sind.

3.1.3 Bereitstellung von Wohnungen für Notfälle

Die Erfüllung im Allgemeininteresse liegender Aufgaben stellt auch die in einer Satzung bzw. im Gesellschaftsvertrag formulierte Erwartung, dass für Notfälle Wohnungen bereitgestellt werden oder besondere Betreuungsleistungen für Problemmieter übernommen werden. Das erwartete Leistungsspektrum des Unternehmens umfasst dann etwa die Bereitstellung von Obdachlosenunterkünften, Frauenhäusern oder ähnlichen Unterkünften für Menschen in Sondersituationen. Insbesondere die europäische und auch bundesweite Migrationskrise im Jahr 2015 hat deutlich gemacht, wie wichtig handlungsfähige Akteure am Wohnungsmarkt sind, um in humanitären Krisensituationen ein Dach über dem Kopf zu gewährleisten. Insofern waren es gerade zu Beginn der Krise die staatsverbundenen Wohnungsgesellschaften, die schnell und zuverlässig Unterkünfte und Wohnraum zur Verfügung gestellt haben.

3.1.4 Besondere Betreuungsleistungen für prekäres Mieterklientel

Die Gewährleistung besonderer Betreuungsleistungen für Mieter, die in prekären Verhältnissen leben, kann eine weitere Zielsetzung für eine kommunale Immobiliengesellschaft sein. Hier kommen etwa Unterstützungsleistungen im Bereich der Sozialarbeit in Betracht. Auch an Hilfe in Überschuldungssituationen oder bei anderen wirtschaftlichen Schwierigkeiten ist hier zu denken.

3.1.5 Umsetzung wohnungspolitischer Ziele der Kommune

In Satzungen kommunaler Wohnungsgesellschaften ist oftmals der Zweck vermerkt, die wohnungspolitischen Ziele der Kommune zu verfolgen und umzusetzen. Diese Öffnungsklausel dient in der Regel dazu, einen Gestaltungsspielraum für zukünftige Entwicklungen am Wohnungsmarkt zu bieten. Die satzungsgemäße Verpflichtung des Wohnungsunternehmens, wohnungspolitische Ziele der Kommune umzusetzen und zu realisieren, dokumentiert ebenfalls die Erfüllung im Allgemeininteresse liegender Aufgaben.

3.1.6 Aktiver Beitrag zur Stadtentwicklung

Das Vorantreiben der Stadtentwicklung ist eine weitere wesentliche Ziel- und Zwecksetzung für kommunale Immobiliengesellschaften. Hier ist den politischen Entscheidungsträgern zu empfehlen, zwischen den verschiedenen Aufgaben zu differenzieren. Besser ist die klare Definition von Handlungsfeldern und eine eindeutige Zuordnung von Praxisaufgaben. Auf diese Art und Weise sind die Geschäftsfelder einer Wohnungs-, Grundstücks- und Stadtentwicklungsgesellschaft strikt zu trennen. Dies hat mehrere Gründe. Zunächst erfordern die notwendigen Disziplinen ein jeweils gesondertes Know-how, das nur selten in ein- und derselben Führungsmannschaft angesiedelt ist. Darüber hinaus führt eine Vermischung der Stränge dazu, dass wirtschaftliche Betrachtungen zu einer unbewussten Vermischung von Interessen führen.

Dies ist beispielsweise der Fall, wenn die kommunale Wohnungsgesellschaft plötzlich im Rahmen der Stadtentwicklung einen Häuserblock in ein Shopping-Center oder eine ähnliche Spezialimmobilie verwandeln soll. Hier verlässt die Gesellschaft in der Regel den Bereich ihrer Kernkompetenzen und begibt sich stattdessen auf »schwieriges Terrain«, das sich nur durch Hinzuziehung von externem Sachverstand beherrschen lässt. Gerade derartige Immobiliengeschäfte bringen ein hohes Investitionsvolumen mit sich und führen bei Misserfolg zu erheblichen Schwierigkeiten.

> **Beispiel: Das Museum Küppersmühle in Duisburg**
>
> Die Duisburger Gemeinnützige Baugesellschaft AG (GEBAG) wurde 1872 als städtisches Immobilienunternehmen in Duisburg gegründet. Heute gehört die GEBAG zu den ältesten Baugesellschaften Deutschlands. Anfang des 20. Jahrhunderts übernahm die Stadt Duisburg die vollständigen Anteile an der Gesellschaft und baute das Tätigkeitsfeld um den Bau eigener Immobilien und die Beteiligung an Projekten zur Stadtentwicklung aus. Im Jahr 2011 und bis heute ist die GEBAG mit etwa 200 Mitarbeitenden und rund 12.500 Wohneinheiten das größte Immobilienunternehmen der Ruhrgebietsstadt.
>
> Das Geschäftsfeld der GEBAG erweiterte sich im Laufe der Jahre deutlich über die Grenzen eines gewöhnlichen Wohnungsunternehmens hinaus. Neben dem klassischen Geschäft der Wohnungsbewirtschaftung beteiligte sich die GEBAG auch an diversen Stadtentwicklungsprojekten. In diesem Zusammenhang übernahm die GEBAG u. a. die Realisierung des Erweiterungsbaus des Museums Küppersmühle im Duisburger Innenhafen. Neben diversen Sonderprojekten führte insbesondere dieses Vorhaben im Jahr 2011 zu einer brisanten wirtschaftlichen Krise.
>
> Die GEBAG hatte sich rechtlich in eine bedrohliche Situation hineinmanövriert, weil sie gegenüber Partnern und Geldgebern das Fertigstellungsrisiko garantieartig übernommen hatte. Das ehrgeizige, technisch hochkomplexe und bis dato einmalige Bauvorhaben scheiterte aber an betrügerisch verursachten Mängeln am Stahlbau, an unerwarteten Mehrkosten durch Drittinsolvenzen und nicht zuletzt an nicht einhaltbaren baustatischen Vorgaben. Die Eintrittspflicht der GEBAG bewegte sich im zweistelligen Millionenbereich und führte die Gesellschaft an den Rand der Insolvenz. Eine solche galt es – gerade für ein kommunales Unternehmen – zwingend zu verhindern.
>
> Dr. Utz Brömmekamp trat als Sanierungsexperte Mitte 2011 in die dreiköpfige Geschäftsleitung ein und übernahm diese ab 2012 dann als Interimsmanager/CRO allein. Es stellten sich im Zuge der Analysen schnell weitere die GEBAG wirtschaftlich belastende Engagements heraus, u. a. notleidende Beteiligungen an der Duisburger Stadionbaugesellschaft und am Musical-Theater am Marientor.
>
> »Um die GEBAG wieder auf die Erfolgsspur zu führen, wurde zunächst in mehreren Bankensitzungen erreicht, die zahlreichen Institute vom Festhalten an ihren Engagements und der

> Erforderlichkeit von Stand Stills zu überzeugen. Sodann musste die sehr komplexe und zum Teil verworrene tatsächliche und rechtliche Situation beim Bauvorhaben Küppersmühle von unserem Anwalts- und Beraterteam aufgearbeitet werden«, erinnert sich Dr. Brömmekamp.[23]
>
> Er führt weiter aus, dass nach zahlreichen und zum Teil zähen Verhandlungsrunden mit Banken, Investoren und der Stadt im Jahr 2014 eine Lösung gefunden werden konnte. Das Museumsobjekt wurde an den Hauptinvestor veräußert und gegen eine Abstandszahlung konnte man sich aus der unbedingten Fertigstellungsgarantie befreien. Die Zahlungen konnten durch liquiditätsschonendes und maßvolles Wirtschaften und durch den Verkauf von Wohnungsbeständen an andere Marktteilnehmer dargestellt werden.

Das Beispiel der GEBAG zeigt deutlich, welchen Gefahren kommunale Wohnungsgesellschaften ausgeliefert sind, die sich von ihren Kernkompetenzen entfernen und sich in ihnen bislang unbekannten Gefilden versuchen.

3.1.7 Ausschüttung von Dividenden zur Stärkung des Kommunalhaushalts

Ein wesentlicher Beitrag kommunaler Immobiliengesellschaften liegt in der Praxis häufig darin, die Kommunalfinanzen mit einer großzügigen Dividendenausschüttung aufzubessern. Selbstverständlich ist diese Zielsetzung legitim. Es ist allerdings in manchen Kommunen zu beobachten, dass die öffentliche Hand an dieser Stelle ähnliche Mechanismen etabliert wie ein Private-Equity-Fonds. Die Fokussierung auf eine reine Ertragsoptimierung führt unweigerlich zu Defiziten in den übrigen Aufgabenstellungen. Wesentliche Gesprächspartner sind hier regelmäßig die (Ober-)Bürgermeister sowie die zuständigen Kämmerer.

Eine wirtschaftlich erfolgreich agierende Gesellschaft weckt schnell Begehrlichkeiten. Aus verschiedenen Gesprächen mit Geschäftsführern und Vorständen von kommunalen Immobiliengesellschaften hat sich das hier beschriebene Spannungsfeld als wesentlicher Reibungspunkt zwischen Kommune und Gesellschaft herauskristallisiert. Häufig trägt zu einer Verschärfung des Konflikts bei, dass beide Seiten entweder aus Unvermögen oder mangelndem Willen nicht dazu in der Lage sind, einen Perspektivwechsel vorzunehmen und den Sachverhalt aus dem Blickwinkel des jeweils anderen zu betrachten.

Neben rein zahlengetriebenen wirtschaftlichen Komponenten haben solche Konfrontationen zwischen den Institutionen auch häufig eine emotionale Ebene, die zu verhärteten Fronten führt. Die Diskussion und spätere Bestimmung bzw. Festlegung von Ausschüttungshöhen stellt immer auch eine Machtdemonstration dar. Besonders

---

23 Experteninterview mit Dr. Utz Brömmekamp, Buchalik Brömmekamp Rechtsanwälte, vom 17.01.2022.

hohe Forderungen oder Hürden engen den unternehmerischen Spielraum der Immobiliengesellschaft ein und beschneiden die Akteure in ihren operativen Erfolgen.

> **! Tipp**
>
> In der täglichen Kommunalpraxis empfiehlt es sich, die Ausschüttungsziele rechtzeitig mit den relevanten Akteuren abzustimmen. Dazu sollte zwischen der Kommune als Gesellschafterin und dem Unternehmen ein paritätisch besetztes Abstimmungsgremium installiert werden. Dieser Kreis sollte aus möglichst wenigen Personen bestehen, die auch in der Lage sind, über besprochene (Zwischen-)Ergebnisse zu entscheiden und sie später durchzusetzen. Eine hochkarätige Besetzung aus Verwaltungsvorstand und Geschäftsführung bietet sich an.
> Je größer dieser Kreis gefasst wird, desto schwieriger und langwieriger wird ein Abstimmungsprozess. Dies liegt vor allem daran, dass es mehr subjektive Sichtweisen und Meinungen zu ein und demselben Sachverhalt gibt und für die Lösung unbeachtliche Partikularinteressen zu sachfremden Erwägungen führen. Im Idealfall besteht die Gesprächsrunde aus zwei bis sechs Personen. Dabei sollte von vornherein eine Terminfolge verabredet werden – in mehreren Gesprächsrunden wird so das Ziel erreicht.
> Wichtig ist vor jeder Runde eine klare Zielsetzung und Definition der einzelnen Standpunkte. Beispielsweise sollte die Kämmerei die von ihr präferierte Ausschüttungshöhe benennen und diese begründen. Die Begründung sollte dabei sowohl Argumente, Erfordernisse und Sachzwänge aus Sicht der Kommune beinhalten, als auch auf der anderen Seite stichhaltige Erläuterungen zur vermuteten wirtschaftlichen Leistungsfähigkeit der ausschüttenden Gesellschaft. Eine pauschale Zurückweisung der Forderung nach einer bestimmten Ausschüttungshöhe führt dabei aus Sicht der Gesellschaft sicherlich nicht zum Erfolg. Vielmehr muss anhand der wirtschaftlichen Kennzahlen des Unternehmens für einen Fachfremden nachvollziehbar dargelegt werden, warum bestimmte Forderungen die wirtschaftliche Leistungsfähigkeit überfordern.
> Zur Vermeidung unliebsamer Diskussionen nutzen kommunale Immobilienunternehmen oft bilanzielle Gestaltungsmöglichkeiten, um die Begehrlichkeiten der Gesellschafter im Zaum zu halten. In der Regel erfolgt hier eine Verschiebung von der aktivierungsfähigen Investition hin zur verlustwirksamen Buchung von Instandhaltungskosten. Diese praktische Anwendung führt dann üblicherweise nach einigen Jahren zum Aufbau erheblicher stiller Reserven in der Gesellschaft. Geraten – z. B. aufgrund niedriger Buchwerte der Objekte – die stillen Reserven in den Fokus, können diese ebenfalls Begehrlichkeiten wecken. Die Aufdeckung stiller Reserven erfolgt häufig durch Sale-and-lease-back-Geschäfte, Verkäufe oder Fusionen.

3.1.8 Beitrag zur Klima- und Mobilitätswende

Die Ziel- und Zwecksetzung kommunaler Immobilien- und insbesondere Wohnungsgesellschaften umfasst immer stärker auch ökologische Aspekte. Spätestens mit der Ampelkoalition im Bund und der Parole eines grünen Wirtschaftsministers Habeck, man wolle Ludwig Erhards »soziale Marktwirtschaft« zu einer »sozial-ökologischen

Marktwirtschaft« transformieren, hat sich endgültig ein Paradigmenwechsel eingestellt.

Die ernsthafte Konzentration auf eine umweltbewusste, nachhaltige und ressourcenschonende Strategie wird die Immobilienwirtschaft mindestens die nächsten beiden Jahrzehnte ernsthaft beschäftigen. Neben klugen Konzepten und innovativen Ideen werden es vor allem erhebliche Investitionen in den vorhandenen Bestand sein, um tatsächliche Veränderungen herbeiführen zu können. Die Zieldefinition wird an die Kommunen weitergegeben, wodurch der Handlungsdruck im Umgang mit den unmittelbaren und mittelbaren Beständen wächst.

Oberstes Ziel ist dabei die Umsetzung des Pariser Abkommens und die Begrenzung der Erderwärmung auf weniger als zwei Grad in Verbindung mit einem vollständig klimaneutralen Gebäudebestand bis 2045. Ein ehrgeiziges Ziel, das in der Realität nicht allein durch strikte Gebäudemodernisierung erreicht werden kann, sondern vielmehr die Wahl des richtigen Energieträgers einbeziehen muss.

Auch hier kommt den Kommunen eine Schlüsselrolle zu. Sie sind häufig auch Gesellschafter der örtlichen Energielieferanten, z. B. der Stadtwerke, und haben damit entscheidenden Einfluss auf die wichtigsten Akteure. Aktuelle Analysen haben ergeben, dass beispielsweise die Wohnungswirtschaft etwa 60 Prozent der CO_2-Reduktion durch eine Optimierung der Gebäudesubstanz aus technischer Sicht bewirken kann. Die restlichen 40 Prozent werden allerdings aus der Kopplung mit dem Energiesektor bewirkt werden müssen.

Es kann festgehalten werden, dass Klimaneutralität im Gebäudesektor nur zusammen mit den Wärme- und Stromlieferanten umzusetzen sein wird. Die Erfordernisse der Zukunft sind in der Gegenwart angekommen. Im Bereich der Wohnungsgesellschaften haben aus diesem Grund maßgebliche Verbände und Institutionen Anfang 2020 die »Initiative Wohnen.2050 – klimaneutral in die Zukunft« (IW.2050) gegründet. Diese Initiative setzt sich nachhaltig für eine sozialverträgliche Umsetzung der Klimaziele ein und versteht sich als Kommunikations- und Umsetzungsnetzwerk rund um die ambitionierten Ziele.

3.2 Kommunale Anforderungen im Lichte des Immobilienmarkts

Die Ausführungen haben gezeigt, dass Bürger und kommunale Entscheidungsträger verschiedene Ziel- und Zwecksetzungen mit der Gründung einer staatlich gesteuerten Immobiliengesellschaft verfolgen. Solange sich die Gesellschaft in einem marktwirtschaftlichen Umfeld bewegt, stellt sich unmittelbar die Frage, inwieweit sich die Zielsetzung kaufmännisch seriös realisieren lässt. Diese Frage wird verstärkt durch regionale Trends am Immobilienmarkt, die für zukünftige Investitionsentscheidungen von erheblicher Bedeutung sind.

> **Beispiel**
>
> Die amtierende Mehrheitsfraktion einer Großstadt in NRW beriet über den hiesigen Wohnungsmarkt und die Rolle der dortigen kommunalen Wohnungsgesellschaft. Der Geschäftsführer des Wohnungsunternehmens wurde zu diesem Tagesordnungspunkt eingeladen und stellte die Strategie des Unternehmens vor. Er klagte sein Leid: Sein Unternehmen solle möglichst günstig Neubauten errichten, diese nach den höchsten energetischen Anforderungen planen und so klimafreundlich wie möglich ausführen. Gleichzeitig sollen die Mieten niedrig sein und das Objekt im schlechtesten Stadtteil errichtet werden, damit die dortige Sozialstruktur gestärkt wird. Zudem erwarte man von der kommunalen Wohnungsgesellschaft, dass sie permanent in den bereits vorhandenen Bestand investiert, damit die Mieter sich dort bei konstant günstigen Mieten dauerhaft wohlfühlen. Selbstverständlich solle all dies unter der generellen Maßgabe geschehen, dass Vorhaben rentierlich sind und das Unternehmen jährliche Ausschüttungen zugunsten der Stadtkasse leisten könne. Der Fraktionsvorsitzende entgegnete auf dieses Klagelied: »Jetzt haben Sie es endlich verstanden.«

Die Moral aus der Geschichte ist, dass kommunale Immobiliengesellschaften keine »eierlegenden Wollmilchsäue« sind oder mit der Zeit dazu werden. Die unterschiedlichen Anforderungen, die an eine Gesellschaft gestellt werden können, schließen sich teilweise gegenseitig aus und sind – wenn überhaupt – nur theoretische Gedankenspiele, die in der Praxis nicht umgesetzt werden können. Im Folgenden werden die kommunalen Anforderungsprofile unterschiedlicher Immobilienmärkte in Deutschland skizziert.

3.2.1 Metropolen, A- und Schwarmstädte

Angespannte Wohnungsmärkte mit einem Nachfrageüberhang sind häufig Gegenstand der medialen Berichterstattung. Die verzweifelte Wohnungssuche, das maßlose Verhalten einiger unseriöser Vermieter oder für den Normalbürger nicht zu finanzierende Miethöhen in Hotspots sind beliebte Themen in Print, Radio und TV. Die Stimmung wird aufgeheizt durch teilweise politisch motivierte und instrumentalisierte Bündnisse, die auf den Straßen der Republik die Bevölkerung mobil machen. Demonstrationen, Interventionen und öffentlichkeitswirksame Aktionen sorgen für ein Klima der Unzufriedenheit. Die Mieterinnen und Mieter haben in dieser Zeit zunehmend die Sorge, dass die Mietpreisentwicklung zu einem Damoklesschwert wird, das über ihren derzeitigen Wohnungen schwebt. Die Sorgen und Ängste finden zunehmend Einzug

3.2 Kommunale Anforderungen im Lichte des Immobilienmarkts

in die gesellschaftliche Debatte und münden in Forderungen und Erwartungen an die Politik. Der Markt habe versagt, nun müsse die öffentliche Hand als Korrektiv agieren, ist das gängige Argumentationsmuster in diesem Stadium.

In dieser besonderen Wohnungsmarktsituation kommen auf kommunale Akteure besondere Aufgaben zu. Eine nahliegende Aufgabe besteht sicherlich darin, eigene kommunale Wohnungsbestände aufzubauen. In der jüngsten Vergangenheit gab es in verschiedenen Kommunen oftmals Ansätze zur Gründung neuer Wohnungsgesellschaften. Diese sollten als Korrektiv auf dem Markt wirken. Sofern die praktische Herausforderung aus strategischer Sicht durch eine Ausweitung von Neubauaktivitäten und die Schaffung von neuem Wohnraum gemeistert werden soll, ist die Gründung einer derartigen Gesellschaft durchaus sinnvoll.

Allerdings ist es vernünftiger, einen Schritt früher in der Wertschöpfungskette in den Prozess einzusteigen. Die Baulandentwicklung und die Schaffung von Baurecht für freie Grundstücksflächen oder Brachen ist der größte Erfolgshebel für kommunale Akteure. Zum einen hat die öffentliche Verwaltung aufgrund der umfassenden Datenlage einen Informationsvorsprung gegenüber privaten Akteuren, zum anderen können lang andauernde Entwicklungsprozesse zuverlässiger angestoßen werden. Die politischen Entscheidungsträger sind bekannt und häufige Unsicherheiten und Hürden bei der Baurechtschaffung können hinter den Kulissen aus dem Weg geräumt werden. Was für den privaten Erschließer von Bauland eine politische »Blackbox« ist, kann für die verwaltungsnahen, öffentlichen Akteure ein »Heimspiel« sein.

Darüber hinaus ist die Identifizierung geeigneter und spätere Entwicklung öffentlicher Grundstücke einfacher, wenn der Prozess initial aus der Verwaltung von innen heraus angestoßen wird. Die ohnehin oftmals herrschenden Vorurteile gegenüber privaten Investoren sorgen an manchen Stellen für Prozessverzögerungen oder unnötige bürokratische Hürden.

Einen bedeutsamen, spürbaren Impuls am Wohnungsmarkt erzielt man ohnehin nur dann, wenn die Herausforderung zur »Chefsache« erklärt wird. Verwaltungsintern wie -extern haben die Kommunen den größten Erfolg, in denen echte Macher als (Ober-)Bürgermeisterinnen und Bürgermeister an der Verwaltungsspitze stehen.

Die unterschiedlichen Erfolgsgrade in den deutschen Metropolstädten lassen sich sehr gut anhand der erteilten Baugenehmigungen je 10.000 Einwohner ablesen. Hier wird deutlich, dass beispielsweise Köln und Stuttgart eine stark unterdurchschnittliche Entwicklung aufweisen, während hingegen in Frankfurt und München zumindest phasenweise ab 2018 Spitzenwerte zu verzeichnen sind.

3 Die strategische Ausrichtung einer kommunalen Immobiliengesellschaft

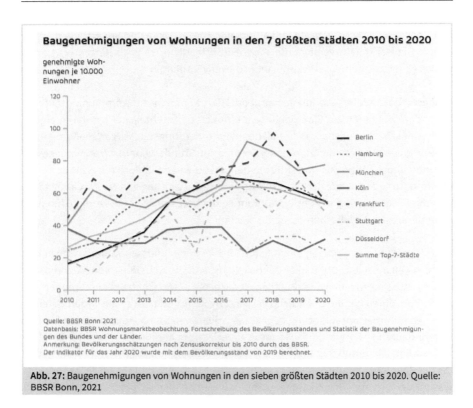

Abb. 27: Baugenehmigungen von Wohnungen in den sieben größten Städten 2010 bis 2020. Quelle: BBSR Bonn, 2021

3.2.2 B- und C-Städte

Die sogenannten B- und C-Städte haben ein eigenes strategisches Anforderungsprofil. Diese Städte haben gewöhnlich eine Einwohnerzahl zwischen 75.000 und 600.000. Ihre Immobilienmärkte unterscheiden sich in vielen individuellen Marktgegebenheiten. Keine Stadt gleicht dabei der anderen, vielmehr sind die unterschiedlichen Facetten im Rahmen einer dezidierten Analyse herauszuarbeiten. Die Heterogenität vieler B- und C-Städte erfordert eine individuell abgestimmte Handlungsstrategie. Die umschließende Klammer kann allenfalls darin gesehen werden, dass die extremen Ausschläge, wie sie auf der einen Seite in Metropolen und auf der anderen Seite im ländlichen Raum angetroffen werden, so häufig nicht existieren. Eine weitere Besonderheit der B- und C-Städte können starke wirtschaftliche und soziodemografische Disparitäten innerhalb des Stadtgebiets sein. Hier treffen auf engstem Raum große Gegensätze aufeinander, die – ohne strategischen Lösungsansatz – zu Spannungen, Unzufriedenheit und einer fortlaufenden Abwärtsspirale führen können.

Einzelne Städte im Ruhrgebiet, etwa Duisburg und Gelsenkirchen, stehen vor der Herausforderung, dass einzelne Quartiere – im Sinne der landläufigen Bürgermeinung – »kippen« oder »gekippt« sind. Aufgrund der dadurch verbundenen, negativen öffentlichen Aufmerksamkeit und entsprechend schlechter Berichterstattung in den Medien zu diesen Quartieren nimmt das gesamte Image der Stadt Schaden. In anderen Regionen Deutschlands verbinden die Menschen aufgrund der Berichterstattung eine ganze Stadt mit Missständen und sind sich nicht bewusst, dass sich die Missstände vielleicht nur auf Teilmärkte beziehen.

Ein schlechtes Image führt automatisch im Laufe der Zeit zu weiteren Schwierigkeiten. Die Region wird als unattraktiv wahrgenommen, sodass die vermeintlich schlechte Lage weder als Wohn- noch als Unternehmensstandort für auswärtige Personen und Unternehmen infrage kommt. Die mangelnden Investitionen und ausbleibenden Steuereinnahmen führen wiederum zu einer Verstetigung der ohnehin schwierigen Ausgangssituation auf einem niedrigen Level.

Trotzdem haben B- und C-Städten aber auch erhebliche Vorteile. Diese liegen insbesondere darin begründet, dass es zwischen öffentlichen und privaten Akteuren sowie Institutionen die berühmten »kurzen Wege« gibt. Dies bedeutet, dass es in jeder Stadt meist einen Kreis von etwa 200 Akteuren aus Verwaltung, Politik, Wirtschaft und Gesellschaft gibt, die Lösungsansätze umsetzen können. Entweder kann dies durch deren eigene Tätigkeit geschehen oder aber mittelbar durch aktives Einwirken auf andere Potenzialträger.

Dieses »Netzwerk« ist häufig nicht in festen Strukturen organisiert und daher als Instrument nicht beliebig nutzbar. Vielmehr besteht es aus vielen verschiedenen Clustern, die ineinander verwoben sind. Ein gezieltes Zusammenwirken geschieht hier vielfach auf Projektebene und endet dann bei Abschluss des Projekts. Neben dieser »Geschäftsbeziehung« fußt allerdings das Zusammenwirken auf – oft jahrelangem – Vertrauen und privaten Beziehungen, sodass teilweise Bekannten- und Freundeskreise miteinander agieren. Selbstverständlich darf eine derartige gemeinsame Bemühung von öffentlichen und privaten Akteuren nur im Sinne eines Allgemeininteresses erfolgen und sich hinsichtlich Absprachen und Zuspruch nur im gesetzlich abgesicherten Rahmen bewegen.

In der Praxis ist dabei festzustellen, dass es häufig nicht nur schwarz oder weiß gibt, sondern viele Grautöne. Umso wichtiger ist es für alle Beteiligten, die Grenzen legitimer, rechtmäßiger Aktivität zu kennen und zu respektieren. Wichtig ist es insbesondere für kommunale Akteure, die Einhaltung von Compliance-Regeln streng und konsequent zu priorisieren.[24] Insofern sind Arbeitskreise, Initiativen und jegliche Form von gemeinwohlorientiertem Zusammenwirken zu fördern. Ebenso strikt sollten bereits negativ konnotierte Zirkel im Sinne von »Hinterzimmergeschäften«

---

24 Vgl. Compliance-Regelungen analog zum Fondsgeschäft Beckmann/Bensinger in: Rock/Schumacher/Bäumer/Pfeffer 2019, S. 129 ff.

ausgeschlossen werden. Dies bedeutet gleichzeitig eine Offenheit gegenüber neuen Marktteilnehmern oder sonstigen Akteuren in der Stadt. Fortschritt und Entwicklung leben auch vom kreativen Einfluss »Fremder«, die eben nicht über langjährige private Netzwerke in einer Stadtgesellschaft verfügen. Gerade diese Menschen können mit ihrem Leistungsprofil, ihren Produkten und/oder Ideen einen unschätzbar wertvollen Beitrag für die künftige Stadtentwicklung leisten.

Sind die zuvor genannten interinstitutionellen Verbindungen vorhanden, können innerhalb dieser Strukturen schnell und flexibel Lösungsansätze für sich ergebende Herausforderungen erarbeitet und umgesetzt werden. Gerade in B- und C-Städten sind diese Herausforderungen immer quartiersbezogen zu betrachten. Hier sind häufig keine Großprojekte erforderlich, um eine Verbesserung zu erzielen. Meist reichen bereits punktuelle Investitionen oder Verbesserungen, die einen Einfluss auf die umliegende Nachbarschaft entfalten. Dabei ist bürgerschaftliches und gesellschaftliches Engagement ein wichtiger Erfolgsfaktor. Eine Veränderung aus dem Quartier heraus durch die dort lebenden und arbeitenden Bürger sorgt für eine Bewegung von innen heraus. Es ist zu beobachten, dass die Einbeziehung der lokalen Bevölkerung ein Mehr an Kreativität und Ideen liefert. Darüber hinaus steigert sich so die Akzeptanz für einzelne Maßnahmen Dritter. Langfristige strategische Verbesserungen können nur durch eine enge Verzahnung zwischen den Beteiligten erzielt werden.

Zu untersuchen ist im konkreten Einzelfall, ob eine B- oder C-Stadt als »Schwarmstadt« definiert werden kann. Die Schwarmstadt kennzeichnet sich durch einen hohen Zuzug aus den umliegenden Regionen. Dies kann dadurch begründet sein, dass es ringsum eben nur eine Stadt mit urbanen Strukturen und Angeboten gibt und dass diese Stadt gerade die jüngere Generation aus dem ländlichen Raum anlockt. Nicht nur das Freizeit-, Konsum- und Gastronomieangebot lockt, sondern eben häufig auch die Hochschule sowie attraktive Arbeitgeber. Gerade Städte wie Münster, Osnabrück, Braunschweig oder Heidelberg erfordern aufgrund einer vergleichsweise hohen Nachfrage nach Wohnungen und Büroflächen Handlungskonzepte, die mit denjenigen in den Metropolen vergleichbar sind. Steigende Miet- und Kaufpreise, ein knappes Angebot auf dem Immobilienmarkt machen auch hier entschlossenes Handeln notwendig. Sicherlich steht die intelligente Bereitstellung von zusätzlichen Wohn- und Arbeitsflächen im Fokus der Akteure. Die Mobilisierung von Bauland und das schnelle Schaffen von Baurecht helfen dabei, die Situation zu meistern.

3.2.3 Shrinking Cities und ländlicher Raum

Aus Gesellschaftsverträgen kommunaler Immobiliengesellschaften ist auch die Aufgabe bekannt, Überschüsse in den Wohnungsbau zu investieren, wenn absehbar ist, dass die Nachfrage das Angebot innerhalb der Gemeinde übersteigt. In Kommunen, die mit dem Schrumpfen der Bevölkerungszahl umzugehen haben (Shrinking Cities), kann sich häufig das genau gegenteilige Bild ergeben. Hier werden gerade die kommunalen Akteure am Wohnungsmarkt dazu angehalten, überschüssigen, nicht mehr zeitgemäßen Wohnraum rückzubauen oder modernen Nutzungen zuzuführen. Auf diese Weise kann auch das Erfordernis bestehen, sogenannte Problemimmobilien zu erwerben und zu »neutralisieren«, damit deren negative Außenwirkung nicht auf die unmittelbare Nachbarschaft oder das gesamte Quartier abstrahlt. Die Immobilienwirtschaft ist insofern immer auch ein Seismograf gesellschaftlicher Entwicklungen. Die Zukunft wird zeigen, wie die Wohnungswirtschaft beispielsweise auf die Lehren und Auswirkungen der Pandemie reagiert. Dort, wo Remote Work oder Homeoffice zur neuen Tagesordnung gehören und die jüngere Generation die Erfahrung des Homeschooling macht, bedarf es neuer Wohnkonzepte, die es am Markt derzeit nur in Einzelfällen gibt.

Ein gesondert zu betrachtendes kommunales Handlungsfeld für Immobilienaktivitäten stellt der ländliche Raum dar. Hier ist zunächst festzustellen, dass es nicht den einen ländlichen Raum gibt, sondern dass eine Diversifizierung anhand der Ausprägung der ländlichen Struktur und der sozioökonomischen Lage dringend notwendig ist. Ein wesentlicher Aspekt bei der Betrachtung des ländlichen Raumes ist die vorhandene Infrastruktur sowie das Wohn-, Arbeits- und Freizeitangebot. Diejenigen, die in kommunaler Verantwortung das ländliche (Zusammen-)Leben gestalten, haben vor allem auf folgende Aspekte zu achten:

Der Mobilitätsgrad für Bewohner und Arbeitskräfte in einer ländlichen Region ist ein entscheidender Faktor für das Wohnen und Arbeiten. Die Ein- als auch Ausreise sowie die örtliche Erreichbarkeit wichtiger Angebote muss sowohl per Individualverkehr als auch ÖPNV problemlos möglich sein.

Beispiel: Sperrung der A 45

Ein aktuelles Negativbeispiel liefert in diesem Zusammenhang die Sperrung der Autobahn A 45 im Dezember 2021 bei Lüdenscheid aufgrund einer maroden Autobahnbrücke. Die Instandsetzung der Brücke ist zwar eine hoheitliche Aufgabe des Bundes, allerdings sind die Auswirkungen des Verkehrsinfarkts exemplarisch auch für infrastrukturelle Verantwortlichkeiten des Landes oder der Kommune. Die Brückensperrung führt dazu, dass Teile der Stadt Lüdenscheid sowie der umliegenden kleineren südwestfälischen Gemeinden nur noch mit erheblichem Zeitaufwand erreichbar sind. Diese infrastrukturelle Abschnürung einer ganzen Region hat Folgen: Ein- und Auspendler haben erhöhte Fahrtzeiten, die nicht nur kurzfristiger Natur sind, sondern womöglich fünf oder mehr Jahre andauern werden. Die Folge sind Veränderungen des Wohn- und/oder Arbeitsorts, um wieder annehmbare Wegstrecken zurücklegen zu können.
Auch für Gewerbetreibende hat ein derartiger infrastruktureller Infarkt maßgebliche Auswirkungen. Die Lieferketten können nicht mehr in gewohnter Weise eingehalten werden. Guter Kundenservice ist nur noch mit erheblichem Mehraufwand zu leisten. Ähnliches gilt für die

> Gewinnung von Fachkräften. War es bereits vor der Autobahnsperrung schwierig, Fachkräfte zu akquirieren, wird das Vorhaben nun noch erheblich diffiziler. Einzig der Trend zum Homeoffice kann hier für eine gewisse Entlastung sorgen. Wer nicht täglich die beschwerliche Reise auf sich nehmen muss, sondern vom heimischen Schreibtisch aus arbeiten kann, lässt sich möglicherweise auch in diesen Zeiten von einem Arbeitsplatzwechsel überzeugen.

Infrastrukturelle Voraussetzungen sowie Wohn-, Arbeits- und Freizeitangebote, die in Metropolen gängig sind, dürfen im ländlichen Raum nicht als selbstverständlich verstanden werden. Eine erhebliche Herausforderung stellt die ärztliche Versorgung dar. Eine jahrelange Ausdünnung der ärztlichen Praxenlandschaft sorgt in bestimmten ländlichen Gebieten für eine Unterversorgung der dortigen Bevölkerung. Ähnliches gilt für adäquate Pflegeangebote. Auch hier ist die Immobilienwirtschaft gefordert, gemeinsam mit der Ärzteschaft und der kommunalen Verwaltung Lösungen zu finden. Eine Möglichkeit besteht beispielsweise in der Konzentration von Angeboten in sogenannten Gesundheits- und Ärztezentren. Lokale Gesundheitszentren bündeln gesundheitliche, pflegerische und soziale Dienstleistungen an einem Ort. Daraus resultieren kürzere Wegstrecken und weniger Wartezeiten sowohl für die Patientinnen und Patienten als auch für die Fachkräfte.

Der technologische Fortschritt und die fortlaufende Digitalisierung lassen neue unternehmerische Handlungsfelder und Geschäftsmodelle entstehen, die auch und gerade den ländlichen Raum aufwerten. Die pandemiebedingte flächenweite Erprobung von »Homeoffice« und »Remote Work« haben den Beweis gebracht, dass ein kollaboratives Arbeiten im Team auch ohne persönliche, gleichzeitige Anwesenheit in einem Büro möglich ist. Videokonferenzen und virtuelle Netzwerkformate zählen nach zwei Jahren Pandemie zur Selbstverständlichkeit im Businessleben. Viele Meetings, die früher zwingend vor Ort stattfinden mussten und zu denen eine Geschäftsreise nötig war, werden heute online aus dem heimischen Arbeitszimmer abgehalten. Es ist damit zu rechnen, dass die Uhr hier nicht mehr gänzlich zurückgedreht wird. Vielmehr wird die räumliche Distanz zwischen Gesprächspartnern durch eine fortschreitende Technologisierung weiter schrumpfen. Längst sind Gespräche mit virtuellen Hologrammen nicht mehr nur Fantasie, sondern können bereits in die Realität umgesetzt werden.

Die zuvor genannten Entwicklungen bergen erhebliche Chancen für den ländlichen Raum. Dieser wird zukünftig seine Attraktivität steigern können. Der Zuzug in die Metropolen ist retroperspektiv mit den vielen attraktiven Arbeitsplätzen zu erklären, die dort zur Verfügung stehen. Das Wohnen folgt insofern der Arbeit, was in der Historie bereits verschiedene Beispiele gezeigt haben. Das Ruhrgebiet ist aufgrund des Rohstoffreichtums und der einsetzenden Industrialisierung zu einer bevölkerungsreichen Metropolregion geworden. Wenn nun die Arbeit auch Hunderte Kilometer entfernt erledigt werden kann, weil virtuelle Kommunikationswege genutzt werden, dann spricht vieles dafür, dass sich auch die Art zu wohnen erheblich ändern wird. Verstärkt wird dieser Veränderungsdruck durch die steigenden Miet- und Kaufpreise in den Städten.

Das Land kann hier zu einer Ventillösung führen und diejenigen aufnehmen, die sich die hohen Preise in den Städten nicht leisten können oder wollen. Auch an dieser Stelle sind kommunale Verantwortungsträger gefragt, die richtigen Weichen zu stellen und die erkannten Chancen auch zu nutzen. Die weitsichtige Ausweisung von Baugebieten und der Aufbau einer smarten ländlichen Infrastruktur sind dabei die beiden wesentlichen Handlungsfelder. Insbesondere die technische Infrastruktur ist Treiber des Wandels: Schnelles (mobiles) Internet sowie ein flächendeckender Gigabitausbau sind dabei Grundvoraussetzungen für den zukünftigen Erfolg. Genauso wichtig ist eine stärkere Vernetzung des ländlichen Raums mit den Ballungszentren. Neben den »harten Fakten« sollten hier nicht nur Verkehrswege, sondern auch Institutionen, Unternehmen und andere Einrichtungen miteinander vernetzt werden.

Schlussendlich darf nicht vergessen werden, dass die Menschen nicht nur wohnen und arbeiten möchten, sondern eben auch die Freizeit als dritte Säule attraktiv gestalten werden sollte. Die Nahversorgung im ländlichen Raum muss daher ebenfalls ansprechend sein. Junge Menschen müssen eine Zukunft in ihrem Dorf sehen. Der Internethandel mit seinen verschiedenen On-Demand-Angeboten, Liefer- und Kurierdiensten kompensiert zwar im ländlichen Raum bestimmte Defizite beim Präsenzangebot, allerdings kann dies nicht der alleinige Heilsbringer sein. Dies trifft auch auf Freizeit- und Kulturangebote zu. Zwar sorgen die modernen Streamingdienste wie Netflix oder Amazon Prime für ein heimisches Kinoerlebnis, dennoch wünschen die Menschen gemeinschaftliche Erlebnisse, die Raum für Interaktion geben.

Die Herstellung einer Balance im Siedlungssystem durch den strategischen Aufbau passgenauer Fördergebietskulissen der Städtebau- und Regionalförderung wird weiterhin nötig sein, damit der ländliche Raum den Anschluss behält.

3.3 Die strategische Ausrichtung anhand gesellschaftlicher und technologischer Entwicklungen

Die Ausführungen zu den immobilienwirtschaftlichen Chancen im ländlichen Raum haben gezeigt, dass gesellschaftliche und technologische Veränderungen zu berücksichtigen sind. Im Folgenden sollen die Auswirkungen aktueller Trends und Entwicklungen auf den kommunalen Wohn- und Gewerbeimmobilienmarkt diskutiert werden. Dies ist ein Blick in die Zukunft – er muss zwangsläufig vage bleiben. Trotzdem ist die rechtzeitige Beschäftigung mit Zukunftsfragen und das Ergründen potenziell richtiger Antworten auf diese Fragen ein entscheidendes Erfolgskriterium. Städte und Regionen stehen auch heute in einem Wettbewerb zueinander. Diejenigen Kommunen, die diesen Wettbewerb erkennen, akzeptieren, annehmen und aktiv daran teilnehmen, werden sich im Laufe der kommenden Jahre deutliche Vorteile erarbeiten können.

3.3.1 Digitale Kommunikation und Präsenzreduzierung

Die veränderte digitale Kommunikation hat bundesweit das Homeoffice und Remote Work etabliert. Gerade in öffentlichen Verwaltungen und Betrieben war das Arbeiten von zu Hause aus lange undenkbar. Diese starren Grenzen wurden durch die Corona-Pandemie in Rekordzeit, quasi über Nacht, aufgebrochen. Die Entwicklung hin zu den heimischen Schreibtischen sorgt für eine stärkere Vermischung von Privat- und Berufsleben. Die beiden Lebenswelten waren zuvor räumlich meist voneinander getrennt. Dies hat sich radikal verändert. Als Folge davon bleiben veränderte Anforderungen an Wohnraum und Büroarbeitsplätze. In Zukunft werden sich diese Entwicklungen bei der Planung von Wohn- und Büroflächen deutlich zeigen. Die Menschen werden verstärkt (Wohn-)Produkte nachfragen, die eine Vermischung der beiden Lebenswelten ermöglichen. Zusätzliche Räume für Heimarbeitsplätze werden gerade bei Familien gefragt sein. Neben den Kinderzimmern wird es also auch mindestens einen, eventuell auch zwei weitere Arbeitsräume für beide Elternteile geben, die ein ruhiges und entspanntes Arbeiten von zu Hause ermöglichen.

Gerade in den Metropolregionen, aber auch in den B- und C-Städten wird dieses Mehr an Nachfrage im Bereich des Wohnraums zu einem Rückgang bei der Nachfrage nach Büroflächen führen. Ohne eine exogen begründete Zuwanderung wird eine natürliche Kompensation dieser Verschiebung der Flächennachfrage nicht erfolgen. Die Folge werden verstärkte Flächenkonversionen von Büro- zu Wohnflächen sein. Nicht mehr zeitgemäße Bürogebäude werden demnach vermehrt zukünftig zu Wohnraum umgebaut werden und damit dem Zeitgeist Rechnung tragen.

Die Veränderungen wirken sich nicht nur auf die Büroarbeitswelt aus, sondern auch auf die Arbeit von Hochschulen und anderen Bildungseinrichtungen. Die Möglichkeit des Online-Unterrichts ist pandemiebedingt bis in die Grundschulen erprobt worden. Je älter und selbstbestimmter die Teilnehmenden sind, desto eher sind Formate des Online-Unterrichts erfolgsversprechend. Auch dies wird erhebliche Auswirkungen auf die Immobilienwirtschaft in öffentlichen und privaten Gebäuden der Kinder-, Jugend- und Erwachsenenbildung haben. Präsenzformate werden sicherlich nicht gänzlich von der Bildfläche verschwinden. Die Praxis hat allerdings deutlich gezeigt, dass auch im Distanzunterricht Lernerfolge erzielt werden können. Diese praktischen Erfahrungen werden zukünftig mindestens zu einer stärkeren Ausdifferenzierung beim Bildungsangebot führen. Die Lernenden werden das Angebot stark danach auswählen, inwiefern es ihren persönlichen, individuellen Anforderungen und Wünschen entgegenkommt.

3.3 Die strategische Ausrichtung anhand gesellschaftlicher und technologischer Entwicklungen

Sicherlich werden auch hybride Formate zunehmen, sodass temporär und flexibel entschieden werden kann, ob eine Präsenz- oder Onlineteilnahme erfolgt.

Dieser Trend wird damit Einfluss darauf haben, wie Schul- und Hochschulgebäude zukünftig konzipiert und genutzt werden. Bei anstehenden Planungen sollten diese Entwicklungen bereits mitberücksichtigt werden, um nicht Flächen zu entwickeln, die in dieser Art und Weise nicht mehr benötigt werden. Smartes und vor allem frühzeitiges Agieren und Erkennen dieser Entwicklungen schont den kommunalen Haushalt, da Ausgaben viel effektiver und zielgerichteter vorgenommen werden können.

Mit den zuvor beschriebenen Entwicklungen von der tatsächlichen Vor-Ort-Präsenz hin zur Online-Präsenz sind weitere erhebliche Verschiebungen verbunden. Diese Entwicklungen haben auf der einen Seite das menschliche Bedürfnis nach bequemen, zeitsparenden und praktikablen Lösungen als Treiber. Auf der anderen Seite wird das Duell zwischen räumlicher und virtueller Präsenz durch einen weiteren Megatrend unserer modernen Zeit vorangetrieben: Die Klimawende erfordert die Verringerung von CO_2-Ausstoß in allen Lebensbereichen. Jede eingesparte Auto-, Bus- oder Bahnfahrt zum Zwecke von Arbeit, Unterricht oder Freizeitgestaltung zahlt auf das Ziel der Klimaneutralität ein. Der erforderliche Paradigmenwechsel benötigt auf diese Art und Weise weniger Verzicht, sondern vielmehr Flexibilität beim Angebot. Gerade diese freiwillige Transformation von der Präsenz in die Virtualität wird erhebliche Auswirkungen auf die kommunale Immobilienwirtschaft haben.

3.3.2 Kommunale Entwicklungspotenziale für Innenstädte

Insbesondere in den B- und C-Städten sind die Innenstädte seit den 1990er-Jahren die Sorgenkinder der Stadtentwicklung. War die Rolle der Innenstadt zuvor als lebendiges Zentrum mit mannigfaltigen Versorgungs- und Konsumangeboten klar definiert, hat sich dieses Bild nunmehr stark verändert. Die Konsumenten und Kunden haben entschieden, dass sie gern bequem mit dem Auto vorfahren und parken möchten. Sie erwarten möglichst alle Geschäfte und Ladenlokale an einem Ort konzentriert. Das Shoppen soll nicht mehr nur die Warenbeschaffung beinhalten, sondern auch das Drumherum darf durchaus ansprechend gestaltet sein. Gastronomische Angebote sorgen für eine Symbiose von Einkaufen und Lifestyle: Die (innerstädtischen) Shoppingcenter waren geboren. Dieses konzentrierte Angebot unter einem Dach, mit kurzen, trockenen Wegen und allen modernen Annehmlichkeiten der Freizeitgestaltung haben gleichzeitig das Ende der klassischen Innenstädte bzw. Einkaufsmeilen – wie man sie kannte – eingeläutet.

Das Centro in Oberhausen, immer noch das größte Shoppingcenter Europas, soll schuld gewesen sein am Niedergang der dortigen Innenstadt (vgl. Brune/Pump-Uhlmann, Centro Oberhausen 2009). In der Folge haben innerstädtische Shoppingcenter verschiedener Größenordnung in sämtlichen bundesweiten Innenstädten Einzug gehalten. Der Kunde hat mit den Füßen bzw. mit seinem Konsumverhalten eindeutig abgestimmt. Die Stadtentwicklung ist an dieser Stelle nicht vorbei, sondern sie erreicht nun eine neue Etappe der Evolution. Für kommunale Verantwortungsträger besteht hier ein wichtiges und bedeutendes Handlungsfeld.

Die Innenstädte stehen vor einer weiteren Herausforderung, die durch die Corona-Pandemie noch deutlich stärkere Auswirkungen haben wird. Die Kontaktbeschränkungen und Zugangshürden nach den gängigen »G«-Regeln haben dazu geführt, dass Teile der Bürgerinnen und Bürger auf andere Alternativen zur Warenbeschaffung umgestiegen sind. Die »On-Demand-Services« haben in der Beliebtheit deutlich zugenommen. Der Interneteinkauf ist in vielen Bereichen üblich geworden. In dem Maß, in dem der Logistiksektor einen Aufschwung erlebt hat, erfolgte eine Schwächung des klassischen Einzelhandels und der stationären Gastronomie ohne Außer-Haus-Angebote.

Mittlerweile sind Internetkäufe in der breiten Masse der Bevölkerung, auch bei der älteren Generation, angekommen. Gerade Konsumgüter oder Textilien werden intensiv online geordert. Innerhalb von nur 15 Jahren sind ganze Branchen fast gänzlich verschwunden. Gehörten in den 2000er-Jahren Videotheken mit DVD-Angeboten zum Stadtbild, wurden diese durch die Online-Streamingdienste nun fast vollständig ersetzt. Noch nicht ganz so stark sichtbar, aber dennoch spürbar, trifft diese Entwicklung auch die Kinobranche. Wer geht heute noch ins Kino, wenn man zu Hause einen 85-Zoll-Bildschirm aufbauen kann, ein brillantes Hör- und Seherlebnis hat und noch dazu die neuesten Filme und Serien bequem bis ins Wohnzimmer übermittelt bekommt? Eine ähnliche Dezimierung haben Reisebüros erfahren, die nur noch ganz vereinzelt existieren können und ebenso als Folge der Pandemie starke Umsatzeinbußen hinnehmen mussten.

Diese Entwicklung ist nicht mehr umkehrbar und die Kommunen müssen Handlungsstrategien entwickeln und umsetzen. Die Rolle der Innenstädte ist neu zu definieren. Dabei dürfen die »guten, alten Zeiten« nicht als nostalgisches Idealbild verherrlicht werden. Der Wandel muss vielmehr proaktiv gestaltet werden. In diesem Zusammenhang sind pragmatische Lösungsansätze hilfreich.

Die Innenstädte sollten sich in Zukunft primär als urbane Wohnquartiere mit einem breiten Nahversorgungsangebot verstehen. Unabhängig von Fördermitteln und Stärkungspaketen ist gemeinsam mit den privaten und kommunalen Hauptakteuren der Blick auf diese notwendige Transformation zu richten. Die Menschen werden in der modernen urbanen Zivilisation weiterhin ihr Dasein hin zu mehr Bequemlichkeit, mehr Zeitersparnis und mehr Freizeit optimieren.

3.3 Die strategische Ausrichtung anhand gesellschaftlicher und technologischer Entwicklungen

Die Pandemie hat zudem die Hotelbranche vor erhebliche wirtschaftliche Schwierigkeiten gestellt. Das Ausbleiben von Privat- und Geschäftsreisen infolge von Kontaktbeschränkungen und Reisewarnungen hat zu einem starken Rückgang der Übernachtungszahlen und Auslastungen gesorgt. Dieser Trend wird verstärkt durch die gesellschaftlichen Bemühungen, die im Rahmen des Klimawandels unternommen werden müssen. Die Pandemie hat Verhaltensweisen eingefordert, die zur Zielerreichung der Klimaneutralität erforderlich sind: weniger private Kurzreisen, weniger Geschäftsreisen, mehr heimische Aktivitäten vor der Haustür. Die Komplexität der vor uns liegenden Aufgaben zeigt sich auch in den Auswirkungen des Fachkräftemangels. Gerade in der Gastronomie und Hotellerie fehlen Mitarbeitende. Diese sind aufgrund der Jobunsicherheit während der Pandemie häufig in andere Branchen eingestiegen und damit wohl dauerhaft verloren.

Im Folgenden sollen die Handlungspotenziale für eine erfolgreiche Innenstadtentwicklung skizziert werden.

3.3.2.1 Energetische Quartiersentwicklung

Nach dem Vorbild InnovationCity Bottrop bieten verschiedene Innenstadtquartiere in Deutschland eine ideale Ausgangssituation für die klimaneutrale Stadtentwicklung. Laut Berechnungen der Innovation City Management (ICM) konnte der CO_2-Ausstoß in Bottrop von 2009 bis 2020 um rund 50 Prozent gesenkt werden.[25] Für das Abschlussjahr 2020, für das konkrete Verbrauchsdaten der Energieversorger erst 2022 vorliegen, hat die ICM die hohe Modernisierungsquote in Bottrop in ihre Prognosen mit einbezogen. Das Wuppertal Institut für Klima, Umwelt, Energie hat für das Jahr 2020 mit bundesweiten Prognosewerten kalkuliert und kommt auf eine Minderung von 47 bis 49 Prozent und bestätigt damit, dass die angestrebte Halbierung erreicht worden ist. Die im Jahr 2009 erhobenen Daten bilden die Basis für die wissenschaftliche Evaluation des Projektzeitraums von 2010 bis 2020.

Die wichtigsten Ergebnisse dieser Leistungsbilanz sind[26]:
- Bottrop belegt unter allen Großstädten in NRW den Spitzenplatz bei der Fotovoltaik-Dichte pro Einwohner.
- Die von Wohngebäuden ausgehenden CO_2-Emissionen (CO_2-Äquivalente CO_2 [äq] = THG Treibhausgase) sind im Bund von 2010 bis 2020 um 19 Prozent zurückgegangen. In der InnovationCity gingen die Emissionen sehr viel deutlicher zurück: um 47 Prozent.

---

25 https://www.icm.de/presse/bilanz-des-klimastadt-projektes-innovationcity-ruhr/ abgerufen am 01.04.2022.
26 https://www.icm.de/presse/bilanz-des-klimastadt-projektes-innovationcity-ruhr/ abgerufen am 01.04.2022.

- Im Sektor Arbeit/Industrie ist der CO_2-Ausstoß (THG) von 2009 bis 2020 auf Bundesebene um 5,3 Prozent gesunken, in der InnovationCity um 56 Prozent.
- Der CO_2-Ausstoß pro Kopf (THG, ohne den Sektor Verkehr) lag 2020 im Bottroper Modellgebiet bei 2,44 Tonnen pro Jahr (t/a), bundesweit bei 6,11 t/a.
- 3.657 Wohngebäude wurden modernisiert – das sind rund 36 Prozent des gesamten Bestandes. Die jährliche energetische Modernisierungsrate liegt in der InnovationCity bei 3,3 Prozent, d. h. im Durchschnitt sind pro Jahr 3,3 Prozent der Wohngebäude teilweise oder komplett energetisch modernisiert worden.
- 2,7 Mio. Euro Modernisierungsförderung stießen Gesamtinvestitionen von mehr als 20 Mio. Euro an.
- 11.355 Menschen nahmen an 437 Veranstaltungen der ICM teil.
- 3.954 Energieberatungen wurden bis 31.12.2020 durchgeführt und damit mehr als 30 Prozent aller Einzeleigentümer erreicht. Die CO_2-Emissionen (THG) der öffentlichen Gebäude in der InnovationCity sind von 2009 bis 2020 um 40 Prozent zurückgegangen.

Die Erfahrungen und Erkenntnisse aus dem »Labor Bottrop« dienen als Blaupause für den klimagerechten Umbau in weiteren Quartieren in Deutschland. Damit sollen der Energieverbrauch und die CO_2-Emissionen reduziert und die Lebensqualität erhöht werden. Um dies zu erreichen, erarbeitet die Innovation City Management GmbH (ICM) mit verschiedenen Partnern integrierte energetische Quartierskonzepte, um in den Wohnquartieren den klimagerechten Umbau voranzutreiben. Die Ausarbeitung der Quartierskonzepte ist in ein umfassendes Maßnahmenbündel eingebettet, das die Akzeptanz und die spätere Umsetzung konkreter Projekte unterstützen soll.[27]

Unter Berücksichtigung der spezifischen Situation in den einzelnen Quartieren wurden mit den Kommunen realistische Annahmen abgestimmt, auf deren Grundlage eine Übertragung des Bottroper Ansatzes möglich ist. Die Zielsetzung war dabei, Impulse für eine mittelfristige klimagerechte Entwicklung der Quartiere zu geben. In 20 beispielhaft untersuchten Quartieren im Ruhrgebiet kam man zu dem Ergebnis, dass durch energetische Modernisierungsmaßnahmen wie etwa den Austausch von Fenstern oder die Dämmung der obersten Geschossdecke sich im Bereich Wärme bei Wohnhäusern theoretisch über 575.000 MWh/a einsparen lassen. Der Energiebedarf könnte demnach um 45 Prozent reduziert werden – und somit zum Beispiel 270.000 Fässer Heizöl weniger verbraucht werden. Bereits durch den Austausch von alten Elektrogeräten und eine Verhaltensänderung der Bewohner ist es möglich, fast 17.000 MWh/a einzusparen. Mit dieser Strommenge könnten jährlich mehr als 123.000 A++ Kühlschränke betrieben werden. Ausgehend von den durchschnittlichen Stromkosten könnten die privaten Haushalte damit auch rund fünf Millionen Euro sparen.

---

27 Vgl. https://www.icrollout.de/ (letzter Zugriff am 21.04.2022).

3.3.2.2 Fassadengestaltung und Außenwerbung

Der äußere, visuelle Eindruck zählt auch bei der Bewertung und Beurteilung der Qualität einer Innenstadt. Alternative (Online-)Beschaffungsmethoden für Konsumgüter führen dazu, dass die Innenstadt andere Vorzüge als diejenigen der reinen Warenbeschaffung entwickeln und pflegen muss. Nur auf diese Art und Weise lässt sich die gewünschte Attraktivität für Bürgerinnen und Bürger erzielen. Die Fassadengestaltung ist dabei ein wesentlicher Faktor. Ungepflegte, in die Jahre gekommene Hausfassaden sorgen für Unbehagen und laden nicht zum Verweilen in der näheren Umgebung ein. Verschiedene Kommunen haben auf der Basis dieser Erkenntnisse bereits mit Erfolg Förderprogramme zur Fassadenmodernisierung bzw. -erneuerung aufgelegt.

Gerade in den Einkaufspassagen zählen auch die Beschilderung und Außenwerbung der einzelnen Handels-, Gewerbe- und Gastronomiebetriebe zum optischen Gesamteindruck. Hier können viele Kommunen von den historischen Altstädten z. B. in Monschau, Heidelberg oder Nürnberg lernen. Diese haben auf der Grundlage öffentlicher Satzungen Gestaltungsrichtlinien für die Außenwerbung erlassen. Aus diesem Grund sind nur bestimmte Formen, Größen, Farben und/oder Materialien für eine Beschilderung erlaubt bzw. vorgegeben. Diese Einheitlichkeit erzeugt einen wertigen Eindruck und erhöht die Aufenthaltsqualität.

Letztendlich ist der Siegeszug der Shoppingcenter auch durch Homogenisierung in puncto baulicher Einheitlichkeit, Synchronisierung von Öffnungszeiten und vieler anderer Gemeinsamkeiten begründet. Hiervon können die modernen Innenstädte von morgen lernen und den Aufenthalt zu einem einzigartigen Erlebnis machen. Gerade für Kommunen bieten sich verschiedene Themen an, anhand derer sich auch ein Brückenschlag zwischen Historie und Gegenwart herstellen lässt. Die Städte und Gemeinden im Ruhrgebiet weisen beispielsweise diesbezüglich noch viel Handlungspotenzial auf. Sie können ihre industrielle Vergangenheit ikonenhaft bei der Gestaltung ihrer Innenstädte einfließen lassen.

3.3.2.3 Bepflanzung und Begrünung

Die Belebung der Innenstädte und die Erhöhung der Verweildauer hat auch eine grüne Komponente. Neue Trends wie Urban Gardening prägen das Bewusstsein – nicht nur – der jüngeren Generation. Insofern ist für ausreichende Grün- und Erholungsflächen zu sorgen. Es kommen auch spezielle Fassaden- und Dachbegrünungen infrage, die mit modernen Konzepten umgesetzt werden.

Hierzu bietet sich für Städte und Gemeinden die Bereitstellung kommunaler Förderprogramme für Dach- und Fassadenbegrünung sowie die ökologische Aufwertung von

Vorgärten und Hofflächen an. In der Praxis haben sich bestimmte Modelle bewährt. In Bochum etwa werden 50 Prozent der Gesamtherstellungskosten – bis zum Höchstbeitrag von 25.000 Euro je Antragstellerin oder Antragsteller und Jahr – gefördert.

Ein weiterer positiver Aspekt besteht in der Minderung von Gebäude- und Infrastrukturschäden infolge von Starkregenereignissen und Hochwasser. Flächenentsiegelung und Begrünungsmaßnahmen, wie beispielsweise Dachbegrünungen, tragen dazu bei, diese Schäden zu mildern. Außerdem begünstigen sie die Biodiversität und tragen zur Artenvielfalt, insbesondere der Insekten und Vögel, bei. Darüber hinaus erhöht zum Beispiel die Fassadenbegrünung auch die Lebensqualität im Innenraum eines Gebäudes, indem es dieses gegen Hitze und Wärme abschirmt. Entsiegelungen und Begrünungen von Dach- und Wänden im urbanen Raum tragen damit wesentlich zu einer Verbesserung des Lokalklimas bei. So profitieren nicht nur Flora und Fauna, sondern vor allem auch der Mensch selbst.

3.3.2.4 Moderne Verkehrskonzepte

Die Auswahl an Fortbewegungsmitteln nimmt zu. Nicht nur die Mittel an sich, sondern auch ihre jeweilige Antriebsart unterscheiden sich in der Praxis. Zur klassischen Fortbewegung zu Fuß, per Fahrrad, Auto oder Motorroller sind nun noch Lastenräder, E-Bikes, E-Scooter und verschiedene Spezialvehikel gekommen. Insbesondere in den Metropolen wird die Vielfalt der Fortbewegungsmittel noch durch verschiedene Sharing-Modelle ergänzt, die eine temporäre Nutzung ermöglichen, ohne dass man z. B. ein Auto oder einen E-Scooter besitzen muss. Dabei geht es darum, bequem, günstig und umweltschonend von A nach B zu gelangen. Die Innenstädte müssen mit dieser Entwicklung Schritt halten.

Die Sinn- und Zweckhaftigkeit von Maßnahmen kann nur im Einzelfall beurteilt werden. Dabei ist die Etablierung moderner Parkleitsysteme, der Ausbau von Fuß- und Radwegen, aber auf der anderen Seite – möglicherweise auch zur Belebung – die Öffnung von ursprünglich nur für Fußgänger vorgesehenen Zonen für den Individualverkehr zu prüfen. Eine ausgeklügelte, sinnvolle Anbindung an den ÖPNV sollte dabei selbstverständlich sein.

Exkurs: Umwelt- bzw. E-Spuren
Im Zuge der öffentlichen Diskussion zur Feinstaubbelastung hat die Etablierung von EU-Grenzwerten in vielen Kommunen zu verkehrsberuhigenden Aktivitäten geführt. Die Reduzierung auf Tempo 30 oder die äußerst strittige Einführung von sog. Umwelt- bzw. E-Spuren für Busse, Taxen, Fahrräder und elektronisch betriebene Fahrzeuge zulasten gewöhnlicher, allgemein nutzbarer Fahrspuren hat vielerorts zu heftigen, kritischen Reaktionen aus der Bürgerschaft geführt – mitunter zu Recht.

3.3 Die strategische Ausrichtung anhand gesellschaftlicher und technologischer Entwicklungen

> **Beispiel**
>
> Im nordrhein-westfälischen Hagen wurde eine vierspurige, innerstädtische Hauptverbindungsachse in zwei normale Fahrspuren und zwei Umweltspuren umgewandelt. Die Folge ist ein fast durchgängiger, erheblicher Verkehrsstau auf den verbliebenen zwei Fahrspuren. Fahrtstrecken, die normalerweise in einer Minute zu erledigen waren, verlängern sich auf 20 bis 30 Minuten und sorgen für Rückstaus in andere Zonen.
> Das Ziel der Reduzierung von Emissionen kann als deutlich verfehlt bezeichnet werden. Insbesondere die Bewohner leiden unter dieser neuen, negativen Entwicklung. Straßenseitige Hausfassaden sind einer starken Belastung ausgesetzt. Fenster und Balkone können zur Lüftung zeitweise nicht genutzt werden.

Dieses Beispiel zeigt, dass Kommunen eine ganzheitliche Betrachtung zur Lösung der zukünftigen Herausforderungen anstrengen müssen. Einfältiger Aktionismus und falsch verstandener, vorauseilender Normengehorsam sind in der modernen Welt von morgen nicht mehr gefragt. Vielmehr bedarf es generalistischer und pragmatischer Lösungsansätze, die nicht nur in der Theorie, sondern vielmehr in der praktischen Anwendung vor Ort funktionieren.

3.3.2.5 Aktive Personen und Netzwerke

Eine aufstrebende Innenstadtentwicklung erfordert neben intelligenten Konzepten und finanziellen Mitteln vor allem kluge Köpfe. Der »Faktor Mensch« ist bei jeglicher kommunaler Aufgabenstellung ein nicht zu unterschätzendes Element des Erfolgs. Gerade die Innenstadt als klar begrenzbares räumliches Gebilde wird durch den Einsatz und das Engagement Einzelner geprägt. Die Einsetzung eines »Citymanagers« ist sinnvoll, um die verschiedenen Akteure miteinander zu verknüpfen und bestimmte Themen voranzutreiben. Die Gründung einer Interessenvertretung der Gewerbetreibenden, Immobilieneigentümer und auch Bewohner ist zu empfehlen, damit die interne und externe Kommunikation mit einer einheitlichen Stimme erfolgt. Theoretisch einfache, in der Praxis aber häufig schwer umzusetzende Ziele – wie beispielsweise Sauberkeit und Ordnung in einem bestimmten Quartier – erfordern ein kontinuierliches Monitoring der bestehenden Maßnahmen. Missstände müssen sofort erkannt, gemeldet und anschließend zeitnah abgestellt werden. Nur durch eine kontinuierliche Arbeit können langfristige Verbesserungen eintreten.

Aktiv Verantwortliche und auch Interessenvertretungen sind auch eine Anlaufstelle für andere Akteure. Kreative, Künstler, Start-up-Unternehmer, Universitäten oder andere Initiativen schätzen Innenstädte, um Menschen auf ihre Ideen, Produkte oder Arbeitsergebnisse aufmerksam zu machen und mit ihnen in den Austausch zu gelangen. Vor diesem Hintergrund können Leerstände für temporäre Nutzungen, z. B. zeitlich befristete Pop-up-Stores genutzt werden. Diese bieten die Chance, die ursprünglich kurzfristige in eine mittel- bis langfristige Nutzung zu überführen. Idealerweise dienen die zur Verfügung gestellten Flächen als Erprobungs- und Laborflächen für neue Geschäftsmodelle, die im Falle ihres Gelingens in wirtschaftliche und auskömmliche Geschäftsbeziehungen gewandelt werden können.

3.3.3 Strategische Lösungsansätze bei Wegfall und Reduzierung von Flächennutzungen

Nachstehend werden die Auswirkungen der aktuellen Trends auf kommunale Immobilienbestände kursorisch beschrieben:

- **Schul- und Hochschulgebäude:** Online- und Fernunterricht haben den Proof-of-Concept in der Pandemie überstanden. Diese Unterrichtsformen sind in Zukunft nicht mehr wegzudenken. Die nächsten technologischen Entwicklungsschritte werden diesen Trend weiter befeuern. Insofern werden Kommunen ihre Schul- und Hochschulgebäude künftig anders nutzen. Es ist zu erwarten, dass ein Flächenüberangebot besteht. Dies führt voraussichtlich zu einer Zusammenführung von mehreren Standorten und zur Konzentration auf einige wenige, aber dafür modern ausgestattete Schulgebäude. Insbesondere die Ausstattung wird modernen Erfordernissen gerecht werden müssen. Hybride Unterrichtsformen werden sich möglicherweise etablieren. Zur Übertragung von Bild und Ton sind entsprechende technische Ausstattungsmerkmale vorzuhalten, z. B. im Rahmen der Beleuchtung, Verschattung und Übertragungstechnologie. Die frei werdenden Gebäude müssen behutsam anderen modernen Nutzungsformen zugeführt werden. Auch ist eine intelligente Vernetzung von Nutzungsarten anzustreben. Gerade Hochschulstandorte eigenen sich beispielsweise für die Verankerung und Verzahnung mit Unternehmen. So können Start-up- und Gründerzentren künftig direkt Räumlichkeiten innerhalb der Hochschule nutzen, statt sich nur »in der Nähe« anzusiedeln. Je enger die räumliche Verzahnung, desto wahrscheinlicher ist die Hebung von Synergiepotenzialen und Zukunftschancen.
- **Rathäuser und kommunale Verwaltungsgebäude:** Homeoffice und Remote Work wirken sich auch auf die öffentlichen Verwaltungsgebäude aus. Ähnlich wie in der freien, privaten Wirtschaft haben die Beschäftigten und auch die Führungskräfte die Vorteile der heimischen Arbeit entdeckt. In Zukunft werden als Folge mehr flexible Arbeitsplatzmodelle auch in der öffentlichen Verwaltung umgesetzt werden. Die Beschäftigten erhalten die Möglichkeit, sich durch Apps einen Arbeitsplatz tage- oder wochenweise zu reservieren. Dieses rollierende System hat zur Folge, dass nicht mehr für jeden Mitarbeiter ein fester Platz vorgehalten werden muss. Vielmehr können die ohnehin schon üblichen Abwesenheiten infolge von Urlaub, Krankheit, Fort- und Weiterbildung sowie aus anderen Gründen aufgefangen werden – Mitarbeitende können in diesen Zeiten die Ressourcen vor Ort nutzen. Die Sharing-Kultur, die bereits beispielsweise auf dem Mietwagenmarkt Einzug hält, wird nun auch im Bürosektor Fuß fassen. Die Flächeneinsparung sollte

zur Zentralisierung der Verwaltungsdienste beitragen. In der Vergangenheit sind häufig Außen- und Nebenstellen aufgrund von Platzmangel und fehlenden Erweiterungsoptionen innerhalb der Kernverwaltung entstanden. Diese Entwicklung ist reversibel und sollte nun zu einer Konzentration der Verwaltungsleistungen an bestimmten zentralen Orten beitragen.
- **Bibliotheken:** Digitale E-Reader und E-Books ersetzen zunehmend das klassische Buch. Dieser Trend zeigt sich auch in Bibliotheken. Diese erfüllen auch in Zukunft eine wichtige Aufgabe und dienen dazu, breiten Bevölkerungsschichten den Zugang zu Wissen und Bildung zu ermöglichen. Eine Ausleihe von digitalen Inhalten ist bereits heute möglich und wird in der Zukunft weiter an Bedeutung gewinnen. Bibliotheken werden als Folge weniger Flächenbedarf aufweisen.

3.3.4 Interkommunale Flächenkonzentration und Zentralität

Gerade Kommunen in Finanznöten und mit angespannten Haushalten setzen in Zukunft auf smarte immobilienwirtschaftliche Lösungen. Vergleichbar mit den Konzentrationsstrategien im ländlichen Raum für ärztliche und pflegerische Versorgung werden diese Kommunen intelligente Bündelungsstrategien umsetzen müssen.

Die Bürgerinnen und Bürger vieler Städte im Ruhrgebiet fragen sich beispielsweise, warum in einem Einzugsgebiet von 50 km einige Städte jeweils ein eigenes Theater bespielen und immobilienwirtschaftlich unterhalten. So gibt es beispielsweise in Oberhausen, Mülheim, Essen, Bochum, Gelsenkirchen, Dortmund und Hagen jeweils eigenständige Kulturstädten. Hier würde es aus wirtschaftlichen und auch aus Qualitätsgesichtspunkten sicherlich Sinn ergeben, konzentrierte, dafür hoch professionelle Angebote zu schaffen, die interkommunal von den Bürgern genutzt werden können.

Es entstehen insofern erhöhte Anforderungen an die interkommunale Zusammenarbeit. Die Kollaboration der Kommunen erfordert zum einen die intelligente Nutzung von Ressourcen und zum anderen die faire Verteilung von neuen Projekten sowie daraus erzielten Erträgen. Die Kommunen müssen hier eine Clusterbildung vorbereiten und umsetzen.

Dazu gehört auch die Nutzung von Synergien. Der Betrieb von Schwimmbädern ist landläufig zu großen Teilen mit hohen Defiziten verbunden. Die Bewirtschaftung dieser Flächen ist kostenintensiv. Die für eine gewinnorientierte Nutzung erforderlichen Besucherzahlen lassen sich in der Realität meistens nicht darstellen. Die Lösung stellen auch hier konzentrierte Angebote dar, die mit anderen Nutzungen verknüpft werden. Zu denken ist etwa an eine Kombination von Schwimmbädern und Sportstätten sowie Mehrzweckhallen. Die Nutzung erfolgt dann durch den Schul- und Breitensport. Gleichzeitig können flexibel bespielbare Flächen auch zur Vorführung von Theaterstücken genutzt werden.

3.4 Erfolgreiche Managementstrategien in der kommunalen Immobilienwirtschaft

Die umfassende Kenntnis der Marktzusammenhänge und theoretische Lösungskonzepte nutzen wenig, wenn die operative Umsetzung nicht gelingt. Das erfolgreiche Agieren in der Praxis setzt erfolgreiche Managementstrategien sowie aktives, unternehmerisches Handeln voraus. Eine daraus resultierende Erfolgsbilanz ist kein zufälliges Produkt, sondern vielmehr das Ergebnis konzentrierter Anstrengung.

3.4.1 Immobilienstrategie als Chefsache

Macher in den Chefetagen werden für den kommunalen Erfolg immer wichtiger. Zunächst ist dabei zu klären, was einen kommunalen »Macher« charakterisiert und wie dagegen sein Antagonist agiert. Je hierarchisch höher der Macher sitzt, desto einfacher können Maßnahmen in die Tat umgesetzt werden. Ein brillanter Baudezernent hat nur geringe Chancen auf Entfaltung, wenn er von einem mäßigen Bürgermeister ausgebremst wird. Häufig wird für engagierte und ambitionierte Akteure im öffentlichen Sektor auch das Attribut »umtriebig« verwendet. Diese teilweise subjektiv geprägten persönlichen Eindrücke können mit objektiven Kriterien umschrieben werden.

3.4.2 Umsetzung eines strategischen immobilienwirtschaftlichen Handlungskonzepts

Zunächst ist die Grundvoraussetzung für Erfolg in der kommunalen Immobilienwirtschaft eine klare Vision und eine daraus resultierende Strategie- sowie Zielsetzung. Gerade die kommunale Immobilienwirtschaft ist auf klar umrissene regionale und lokale Gebietsgrenzen beschränkt. Die Fokussierung der Verantwortlichkeit für einen definierten geografischen Raum sorgt für eine Bündelung und Konzentration der Bemühungen einer idealen Standortentwicklung. An dieser Stelle wird eine Idee und Vision davon benötigt, wie die Kommune in 5, 10, 20 oder mehr Jahren aussehen soll und wer dort auf welche Art und Weise leben und arbeiten soll.

Aus einer Vision kann nur eine erfolgreiche Strategie und spätere Zielsetzung werden, wenn die Grundlage der weiteren Entwicklung eine fundierte fachliche, analytische und vor allem praxisnahe Untersuchung der tatsächlichen Machbarkeit ist. Dieser Punkt ist nicht zu unterschätzen. Die Analytik wird in der Regel über verschiedene Studien, Gutachten und Fachkonzepte hergestellt, die von ausgewiesenen Experten

3.4 Erfolgreiche Managementstrategien in der kommunalen Immobilienwirtschaft

erarbeitet werden. Beispielsweise stellt die Kommune integrierte Handlungskonzepte auf, um verschiedene Sektoren fachübergreifend zu betrachten und dabei die Bürgerinnen und Bürger aktiv in den Entscheidungsprozess einzubeziehen. Ähnlich verhält es sich mit Wohnungsmarktstudien und daraus abgeleiteten Wohnungsmarktkonzepten. Diese empirisch gestützten Untersuchungen stellen das Fundament für konkrete Handlungsempfehlungen dar.

Oftmals wird in der Praxis beobachtet, dass sich ein gewisses »Bauchgefühl« der örtlich verankerten Teilnehmer am Immobilienmarkt hinsichtlich Lage- und/oder Objektqualität sowie Zukunftsperspektiven von Quartieren und ganzen Standorten auch im Zahlenwerk widerspiegelt. Die genaue Ausprägung und Quantifizierung von vagen Vermutungen, z. B. »es ziehen viele weg aus diesem Quartier« ist Ziel der Analyse. Nur wer eine genaue Vorstellung von Qualität und Quantität hat, kann daraus auch die richtigen Schlüsse für die Zukunft ziehen.

3.4.3 Handlungs- und Ergebnisorientierung

Die oben beschriebenen Erkenntnisse aus der Analytik sind dann von den Verantwortlichen in der kommunalen Immobilienwirtschaft umzusetzen. Dabei ist eine ausgeprägte Handlungs- und Ergebnisorientierung gefragt. Hier liegt der entscheidende Unterschied zwischen Privat- und Kommunalwirtschaft: In der Privatwirtschaft werden die aus einer Studie folgenden Erkenntnisse eingesetzt, um die Frage zu beantworten, wie ein möglichst wirtschaftlich auskömmliches Projekt am Markt realisiert werden kann. Die operativ Handelnden setzen dabei die Interessen der Gesellschafter um, die Gewinne erzielen möchten. Flankierende Aspekte zur Gewinnerzielung, wie nachhaltige, ökologische Effekte, ein Beitrag zur Stadt- und Quartiersentwicklung, die Stabilisierung der demografischen Situation usw. werden dabei berücksichtigt, aber eben in der Regel nicht prioritär behandelt.

Die Gemengelage in der kommunalen Immobilienwirtschaft ist dagegen um einige Stufen unübersichtlicher, weil die Gesellschafterinteressen der Kommune letztendlich im Rat oder in den verschiedenen Gremien artikuliert und festgelegt werden. Aufgrund der vielfältigen politischen und ideologischen Ausrichtung der dortigen Mitglieder ist in der Praxis festzustellen, dass

a) die Entscheidungsprozesse durch sachfremde Erwägungen und Partikularinteressen Einzelner konterkariert werden und
b) die Suche nach dem kleinsten gemeinsamen Nenner für eine Entscheidung einen vergleichsweise langen Zeitraum einnimmt.

Sachfremde Erwägungen sind an den Stellen anzutreffen, an denen fachlichen Laien zugemutet wird, für komplexe Sachverhalte Lösungswege zu finden. Partikularinteressen sind immer dann anzutreffen, wenn die persönlichen Belange des Entscheiders oder seines privaten bzw. politischen Umfelds betroffen sind. So kann der reibungslose Ablauf eines Baugenehmigungsverfahrens stark davon abhängen, wer wo Nachbar ist und über welchen persönlichen Zugang zu politischen Entscheidern verfügt. Selbst wenn das Allgemeininteresse ausschlaggebende Gründe für die Realisierung eines Projekts liefert, hindert dies einzelne am Entscheidungsprozess Beteiligte nicht, ihre Interessen in den Vordergrund zu stellen und gegen das allgemeine »Bürgerwohl« durchzusetzen. Hier helfen nur klare strategische Vorgaben und ein daran konsequent ausgerichtetes Verwaltungs- und Managementhandeln.

Vielfach führen verkrustete Strukturen in Verwaltung und Politik zu einer Lähmung in Sachen Fortschritt und Entwicklung. Die Verantwortlichen sind – was an sich sinnvoll ist – darauf bedacht, Fehler zu vermeiden. Allerdings darf Fehlervermeidung nicht dazu führen, dass keine Entscheidungen getroffen werden und auch nichts umgesetzt wird. Zwar mag aus subjektiver Sicht der Handelnden die Schlussfolgerung naheliegen, dass wenige oder gar keine Aktivitäten nur ein geringes Fehlerpotenzial bergen. Aus objektiver Sicht der Kommune und ihrer Bürgerinnen und Bürger ist eine solche Vermeidungsstrategie fatal und führt zu Stillstand.

Den »Macher« in der kommunalen Immobilienwirtschaft charakterisiert insofern der hohe Anspruch an sich selbst und seine Umwelt. Zudem hebt sich dieser Führungstypus durch die auf ein konkretes Projekt bezogene Fragestellung von anderen ab. Nur wer kontinuierlich die Fragen nach dem Wie stellt und das Ob nicht mehr thematisiert, kann in den unterschiedlichen Gremiensitzungen und Besprechungen auf Fachebene für eine Realisierung sorgen. Die Frage nach dem Wie lenkt die Gesprächs- und Diskussionsteilnehmer hin zu einer gedanklichen Beschäftigung mit möglichen Lösungswegen. Gleichzeitig bedeutet dies eine Abkehr von Zweifeln, Hindernissen, Sorgen und Ängsten.

Neben dieser klaren Fragestellung ist ein Erfolgsgarant der Faktor »Schnelligkeit«. Gerade Verwaltungsprozesse ziehen sich häufig über einen langen Zeitraum, weil unterschiedliche Stellen involviert sind. Die Bearbeitungszeiten können in verschiedenen Bereichen bzw. Abteilungen variieren. Dies hat mehrere Gründe: Neben den offensichtlichen Gründen, nämlich mangelnde Performanceorientierung im öffentlichen Sektor, sind es vor allem strukturelle Hürden, die lähmend wirken.

Die häufig vorhandene »Vollkaskomentalität« unter Mitarbeitenden in der öffentlichen Verwaltung führt dazu, dass an sich ausreichende Personalschlüssel durch häufige Abwesenheit infolge von Krankheiten zu einer chronischen Unterbesetzung führen kann. Die verbliebenen Mitarbeiter und Leistungsträgerinnen haben dann schlichtweg eine quantitative Arbeitsüberlastung zu beklagen.

Dieser verwaltungsinterne Umstand wird durch die aktuellen Entwicklungen am Arbeitsmarkt befeuert. Der Fachkräftemangel schlägt auch auf die öffentliche Verwaltung durch. Insbesondere im bautechnischen Fachbereich konkurrieren die öffentlichen Arbeitgeber mit anderen attraktiven privaten Institutionen und Unternehmen. Waren Kommunalverwaltungen einst Anlaufpunkt für diejenigen, die einen sicheren Hafen auf dem Arbeitsmarkt ansteuern wollten, hat sich die Situation nun im Sinne eines echten Paradigmenwechsels gewandelt: Auf dem bundesweiten Arbeitsmarkt gibt es für Fachkräfte per se keinen unsicheren Hafen mehr! Diese Erkenntnis setzt sich mehr und mehr durch. Sie führt dazu, dass auch öffentliche Arbeitgeber, fernab von rein monetären Ansätzen, künftig flexiblere Anreize für potenzielle Mitarbeiterinnen und Mitarbeiter schaffen müssen.

Die Geschwindigkeit wird ferner im Verwaltungsprozess durch den Umstand gedrosselt, dass den beteiligten Stellen und Personen der Blick für den Gesamtzusammenhang fehlt. Dies ist einer unzureichenden Führungsorganisation und der nicht stringenten Kommunikation der gewünschten Endergebnisse geschuldet. Nur wer die Wichtigkeit und Dringlichkeit seines eigenen Beitrags für ein Projekt erkennt, wird seine individuelle Bestleistung zur Lösung der Aufgabe zur Verfügung stellen. Fehlende Geschwindigkeit bei der Abwicklung von Prozessen ist zudem eine Folge unverbindlicher Zeitvorgaben. Das Prozesstempo lässt sich durch verbindliche Zeitvorgaben und Fristen für Einzelaufgaben deutlich steigern. Eine realistische Fristsetzung führt zu einem immanenten Handlungsdruck, der zum einen dafür sorgt, dass Entscheidungen getroffen werden, und zum anderen die Dauer der Umsetzung steuerbar macht.

Die vorgenannten Punkte sind sowohl in der Führung als auch bei der operativen Bearbeitung wichtig. Sie erfordern Leistungsstärke und Durchsetzungskraft, damit die gezielten Ergebnisse eintreten.

3.4.4 Etablierung kommunaler Bündnisse

Ein weiterer Erfolgsfaktor bei der Umsetzung kommunaler Immobilienstrategien ist das Gründen und Pflegen kommunaler Bündnissen für das Wohnen und/oder Arbeiten in Immobilien. Dazu werden öffentliche und private Akteure zu gemeinsamen Veranstaltungen eingeladen, um über die relevanten Immobilienthemen zu diskutieren.

Die Hauptaufgabe besteht darin, eine vorher gemeinsam definierte Zielsetzung für den Wohn- und/oder Gewerbeimmobilienmarkt zu erarbeiten. Diese Zielsetzung ist in einzelne Teilziele zu gliedern und mit konkreten Umsetzungsplänen zu unterfüttern.

Neben dem reinen Meinungsaustausch steht die gemeinsame Entwicklung kreativer Ideen und Lösungsansätze im Vordergrund der Zusammenarbeit. Zu beachten ist, dass häufig – gerade zum Zeitpunkt der Initiierung – aufgrund politischer Zwänge der Kreis der teilnehmenden Institutionen und Personen zu weit gefasst wird. Dies ist damit zu begründen, dass niemand ausgeschlossen werden soll, um die Runde nicht von vornherein zur Zielscheibe von Kritik werden zu lassen. In der Praxis zeigt sich immer wieder, dass der Kreis derjenigen, die eine Kommune tatsächlich »nach vorne bringen« können und wollen, sehr überschaubar ist. Zumeist ist auch eine gesunde Mischung aus »Braincapital« und Finanzmitteln gefragt, um die besten Ergebnisse zu erzielen. Insofern kann ein großes Bündnis für Wohnen mit zahlreichen Teilnehmern durchaus auch einzelne kleinere, oftmals informell agierende Gruppen hervorbringen, die z. B. bei konkreten Projektanlässen mit der Verwaltungs- und Ratsspitze konferieren und arbeiten.

DIGITALE EXTRAS

Checkliste: Personen- und Institutionenkreis für ein kommunales Bündnis für Wohnen und Arbeiten in Immobilien

I. Lokal

Kommunalverwaltung
- Oberbürgermeister oder Vertreter
- Bezirksbürgermeister oder Vertreter
- Baudezernent
- Geschäftsführer der Wirtschaftsförderung
- Geschäftsführer kommunaler Immobilien- und Wohnungsgesellschaften bzw. Eigenbetriebe

Politik
- Fraktionsvorsitzende der Parteien im Rat
- Vorsitzender Bau- und Planungsausschuss

Dienstleister aus der Privatwirtschaft
- Architekten und Ingenieure
- Immobilienmakler
- Hausverwalter

Immobilieninvestoren
- Bauträger und Projektentwickler
- Family Offices
- Wohnungsgenossenschaften
- privatwirtschaftliche Wohnungsgesellschaften

Verbände und Organisationen
- Haus & Grund
- Mieterschutzverein
- Immobilienbezogene Arbeitskreise

II. Überregional
- International erfahrene Immobilienberater und Makler mit eigenem Netzwerk (z. B. CBRE, JonesLang, BNPParibas etc.)
- Wohnungskonzerne mit lokalen Beständen
- Immobilien- und Wohnungsverbände (GdW, VdW, BfW, IVD)

Die Besetzung eines kommunalen Bündnisses für das Wohnen und Arbeiten in Immobilien sollte so hochkarätig und gleichzeitig so innovativ und dynamisch wie möglich erfolgen. Dies bedeutet, dass fernab von Proporzen die Teilnahme von politischen, wirtschaftlichen und fachlichen Schwergewichten gewährleistet wird. Nur auf diese Art und Weise ist sichergestellt, dass
 a) weitestgehend verbindliche Absprachen getroffen werden können und
 b) auch eine spätere Realisierung wahrscheinlich wird.

Die Entsendung von nicht entscheidungsbefugten Vertretern oder Mitarbeitern in ein solches Bündnis führt dazu, dass der Teilnehmerkreis seine Attraktivität für die übrigen Akteure verliert. Umgekehrt gilt: Je hochkarätiger das Bündnis besetzt ist, desto wahrscheinlicher wird eine erfolgreiche Etablierung des Bündnisses.

Neben den »Schwergewichten« ist auch auf die Teilnahme von innovativen, kreativen und dynamischen Köpfen zu achten. Dies können Gründerinnen und Gründer sein, die zwar noch am Anfang ihrer unternehmerischen Laufbahn stehen, dafür allerdings einen speziellen Spirit und neue, moderne Arbeitsweisen sowie Ideen mit einbringen. Eine heterogene Zusammensetzung des Personenkreises garantiert eine 360-Grad-Betrachtung der zu erörternden Themen.

In der Praxis empfiehlt es sich, dass eine »Vollversammlung« des Bündnisses für Wohnen maximal an zwei Terminen je Kalenderjahr stattfindet. Hier sollte eine professionelle Vorbereitung und Organisation der Veranstaltung sichergestellt sein. Diese halbjährlichen Treffen dienen als fester Anker im Kalender, um sich persönlich sehen und austauschen zu können. Als Tagesordnungspunkte sollte eine Mischung aus strategischen und operativen Themen sowie konkreten Projektvorstellungen zusammengestellt werden. Der fachliche Input während der Veranstaltung wird genutzt, um zielgerichtet Folgetermine zu vereinbaren, die einen konkreten Projektanlass haben.

Die Regelmäßigkeit der Veranstaltungen hat verschiedene Vorteile:
- Die handelnden Personen kennen sich und bauen im Laufe der Zeit durch persönliche Begegnungen ein Vertrauensverhältnis zueinander auf.
- Es entstehen – abseits von formalen, bürokratischen Abläufen – »kurze Dienstwege«, die dabei helfen, kleinere und größere Hürden bei der Projektrealisierung aus dem Weg zu räumen.

3.4.5 Verwaltungsinterne Anreizsysteme

Aufgrund der Komplexität von Bauplanungs- und Genehmigungsprozessen sowie der Vielzahl der Beteiligten ist eine Interessenkongruenz von Vorteil. Diese ist auf allen Verwaltungsebenen herzustellen, damit ideale Ergebnisse erzielt werden können. Die

3 Die strategische Ausrichtung einer kommunalen Immobiliengesellschaft

Stadt Hamburg als Vorreiterin bei der Erteilung von Baugenehmigungen und Fertigstellung von Wohnungsneubauten hat in den letzten Jahren zu den zuvor beschriebenen Maßnahmen auch ein attraktives Fördersystem für die insgesamt sieben Bezirke entwickelt. Dabei werden als Kriterien die Anzahl der erteilten Baugenehmigungen und die Schaffung neuer Gewerbeflächen ausgewählt. Die Kriterien sollen dazu geeignet sein, die Ziele der wachsenden Stadt auf der bezirklichen Ebene zu fördern.

Dazu führt bereits im Jahr 2006 die Senatsverwaltung[28] zur Erläuterung aus:

> Es sollen Maßnahmen angeregt werden, die geeignet sind,
> - die Attraktivität der Bezirke für die Bürgerinnen und Bürger so zu erhöhen, dass insbesondere nicht in Hamburg Ansässige zum Zuzug in den Bezirk bewegt werden können und im Bezirk Ansässige nicht wegziehen wollen,
> - die Wertschöpfung des Bezirkes so zu steigern, dass auf der Unternehmensseite Betriebe zu einer Ansiedlung bewegt werden sowie bestehende Betriebe expandieren können und auf der Bevölkerungsseite die Erwerbstätigkeit und das Einkommen wachsen, und
> - die Lebensqualität des Bezirkes nachhaltig zu steigern, wobei individuelle Präferenzen, Wünsche und Vorstellungen der örtlichen Bevölkerung berücksichtigt werden.
>
> Zur Prämienvergabe wird ein System eingerichtet, das eine Kombination darstellt
> - aus einem statistischen System, in dem das bezirkliche Handeln an Hand eines Kennzahlensets bewertet wird, und
> - einem Jury-System, in dem eingereichte Maßnahmen durch eine externe Fachjury bewertet und prämiert werden.

Die Bezirksversammlungen können in der heutigen Zeit mit den Mitteln des »Förderfonds Bezirke« gezielt Projekte in ihren eigenen Stadtteilen unterstützen. Die Verteilung der Mittel des Förderfonds Bezirke erfolgt nach den Ergebnissen der Wohnungsbau- und Gewerbeförderung des Vorjahres anhand
- der Anzahl der erteilten Wohnungsbaugenehmigungen in Höhe von 250 Euro pro Genehmigung,
- der Gebühren für Baugenehmigungen für produzierendes Gewerbe und
- der Bewertung von Bebauungsplänen zur Sicherung, Qualifizierung und Neuausweisung von Gewerbegebieten.[29]

---

28 Drucksache 18/5011, Bürgerschaft der Stadt Hamburg, S. 15.
29 Drucksache zur Sitzung des Hauptausschusses der Hamburger Bezirksversammlungen vom 06.07.2021.

Das erfolgreiche Hamburger Modell wurde in der Vergangenheit auch in anderen Städten, wie z. B. Berlin, diskutiert.

Die dauerhafte, kontinuierliche Motivation und Zielfokussierung aller Beteiligten können nur durch persönliche Kommunikation erfolgen. Der »Faktor Mensch« ist in diesem Prozess von enormer Bedeutung. Das bloße Formulieren von Zielvorgaben und wünschenswerten Ergebnissen ist getreu dem Motto »Papier ist geduldig« nicht ratsam, möchte man tatsächliche Erfolge vorweisen. Selbstverständlich können nicht beliebig viele Themen zur »Chefsache« erklärt werden. Egal wie groß oder klein die kommunalen Strukturen auch sein mögen: Anerkennung und Wertschätzung für die Akteure zahlen sich immer aus. Aufmunternde Worte oder eine mitreißende Rede bei einer Großveranstaltung können Gamechanger sein und die persönliche Einstellung von vielen verändern.

Hier sollten gerade die Mitarbeitenden auf der operativen Verwaltungsebene in den Fachbereichen und Fachämtern nicht vergessen werden. Bei Planungs- und Genehmigungsprozessen kommt es auf das Wissen und die zielfördernde Zuarbeit jedes Einzelnen an. Insoweit kann gar nicht oft genug die Chance ergriffen werden, die Menschen persönlich zu erreichen.

4 Rechtliche Rahmenbedingungen kommunaler Immobiliengesellschaften

Bearbeitet von Marco Boksteen

4.1 Die Gründung einer kommunalen Immobiliengesellschaft

Die Gründung einer kommunalen Immobiliengesellschaft erfolgt in einem mehrstufigen Prozess. Gerade zu Beginn sind umfassende rechtliche und steuerliche Erwägungen anzustellen, um später die optimale Lösung zu erzielen.

4.1.1 Rechtsform

Die herrschende Rechtsform unter den kommunalen Gesellschaften ist die GmbH oder bei größeren Beständen auch die Aktiengesellschaft (AG). Die Haftung im Außenverhältnis ist damit grundsätzlich auf das Stammkapital begrenzt. Die Wahl der Rechtsform hängt maßgeblich davon ab, welcher Gesellschafterkreis in die kommunale Gesellschaft einbezogen werden soll und wie deren Kapital- und Haftungsanteile ausgestaltet werden sollen.

4.1.2 Gründungsvorgang

Die Satzung der Gesellschaft ist deren rechtliches Rückgrat und regelt verschiedene wesentliche Punkte. Hier können gleich zu Beginn der Gesellschaft die wesentlichen strategischen Eckpfeiler bei der Formulierung der Satzung für die Zukunft eingezogen werden. Auch der organisatorische Rahmen, also die Handlungs- und Entscheidungskompetenzen der Organe und Gesellschafter werden in der Satzung geregelt. Die dort enthaltenen Regelungen nehmen maßgeblich Einfluss auf den späteren Geschäftsbetrieb. Insofern ist darauf zu achten, dass eine Balance zwischen juristischer Präzision und Praktikabilität für die zukünftige Geschäftstätigkeit gegeben ist. In der Satzung werden gewöhnlich folgende Themengebiete geregelt:

- Firma sowie Sitz des Unternehmens
- Zweck und Gegenstand des Unternehmens
- Dauer der Gesellschaft
- Stammkapital und Geschäftsanteile
- Verfügung über Geschäftsanteile
- Geschäftsführung, Prokura, Aufsichtsrat und Vertretung
- Aufgaben und Befugnisse der Geschäftsführung

- Aufgaben und Befugnisse des Aufsichtsrats
- Ablauf und Organisation von Aufsichtsratssitzungen
- Zuständigkeit der Gesellschafterversammlung
- Beschlussfassung in Gesellschafterversammlungen
- Rechnungslegung, Jahresabschluss und Ergebnisverwendung
- Einziehung von Geschäftsanteilen
- Auflösung und Liquidation der Gesellschaft

Ergänzend zur Satzung können die Gesellschafter im Innenverhältnis eine Gesellschaftervereinbarung abschließen. Diese enthält detaillierte Regelungen zum Beispiel für den Fall des Verkaufs von Geschäftsanteilen. Hier können »Put- oder Call-Optionen« vereinbart werden. Dies bedeutet etwa, dass die anderen Gesellschafter im Falle des Verkaufs von Geschäftsanteilen ebenso berechtigt oder verpflichtet sein können, ihre eigenen Anteile zu veräußern.

Ein weiteres Regelungswerk stellen sog. Geschäftsordnungen dar. Diese dienen als Ergänzung zur Satzung. Die Geschäftsordnung für die Geschäftsführung bzw. den Vorstand kann Regelungen zu nicht gewünschten oder zustimmungsbedürftigen Geschäften oder zu Vertretungsregelungen enthalten. In der Vergangenheit haben hoch spekulative Zinsgeschäfte auch bei Kommunen zu erheblichen Verlusten geführt.[30] In der Folge wurde diese Art von Zinsgeschäft häufig generell untersagt bzw. unter einen gesonderten Zustimmungsvorbehalt gestellt.

Auch für den Aufsichtsrat kann eine Geschäftsordnung vereinbart werden. Diese enthält meist detailliertere Regelungen als die Satzung. Folgende Punkte werden üblicherweise geregelt:
- Ablauf der konstituierenden Sitzung
- Wahl des Aufsichtsratsvorsitzenden, Schriftführers und anderer Sonderposten
- Vorbereitung von Sitzungen
- Durchführung von Sitzungen
- Schweigepflicht der Mitglieder
- Verhalten bei Interessenkonflikten
- Bildung, Besetzung und Realisierung von Ausschüssen

Zusätzlich können kommunale Anforderungen auch in sog. Beteiligungsrichtlinien formuliert werden. Diese werden üblicherweise vom Rat der jeweiligen Gemeinde beschlossen und sollen dann für sämtliche öffentliche Stellen oder Gesellschaften gelten. Hier sind Regelungen zur Auswahl von Dienstfahrzeugen zu finden. Für den Ge-

---

30 https://www.manager-magazin.de/finanzen/artikel/a-502163.html abgerufen am 01.04.2022.

bäudesektor maßgeblich können auch Anforderungen im Bereich der klimagerechten Ausstattung bei Modernisierung oder Neubau sein.

Bei Neugründung ist demnach darauf zu achten, dass sämtliche zuvor beschriebenen Regelwerke harmonieren und keine Widersprüche entstehen. Darüber hinaus können sich im weiteren Verlauf isolierte Änderungen und Ergänzungen ergeben, die dann allerdings im Gesamtkontext ebenfalls auf Widersprüche geprüft werden müssen. Insofern ist für die Praxis zu raten, in regelmäßigen Abständen eine Überprüfung und Aktualisierung der Satzung und maßgeblichen Regelwerke durchzuführen.

4.1.2.1 Kapitalisierung der Gesellschaft

Die Kapitalisierung der kommunalen Wohnungs- oder anderweitigen Immobiliengesellschaft ist ein entscheidender Faktor im gesamten Gründungsvorgang. Diese erfolgt üblicherweise durch die Einbringung von Finanzmitteln als Eigenkapital. Denkbar ist bei entsprechender juristischer Gestaltung auch die Weitergabe von Kassenkrediten der Kommune an die kommunale Gesellschaft. Ein anderer Weg besteht darin, Fremdkapital bei Finanzierungsinstituten gegen entsprechende kommunale Bürgschaft aufzunehmen.

Eine weitere Möglichkeit der Kapitalisierung besteht im Einbringen von Sachkapital – üblicherweise in Form von kommunalen Grundstücken. Liegt die Baurechtschaffung in den Händen der Gesellschaft, hat diese die Möglichkeit, erhebliche Wertsteigerungen auf eigene Rechnung vorzunehmen.

4.1.2.2 Auswahl der Kompetenz- und Entscheidungsträger

Eine weitere wichtige Voraussetzung ist die Auswahl geeigneter Kompetenz- und Entscheidungsträger. Dieser Punkt ist nicht zu unterschätzen, da er über die künftige Entwicklung der Gesellschaft entscheidet. Zur Einsparung von Personalkosten für die Geschäftsführung werden derartige Positionen oft in Personalunion von anderen kommunalen Entscheidungsträgern übernommen. So kommen etwa führende Mitarbeiter aus dem Ressort Wohnen und Bauen in Betracht. Diese Besetzungsstrategie ist nicht zu empfehlen. Sie ist fehleranfällig und führt zu Interessenkonflikten. Vielmehr bietet es sich an, unabhängige Fachkräfte, idealerweise mit einschlägiger Berufserfahrung in der kommunalen Immobilienwirtschaft, zu engagieren.

Die Aufgabe ist fachlich zu komplex, als dass sie von jemandem en passant wahrgenommen werden könnte. Neben der Fachlichkeit ist der finanzielle und gesellschaftliche Verantwortungsgrad enorm hoch. Fehlentscheidungen können immense

4 Rechtliche Rahmenbedingungen kommunaler Immobiliengesellschaften

Auswirkungen haben und neben finanziellen auch zu Reputationsverlusten aufgrund negativer medialer Berichterstattung führen.

Vor diesem Hintergrund empfiehlt sich nachstehende Checkliste für die Auswahl eines hauptverantwortlichen Entscheidungsträgers, also z. B. Geschäftsführers oder Vorstands einer kommunalen Immobiliengesellschaft.

DIGITALE EXTRAS

Checkliste: Auswahl Kompetenz- und Entscheidungsträger
- immobilienwirtschaftliche Fachkenntnisse, bevorzugt auch Erfahrungen in der privaten Wirtschaft
- kommunalpolitische Erfahrung, z. B. auch durch ehrenamtliche, politische Tätigkeit
- Nähe zum Immobilienmarkt und zur Branche durch belastbares, persönliches Netzwerk zu Stakeholdern
- selbstbewusste Persönlichkeit mit Verantwortungsbewusstsein für das wirtschaftliche Wohlergehen der Gesellschaft
- Fähigkeit, Menschen zu begeistern und zusammenzuführen
- smartes, dynamisches und kompetentes Auftreten in der Öffentlichkeit (Gremien, Bürger, Medien)

4.2 Die Kommune als Gesellschafterin

Eigentümer und damit Gesellschafter bzw. Shareholder sind in kommunalen Unternehmen die Gemeinden und Städte in ihrer Eigenschaft als hoheitlicher Rechtsträger. Häufig werden in der Praxis komplexe Beteiligungsverhältnisse gewählt. Diese haben ihren Ursprung in zum Teil europarechtlichen, haushalts-, steuer- und/oder vergaberechtlichen Zusammenhängen. Beispielsweise kann die Inanspruchnahme europäischer Fördermittel eine bestimmte gesellschaftsrechtliche Konstellation erforderlich machen. Die zu berücksichtigenden Themen sind sehr vielschichtig und nur durch jeweilige Fachexperten adäquat im Sinne der Gesellschafter lösbar.

Die Kommune als Gesellschafterin bringt einige Besonderheiten, insbesondere in Abgrenzung zu privatwirtschaftlichen Unternehmen, mit sich. Zunächst ist die formale Art und Weise der Willensbildung abweichend. Nach dem Demokratieprinzip geht auch in der öffentlichen Verwaltung die souveräne Macht vom Volke, also auf kommunaler Ebene von den Bürgerinnen und Bürgern aus. Diese wählen Vertreter im Rahmen der Kommunalwahl in eine städtische Gemeindevertretung (Parlament) und den jeweiligen (Ober-)Bürgermeister als höchste exekutiv tätige Institution. Im Rahmen der Gemeindeordnung und den jeweiligen spezifischen lokalen Gegebenheiten erfolgt die Willensbildung durch mehrheitliche Entscheidungen des Stadt-/Gemeinderats. Die dortigen Mitglieder werden von der Verwaltung über die Beschlussgegenstände informiert. Am Ende obliegt es dem Einzelnen, eine für ihn vertretbare Entscheidung zu treffen.

An dieser Stelle kristallisiert sich bereits die Besonderheit und damit Herausforderung für die operativ handelnden Personen der Gesellschaft heraus: Die hohe Anzahl von »Mini«-Gesellschaftern mit ihren jeweiligen Partikularinteressen führt zu einer schier unüberschaubaren Meinungs- und Interessenvielfalt im De-facto Gesellschafterkreis. Dem kann nur durch eine von vornherein vernünftig ausgearbeitete Gesellschaftssatzung und Geschäftsordnung begegnet werden.

Willensbildung in der Gemeinde

Organ	gesetzliche Regelung	abweichende Bestimmungen durch Rat
Rat	- **Spezialkatalog** des § 41 I2 lit. a-u - sonstige Spezialvorschriften (z.B. §§ 73 I, 113 IV GO NRW) - Kontrolle der Verwaltung (§ 55 GO NRW) - **Allzuständigkeit** nach § 41 I 1 GO NRW	- Geschäfte der laufenden Verwaltung kraft **Rückholrechts** (§ 41 III GO NRW)
Ausschüsse	- Entscheidungskompetenz kraft Spezialvorschrift, insbesondere § 60 I 1 GO NRW - Vorbereitung der Ratsbeschlüsse	- übertragene Aufgaben (§ 41 II GO NRW) - Geschäfte der laufenden Verwaltung kraft Rückholrechts des Rates (§ 41 III GO NRW)
Bezirksvertretung (in kreisfreien Städten)	- Katalog des § 37 I 1 H.s 2 GO NRW (z.B. öffentl. Einrichtungen) - (beschränkte) Generalklausel des § 37 I 1 Hs. GO NRW - Anhörungsrecht nach § 37 V GO NRW	- Geschäfte der laufenden Verwaltung kraft Rückholrechts des Rates (§ 41 III GO NRW)
Bürgermeister	**Als Vorsitzender des Rates:** - Vorsitz im Rat u. Repräsentation - Ausführung der Beschlüsse - Widerspruch gegen Ratbeschluss **Als Hauptverwaltungsbeamter:** - Information des Rates - Vorbereitung u. Durchführung der Beschlüsse - Geschäftsverteilung - Durchführung von Weisungen - Dringlichkeitsentscheidungen - Beanstandung - Vertretung der Gemeinde - Vorsitz im Verwaltungsvorstand - Personalentscheidungen - alle sonstigen gesetzl. übertragbaren Aufgaben - **Geschäfte der laufenden Verwaltung**	- übertragene Aufgaben (§§ 41 II, 62 II 3 GO NRW)

Abb. 28: Willensbildung in der Gemeinde. Quelle: Wüstenbecker/Teipel 2020: 86

4.2.1 Kommunale Willensbildung

Aus dem Grundgesetz (Art. 28 Abs. 2 GG) leitet sich die besondere Stellung der Gemeinden und Kreise bzw. Gemeindeverbände im Staatsgefüge ab. Dies ergibt sich aus dem Recht zur Selbstverwaltung der Kommunen. In Art. 28 Abs. 2 GG heißt es:

> Den Gemeinden muß das Recht gewährleistet sein, alle Angelegenheiten der örtlichen Gemeinschaft im Rahmen der Gesetze in eigener Verantwortung zu regeln. Auch die Gemeindeverbände haben im Rahmen ihres gesetzlichen Aufgabenbereiches nach Maßgabe der Gesetze das Recht der Selbstverwaltung. Die Gewährleistung der Selbstverwaltung umfaßt auch die Grundlagen der finanziellen Eigenverantwortung; zu diesen Grundlagen gehört eine den Gemeinden mit Hebesatzrecht zustehende wirtschaftskraftbezogene Steuerquelle.

Die Rechtsbeziehungen im Kommunalrecht ergeben sich insbesondere aus zwei Beziehungssträngen. Zum einen gibt es die Beziehung zwischen der Gemeinde und dem Staat, also Bund und Länder. Ähnlich zu Art. 28 Abs. 2 GG existieren auch in den Verfassungen der Bundesländer Regelungen, die den Kommunen Rechte garantieren. In Nordrhein-Westfalen ist dies beispielsweise Art. 78 LVerf NRW. Eine weitere Beziehungsebene ist fest im Alltagsleben verankert, nämlich die Beziehung zwischen Gemeinde und Bürger.

Gemeinden, Kreise und Landschaftsverbände sind Träger der kommunalen Selbstverwaltung. Deshalb haben sie eine besondere Stellung. Exemplarisch werden nachstehend am Beispiel von Nordrhein-Westfalen und der dort gültigen Gemeindeordnung die rechtlichen Zusammenhänge erörtert. In anderen Bundesländern existieren vergleichbare Gemeindeordnungen oder sog. Kommunalverfassungen. Die Gemeinden sind gemäß § 1 Abs. 2 GO NRW Gebietskörperschaften des öffentlichen Rechts. Das bedeutet, dass sie mitgliedschaftlich verfasste Organisationen und vom Wechsel ihrer Mitglieder unabhängig sind.

Die kommunale Immobilienwirtschaft hat unterschiedliche (Rechts-)Beziehungen zu den Organen der Gemeinde. Dazu zählen insbesondere der Rat, die Ausschüsse des Rates, die Bezirksvertretung (in kreisfreien Städten) und der (Ober-)Bürgermeister. Die Vielfältigkeit der Begrifflichkeiten führt dazu, dass Gemeinden die Bezeichnung »Stadt« führen, wenn ihnen diese Bezeichnung nach dem bisherigen Recht historisch zusteht (§ 13 Abs. 2 Satz 1 GO NRW) oder sie als mittlere kreisangehörige Stadt nach § 4 Abs. 1 GO NRW zusätzliche Aufgaben wahrzunehmen haben. Wichtig für die weitere Betrachtung ist bei aller Begriffsvielfalt – es gibt beispielsweise auch Kreisstädte oder besondere Stadtbezeichnungen wie Hochschulstadt etc. – die Erkenntnis, dass es aus kommunalverfassungsrechtlicher Sicht keinen Unterschied zwischen einer »Gemeinde« oder »Stadt« gibt. Ausschließlich aus der jeweiligen Einwohnerzahl der Gemeinde folgt die Bestimmung, ob diese etwa als große oder mittlere kreisangehörige Stadt einzuordnen ist.

In der Praxis sind bei kommunalen Immobiliengesellschaften die Kommunikation und das abgestimmte Handeln mit den Gemeindeorganen Tagesgeschäft. Die immobilienwirtschaftliche Ausbildung enthält aber wenig bis gar keine Inhalte in Bezug auf die Zuständigkeit und Rechtsstellung der Gemeindeorgane. Oftmals wird daher in der Praxis in vorauseilendem Gehorsam nach einer gewissen Machtvermutung agiert, ohne dass im Einzelnen klar wäre, welche tatsächliche Rechtsposition gegeben ist. Die Gemeinde ist eine Körperschaft des öffentlichen Rechts und damit eine juristische Person. Für eine juristische Person handeln ihre Organe, da sie selbst nicht handlungsfähig ist. Dies gilt beispielsweise auch für die GmbH, für die der oder die bestellten Geschäftsführer handeln. Im Folgenden sollen nunmehr die Gemeindeorgane vorgestellt und deren Bedeutung zum besseren Verständnis skizziert werden.

4.2.2 Der Rat

Der Rat nimmt als Gemeindeorgan eine wesentliche Schlüsselfunktion wahr. Die Handlungsfähigkeit leitet sich aus einer Funktionskette ab. Ausgehend vom Bürger, der letztendlich nach dem Demokratieprinzip der Souverän der öffentlichen Verwaltung ist, wird in den jeweiligen Gemeindeordnungen die Handlungsfähigkeit hergeleitet.

Die Gemeindeordnung NRW bestimmt in § 40 Abs. 1, dass die Verwaltung der Gemeinde ausschließlich durch den Willen der Bürgerschaft bestimmt wird. Die Bürgerschaft wiederum wird nach § 40 Abs. 2 durch den Rat und den Bürgermeister vertreten. Der Rat besteht aus den gewählten Ratsmitgliedern und dem Bürgermeister (Mitglied kraft Gesetzes). Die Vertretung und Repräsentation des Rates obliegt dem Bürgermeister (in kreisfreien Städten: Oberbürgermeister). Den Vorsitz im Rat führt der Bürgermeister.

Die Allzuständigkeit des Rates ist dabei ein gesetzlicher Grundsatz, der sich aus § 41 Abs. 1 GO NRW ableitet. Der Rat der Gemeinde ist für alle Angelegenheiten der Gemeindeverwaltung zuständig, soweit die Gemeindeordnung nichts anderes bestimmt. Die Entscheidung über folgende Angelegenheiten kann der Rat nach § 41 Abs. 2 nicht übertragen:

      a. die allgemeinen Grundsätze, nach denen die Verwaltung geführt werden soll,
      b. die Wahl der Mitglieder der Ausschüsse und ihrer Vertreter,
      c. die Wahl der Beigeordneten,

d. die Verleihung und die Entziehung des Ehrenbürgerrechts und einer Ehrenbezeichnung,
e. die Änderung des Gemeindegebiets, soweit nicht in diesem Gesetz etwas anderes bestimmt ist,
f. den Erlaß, die Änderung und die Aufhebung von Satzungen und sonstigen ortsrechtlichen Bestimmungen,
g. abschließende Beschlüsse im Flächennutzungsplanverfahren und abschließende Satzungsbeschlüsse auf der Grundlage des Baugesetzbuchs und des Maßnahmengesetzes zum Baugesetzbuch,
h. den Erlass der Haushaltssatzung und des Stellenplans, die Aufstellung eines Haushaltssicherungskonzeptes, die Zustimmung zu überplanmäßigen und außerplanmäßigen Aufwendungen und Auszahlungen sowie zu überplanmäßigen und außerplanmäßigen Verpflichtungsermächtigungen, die Festlegung von Wertgrenzen für die Veranschlagung und Abrechnung einzelner Investitionsmaßnahmen,
i. die Festsetzung allgemein geltender öffentlicher Abgaben und privatrechtlicher Entgelte,
j. die Feststellung des Jahresabschlusses und die Entlastung sowie die Bestätigung des Gesamtabschlusses; sofern ein Gesamtabschluss nicht erstellt wird, die Beschlussfassung über den Beteiligungsbericht,
k. den Beschluss über die gegenüber der Gemeindeprüfungsanstalt und der Aufsichtsbehörde abzugebende Stellungnahme gemäß § 105 Absatz 7,
l. die teilweise oder vollständige Veräußerung oder Verpachtung von Eigenbetrieben, die teilweise oder vollständige Veräußerung einer unmittelbaren oder mittelbaren Beteiligung an einer Gesellschaft oder anderen Vereinigungen des privaten Rechts, die Veräußerung eines Geschäftsanteils an einer eingetragenen Kreditgenossenschaft sowie den Abschluss von anderen Rechtsgeschäften im Sinne des § 111 Abs. 1 und 2,
m. die Errichtung, Übernahme, Erweiterung, Einschränkung und Auflösung von Anstalten des öffentlichen Rechts gemäß § 114a, öffentlichen Einrichtungen und Eigenbetrieben, die Bildung oder Auflösung eines gemeinsamen Kommunalunternehmens gemäß § 27 Abs. 1 bis 3 und 6 des Gesetzes über kommunale Gemeinschaftsarbeit, die Änderung der Unternehmenssatzung eines gemeinsamen Kommunalunternehmens sowie der Austritt aus einem gemeinsamen Kommunalunternehmen, die erstmalige unmittelbare oder mittelbare Beteiligung sowie die Erhöhung einer unmittelbaren oder mittelbaren Beteiligung an einer Gesellschaft oder anderen Vereinigungen in privater Rechtsform, den Erwerb eines Geschäftsanteils an einer eingetragenen Kreditgenossenschaft,

n. die Umwandlung der Rechtsform von Anstalten des öffentlichen Rechts gemäß § 114a, öffentlichen Einrichtungen und Eigenbetrieben sowie die Umwandlung der Rechtsform von Gesellschaften, an denen die Gemeinde beteiligt ist, soweit der Einfluß der Gemeinde (§ 63 Abs. 2 und § 113 Abs. 1) geltend gemacht werden kann,
o. die Umwandlung des Zwecks, die Zusammenlegung und die Aufhebung von Stiftungen einschließlich des Verbleibs des Stiftungsvermögens,
p. die Umwandlung von Gemeindegliedervermögen in freies Gemeindevermögen sowie die Veränderung der Nutzungsrechte am Gemeindegliedervermögen,
q. die Übernahme von Bürgschaften, den Abschluß von Gewährverträgen und die Bestellung sonstiger Sicherheiten für andere sowie solche Rechtsgeschäfte, die den vorgenannten wirtschaftlich gleichkommen,
r. die Bestellung und Abberufung der Leitung und der Prüfer der örtlichen Rechnungsprüfung sowie die Übertragung von Aufgaben auf die örtliche Rechnungsprüfung,
s. die Genehmigung von Verträgen der Gemeinde mit Mitgliedern des Rates, der Bezirksvertretungen und der Ausschüsse sowie mit dem Bürgermeister und den leitenden Dienstkräften der Gemeinde nach näherer Bestimmung der Hauptsatzung,
t. die Übernahme neuer Aufgaben, für die keine gesetzliche Verpflichtung besteht,
u. die Festlegung strategischer Ziele unter Berücksichtigung der Ressourcen.

Die vorgenannten Aufgaben stellen einen Spezialkatalog dar. Diese Aufgaben können vom Rat nicht auf andere Organe, z. B. den Bürgermeister übertragen werden.

Im Übrigen kann der Rat die Entscheidung über bestimmte Angelegenheiten nach § 41 Abs. 2 auf Ausschüsse oder den Bürgermeister übertragen. Der Rat kann ferner Ausschüsse ermächtigen, in Angelegenheiten ihres Aufgabenbereichs die Entscheidung dem Bürgermeister zu übertragen.

Geschäfte der laufenden Verwaltung gelten gemäß § 41 Abs. 3 GO NRW im Namen des Rates als auf den Bürgermeister übertragen, soweit nicht der Rat sich, einer Bezirksvertretung oder einem Ausschuss für einen bestimmten Kreis von Geschäften oder für einen Einzelfall die Entscheidung vorbehält.

4.2.3 Die Ausschüsse des Rates

Der Rat ist für viele verschiedene Themengebiete zuständig. Entscheidungen können nur dann adäquat getroffen werden, wenn die Mitglieder in der Lage sind, sich inhaltlich umfassend auf einen zu entscheidenden Sachverhalt vorzubereiten, damit sie auf Gegenargumente kompetent reagieren können. Dies bedeutet, dass alle relevanten Informationen, die zu einer individuellen Beurteilung und Wertung des Sachverhalts erforderlich sind, berücksichtigt werden sollen. Zu diesem Zweck wird der Rat bei der Willensbildung durch die Ausschüsse unterstützt. In Nordrhein-Westfalen hat jede Gemeinde nach §§ 57 Abs. 2, 59 GO NRW mit dem Haupt-, Finanz- und Rechnungsprüfungsausschuss drei Pflichtausschüsse. Hinzu kommen freiwillige Ausschüsse für bestimmte Themengebiete, wie z. B. ein Bau- und Planungsausschuss. Spezialgesetzliche Vorschriften können weiterhin Ausschüsse erforderlich machen, so etwa nach § 114 GO NRW und § 5 EigVO NRW der Betriebsausschuss bei Eigenbetrieben.

4.2.4 Die Kreise und deren Besonderheiten

Nach § 2 Abs. 1 KRO NRW sind die Kreise, soweit die Gesetze nicht ausdrücklich etwas anderes bestimmen, ausschließliche und eigenverantwortliche Träger der öffentlichen Verwaltung zur Wahrnehmung der auf ihr Gebiet begrenzten überörtlichen Angelegenheiten. Die Wahrnehmung örtlicher Aufgaben durch die Gemeinden bleibt davon unberührt. Mehrere Gemeinden können überörtliche, auf ihre Gebiete begrenzte Aufgaben durch Zweckverbände oder im Wege öffentlich-rechtlicher Vereinbarungen durchführen. Aufgrund der Charakterisierung der Kreise nach § 1 Abs. 2 KrO NRW als Gemeindeverbände und Gebietskörperschaften sind die Bürger der kreisangehörigen Gemeinde deren Mitglieder. Im Kontext kommunaler Immobilienwirtschaft sind für die Akteure insbesondere die Organe des Kreises relevant. Diese sind der Kreistag, der Kreisausschuss sowie der Landrat.

Die Landschaftsverbände sind ebenfalls Träger der kommunalen Selbstverwaltung, allerdings haben sie nur einen sehr eingeschränkten Aufgabenbereich, der sich aus der Landschaftsverbandsordnung ergibt. Für die kommunale Immobilienwirtschaft können sich hier Schnittpunkte beispielsweise bei der Kultur- und insbesondere Denkmalpflege nach § 5 LVerbO ergeben. Bauprojekte mit denkmalschutzrechtlichem Bezug können hier eine Interaktion mit dem jeweiligen Landschaftsverband erforderlich machen.

4.3 Organe der Gesellschaft

4.3.1 Geschäftsführung und Vorstand

Das ausführende Organ in der GmbH ist der oder die jeweiligen Geschäftsführer nach § 35 GmbHG. Bei der Aktiengesellschaft nimmt diese Funktion der Vorstand nach §§ 76 ff. AktG war. Im Folgenden wird zu Vereinfachungszwecken vom »Geschäftsführer« gesprochen. Die Ausführungen treffen auch auf den Vorstand zu.

Der Geschäftsführer vertritt die Gesellschaft nach außen und innen. Er ist deren höchste Entscheidungs- und Handlungsinstanz. Die Bestellung erfolgt durch die Gesellschafter. In der kommunalen Praxis wird der Geschäftsführer nach bestimmten Entscheidungsprozessen ausgewählt und bestellt. Zunächst wird bei Regelverfahren heute großer Wert auf einen transparenten und unabhängigen Auswahlprozess gelegt. Auch wenn die Suche nach geeigneten Kandidaten häufig in die Hände von spezialisierten Personalberatern wie Deininger, ifp oder Bernd Heuer Karriere gelegt werden, so verläuft der daran anschließende Auswahlprozess trotzdem unter Beteiligung der politischen Entscheidungsträger.

Häufig wird eine Entscheidungskette formiert: Der Aufsichtsrat der Gesellschaft sucht mittels einer Findungskommission einen oder mehrere geeignete Kandidaten. Die Findungskommission schlägt dem Aufsichtsrat einen Kandidaten vor. Hat sich der überwiegend mit Mitgliedern des Rates besetzte Aufsichtsrat entschieden, wird diese Entscheidung den Gesellschaftern empfohlen. Aufgrund der mittelbaren oder unmittelbaren Gesellschaftereigenschaft der Kommune hat diese eine Entscheidung zu treffen. Zur Beschlussfassung wird dazu der jeweilige Rat konsultiert, der die Vertreter der Gesellschafter dann mittels Mehrheitsbeschluss anweist, einen bestimmten Geschäftsführer zu bestellen.

Noch in den späten 1990er-Jahren wurde die Besetzung kommunaler Geschäftsführungsposten politisch gesteuert. Bestimmte politische Vorlieben hatten bei der Auswahl häufig Vorrang gegenüber objektiven Auswahlkriterien. Diese Art der Besetzung hat sich im Laufe der Jahre verändert. Die Komplexität der Aufgabe in Verbindung mit dem Erfordernis wirtschaftlichen Handelns hat zu dem Ergebnis geführt, dass Kandidatinnen und Kandidaten mit der mehrheitsfähigen politischen Ausrichtung ohne fachlichen Background keine Aussicht haben, den Auswahlprozess erfolgreich zu bestehen. Der Fachkräfte- und Expertenmangel führt gerade in koalitionsgeführten Kommunen dazu, politisch neutrale oder zumindest parteilose Kandidierende auszuwählen.

4.3.2 Aufsichtsrat

Innerhalb der kommunalen Wohnungs- oder Immobiliengesellschaft ist der Aufsichtsrat das wesentliche Entscheidungsgremium. Hier werden die wichtigen Entscheidungen getroffen und die Weichen für die Entwicklung des Unternehmens gestellt. Der Aufsichtsrat setzt sich zumeist aus einer ungeraden Anzahl von Mitgliedern zusammen, die vom Stadt-/Gemeinderat durch Mehrheitswahl in das Gremium entsandt werden. Weiterhin gibt es häufig spezielle Aufsichtsratssitze für Hauptverwaltungsbeamte der Kommune, die deren Interessen vertreten. Ferner werden häufig auch den Arbeitnehmervertretern des Unternehmens ein oder mehrere Sitze im Aufsichtsrat zugesprochen.

Auch hier gilt: Je mehr Aufsichtsratsmitglieder am Tisch sitzen, desto diverser sind die Vorstellungen und Interessen zur Entwicklung der jeweiligen Gesellschaft. Eine Besonderheit sind dabei die häufig diametral entgegengesetzten Erwartungen der einzelnen Gremiumsmitglieder. Diese Gegensätze resultieren aus der politischen Meinungsvielfalt und ideologischer Grundprägung der Mitglieder, die sich in nahezu jedem operativen Aspekt zeigt. Während beispielsweise aus originär liberaler Weltanschauung heraus die Miethöhe allein durch den Markt sowie Angebot und Nachfrage geregelt wird, werden Anhänger einer eher sozial-linken Einstellung in der Regel für eine starke staatliche Regulierung des Mietniveaus plädieren. Insofern kommt es darauf an, mehrheitlich tragfähige Entscheidungsgrundlagen zu schaffen, um im täglichen Geschäft arbeits- und handlungsfähig zu bleiben.

4.4 Kommunale Besonderheiten

4.4.1 Wirtschaftliche Betätigung von Kommunen

Das Betreiben einer kommunalen Wohnungsgesellschaft stellt eine wirtschaftliche Betätigung dar. Gemeinden dürfen sich nur unter bestimmten Voraussetzungen am Wirtschaftsleben beteiligen. Eine Beschränkung ist aus verschiedenen Gründen sinnvoll. Ein Aspekt dabei ist das Verlustrisiko bei unternehmerischen Aktivitäten. Die Gemeinde handelt mit öffentlichen Geldern, die vom Steuerzahler stammen. Wirtschaftliche Verluste würden insoweit zulasten öffentlicher Kassen gehen.

Darüber hinaus besteht die Möglichkeit, dass die Kommune durch ihre Tätigkeit in den Wettbewerb zu privaten Unternehmen tritt. Diese haben insoweit einen erheblichen Nachteil bzw. sind doppelt belastet, weil sie auf der einen Seite selbst Steuern und öffentliche Abgaben zahlen und gleichzeitig der Empfänger mittelbar oder unmittelbar zu ihnen in Konkurrenz tritt. Zur Klärung derartiger Sachverhalte unterliegt die Gemeinde bei wirtschaftlicher Betätigung öffentlich-rechtlichen Bindungen.

Der Gesetzgeber formuliert dazu Regelungen in den §§ 107 ff. GO NRW. Dort wird eine Unterscheidung zwischen den öffentlich-rechtlichen und privatrechtlichen Organisationsformen getroffen. Eine wirtschaftliche Betätigung der Gemeinde auf dem Immobiliensektor kann in beiden Organisationsformen stattfinden.

Insbesondere der Bereich Gebäudewirtschaft ist in Kommunen oftmals in öffentlich-rechtlicher Form organisiert. Als Organisationsform kommen dabei in Betracht:
- Regiebetrieb
- Eigenbetrieb
- rechtsfähige Anstalten
- Zweckverband

Die privatwirtschaftlichen Organisationsformen sind nach § 108 Abs. 1 Satz 1 Nr. 3 GO NRW auf solche beschränkt, bei denen die Haftung der Gemeinde auf einen bestimmten Betrag begrenzt ist. Die am häufigsten gewählte Rechtsform ist aus diesem Grund die GmbH, bei der die Gesellschafter grundsätzlich nur mit ihrer Stammeinlage haften. Die Gemeinde darf nach § 108 Abs. 4 GO NRW Unternehmen und Einrichtungen in der Rechtsform einer Aktiengesellschaft nur gründen, übernehmen, wesentlich erweitern oder sich daran beteiligen, wenn der öffentliche Zweck nicht ebenso gut in einer anderen Rechtsform erfüllt wird oder erfüllt werden kann.

Kommunale Eigengesellschaften sind dann solche, an denen der Gemeinde die Anteilsmehrheiten gehören. Hingegen liegen gemischtwirtschaftliche Unternehmen vor, sofern neben der Gemeinde auch private Dritte zu den Anteilseignern gehören.

Kommunale Wohnungsgesellschaften sind also in der Regel als GmbH oder AG organisiert. Im Falle einer Neugründung ist zu eruieren, ob diese wirtschaftliche Betätigung der Gemeinde zulässig ist. Zunächst wird geprüft, ob überhaupt eine wirtschaftliche Betätigung vorliegt. Der Gesetzgeber hat zur besseren Einordnung in § 107 Abs. 2 GO NRW einen Negativkatalog formuliert, der die Fälle aufführt, bei denen definitiv keine wirtschaftliche Betätigung vorliegt. Dies sind etwa Pflichteinrichtungen oder soziale und kulturelle Einrichtungen. In § 107 Abs. 2 Nr. 3 GO NRW wird neben Straßenreinigung, Wirtschafts- und Fremdenverkehrsförderung auch die Wohnraumversorgung explizit in den Negativkatalog aufgenommen. Insofern ist die Gründung und das Betreiben einer kommunalen Wohnungsgesellschaft keine wirtschaftliche Betätigung im Sinne der Gemeindeordnung.

4.4.2 Erfolgreiche Bewältigung von Krisensituationen

Die Frage der Zuständigkeit spielt eine Schlüsselrolle für die Tätigkeit als Entscheider in der kommunalen Immobilienwirtschaft. Ein Großteil der Haftungsprobleme lässt sich vermeiden, indem bei unternehmerischen Aktivitäten genau differenziert wird, ob diese »ohne Weiteres« ausgeführt werden können oder nicht. Oftmals ist es erforderlich, sich die notwendige Rückendeckung in Form von Beschlüssen aus Aufsichtsrat, Gemeinderat oder Weisung des Bürgermeisters zu holen. In der Praxis fällt es oft schwer, die informelle von der formellen »Anweisung« zu unterscheiden. Ein Beispiel aus der kommunalen Unternehmenspraxis führt dies anschaulich vor Augen:

> **Beispiel: Die Upstream-Sicherheit**
>
> In einer kreisfreien Stadt in Niedersachsen war eine kommunale Wohnungsgesellschaft mit etwa 9.000 Wohnungen als GmbH aktiv. Die Wohnungs-GmbH hatte einen Geschäftsführer. Gesellschafterin der Wohnungs-GmbH war wiederum eine städtische Holding, an der die Stadt 100 Prozent der Anteile hielt. Die Holding-GmbH hatte wiederum einen Geschäfts-

> führer. Aufgrund steuerrechtlicher Konstruktionen aus den 1990er-Jahren hatte die Holding selbst kein Vermögen – außer den Anteilen der Wohnungs-GmbH – und darüber hinaus Darlehensverpflichtungen aus einem endfälligen Bankdarlehen im zweistelligen Millionenbereich.
> Zum Jahreswechsel stand in der Holding die Prolongation von Darlehen an. Die Geschäftsführung der Holding kümmerte sich erst etwa zwölf Wochen vor Auslaufen der Darlehensverträge um eine Anschlussfinanzierung. Statt eines in dieser Größenordnung sinnvollen Bankausschreibungsverfahrens wurde nur die örtliche Sparkasse angesprochen. Die Kommune hatte ursprünglich für 100 Prozent des Darlehens gebürgt, konnte dies nun aus europarechtlichen Gesichtspunkten aber nicht mehr.
> Die Holding sowie der Kämmerer der Stadt waren nunmehr der Auffassung, dass die durch die Kommune nicht gedeckten Sicherheiten durch die Wohnungs-GmbH gestellt werden müssten. Dazu forderten sie den Geschäftsführer der Wohnungs-GmbH auf, entweder Grundschulden auf die Liegenschaften einzutragen oder eine selbstschuldnerische Bürgschaft zugunsten der finanzierenden Institute auszustellen. Eine sog. Upstream-Sicherheit (engl. für »stromaufwärts«) bezeichnet die Stellung einer Sicherheit durch eine Tochtergesellschaft zugunsten der Muttergesellschaft.
> Als der Geschäftsführer sich weigerte, versuchte man zunächst, das Anliegen durch einen Aufsichtsratsbeschluss der Wohnungs-GmbH voranzutreiben. Der Geschäftsführer machte allerdings auf die Haftungsrisiken und auch durch die Konstruktion aus Sicht der Wohnungs-GmbH möglicherweise steuerschädlichen Auswirkungen aufmerksam. Daraufhin legte man dem Rat der Stadt einen Beschluss vor, wonach dieser den Geschäftsführer anweisen sollte, die Bürgschaft auszustellen. Der Rat wies sodann den Geschäftsführer ausdrücklich und offiziell an, der dann wiederum – nach Verneinung eines Insolvenzrisikos – die Bürgschaft ohne persönliche Haftungsrisiken abschließen konnte.

Eine Krisensituation ist gekennzeichnet durch einen internen oder externen Auslöser. Dieser ist entweder unvorhersehbar und unaufhaltsam eingetreten oder Folge eines fehlerhaften oder verzögerten Handelns der Verantwortungsträger. Aufgrund der kommunalen Gemengelage sind derartige Sachverhalte zeitnah Gegenstand medialer Berichterstattung. Diese Berichterstattung erzeugt wiederum Rechtfertigungsdruck bei den politischen Akteuren, da diese in ihren Wahlkreisen persönlich auf etwaige Missstände angesprochen werden. Dieser öffentlichkeitswirksame Druck wird in der Regel über die Gremien der kommunalen Gesellschaft an die Geschäftsführung oder den Vorstand weitergegeben. Diese befinden sich dann häufig in einem Dilemma: Die für das Unternehmen wirtschaftlich richtige Entscheidung steht nämlich in den seltensten Fällen im Einklang mit der öffentlichen Meinung dazu. Dieser Effekt wird leider durch die Berichterstattung häufig verstärkt.

Im Fokus stehen Bürgerinnen und Bürger, die – häufig getrieben von Eigen- und Partikularinteressen – einen vermeintlichen Missstand öffentlich anprangern. Egal ob ein Baum gefällt, ein Kleingarten überbaut wird, Schimmel auftritt, Müll nicht abgeholt wird oder sonstige Sachverhalte stören: Die tatsächliche Erklärung steht hier oftmals hinter der Schlagzeile zurück. Das Narrativ »klein gegen groß« wird gern herangezogen und führt zu einer eher tendenziösen Berichterstattung.

In kommunalen Gesellschaften führt dies dann oftmals zu der Neigung, langfristige Probleme mit kurzfristigen Lösungen zu begegnen. Nach dem Motto »Wir sorgen erst mal für Ruhe« werden Entscheidungen getroffen, die zwar die öffentliche Meinung besänftigen, aber häufig wirtschaftlich und rechtlich zweifelhaft sind. Die Folge ist eine Verlagerung von Verantwortlichkeiten und Haftungsrisiken durch politischen Druck auf die Ebene der Geschäftsführung.

Die Geschäftsführung befindet sich in einer Zwickmühle. Hält sie an einem zwar formal korrekten, aber öffentlich nicht gutgeheißenen Verhalten fest, ist sie politischem Druck ausgesetzt. Dieser kann unter Umständen zur Abberufung oder zumindest zu keiner Wiederwahl führen. Beugt sie sich ohne Widerstand, so mag zwar im ersten Schritt der Druck nachlassen bzw. verschwinden, gleichzeitig entstehen allerdings Haftungsrisiken. Insbesondere unwirtschaftliche Aktivitäten können schnell zur Erfüllung von Untreue-Tatbeständen führen. Selbst wenn diese Situationen nicht sofort eskalieren oder die Staatsanwaltschaft auf den Plan rufen, so hat die Geschäftsführung dennoch eine »Leiche im Keller«. Diese wiederum kann im weiteren Verlauf von verschiedenen Seiten als Druckmittel eingesetzt werden, um bestimmte Entscheidungen herbeizuführen. Zur Vermeidung einer derartigen Fehlentscheidung empfiehlt sich die Einhaltung bestimmter Prinzipien in Krisensituationen.

> **Tipp: Erfolgreich auf Krisensituationen reagieren**
>
> **1. Sich nicht unter Zeitdruck setzen lassen:** Die Geschäftsführung sollte so schnell wie möglich handeln. Allerdings wohldurchdacht und nicht überhastet. Nur in den seltensten Fällen sind wirklich Ad-hoc-Entscheidungen gefragt. Vielmehr sollte ein überschaubares Zeitfenster mit allen Beteiligten definiert werden. Innerhalb dieses Zeitraums kann dann eine Klärung des Sachverhalts erfolgen und es können verschiedene Lösungsszenarien erarbeitet werden.
> **2. Objektivierte, rechtliche Würdigung des Sachverhalts:** Die Erarbeitung von denkbaren Lösungsszenarien sollte in einem Expertenteam erfolgen. Dazu ist zum einen auf die internen Personalressourcen zurückzugreifen. Zum anderen sind externe Berater, insbesondere aus der rechtsberatenden Praxis gefragt. Diese sollten neben der fachlichen Expertise auch einen breiten Erfahrungsschatz zu kommunalen Zusammenhängen und ggf. sogar den konkreten lokalen Gegebenheiten haben. Nur wer alle Konsequenzen seines Handelns durchdacht und gewürdigt hat, kann anschließend zu einer geeigneten Entscheidung finden.
> **3. Vermeidung von Sekundärfehlern:** Ein weiterer wesentlicher Punkt besteht darin, Sekundärfehler zu vermeiden. Damit sind Aktivitäten gemeint, die im Vergleich zum eigentlich zu lösenden »Hauptproblem« die Angelegenheit verschlimmern bzw. eskalieren lassen. Zu diesen Sekundärfehlern gehören vor allem Kommunikationsfehler. Vertuschung oder Verschleierung von Sachverhalten zur kurzfristigen öffentlichen Entlastung führen mittel- bis

langfristig zu viel umfangreicheren Schäden und Haftungsrisiken. Die Darstellung von unwahren Sachverhalten ist ebenso kontraproduktiv und in jedem Fall auszuschließen. Dazu sollten auch interne Sachverhalte im besten Fall durch mehrere Quellen bestätigt werden. Die Geschäftsführung hat in diesen Krisensituationen eigenhändig die wesentlichen »Akteninhalte« zu studieren, um den Sachverhalt tatsächlich in seiner gesamten Dimension zu erfassen.

4. Alternative Lösungsmodelle erarbeiten: Die Erarbeitung verschiedener Lösungsmodelle ist ein weiterer wichtiger Erfolgsfaktor. Dabei ist eine offene Herangehensweise gefragt und ein Out-of-the box-Ansatz. Dieser erfordert kreative Szenarien und den Mut sowie die Bereitschaft, völlig neue Wege einzuschlagen. Auch hier zahlt es sich aus, die richtigen Personen – sowohl intern als auch extern – zu konsultieren. Gerade im öffentlichen Raum besteht die Gefahr, dass starre Denkmuster und unflexible Haltungen den Diskurs bestimmen. Diese Haltung hilft allerdings gerade in Krisenzeiten nicht weiter, da hier ausgetretene Pfade oftmals verlassen werden müssen.

5. Dauerhafte Dialogbereitschaft: Ein weiterer Grundsatz zur erfolgreichen Bewältigung von Krisensituationen ist die dauerhafte Gesprächs- und Dialogbereitschaft. In Drucksituationen entstehen häufig Fronten zwischen Institutionen oder deren persönlichen Vertretern. Im denkbar schlechtesten Fall wechseln rein objektive Herausforderungen und Interessenkonflikte die Etage und werden zu persönlichen und damit emotionalen Differenzen. Je persönlicher und emotionaler eine Debatte geführt wird, desto schwieriger ist es im weiteren Verlauf, gemeinsame Lösungswege zu finden. Insofern ist von Anfang an und zu jeder Zeit auf eine Versachlichung zu achten und sicherzustellen, dass die Beteiligten kontinuierlich im Dialog bleiben.

5 Kaufmännische Steuerung

Bearbeitet von Marco Boksteen

5.1 Portfoliomanagement kommunaler Immobilienbestände

5.1.1 Wohnimmobilien – Bewirtschaftung und dauerhafte Vermietung

Das Management kommunaler Wohnungsportfolios ist äußerst komplex. Dies liegt insbesondere darin begründet, dass auf die Kommune als Eignerin mannigfaltige Interessen, Anforderungen, Erwartungen und Wünsche einprasseln. Dies sind neben dem rein monetären Aspekt der Gewinnerzielung auch andere Ziele, wie z. B. günstige Mieten, energetische Sanierung oder ein Beitrag zur Stadtentwicklung in benachteiligten Quartieren. In wirtschaftlich guten Zeiten sowie Zeiten niedriger Zinsen waren diese Ziele gerade in den 2010er-Jahren von den kommunalen Gesellschaften erfolgreich zu managen. Zu diesen positiven Begleitumständen haben insbesondere die hohe Nachfrage nach Wohnraum sowie das historisch niedrige Zinsniveau gesorgt. Zu Beginn des Jahres 2022 werden die Zeiten am Wohnungsmarkt nun spürbar rauer. Dies hat verschiedene Gründe:

- Die Baukosten sind infolge gestörter Lieferketten sowie insgesamt gestiegener Nachfrage durch die Corona-Pandemie angeheizt.
- Die Energiekosten steigen aufgrund verschiedener externer Faktoren.
- Das Ziel der Klimaneutralität bis 2045 erfordert höhere energetische Standards und eine umfassende investitionsintensive Bestandsmodernisierung.
- Die anhaltende Inflation zwingt die Notenbanken zu einer allmählichen Leitzinserhöhung, was sich unmittelbar auf die Bauzinsen auswirkt.

Diese Gemengelage führt in der Bewirtschaftung zu echten Herausforderungen im alltäglichen operativen Geschäft. Die Rentabilität und Finanzierbarkeit von Einzel- und Großmaßnahmen ist nicht mehr selbstverständlich. Sonderprojekte wie z. B. die Ertüchtigung des gesamten Bestands im Hinblick auf die Klimaneutralität können nur gelingen, wenn das »normale« Tagesgeschäft erfolgreich gemeistert wird. Als umsatztreibender Faktor gilt es dabei, die Mieteinnahmen so stabil und fortlaufend wie möglich zu planen. Dazu zählt auch die Vermeidung von Erlösschmälerungen durch Wohnungsleerstände. Nur wenn der Cashflow des Wohnungsbestands sichergestellt ist, können die anspruchsvollen Marktbedingungen und ehrgeizigen Ziele erreicht werden. Insofern spielt bei der Bewirtschaftung zunächst die kontinuierliche Vermietung eine Rolle. In einem zweiten Schritt ist das Mietniveau zu betrachten.

5 Kaufmännische Steuerung

In großen Wohnungsbeständen gilt der Grundsatz: Leerstand ist nicht gleich Leerstand. Die Gründe für leer stehende Wohnungen sind äußerst vielschichtig. Komplexe Zusammenhänge und teilweise systemische Interferenzen erfordern pragmatische Lösungsansätze. Im Folgenden werden für unterschiedliche Leerstandsursachen vertriebliche Vermietungsstrategien für kommunale Wohnportfolios entwickelt und dargestellt.[31]

5.1.1.1 Fluktuation und friktionelle Leerstände

Ein enormer unternehmerischer Hebel besteht im Abbau von fluktuationsbedingten Leerständen. Eine durchschnittliche Fluktuationsquote von 10 Prozent ist auch in guten Beständen durchaus üblich. Selbst wenn ein Unternehmen also über keinen strukturellen Leerstand verfügt und sich im Prinzip nur um die unterjährigen Mieterwechsel infolge von Kündigungen kümmern muss, sind hier große Chancen gegeben.

Eine unterstellte Fluktuationsquote von 10 Prozent bedeutet, dass theoretisch der gesamte Wohnungsbestand innerhalb von einer Dekade zwischenzeitlich in die Hände der Kommune zurückfällt. Während dieser – im besten Fall kurzen Zwischenzeit – hat der Eigentümer die Möglichkeit, Preis, Produkt und Zielkunden nach seinen Vorstellungen zu modellieren und sich auf dem lokalen Wohnungsmarkt zu positionieren. In diesem Zuge kann zum einen an den Einkünften »geschraubt« werden, zum anderen können auch sinnvolle Aufwertungen der Produktqualität in Form von Renovierungen und Sanierungen erfolgen. Eine erfolgreiche Vermietung hat folgende Voraussetzungen:

- optimale Vermietungsprozesse
- abteilungsübergreifende Verzahnung
- standardisierte Qualitätsansprüche in Bezug auf das Produkt und dessen Vermarktung
- laufender Marktcheck in puncto Wettbewerb und Mietpreis-/Leistungsverhältnis

Gerade bei der Vermeidung von friktionellen Leerständen haben nicht nur die Vermietungsprozesse einwandfrei zu laufen, sondern ebenso die technischen Instandsetzungs- und Renovierungsprozesse. Die bedeutet, dass im Falle einer Kündigung die kaufmännischen und technischen Prozesse optimal aufeinander abgestimmt sein müssen, um in der kürzestmöglichen Zeit für eine Anschlussvermietung zu sorgen. Dies kann nur durch einstudierte und erprobte Prozessabläufe, kontinuierliche Kommunikation der beteiligten Personen sowie eine stringente Führung erreicht werden.

Es ist eine wesentliche Managementaufgabe, die eigene Angebotspipeline ständig im Blick zu haben und optimal auszugestalten. Dies bedeutet, dass die kommunalen Ver-

---

31 Ausführlich dazu Boksteen, Praxishandbuch Vermietungsvertrieb, S. 304 ff.

mieter ein Auge darauf haben müssen, ob gekündigte Wohnungen in ausreichender Anzahl und in kundengerechtem Renovierungszustand dem Wohnungsmarkt zur Verfügung gestellt werden können. Dabei ist eine vorausschauende Sichtweise erforderlich.

Es empfiehlt sich, einen stark besetzten Vermietungsvertrieb aufzubauen. Der Vermietungsvertrieb sollte insofern laufend überwachen, wie viele Wohnungen in einer sechsmonatigen Vorausschau vermarktungs- und vermietungsfähig werden (sollen). Dazu ist ein steter Abgleich der aktuellen und prognostizierten Vermietungs- und Leerstandszahlen erforderlich. Sofern der Vermietungsvertrieb Defizite beim Produktnachschub entdeckt, ist hier sofort eindringlich bei der übergeordneten Führungsebene eine Lösung einzufordern. In der Praxis ist häufig zu beobachten, dass anderen Abteilungen nicht die Dringlichkeit, Wichtigkeit und vor allem die wirtschaftliche Relevanz der Vermietungsaufgabe bekannt ist.

Hier hat der Vermietungsvertrieb eine Pionieraufgabe, die auch darin besteht, vermietbare Produkte aktiv einzufordern. Das aktive Einfordern der Verfügbarkeit von vermietbaren Wohnungen in einem Portfolio gehört somit zur Aufgabe des Vermietungsvertriebs. Man könnte auch formulieren, dass den Vermietungsvertrieb eine Holschuld in Bezug auf vermietbare Wohnungen trifft.

5.1.1.2 Strukturelle Leerstände

Strukturelle Leerstände sind zum einen Folge von marktbedingten Vermietungsentwicklungen aufgrund der Angebots- und Nachfragesituation. Zum anderen entstehen strukturelle Leerstände durch Wohnungsbestände, die »undermanaged« sind. Ebenso begründen mangelnde oder unzureichende Investitionen in den Bestand das Entstehen von strukturellen Leerständen. Die Lage des Wohnquartiers ist ein weiterer wesentlicher Faktor.

Aus strategischer Sicht können strukturellen Leerständen daher nur mit einer gemeinsamen Kraftanstrengung der Akteure entgegengewirkt werden. Zu den Akteuren zählen neben den eigenen internen Kräften auch die kommunalen Verantwortlichen. Die Grünpflege von Parkanlagen, die Säuberung von Geh- und Fahrwegen, das Entsorgen von herrenlosem Müll – all das sind Aufgaben, die im kommunalen Team erledigt werden müssen.

Der leistungsfähigste Vermietungsvertrieb kann keine nachhaltig positiven Ergebnisse erzielen, wenn ihm kein adäquates Produkt zur Verfügung steht. Insofern muss gemeinsam mit dem Vermietungsvertrieb ein tragbares Investitionsmodell gefunden werden. Das Ziel besteht darin, vor dem Hintergrund der realen Bedingungen am jeweiligen Wohnungsmarkt ein konkurrenzfähiges Wohnprodukt zu kreieren. Dies wiederum erfordert ein Zusammenwirken bei der Entwicklung. Vor einer Investitionsentscheidung sind die Anforderungen der Kundinnen und Kunden in Bezug auf Produktqualität und Mietpreishöhe zu bestimmen. Ausgehend von diesen Determinanten sind dann die weiteren Planungsschritte einzuleiten.

Der Vermietungsvertrieb ist bei strukturellen Leerständen zudem stärker in kreativer Hinsicht gefordert. Während bei der friktionellen Vermietung der Schwerpunkt auf eingespielten Prozessabläufen liegt, erfordert der Abbau von strukturellen Leerständen gute Ideen sowie einen erhöhten Leistungseinsatz. In diesem Zusammenhang hat der Vermietungsvertrieb speziell passende Vermarktungskonzepte zu entwickeln, die aus der kompletten Bandbreite der zur Verfügung stehenden Mittel schöpfen. Ferner empfiehlt sich der Einsatz von Mitarbeiterinnen und Mitarbeitern, die sich bis zum Erreichen des gemeinsamen Vermietungsziels, ausschließlich oder mit klarem Schwerpunkt in dem betreffenden Wohnungsbestand bewegen. Wichtig ist, dass der allgemeine Fokus und die tatsächliche Anstrengung im operativen Tagesgeschäft auf den Leerstandsabbau gerichtet werden.

5.1.1.3 Up-Renting

Der Automobilvertrieb macht es bereits seit Jahrzehnten vor, wie Umsätze durch geschicktes Up-Selling von Sonderausstattung und Zubehör gesteigert werden können. Hat sich der Kunde erst einmal für ein bestimmtes Modell entschieden, kann der günstige Grundpreis und damit der Umsatz schnell durch Zusatzleistungen gesteigert werden. Mittlerweile haben auch andere Branchen diese Vertriebsstrategie für sich entdeckt. Kein Besuch in einer Systemgastronomie, ohne dass die Servicekraft nach der Bestellung von sich aus fragt, ob es vielleicht zum Nachtisch noch ein Eis sein darf.

Auch die kommunale Wohnungswirtschaft, die vergleichsweise eher konventionell und bieder in Sachen Vertriebsstrategie aufgestellt ist, tut gut daran, zusätzliche Umsatzpotenziale zu erschließen. Die Anforderungen der modernen Berufswelt tragen zu häufigeren Job- und damit verbundenen Ortswechseln bei. Die Zahl der Umzüge der erwerbstätigen Bevölkerung ist insbesondere in den urbanen Gebieten Deutschlands in den letzten Jahren stetig gestiegen. Zeit wird knapp, daher haben nur noch die wenigsten potenziellen Mieter Muße, Renovierungsarbeiten in Eigenregie durchzuführen. Der moderne Kunde möchte möglichst wenig Aufwand beim Umzug und quasi eine »fix und fertige« Wohnung, in die er nur noch seine eigenen Möbel stellen muss.

Dieser Trend kann genutzt werden, indem Zusatzleistungen z. B. Maler- und Tapezierarbeiten sowie Bodenverlegung angeboten werden. Diese Zusatzleistungen können dann durch Zuschläge auf die Nettokaltmiete – denkbar z. B. 0,50 Euro je Quadratmeter Wohnfläche – amortisiert werden. Neben dem Deckungsbeitrag ist hier auch Platz für einen entsprechenden Ergebnisbeitrag. In einer Fortentwicklung dieses Ansatzes ist auch daran zu denken, Gäste- oder Trennungswohnungen anzubieten, die voll möbliert sind und für kürzere Zeitperioden angemietet werden können. Es gibt hier vielfache Gestaltungsmöglichkeiten, um auskömmliche Mieten zu erzielen.

5.1.1.4 Exkurs: Diskriminierende Mieterselektion in kommunalen Beständen

Zielgerichtete Quartiersentwicklung und ein performanceorientiertes Management des eigenen Wohnungsbestands kann in der Praxis auch zu erheblichen Fehlentwicklungen bei der Mieterauswahl führen. So geschehen im Jahr 2021 in Bremen:

> **Beispiel: Diskriminierende Mieterprofile**
>
> Im Mittelpunkt des Falls stand die kommunale rund 6.000 Wohnungen umfassende Bremer Wohnungsbaugesellschaft (Brebau), die zu 100 Prozent im Eigentum der Stadt Bremen steht. Recherchen von Panorama und Radio Bremen[32] hatten gezeigt, dass die Brebau Bewerberinnen und Bewerber mit Migrationshintergrund gezielt von Wohnungen fernhielt. Die Mitarbeitenden waren angehalten, persönliche Daten von den Interessenten zu erheben und dort auch zu vermerken, ob diese »people of colour« sind, ein Kopftuch tragen, mit der deutschen Kultur vertraut oder westlich integriert sind. Ferner wurden Angaben zum Grad der deutschen Sprachkenntnisse erhoben. Diese Daten wurden mit verschiedenen Kürzeln, wie z. B. KT für »Kopftuch«, in der unternehmenseigenen IT hinterlegt. Diese Praxis führte dazu, dass der Aufsichtsrat personelle Konsequenzen zog und die Geschäftsführung austauschte.

Selbstverständlich ist die in Fragen stehende Thematik unabhängig davon inakzeptabel, ob es sich um ein kommunales oder privates Unternehmen handelt. Gerade kommunale Unternehmen müssen sich allerdings erhöhten Anforderungen und Erwartungen im Bereich des sozialadäquaten Umgangs mit Menschen bewusst sein. Sie stehen stärker im öffentlichen Rampenlicht und haben somit auch eine Vorbildfunktion.

5.1.2 Öffentliche Immobilien – Herausforderungen und Handlungskonzepte zur Bewirtschaftung durch die Kommune

Neben den der Wohnnutzung dienenden Immobilien gibt es in jeder Kommune solche, die für eine öffentliche Nutzung bestimmt sind. In Kapitel 2 hat Andreas Schulten bereits eine Kategorisierung vorgenommen, um eine praktische Einordnung zu ermöglichen. Diese Immobilien sind direktes Eigentum von vielen Kommunen und

---

32 https://daserste.ndr.de/panorama/archiv/2021/Bremer-Baugesellschaft-Wohnungen-nur-fuer-Weisse,brebau100.htmlabgerufen am 28.02.2022.

unterstehen der allgemeinen Gemeinde- bzw. Stadtverwaltung. Hier gibt es dann häufig einen gesonderten Bereich Gebäudewirtschaft, der sich um die Verwaltung und Instandhaltung der Immobilien kümmert.

5.1.2.1 Aufbau immobilienspezifischer Strukturen

Für die öffentliche Verwaltung empfiehlt sich die Definition, Etablierung und Ausrichtung der Organisation an einer abgestimmten Immobilienstrategie. In diesem Zuge ist die Schaffung interner Strukturen, die an Lösungen aus der professionellen Immobilienwirtschaft angelehnt sind, erforderlich.

Die Kernessenz dürfte die Hypothese sein, dass eine Vermischung der Eigentümer-, Betreiber- und Nutzerperspektive zu unwirtschaftlichen Ergebnissen beim Umgang mit öffentlichen Immobilienbeständen führt. Aus diesem Grund wird bei der Transformation der Organisation die Etablierung einer differenzierten Eigentümerperspektive äußerst wichtig sein. Dies bedeutet eine Interessengleichschaltung zumindest innerhalb eines Geschäftsbereichs.

Als Blaupause können dabei die üblichen immobilienwirtschaftlichen Strukturen dienen. Die Eigentümerperspektive wird dort durch das Asset-Management wahrgenommen. Unter »Immobilien-Asset-Management« versteht man die wirtschaftliche Verwaltung von Immobilienvermögen. Es handelt sich dabei nicht um einen statischen, einmaligen Vorgang, wie ein Immobilienvermögen aufgebaut, verwaltet und eventuell desinvestiert wird, sondern um einen laufenden, revolvierenden Prozess mit dem Teilschritt des Portfoliomanagements.[33]

Die Aufgabe des klassischen Asset-Managements ist vom Property-Management zu unterscheiden. Das Property-Management setzt die Ziele des Eigentümers bzw. des Asset Managers in der operativen Immobilienverwaltung und Bewirtschaftung um. Als dritte operative Säule dürfte die Betreiberverantwortung auf einen ggf. neu zu gründenden Geschäftsbereich zu verlagern sein.

Die Organisation der Immobilienaktivitäten einer Kommune könnte sinngemäß wie folgt gegliedert sein:
- Geschäftsbereich Asset-Management (Vertretung der Immobilieneigentümerinteressen)
- Geschäftsbereich Property-Management (Bewirtschaftung der Immobilien nach Maßgabe der Eigentümerinteressen)

---

33 Ausführlich dazu Wellner/Stoehr/Bals in: Schäfer/Conzen, S. 685 ff.

- Geschäftsbereich Facility-Management (interner Dienstleister für das kaufmännische Asset- und Property-Management) – das FM führt seine Tätigkeit nach Maßgabe der Eigentümer-, nicht der Nutzerinteressen aus.
- Geschäftsbereich Hospitality/Einrichtungsbetrieb (Vertretung ausschließlich der Betreiber- und Nutzerinteressen). Der Geschäftsbereich erstellt Betreiberkalkulationen und tritt intern als Kunde bzw. Nutzer in Erscheinung. Dieser fragt intern eine Leistung ab und erhält dafür ein aus Eigentümersicht wirtschaftliches Angebot. Dieses wiederum kann nur angenommen werden, wenn der Betrieb seinerseits dadurch wirtschaftlich arbeiten kann.

Die geschilderte Organisationsstruktur hat den Vorteil, dass sich die einzelnen Geschäftsbereiche voll und ganz auf ihr jeweiliges Kerngeschäft konzentrieren können. In diesem Sinne sind bereichsfremde Aufgaben konsequent aus dem jeweiligen Zuständigkeitsbereich zu eliminieren. Die Verantwortlichen haben in diesem Fall nicht mehrere »Hüte« (Eigentümer, Betreiber, Nutzer) auf, sondern vertreten nur ein fokussiertes Interesse. Dies verhindert eine Verzettelung bei der täglichen Arbeit. Vielmehr kann auf dieser Basis ein kontinuierlicher Professionalisierungsprozess eingeleitet werden, von dem letztendlich die gesamte öffentliche Verwaltung bereichsübergreifend profitiert. Ein gegenseitiges »Checks and Balances«-Verhältnis stellt sicher, dass die Bereiche durchgehend im wirtschaftlichen Interesse der Kommune arbeiten.

5.1.2.2 Kommunales Asset-Management

Der klassische Asset Manager hat eine strategische und weniger eine operative Ausrichtung. Seine Zielsetzung besteht in der Maximierung des Werts des Immobilienvermögens. Vor diesem Hintergrund sollte dieser Geschäftsbereich die Erarbeitung, Überwachung und Optimierung der Immobilienstrategie der Kommune vornehmen und alle Geschäftsvorfälle konsequent aus der Eigentümerperspektive beurteilen. Dies bedeutet eine Bündelung der Verantwortlichkeit für Einnahmen und Ausgaben in diesem Bereich.

Das kommunale Asset-Management hat demnach die Gesamtverantwortung für die rentable Bewirtschaftung des vorhandenen Immobilienvermögens. Zu den Aufgaben sollten demnach zählen:
- Aufstellung einer immobilienspezifischen 10-Jahres-Wirtschafts- und Finanzplanung
- Aufstellung eines 5-Jahresplans (konkrete Berücksichtigung größerer Modernisierungen und Neubauaktivitäten)
- Aufstellung eines jährlichen immobilienspezifischen Wirtschaftsplans (01.01. bis 31.12.)
- Monitoring Soll-/Ist-Abgleich

- Budgetverantwortung für Modernisierungs- und Instandhaltungsmaßnahmen
- Erstellung von Wirtschaftlichkeitsberechnungen auf Objektebene
- Planung und Zielbestimmung der Miethöhen zum Drittvergleich
- isolierte Ermittlung und Kalkulation (fiktive Miete) sämtlicher Ertragswerte einzelner Objekte im Portfolio
- Transformation einzelner Objekte zu immobilienwirtschaftlichen »Profitcentern«

Das Asset-Management sollte zudem in Abstimmung mit dem Hauptverwaltungsbeamten oder Verwaltungsvorstand die kaufmännische Steuerung sämtlicher Immobilienprozesse vornehmen. Dazu zählt das kaufmännische Monitoring der Instandhaltung und Modernisierung:

- Einführung von Wertgrenzen für die Beauftragung von Bauleistungen
- Auftragsvergabe
- kaufmännische Rechnungsprüfung und Zahlungsfreigabe
- Controlling und Nachkalkulation abgeschlossener Maßnahmen

Ferner hat das kommunale Asset-Management die jährliche technische Budgetplanung in Abstimmung mit dem Property-Management eigenverantwortlich aufzustellen. Dabei ist mindestens einmal jährlich ein Soll-/Ist-Vergleich vorzunehmen. Ferner sind Abstimmungen mit den anderen Geschäftsbereichen und/oder in weiteren Eskalationsstufen mit dem Verwaltungsvorstand erforderlich, sobald Budgetgrenzen überschritten werden. Freie Spielräume durch nicht abgerufenes Budget hat ebenfalls das Asset-Management eigenverantwortlich unterjährig auf andere Maßnahmen umzuverteilen oder gänzlich einzusparen.

> **Tipp: Erfassung der Ist-Situation**
>
> Die nächsten Schritte zur besseren Einordnung der Ist-Situation sind in der Praxis:
> - Anlegen von einzelnen Objekten als Wirtschaftseinheit und Ermittlung des jeweiligen Ertragswerts (ggf. fiktive Mieteinnahmen kalkulieren)
> - Abstimmung einer bereichsübergreifenden, einheitlichen Digitalisierungsstrategie im Hinblick auf Auswahl und Nutzung von branchenspezifischen Softwarelösungen
> - Sensibilisierung der Geschäftsbereiche für renditeorientierte Planung und Budgetierung von Baumaßnahmen

5.1.2.3 Kommunales Property-Management

Property-Manager sind die Kümmerer im Bestand und betreuen die Wohnungsbestände aus kaufmännischer und technischer Sicht. Sie sind das operative Bindeglied zwischen Eigentümer, Asset Manager und Objekt bzw. Mietern sowie Nutzern. Eine Differenzierung der Verantwortlichkeiten zwischen Asset- und Property-Management empfiehlt sich in der Praxis. Ein Geschäftsbereich sollte sich dabei auf jeweils eine

Managementaufgabe konzentrieren, da eine Vermischung zu nicht wünschenswerten Ergebnissen führt.

Das kommunale Property-Management hat insbesondere im Bereich der Betreuung der Bestandsnutzer eine Schlüsselfunktion. Die Bestandsnutzer sind in diesem Sinne die einzelnen Fachbereiche, z. B. die Schulverwaltung etc., mit ihren individuellen Flächenanforderungen. Das Property-Management benötigt folgende Voraussetzungen, um eine effiziente Bewirtschaftung der vorhandenen Immobilienbestände zu gewährleisten:

- Einführung von einheitlichen Standardprozessen für sämtliche Geschäftsvorfälle im Zusammenhang mit Bestandskunden
- Schaffung von bereichsübergreifenden, automatisierten Prozessabläufen
- transparente Prozessübersicht für alle Beteiligten
- Einführung von Wertgrenzen für die Beauftragung von Bau- und FM-Leistungen
- Einführung einer Schlussabrechnung mit internen und externen Aufwänden für jede Schadensmeldung
- Erstellung einer Gebäudestrukturanalyse für jedes Objekt im Bestand
- Deckelung der bestehenden Haftungsrisiken, ggf. durch Beauftragung von Dienstleistern (Baumkataster, E-Check, Spielplätze, Dächer etc.)

Das Property-Management sollte zudem die kaufmännische Steuerung der Facility-Manager übernehmen. Zur Etablierung effizienter Prozesses kann die Einführung eines Ticketsystems für den Geschäftsbereich Facility-Management genutzt werden. Für diesen Bereich sind interne Verrechnungssätze, Zeit- und Kostenaufwand festzulegen, um eine objektivierte Vor- und Nachkalkulation der durchgeführten Tätigkeiten vornehmen zu können. Auf diese Art und Weise kann auch nachvollzogen werden, ob und inwieweit das Facility-Management de facto wirtschaftlich agiert.

5.1.2.4 Neubau- und Projektentwicklung

Auch die Verantwortung für die Neubau- und Projektentwicklung sollte der Geschäftsbereich kommunales Asset-Management übernehmen. Die Initiierung, Entwicklung und Realisierung der Projekte setzt ein Handeln der Verantwortlichen aus Eigentümerperspektive voraus. Die vollständige Verantwortung für die Wirtschaftlichkeit einer Maßnahme sollte hier in einem zuständigen Geschäftsbereich angesiedelt sein. Dieser hat sowohl in der Planungsphase die entsprechenden Impulse zu setzen als auch im Zuge der Bauausführung dafür Sorge zu tragen, dass die Anforderungen des Eigentümers erfüllt werden. Für jedes neue Vorhaben sollten vor dem Grundstückskauf folgende Voraussetzungen erfüllt und schriftlich dokumentiert sein:

- Erstellung einer Machbarkeitsstudie mit Langfristplanung
- Erstellung einer objektspezifischen Wirtschaftlichkeitsberechnung mit kalkulierten Miethöhen

- Budget- und Kostenaufstellung für die Planung und Errichtung
- Erstellung einer Investitionsplanung (Eigen- und Fremdmittel)
- Auswahl eines geeigneten Finanzierungsmodells
- rechtliche und steuerrechtliche Konzeption des Grundstücksankaufs

Im Anschluss an den Grundstückskauf bestehen noch diverse Vertiefungsschwerpunkte (Vergabe, Bauverträge, Nachträge, Bauzeit, Genehmigungsverfahren etc.), die eine erhebliche fachliche Expertise auf Bauherrenseite erfordern. Hier ist genau zu beurteilen, welche internen Ressourcen in der Kommunalverwaltung tatsächlich zur Verfügung stehen. Dabei ist zu beachten, dass ein »Outsourcen« auf Dienstleister nur bedingt sinnvoll ist, da aufgrund der Vielzahl der externen Projektbeteiligten (Architekt, Statiker, Fachplaner, diverse Bauunternehmen, eigene oder andere Behörde etc.) die Koordination erhebliches Fachwissen, Organisationstalent und vor allem auch unternehmerisches Denken erfordert.

> **Tipp: Kommunales Immobilienmanagement**
>
> Vor dem geschilderten Hintergrund können künftig folgende Grundvoraussetzungen identifiziert werden, um ein erfolgreiches Agieren zu gewährleisten:
> - klare Trennung der Verantwortlichkeiten zwischen Eigentümer- und Nutzer- bzw. Betreiberperspektive
> - Betrachtung und Kalkulation der Objekte und Projekte im Drittvergleich
> - synchrone Planung des Nutzungsbeginns bei Fixierung des Fertigstellungstermins
> - Zentralisieren der Übersicht zu Förderprogrammen (Umwelt, Energie etc.)
> - Erstellung eines (Muster-)Investmentmemorandums für neue Objekte/Projekte

5.1.3 Klimaneutralität als wesentlicher Erfolgsfaktor bei der Bewirtschaftung von Immobilienbeständen

Die kaufmännische Steuerung von kommunalen Immobiliengesellschaften wird im Wesentlichen an einer ausgeklügelten Portfoliostrategie ausgerichtet. In der Vergangenheit war das Ziel dabei im Wesentlichen eine wirtschaftliche und auskömmliche Bewirtschaftung. In der Portfoliomatrix wurden die drei Kriterien Lage, Vermietbarkeit und Zustand lange als dreidimensionales Koordinatensystem dargestellt. Zukünftig wird zu diskutieren sein, ob der realisierte Grad der zu erreichenden Klimaneutralität im Gebäudebestand als vierte Dimension eingezogen wird oder dieser Aspekt beim Gebäudezustand abgebildet wird. Die Diskussion mag für die praktische Anwendung eher theoretischer Natur sein, denn im Kern stellt sich für die Akteure die Frage, wie eine nachhaltige Bewirtschaftung unter diesen ehrgeizigen Zielsetzungen auszusehen hat.

Diese Frage ist umso drängender, da die Immobilienwirtschaft schon mit verschiedenen gesellschaftlichen Herausforderungen und Trends konfrontiert ist. Dazu zählt ein Mangel an bebaubaren Grundstücken in den Kommunen, um den Neubau voranzutreiben. Dies wiederum führt zu einem Mangel an zielgruppengerechtem Wohnraum, was wiederum in der Folge zu steigenden Mietpreisen führt. Diese komplexe Gesamtsituation wird durch den stetigen Anstieg der Baukosten befeuert. Vor dem Hintergrund immer angespannterer Arbeitsmärkte mit einem Fachkräftemangel im Handwerk und in den technischen Berufen, wird deutlich, welche erheblichen Anstrengungen zum Erreichen der Klimaziele notwendig sind.

Beispiel: Klimastrategie

Die kommunale KSG Hannover GmbH hat einen Wohnungsbestand von rund 8.000 Wohnungen in 21 Städten und Gemeinden in der Region Hannover. Die Gesellschaft hat sich in einer Aufsichtsratsvorlage mit den gegebenen Rahmenbedingungen zur Zielerreichung der Klimaneutralität beschäftigt und in diesem Zusammenhang konkrete Maßnahmen skizziert[34]:
Verminderung der Treibhausgas-Emissionen gegenüber 1990:
- bis 2030 um 65 Prozent
- bis 2040 um 88 Prozent

in der Region Hannover: möglichst bis 2035 um 95 Prozent Spätestens 2045 ist die Netto-Treibhausgas-Neutralität zu erreichen.

1. Prämissen der KSG-Klimastrategie:
- Neubau:
  - Standard: BEG-Effizienzgebäude 55 oder besser
  - Wärmeerzeuger immer regenerativ:
    dezentral + Nah-/Fernwärme
    Einbindung PV-Anlage ins Heizsystem
    sofern notwendig für Spitzenlasten: Gas-Brennwertthermen
    »H2-ready«
- Bestandsobjekte:
  - 98 Prozent der Heizanlagen-Technik muss umgestellt werden.
  - Fern- und Nahwärme-Konzepte werden bevorzugt.
  - dezentrale Energiegewinnung
  - gute Gebäudeenergieeffizienz herstellen: 75 Prozent des relevanten Gebäudebestands bereits gedämmt
  - PV-Anbindung an das Heizsystem
  - für Spitzenlasten: Gas-Brennwertthermen »H2-ready«

2. Klimastrategie – seziert nach Clustern
Teilung des Gesamtportfolios in mehrere Teilportfolios nach gemeinsamen Nennern:
- Baualtersklasse
- Standard Gebäudehülle
- Energieträger

---

34 Aus Praxisleitfaden Initiative Wohnen 2050, S. 71 f.

> **3. Energieeffizienz – Projektion für das Jahr 2045**
> Maßnahmen zur annähernden Klimaneutralität:
> - Reduzierung von 35 auf 7 kg CO_2/m^2a
>   – Reduzierung des Wärmebedarfs eines Gebäudes durch energetische Modernisierung der Gebäudehülle
>   – Austausch der Anlagentechnik
> - letzter Schritt zur Klimaneutralität ist die Reduzierung von 7 auf 0 kg CO_2/m^2a:
>   – Heizkessel zur Spitzenlastabdeckung werden mit 100 Prozent grünem Wasserstoff betrieben

Auch die kommunale Wohnbau Stadt Coburg GmbH hat sich intensiv mit dem Thema Klimastrategie bei der Bewirtschaftung ihrer Bestände auseinandergesetzt. Insbesondere hat die Gesellschaft die organisatorischen Voraussetzungen für die Bewältigung der bevorstehenden Aufgabe geschaffen. Das Thema wurde zur Chefsache gemacht und eine Stabsstelle Klimaschutz eingerichtet. Zudem hat die Gesellschaft eine konkrete Klimaschutzstrategie erarbeitet, anhand derer die erforderlichen Maßnahmen ablesbar sind. Darüber hinaus sorgt die kommunale Gesellschaft durch die Modellierung von Mietszenarien für eine realistische und vor allem kundenorientierte Betrachtung der Fragestellung. Die Gesellschaft verdeutlicht in diesen Szenarien, wie sich öffentliche Zuschüsse auf die Entwicklung der Mieten in einem 1-, 10- und 20-Jahreszeitraum auswirken.[35]

Die kommunale Perspektive führt zu dem Ergebnis, dass die politische Forderung nach einer Transformation hin zur Klimaneutralität erhebliche Investitionen erfordert. Diese Investitionen können nur getätigt werden, wenn die künftige Einnahmenseite, nämliche die Mietzinsentwicklung, daran ausgerichtet wird. Bereits heute wird insbesondere in den Metropolen die wohnungspolitische Debatte durch für Mieterinnen und Mieter nicht mehr leistbare Miethöhen geprägt. Diese Situation wird sich verschärfen, wenn weitere Kostentreiber die Miete beeinflussen. Insofern wird eine sozialverträgliche Verteilung der Last nur gelingen, wenn eine passende öffentliche Förderlandschaft gestaltet wird, die Immobilieneigentümer beim Transformationsprozess unterstützt und damit langfristig die Mieter entlastet.

Ein weiterer Erfolgsbaustein wird die sektorenübergreifende und interkommunale Zusammenarbeit sein. Immobilien-, Energie- und Verkehrswirtschaft müssen inhaltlich enger zusammenrücken, um die zukünftigen Herausforderungen stemmen zu können. Isolierte Insellösungen sind wenig erfolgversprechend. Vielmehr ist eine gemeinsame Strategieentwicklung und spätere Realisierung der Maßnahmen erforderlich.

---

35 Siehe dazu im Detail IW2050, S. 74.

> **Tipp: Zusammenarbeit der Kommunen**
>
> Kommunale Entscheidungsträger sollten künftig die Gründung und fortdauernde Pflege von sektorenübergreifenden und ggf. interkommunalen Arbeitskreisen forcieren. Dazu sind Vertreter aus den Bereichen Stadtverwaltung, Energie-, Immobilien- und Verkehrswirtschaft an einen gemeinsamen Tisch einzuladen. Wichtig dabei ist weniger die nominelle Anwesenheit vieler Akteure, als die Möglichkeit, vertrauensvoll und sachdienlich Erfahrungen auszutauschen und Lösungen zu erarbeiten. Neben öffentlichen Akteuren empfiehlt sich die Einbeziehung maßgeblicher privater Akteure, um ein möglichst breites Spektrum abzubilden. Im Vordergrund stehen zunächst der gemeinsame Erfahrungsaustausch und das gegenseitige Lernen voneinander. Ergänzt wird dieser Austausch dann durch gemeinsame Ansätze, kreative Maßnahmen und neue Ideen für die Praxis.

5.2 Problem- und Schrottimmobilien – Chance zur Repositionierung

Eine besondere Herausforderung stellen Wohnungsbestände in Problemquartieren dar (vgl. Boksteen 2021: 306 ff.). In jedem größeren Immobilienportfolio gibt es derartige Standorte. Die Identifizierung dieser Standorte in einer Kommune ist leicht möglich, weil ein Besuch dieser Bestände oftmals bereits auf den ersten Blick bestehende soziale Dissonanzen, Armut und andere Hemmnisse offenbart. Die sog. Problem- und Schrottimmobilien befinden sich in einer von der Allgemeinheit häufig bereits stigmatisierten, schlechten Lage und weisen darüber hinaus einen erheblichen Instandhaltungsstau auf. Zur besseren Lösungsfindung bei der Bewirtschaftung und Vermietung derartiger Bestände ist zunächst ein tieferes Verständnis der zugrunde liegenden Marktmechanismen erforderlich. Zu Beginn ist die Frage zu klären, welche Gründe zur Entstehung derartiger Viertel beitragen. In der Regel entwickeln sich derartige Problemquartiere aus einem Zusammenspiel von Strukturwandel, Nachfragemangel und Desinvestitionsprozessen heraus.

Der Strukturwandel hat ganze Regionen Deutschlands in den 1970er- und 1980er-Jahren erfasst. Der Wandel von der Industrie- zur Dienstleistungsgesellschaft hat zum Verlust zahlreicher Arbeitsplätze geführt. Zeitgleich konnte keine adäquate Kompensation am Arbeitsmarkt erreicht werden, sodass Arbeitslosigkeit und Armut die Folge waren. Regionen, die von diesem Strukturwandel besonders in Mitleidenschaft gezogen wurden, sind in ganz Deutschland zu finden. Besonders betroffen waren die stark industriell vom Bergbau und der Stahlwirtschaft geprägten Städte und Gemeinden, beispielsweise Bremerhaven, das Saarland, das Ruhrgebiet oder Teile von Niedersachsen.

In den 1990er-Jahren folgten dann vor allem Städte und Gemeinden in Ostdeutschland, die sich nach der Wende grundlegend neu aufstellen mussten. Der dort zu beobachtende Transformationsprozess hat dazu geführt, dass Bewohner auf der Suche nach geeigneten Arbeitsplätzen in andere Teile Deutschlands umsiedelten und damit einen negativen Bevölkerungssaldo bewirkten. Die geringere Bevölkerungszahl in Verbindung mit der zunächst gleich bleibenden Anzahl von Immobilien führte zu einem Rückgang der Nachfrage am Wohnungsmarkt. Die logische Konsequenz daraus waren steigende Leerstandszahlen in den Wohnungsbeständen.

Die steigenden Leerstandszahlen wiederum haben einen schleichenden Substanzverlust der Städte durch eine faktische Schrumpfung zur Folge. Sinkende Einwohnerzahlen führen dazu, dass sich die privatwirtschaftliche Infrastruktur (Einzelhandel, Gastronomie, Dienstleistungsangebote etc.) gleichzeitig zurückentwickelt. Eine auskömmliche wirtschaftliche Unternehmenstätigkeit ist bei sich stark ändernden Rahmenbedingungen und sinkenden Kundenzahlen kaum mehr zu bewerkstelligen. Auch die öffentliche Infrastruktur, etwa der ÖPNV, kann für die verbleibenden Bewohner nicht mehr in der gewohnten Weise aufrechterhalten werden. Diese Prozesse verzahnen sich und führen zu einer gegenseitigen Verstärkung. Im Wettbewerb stehen schließlich nicht nur Wohnungsangebote in verschiedenen Qualitäten, sondern insbesondere auch Lagen, also Regionen, Städte und Gemeinden, die miteinander konkurrieren.

In diesem Zusammenhang verwundert es nicht, dass neuzeitliche Megatrends wie die Urbanisierung und damit der Hype der A-Standorte in den 2010er-Jahren bis heute die entgegenlaufende, diesmal »positive« Entwicklung darstellen. Wo es große Gewinner gibt, sind allerdings auch die Verlierer nicht weit entfernt. Das sozial-selektive Wanderungsverhalten der Bewohner führt zu einer weitergehenden Schwächung der ohnehin beeinträchtigten Regionen.

Diese makroökonomischen Interdependenzen lassen sich aus wohnungswirtschaftlicher Perspektive wie folgt herunterbrechen: Faller (Faller et. al. 2020: 62 ff.) veranschaulicht zutreffend, dass die räumliche Ausbreitung von Leerstand und Desinvestition simpel und komplex zugleich ist. Er formuliert vereinfacht, dass Leerstand und sinkende Investitionsspielräume dort entstehen, wo die Wohn- und Lebensqualität am geringsten ist. Entscheidend ist, wie die Haushalte als Nachfrager die Qualität einschätzen und welche Zahlungsbereitschaft sich daraus ableiten lässt. Diese negative Situation kann eine Gruppierung von Gebäuden, eine Straße, ein ganzes Quartier und in manchen Fällen ganze Stadtteile ergreifen.

Sobald ein spürbares Auseinanderdriften der in einer Gemeinde oder Stadt üblichen durchschnittlichen Lebensqualität und der im Problembereich herrschenden Qualität eintritt, sind sich selbst verstärkende Effekte zu verzeichnen. Diese Effekte werden durch eine negative Kommunikation und in der Folge durch eine nachteilige Imageentwicklung verstärkt. Selbst Menschen, die den Bereich noch nie oder länger nicht besucht haben und ihn somit konkret nicht kennen, hören Schauergeschichten dazu und haben ein Bild vor Augen, das oft noch schlechter ist als die tatsächliche Situation.

Auslöser können ganz unterschiedliche Gegebenheiten sein. Oftmals sind Straßenzüge mit unmittelbarer Nähe zu Gewerbe- oder Industriegebieten betroffen. Die Tristesse des Stadtbildes an dieser Stelle in Verbindung mit Lärm- und Schmutzimmissionen führt zu einer Abwertung der Lagequalität. Auch kann die Nähe zu Hauptverkehrswegen im Straßen- oder Schienenverkehr zu negativen Folgeerscheinungen führen. In der Praxis sind es daher in der Regel viele verschiedene Gründe, die im Kontext einer ohnehin einfachen Wohnlage dazu führen, dass ein Standort zum »Problemviertel« werden kann.

Für jeden Akteur in der kommunalen Immobilienwirtschaft sollten die Alarmglocken läuten, wenn im eigenen Immobilienbestand an bestimmter Stelle derartige Merkmale kumulieren. Der Volksmund sagt, dass ein fauler Apfel den ganzen Korb verderben kann. Genauso verhält es sich mit problematischen Immobilienbeständen. Die Ansteckung und Ausbreitung benachbarter Liegenschaften mit der Folge von Desinvestitionsprozessen ist ein Resultat des Angebotsüberhangs. Faller (Faller et. al. 2020: 71 ff.) geht davon aus, dass ein Angebotsüberhang von 50 oder 100 Wohnungen ausreicht, um in einem Quartier mit 500 oder mehr Wohnung einen negativen Sog auszulösen.

Die Entscheidung der einzelnen Eigentümer, die Bestände weiter zur Vermietung anzubieten und dadurch das Überangebot aufrechtzuerhalten, führt zum Preiswettbewerb mit den übrigen Eigentümern. Die Folge sind sinkende Mietniveaus. Das sinkende Mietniveau hat wiederum Folgen: Zum einen reduziert die geringere Mieteinnahme die Budgets für Reinvestitionen in die Modernisierung des Wohnungsbestands. Zum anderen ziehen die niedrigen Mieten Bevölkerungsgruppen mit wenig Haushaltseinkommen, vielfach Transferleistungsempfänger, an. Diese Gruppen wiederum senken in ihrem konzentrierten Auftreten an bestimmter Stelle die Attraktivität für die übrigen sozialen Milieus. Die Folge ist eine inverse Gentrifizierung.

Erstaunlicherweise spielt im wohnungs- und gesellschaftspolitischen Diskurs die »normale« Gentrifizierung eine viel stärkere Rolle. Die Fokussierung auf die Verhinderung von inverser Gentrifizierung würde viel mehr dazu beitragen, einzelne Quartiere, Stadtteile und ganze Regionen attraktiver zu machen. Zu diskutieren wäre hier allerdings ein im Klang unpopulärer Mietpreisturbo statt einer Mietpreisbremse. Zur Vervollständigung des Themenkomplexes sei hinzugefügt, dass auch gewerblich genutzte Flächen einen erheblichen Beitrag zur Standortqualität leisten.

Die kommunale Immobilienwirtschaft verfügt sowohl über strategische als auch operative Ansätze, um optimale Ergebnisse zu erzielen.

DIGITALE EXTRAS

Leitfaden: Repositionierung von Problembeständen

- **Analyse und Einschätzung der tatsächlichen Situation:** Im ersten Schritt ist eine unverblümte Analyse der tatsächlichen Situation vorzunehmen. Dabei sind die realen Gegebenheiten zu werten und vor allem auch empirisches Datenmaterial zurate zu ziehen. Einige Kommunen und Städte in Deutschland haben integrierte Handlungskonzepte oder Studien zum jeweiligen Immobilienmarkt, aus denen sich leicht Referenzwerte für die eigene Betrachtung ableiten lassen. Ein möglicher Angebotsüberhang wird oftmals schon mit Blick auf die eigene Leerstandsentwicklung im betreffenden Bestand deutlich. Über die einschlägigen Internetportale lassen sich mit einem Abruf die Flächenangebote des Wettbewerbs in der Nachbarschaft identifizieren.
- **Einzelstrategie im Kontext der kommunalen Gesamtstrategie entwickeln:** Im Anschluss an eine ehrliche Bestandsaufnahme folgt die eigene Strategieentwicklung. Dabei ist zunächst zu klären, ob der eigene Immobilienbestand möglicherweise im Quartier oder Stadtteil marktprägende Wirkung hat. Dies ist der Fall, wenn auf einen bestimmten Prozentsatz (> 10 Prozent) von Wohnungen, Einzelhandels- oder Büroflächen im Quartier Einfluss aufgrund einer Eigentümer- oder Verwalterstellung ausgeübt werden kann. Im Rahmen einer Portfoliostrategie hätte man in diesem Fall die Möglichkeit, über Rückbau oder Modernisierung nachzudenken.

  Rückbau als altruistisches Mittel würde dem Immobilienmarkt helfen, das Überangebot und die damit zu geringen Mieten zu beseitigen. Allerdings hätten in diesem Fall ausschließlich die übrigen Eigentümer davon einen Nutzen. Die wirtschaftlichen Effekte des Rückbaus können für Kommunen zweitrangig sein, wenn dadurch andere Vorteile generiert werden.

  Sofern keine attraktiven Rückbauförderprogramme existieren, bleibt die Möglichkeit, sich über alternative Handlungsstrategien Gedanken zu machen. Die Alternative kann demnach nur in einem Dreiklang aus gezielter Investitionstätigkeit, zielgruppenspezifischer Vermarktung und ergebnisorientierter Nutzerakquisition liegen. Die kommunalen Akteure haben dabei gemeinsam mit anderen Marktteilnehmern die Aufgabe, vor Ort die richtigen Menschen davon zu überzeugen, in Zukunft ihren Lebens- oder Arbeitsmittelpunkt in ein womöglich noch bestehendes oder zumindest im Wandel befindliches Problemquartier zu verlegen. Eine solche Aufgabe kann nur gelingen, wenn die beteiligten Akteure theoretisch und praktisch von den Potenzialen des Immobilienbestands überzeugt sind. Das eigene Vertrauen kann zu Begeisterung werden. Die Begeisterung wiederum führt dazu, andere Menschen positiv in ihrer Miet- oder Ankaufsentscheidung zu beeinflussen.
- **Gezielte Investitionstätigkeit:** Die kommunale Immobilienwirtschaft hat im Gegensatz zu privaten Akteuren neben der Ergebnisverantwortung für einen wirtschaftlichen Erfolg auch die Verantwortung für das Allgemeinwohl. Es geht demnach auch um die Frage, ob und wie sich ein bestimmtes Quartier, ein Bezirk oder ein ganzer Stadtteil entwickelt. Die Entscheidungsträger haben die wichtige Auf-

5.2 Problem- und Schrottimmobilien – Chance zur Repositionierung

gabe, das Portfoliomanagement oder die für die jeweilige Investitionsentscheidung verantwortliche Stelle in puncto zukünftiger Entwicklungsperspektiven zu beraten.[36] Der Umfang und die Höhe der zukünftigen Investitionen werden davon abhängen, welche Erwartungen an den daraus resultierenden Return gestellt werden. Dabei ist in den Überlegungen immer von zwei Szenarien auszugehen: Welche Wirkung entfalten kleine, punktuelle Einzelmaßnahmen wie z. B. eine Wohnungs- oder Ladenlokalsanierung oder der Austausch von Haustür- und Klingelanlagen? Oder soll das Szenario eines »großen Wurfs« angestrebt werden? In diesem Fall wäre zu überlegen, inwiefern umfassende Modernisierungsmaßnahmen (z. B. Fassade, Fenster, Balkone etc.) Effekte zeigen. Hier ist außerdem die Wirkung auf die Nachbarschaft einzubeziehen. Nicht selten folgen Nachbareigentümer dem guten Beispiel einer Fassadensanierung und investieren ebenfalls in ihre Bestände.

Diese Potenziale können aber nur dann realistisch modelliert werden, wenn Klarheit und Gewissheit über die Endnutzung herrschen. Insbesondere ist einzuschätzen, welche Zielgruppe angesprochen werden kann und zu welchem Mietpreis diese Zielgruppe dann tatsächlich Mietverträge abschließt. Die anzusprechende Zielgruppe und das zukünftige Mietpreisniveau sind realistisch im regionalen Kontext zu taxieren.

Dabei ist auch der Wahrscheinlichkeitsgrad einer erfolgreichen Realisierung des Projekts ehrlich einzuschätzen. Dieser fachliche Input ist ein wesentliches Merkmal bei der letztendlichen Investitionsentscheidung. Hat man sich gegen den Rückbau und für den Verdrängungswettbewerb entschieden, gibt es in schwierigen Lagen mit Angebotsüberhang zwei Ziele: Die eigenen Flächen dürfen nicht zu den schlechtesten 20 Prozent am dazugehörigen Markt (je nach Betrachtungshorizont: Straße, Quartier, Stadtteil, Stadt) gehören und sollten stattdessen zu den besten 10 Prozent des Flächenangebots gehören.

Die Begründung ist evident: Die schlechtesten 20 Prozent des Immobilienbestands stehen in der Regel leer, weil dies bei einem Angebotsüberhang der Bodensatz der Flächen ist, die keine Nachfrage mehr finden. Die schlechtesten 20 Prozent zeichnen sich oft durch minderwertige Bauzustände und schlechte Mikrolagen, z. B. direkt an der Eisenbahnlinie oder der Hauptverkehrsachse, aus. Häufig sind dies auch Wohnungen in oberen Geschossen, die nicht durch einen Personenaufzug erschlossen sind. Diese Faktoren sind zur richtigen Einschätzung des Marktes wesentlich. Eine Abgrenzung zum unteren Segment des Marktes hilft aus Portfolioperspektive dabei, den laufenden Cashflow zu sichern.

Die Zielsetzung, zu den besten 10 Prozent des (Teil-)Marktes zu gehören, ist gleichermaßen ehrgeizig wie erfolgversprechend. In der Regel gibt es für modernisierte, zeitgemäße Wohn- und Gewerbeflächen zu einem erschwinglichen Mietpreis in jedem größeren Immobilienmarkt unabhängig von der Mikrolage eine adäquate

---

36 Vgl. zum Thema Portfoliomanagement von Stengel in: Gondring/Zoller/Dinauer, S. 320 ff.

Nachfrage. Schafft man es, den eigenen Bestand in der Weise zu modernisieren und die erforderlichen Mieten notfalls im ersten Schritt über das Portfolio zu subventionieren, hat dies positive Folgen: Das moderne Flächenangebot spricht die gewünschte Mieter- und/oder Käuferklientel an, die sich im besten Fall für den Abschluss eines Miet- oder Kaufvertrags entscheidet. Damit verbessert sich die Nutzer- und Eigentümerstruktur und Kaufkraft kehrt in den Bestand zurück. Mittel- und langfristig betrachtet, lässt sich auf diese Weise eine schrittweise Anpassung der Bestände erzielen. Nicht nur überdurchschnittliche Bauinvestitionen zahlen sich in Problembeständen über die Zeitdauer aus, sondern auch professionelles Immobilienmanagement.

- **Fokussierte Standortvermarktung:** Vor dem Start von Vermarktungsaktivitäten bedarf es insbesondere bei problematischen Quartieren und Standorten einer genauen Bestimmung der anzusprechenden Zielgruppe. Dies ist beispielsweise anhand der verschiedenen Milieumodelle klar zu definieren. Im Folgenden sind die Wünsche und Anforderungen dieser Zielgruppe im Quartier umzusetzen. Gleichermaßen sind die Vermarktungsaktivitäten dahin gehend zu fokussieren.

Das Ziel dieser Vermarktungsaktivitäten ist wiederum zweigeteilt: Die Verbesserung des internen und externen Images sowie die Anziehung und Generierung von Nutzeranfragen. Das interne Image bezieht sich auf das Bild vom (Problem-)Immobilienbestand, das in der kommunalen Verwaltung oder Immobiliengesellschaft vorherrscht. Die interne Positionierung ist nicht zu unterschätzen. Horrorgeschichten über Immobilienbestände und eine Vorverurteilung in der eigenen Verwaltung sind keine Seltenheit. Dies führt dazu, dass diese Bestände in der Folgezeit von den Mitarbeitern systematisch vernachlässigt werden. Teilweise bewusst, teilweise unbewusst. Ortstermine werden als lästig empfunden, weil man sich nicht mit einem gewissen Mieterklientel umgeben möchte. Die Folge sind nachlässige Instandhaltungsaktivitäten. Auch werden Betreuungsleistungen, z. B. die Verfolgung von Verstößen gegen die Hausordnung, nicht mit der gebotenen Sorgfalt erfüllt. Insbesondere eine »wilde« Mülllagerung trägt zu einer negativen Außendarstellung bei.

Das mangelnde Engagement wird von den operativ handelnden Mitarbeitenden damit begründet, dass eine Anstrengung bei dem vorherrschenden Mieter- und Nutzerklientel ohnehin vergebene Mühe sei. Diese Sichtweise wird häufig noch von Führungskräften indirekt bestätigt, indem die mit diesen Aufgaben befassten Mitarbeiter oft als diejenigen gelten, die das »Pech« haben, sich mit einem solchen Bestand auseinandersetzen zu müssen. Führungskräfte selbst befeuern noch mit negativen Bezeichnungen und abfälligen Bemerkungen über Bestände und Mieter die Abwärtsspirale. Das Arbeiten an und in einem derartigen Bestand wird damit als Makel empfunden. Motivation und Inspiration zur Verbesserung der Situation sinken. Das Problem wird als übergeordnet, nicht beeinflussbar und unveränderbar wahrgenommen. Diese Abwärtsspirale gilt es durch eine auch auf interne Adressaten gerichtete Imagekampagne zu durchbrechen. Dabei sollten viele kleine Erfolge kommuniziert werden.

- **Leistungsstarke Teambesetzung:** Das kommunale Immobilienmanagement in problematischen Quartieren sollte von den besten verfügbaren Mitarbeitern durchgeführt werden. Gerade in schwierigen Marktlagen kommt den individuellen Stärken des Einzelnen besondere Bedeutung zu. Neben der reinen Kommunikation mit den jeweiligen Nutzern, Eigentümern und Bürgern im Quartier sind weitere Aspekte der täglichen Arbeit für den Projekterfolg immens wichtig. Dazu gehören das Aufspüren und Erkennen von Lösungen, die außerhalb der eigentlichen Vermietungsaufgabe liegen. Die Mitarbeitenden bewegen sich häufig in den betreffenden Beständen und haben Kontakt zu den Bewohnern.
Außerdem erhalten sie regelmäßig das Feedback aus dem Markt.
Mindestens genauso wichtig wie die Analyse der Gründe, warum sich ein Interessent für eine Ansiedlung im Quartier entschieden hat, ist der umgekehrte Weg bei einer ablehnenden Entscheidung eines Interessenten. Aus den Absagegründen lassen sich wertvolle Rückschlüsse zu weiteren Maßnahmen im Quartier oder am speziellen Objekt ziehen. Diese können für zukünftige Investitionsentscheidungen wesentlich sein.
Ferner ist es für den letztendlichen Erfolg eine unumgängliche Voraussetzung, dass die kommunalen Mitarbeiter motiviert und von dem Produkt ehrlich begeistert sind. Diese Begeisterung soll im Idealfall auf Mitarbeiter anderer Bereiche und natürlich potenzielle Nutzer, Investoren und Bürger überspringen. Dies wird nur durch positive und engagierte Kommunikation gelingen.
- **Kreative und neuartige Lösungsansätze zulassen:** Die vielschichtigen Defizite von Problembeständen lassen sich oftmals nur durch gänzlich neue, unerprobte Lösungsansätze bewältigen. Lösungen können in der Bereitstellung besonderer Services bestehen oder andersartigen Wegen, um eine bestimmte Zielgruppe zu erreichen. Diese Lösungsansätze kommen nur durch kreatives Denken zutage.
Ausgangspunkt der Überlegungen sollte immer sein, welchen Nutzen die Zielgruppe aus einer bestimmten Maßnahme zieht. In sozial schwachen Quartieren können z. B. Vandalismus und Kleinkriminalität den verbliebenen rechtschaffenen und vernünftigen Bewohnern zusetzen. Die beste Modernisierung von Leerwohnungen bringt nichts, wenn nicht auch eine Lösung für die belastenden Begleitumstände gefunden wird. Hier kann der Schlüssel in einer regelmäßigen Begehung der Liegenschaft durch Security-Mitarbeiter liegen oder der Auslobung von hohen Prämien für die Identifizierung von Übeltätern.
- **Vernetzung mit lokalen Akteuren:** In jedem Fall bietet sich auch die enge persönliche Vernetzung mit lokalen Akteuren an. Gerade in der kommunalen Verwaltung herrschen diesbezüglich oft anfängliche Berührungsängste. Ein aktives Zugehen auf andere ist nicht Teil der Verwaltungs-DNA, da dort der übliche Gang der Dinge genau umgekehrt ist: Der Bürger wendet sich mit einem Anliegen an die Verwaltung. Wer in seiner Kommune positive Ergebnisse erzielen möchte, muss hier entsprechend aktiv agieren. Die direkte persönliche Verbindung sollte insbesondere

zu Eigentümern von benachbarten Liegenschaften hergestellt werden. Im Zusammenschluss lassen sich oft bessere und sichtbarere Ergebnisse erzielen. Weiterhin ist die Vernetzung mit anderen, im Quartier befindlichen öffentlichen Einrichtungen oder maßgeblichen Unternehmen bzw. Institutionen und Vereinen hilfreich. Oftmals gibt es für schwierige Lagen bereits ein kommunales Quartiersmanagement. In diesem Kontext werden spezielle Fördermittel bereitgestellt oder andere übergeordnete Maßnahmen zur Stärkung und Stabilisierung des Viertels in die Wege geleitet. Ebenso hilfreich sind enge Verbindungen zur lokalen Polizeidienststelle. In erster Linie soll die Vernetzung dem gegenseitigen Austausch dienen. In den Gesprächen entwickeln sich dann ggf. gemeinsame Handlungsansätze. Immer sollte im Vordergrund stehen, was das Unternehmen oder der Vermieter selbst für den anderen Hilfreiches tun kann. Gemeinsame Initiativen leben vom gegenseitigen Austausch und vom Geben.

- **Machen:** Wer wesentliche Verbesserungen bei der Standortqualität erzielen möchte, dem bleibt in Problembeständen nur eine Wahl: machen, handeln, etwas bewegen. Nur durch Aktivität und Ergebnisorientierung lassen sich positive Resultate erzielen. Dabei sind pragmatische Lösungsansätze und Vorgehensweisen die erste Wahl. Insbesondere wenn andere Personen in der Organisation nur Zweifel und Probleme sehen, ist es von Vorteil, einfach zu machen. Gute Führung pflegt eine solche Kultur und vermittelt allen Beteiligten, dass Fehler in diesem Prozess normal und sogar erwünscht sind. Letztendlich können aus falschen Entscheidungen die richtigen Schlüsse für die Zukunft gezogen werden.

5.3 Controlling und Reporting

5.3.1 Controlling – Soll- und Ist-Planung

Die erfolgreiche Immobilienbewirtschaftung hat eine entscheidende Auswirkung auf das Betriebsergebnis (vgl. Boksteen 2021: 323 ff.). Je nach Performance können die Resultate der unterschiedlichen Managementaktivitäten einen positiven oder negativen Beitrag zum Betriebsergebnis leisten. In der Praxis ist es von großer Bedeutung, die Resultate einem kontinuierlichen Soll-/Ist-Vergleich zu unterziehen. Dies setzt voraus, dass zuvor anhand messbarer Kriterien für eine ebenfalls hinreichend bestimmbare Kennzahl ein Planwert (Soll) festgelegt worden ist. Dieser ist dann in »Echtzeit« bzw. in sinnvollen Intervallen mit dem Ist-Zustand abzugleichen, um auf diese Weise möglichst einfach ablesen zu können, ob die erzielten Ergebnisse Anlass zur Freude oder Sorge geben. Planung spiegelt sich in Zahlen wider. Am Ende geht es allerdings darum, aus dem Zahlenmaterial unternehmerische Schritte abzuleiten, um die Zahlen in die gewünschte Richtung zu verbessern. Dies erfordert ein aktives Management, ein konkretes Handeln und Tun in der Gegenwart. Hier ist eine »Hands-on«-Mentalität gefragt, also Umsetzen, Machen, Ausprobieren statt Zögern, Hadern und Zweifeln.

Die Grundlage für ein erfolgreiches Controlling besteht zunächst in einem aufeinander abgestimmten Zielsystem. Die einzelnen Zielvorgaben werden in strategischen Prozessen mit den wesentlichen Akteuren, Entscheidungsträgern, Mitarbeitern und externen Experten erarbeitet. Das Zielsystem ist nach Dietrich (vgl. Dietrich 2009: 74). hierarchisch aufgebaut, um unterschiedliche zeitliche Horizonte, unterschiedliche Detaillierungsgrade und unterschiedliche Inhalte kombinieren zu können.

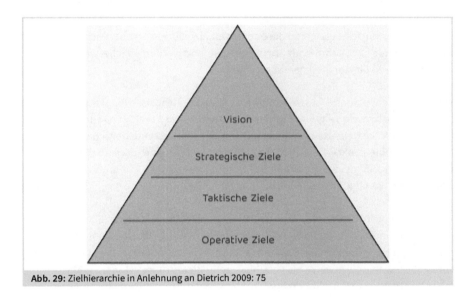

Abb. 29: Zielhierarchie in Anlehnung an Dietrich 2009: 75

An der Spitze der Zielpyramide steht eine Unternehmensvision oder ein Unternehmensleitbild. Eine kommunale Immobiliengesellschaft kann ihr eigenes Leitbild haben bzw. entwickeln oder es leitet sich im besten Fall mittelbar aus dem Leitbild der jeweiligen Kommune ab. Selbiges gilt im Übrigen auch für einzelne Dezernate, Fachbereiche, Abteilungen oder Eigenbetriebe, sofern diese die Immobilienaktivitäten der Kommune bündeln. Die spezielle kommunale Vision enthält die wesentlichen Leitlinien zur Geschäftstätigkeit des Unternehmens, zu seiner Philosophie und Politik. Dabei werden im Leitbild die Beziehungsebenen zwischen den verschiedenen Bezugsgruppen, wie z. B. Kommunalverwaltung, Bürgerinnen und Bürger, Mitarbeitende, Handwerker und anderen wesentlichen Akteuren, beschrieben bzw. im Idealzustand dargestellt. Ein weiterer positiver Bestandteil sind die konkreten Werte, für die die Gesellschaft oder der jeweilige Fachbereich steht.

5   Kaufmännische Steuerung

Die sich auf der Basis des Leitbilds zu entwickelnden strategischen Ziele beinhalten – bei einer im Kern wirtschaftlichen Betrachtungsweise – vor allem Aspekte des Umsatzes, Gewinns und der Rentabilität. Bei kommunalen Wohnungsgesellschaften kann der Marktanteil in Abhängigkeit von der Anzahl der Wohnungen in der Kommune bestimmt werden.[37] Zukünftige Entscheidungen können entweder in Richtung Ausweitung, Verringerung oder Beibehaltung des jeweiligen Marktanteils getroffen werden. Wie bereits an anderer Stelle dargestellt, fließen aktuell verstärkt Ziele zur Energieeffizienz und zur CO_2- Reduzierung in die Planung ein.

Weiter heruntergebrochen ergeben sich aus den strategischen Zielen die jeweiligen taktischen Ziele, die für einen mittelfristigen Zeitraum von etwa fünf Jahren bestimmt werden. Ihnen nachgelagert sind die operativen Ziele. Diese ergeben sich in der Regel für das laufende bzw. kommende Wirtschaftsjahr und werden üblicherweise für einen Zeitraum von zwölf Monaten herausgebildet.

Für Immobilienbestände ist die Planung der Kapazitätsauslastung wesentlich.[38] Die Kapazitätsauslastung zeigt sich in der Leerstandsquote. Die Leerstände haben direkt und indirekt bedeutende Auswirkungen auf die Bestandsbewirtschaftung. Sie beeinflussen die konkret realisierbaren Mieterträge, die erzielbaren Betriebskostenvorauszahlungen und die Belastung des Unternehmens mit nicht umlagefähigen Betriebskosten (Wenzel 2009: 19).

Die Leerstände haben in der immobilienwirtschaftlichen Planung Einfluss auf die Ermittlung der Mieterträge bzw. Mieteinnahmen. Wenzel (Wenzel 2009: 19 ff.) zeigt diesbezüglich anschaulich die Zusammenhänge auf: »Sollmieten als mit den Mietern vertraglich vereinbarte oder zu vereinbarende Mieten (€/m²/Monat) umfassen die möglich erzielbare Miete in den vermietbaren Wohn- und Geschäftseinheiten. Wird die Sollmiete (Bruttomiete) als Plangröße um die geplanten, aus Leerstand und baulichen Mängeln (Mietminderung) resultierenden Erlösschmälerungen gekürzt, ergibt sich rechnerisch die so genannte Nettomiete, die in der Kennzahlenanalyse regelmäßig erfragt wird. Mietausfälle (Erlösschmälerungen) sind zu kalkulierende Ausfälle, die ihre Ursache im Leerstand, aber auch in Mängeln an der Mietsache (Mietminderung) haben.«

Wenzel (Wenzel 2009: 20 ff.) führt weiter aus, dass sich leerstandsbedingte Erlösschmälerungen auf der Basis einer wirtschaftseinheitsbezogenen Leerstandsplanung ermitteln lassen. Er sieht eine Hochrechnung aus Vergangenheitswerten bei stabilen Unternehmen, die sich in der Entwicklung durch Kontinuität auszeichnen, als proba-

---

37   Ausführlich: Dietrich 2009, S. 78.
38   Dazu ausführlich Boksteen, Praxishandbuch Vermietungsvertrieb, S. 323 ff.

tes Mittel an. Zu Unternehmen in besonderen Situationen gilt nach seiner Auffassung Folgendes:

»In Unternehmen aber, in denen Umstrukturierungen laufen, deren Entwicklung nicht durch Gleichmaß, sondern durch stark schwankende Leerstände (bedingt durch Abriss, Umzugsmanagement, Wegzug der Mieter, Behebung von Instandhaltungsrückstaus und deshalb vorübergehender Leerstand) gezeichnet ist, können andere Zwänge wirken. Sinnvoll – aber auch präziser – ist es, die Planung der Sollmieten, der Erlösschmälerungen und der Betriebskostenvorauszahlungen flächenbezogen und in Kopplung an die Leerstandsplanung zu gestalten« (Wenzel 2009: 21).

Aus unternehmerischer Sicht ist es sinnvoll, eine Vermietungsplanung zu erstellen. Aus dieser Vermietungsplanung ergibt sich mittelbar der Leerstand als störendes Überbleibsel. Eine direkte, namentlich benannte Leerstandsplanung ist nach hiesiger Auffassung nicht mehr zeitgemäß und versucht den Mangel zu managen. Besser ist es, die unternehmerische Entwicklung anhand positiv bestimmbarer Planung auszurichten und dies auch entsprechend im »Wording« zu berücksichtigen. Das positive Wording, hier z. B. »Vermietungsplanung«, spiegelt sich in einer entsprechenden Unternehmensphilosophie wider, die auf die Ebene der Mitarbeiter ausstrahlt.

Der Planungsprozess, also die Bestimmung des Soll-Zustands, untergliedert sich in mehrere Schritte. Bereits die Planung muss vermietungsprozessuale Elemente enthalten, um später in der Praxis Erfolge zu generieren. Dies hängt damit zusammen, dass aus einer vorausschauenden Planung entsprechende Ziele für die einzelnen Arbeitsebenen generiert werden können.

Die erfolgreiche Planung ist
- **realistisch:** Realistisch ist eine Planung, die auf konkreten Erfahrungswerten aus der Vergangenheit beruht und somit eine Fortschreibung dieser Erkenntnisse für die Zukunft abbildet. Dabei ist entscheidend, dass bei unterstelltem Gleichbleiben der externen Einflüsse der gewöhnliche Lauf der Dinge – mit hoher Wahrscheinlichkeit – zu dem vorher antizipierten Ergebnis führt.
- **objekt- bzw. flächenbezogen:** Die Planung hat sich an den tatsächlichen Gegebenheiten im Immobilienbestand zu orientieren und sollte so weit wie möglich auf Objektebene heruntergebrochen werden. Dabei sind Abstufungen anhand der hier bereits dargestellten Palette zu treffen. Zu berücksichtigen sind die Makro- und Mikrolage, die Quartiersebene, bis hin zum konkreten Objekt bzw. Gebäude und schlussendlich einzelne Wohn- und Gewerbeflächen. Je detaillierter die Feinabstufung und damit Feinplanung vorgenommen wird, desto eher lassen sich aus der reinen Zahlenplanung, unternehmerische Schritte herleiten, die zu einer Performanceverbesserung führen.

- **abgestimmt auf die personelle Leistungsfähigkeit:** Die Vermietungsplanung und die damit einhergehende Prognostizierung des tatsächlichen Leerstands hängt stark von den vorhandenen personellen Ressourcen ab. Die Leistungsfähigkeit der Mitarbeitenden spiegelt sich in der Praxis unmittelbar und sofort in den Vermietungszahlen wider.

  Allerdings wäre es zu kurz gesprungen, nur die Vermietung in den Fokus zu nehmen. Die gesamte Bewirtschaftung des Immobilienbestands hat mehr oder minder große Bedeutung für die Entwicklung der Vermietungs- und Leerstandszahlen. So ist jede nicht gekündigte Wohnung aufgrund von gutem Service, zuverlässiger Instandhaltung sowie einzelfallbezogenem Mahn- und Klagewesen ein wesentlicher Faktor für die positive Entwicklung der Vermietungszahlen. Der Vermietungsprozess als solcher ist im Endeffekt die »ultima ratio«, wenn ein Auszug aus einer Wohnung nicht mehr abzuwenden war. Insofern ist von der Unternehmensführung bei der Vermietungsplanung eine plausible Analyse der Personalressourcen vorzunehmen. Diese hat sowohl die vorhandenen Kapazitäten als auch die Qualitäten zu berücksichtigen.

- **eine Teamaufgabe:** Eine Immobilienbewirtschaftung kann nur erfolgreich sein, wenn sich diejenigen, die sie ausführen sollen, damit identifizieren können. Daher ist es wichtig, anstehende Fragen, Aufgaben und Herausforderungen im Bestandsmanagement mit allen beteiligten Personalebenen abzustimmen. Dies umfasst die gesamte Hierarchieebene, von der Verwaltungs-/Unternehmensführung über die Abteilungs-/Bereichsleitung bis hin zu den Sachbearbeitern. Insbesondere die Akteure vor Ort, also diejenigen, die »vor Kohle« die Planung in die Tat umsetzen sollen, sind zwingend an der Planung zu beteiligen. Die Beteiligung darf in keiner Weise pro forma erfolgen – es dürfen also keine bereits fest abgestimmten Zahlenwerke verkündet und allseits abgenickt werden.

  Letztendlich handelt es sich bei der Planung um die zukünftige Zielsetzung. Aus dieser Zielsetzung lassen sich später Erfolge direkt messen. Die Aufgabe der Führungskräfte ist in diesem Fall vergleichbar mit der eines Trainers. Er muss seinen Sportler so vorbereiten, dass er Wettbewerbe gewinnt. Gleichzeitig hat er dabei allerdings die individuelle Leistungsfähigkeit zu berücksichtigen, um nicht der Demotivation Vorschub zu leisten. Dies bedeutet im hier vorliegenden Fall, dass zwar durch die Führung konkrete Ziele vorgeschlagen oder aufs Tableau gebracht werden, diese aber mit den ausführenden Mitarbeitern auf Augenhöhe diskutiert werden müssen. Änderungen nach unten, ggf. auch nach oben, müssen in diesem Stadium jederzeit möglich sein, sofern sie ausreichend begründet sind.

- **konkret und individuell messbar:** Nachdem die Bewirtschaftungsplanung auf Objekt- und Personalebene konkretisiert wurde, können individuell messbare Ziele formuliert werden. Die Abteilungen und einzelnen Mitarbeitenden haben diese Ziele eigenständig mitentwickelt und tragen diese daher als solche auch vollständig mit. Die Ziele sind so einfach wie möglich zu halten, um jedem die Gelegenheit zu geben, diese permanent nachzuverfolgen.

> **Beispiel: Pro Vermietung ein Legostein**
>
> Von einem großen Wohnungsunternehmen ist bekannt, dass für erfolgreiche Vermietungen nach und nach eine Burg aus Legosteinen in der Zentrale aufgebaut werden sollte. Jeder Stein steht für eine Vermietung. Bei Erreichen des Ziels würde am Ende des Jahres in der Zentrale eine gigantische Legoburg erstrahlen. Am Ende jeder Woche wurden die neuen Steine entsprechend der Wochenleistung angebaut. Jeder Mitarbeiter des Unternehmens konnte sich nun auf anschauliche Weise selbst ein Bild machen, inwieweit der Vermietungserfolg fortgeschritten war. Solche anschaulichen Aktionen, die oft mit dem Begriff »Gamification« unterlegt werden, können auf einzelne Objekt- und Mitarbeiterebenen fokussiert werden und auch im kleineren Rahmen positive Ergebnisse herbeiführen.

5.3.2 Reporting

Das Reporting dient beim kommunalen Immobilienmanagement dazu, auf möglichst anschauliche Art und Weise den Ist-Zustand zu beschreiben und diesen mit dem Soll-Zustand abzugleichen (Vgl. Boksteen 2021: 326 ff.). Die operative Ebene und sämtliche Führungsverantwortlichen haben dabei eine einheitliche, fundierte Datenbasis, aufgrund derer sie weitere Entscheidungen treffen.

Ein fundiertes Reporting speist sich aus verschiedenen internen und externen Datenquellen. Zu den externen Datenquellen zählen vor allem Markt- und Konjunkturdaten. Dabei ist sowohl auf branchen-, also immobilienspezifische Daten als auch auf allgemeine Wirtschaftsdaten zuzugreifen. Von besonderer Bedeutung sind etwa aktuelle Erkenntnisse zur Bevölkerungs- und demografischen Entwicklung, zur Arbeitslosigkeit und zur Inflationsrate. Ebenso wichtig ist die aktuelle Bauzinsentwicklung sowie die Entwicklung der öffentlichen Förderung.

Eine weitere in der Praxis höchst relevante und sinnvolle Datenquelle zur Beurteilung der eigenen Position sind die sog. Betriebsvergleiche. Betriebsvergleiche sammeln die jeweiligen Kennzahlen vergleichbarer Gesellschaften und Bestände. Sie werden in einen Kontext gestellt und auf diese Weise wird die eigene Einordnung ermöglicht. So können beispielsweise bilanzielle Kennzahlen (Eigenkapitalquote etc.), Kennzahlen der Vermietungssituation oder der Entwicklung der Hausbewirtschaftungskosten verglichen werden.[39] Gerade im Bereich Personal- und Verwaltungskosten ergeben sich mitunter interessante Erkenntnisse.

Ein professionelles Reporting bezieht darüber hinaus interne Datenquellen ein. Das Rechnungswesen liefert mit der Finanzbuchhaltung wertvolle Daten. Insbesondere im Rahmen der Kosten- und Leistungsrechnung ist die Erfassung aller anfallenden

---

39 Zum Thema Benchmarking vgl. Bach/Sailer in: Murfeld, S. 322 f.

Kosten und Leistungen wichtig. Vor allem die Liquiditätssicherung ist eine Kernaufgabe. Folgende Positionen sollte ein Reporting idealerweise umfassen:

- Liquiditätsstatus
- Finanzplan
- Wirtschaftsplan
- Prognose Jahresabschluss
- Krankenstand, Urlaub, Überstunden

Speziell für das Vermietungscontrolling wurden drei Reports entwickelt, die im Folgenden dargestellt werden (vgl. Boksteen 2021: 326 ff.).

5.3.2.1 Produktreport

Der Produktreport ist eine erweiterte Wohnungsangebotsübersicht. Es empfiehlt sich, dass alle involvierten operativen Ebenen mit diesem Report arbeiten. Dies setzt voraus, dass der Report zum einen regelmäßig und vollständig gepflegt wird. Die Eingabe von Daten führt im besten Fall bereits zur gedanklichen Lösung von Problemstellungen. Ferner dient der Produktreport als Leitfaden für Besprechungen mit der Führungsebene.

Es bietet sich an, das Reporting in Echtzeit zu pflegen, also jeden relevanten Geschäftsvorfall unmittelbar und sofort in das IT-System einzutragen. Dies erfordert in der Anfangsphase etwas Selbstdisziplin, hat aber nach einer Weile den Vorteil, dass die Pflege als Gewohnheit Einzug in die tägliche Routine hält. Haben sich alle beteiligten Stellen an die prompte Pflege des Datenbestands gewöhnt, sind die Datensätze permanent auf dem aktuellen Stand.

In der Praxis zeigt sich, dass häufig gerade bei der initialen Einführung neuer Prozessschritte auf operativer Ebene das Verständnis für die Erforderlichkeit und Sinnhaftigkeit fehlt und deshalb die Datenpflege als »lästiges Übel« empfunden wird. Die Folge ist »Aufschieberitis«, sodass aus dem guten Vorsatz, die Datenpflege am Ende der Woche nachzuholen, leicht das Ende des Monats werden kann. Letztlich kann von einem vollständigen Datensatz keine Rede mehr sein. Aus diesem Grund besteht die Führungsaufgabe gerade in der Anfangsphase darin, die Notwendigkeit und die komplexen Zusammenhänge sowie die Wichtigkeit des Produktreports allumfassend zu kommunizieren. Zudem sind die vereinbarten Perioden der Datenpflege entsprechend zu kontrollieren und es ist darauf hinzuwirken, dass die Vorgaben umgesetzt werden.

Das Gegenargument des Zeitmangels sollte bereits in der Entstehung entkräftet werden. In diesem Kontext ist es ratsam, die tatsächliche Zeit für die Pflege genau anzugeben, da die Daten häufig innerhalb von wenigen Minuten in den entsprechenden IT-Systemen erfasst werden können – wenn man es denn täglich macht.

Der technische Fortschritt führt ohnehin dazu, dass bereits viele zur Bestandsbewirtschaftung genutzte ERP-Systeme entsprechende Datenfelder vorsehen, die teilweise auch (halb-)automatisch durch logische Verknüpfungen ausgefüllt werden. Der technische Zustand einer Wohnung etwa kann durch Übernahme der Daten aus einer vorherigen Wohnungsinventarisierung mit automatischem Update bei Instandhaltungsbeauftragung ziemlich genau eingestuft werden. Die Digitalisierung bietet an dieser Stelle mannigfaltige Vorteile. IT-Tools, wie z. B. die digitale Auftragsvergabe und Rechnungsprüfung per BTS-pit, generieren zu jeder Wohnung über die Historie Inventarverzeichnisse, sodass man bis zum Waschbecken am Bildschirm feststellen kann, was in der Wohnung verbaut ist. So richtig und wichtig Digitalisierung an dieser Stelle auch ist: Ein aus der Ferne abgerufener Datenbestand spiegelt die Theorie wider, ein Ortstermin in der entsprechenden Wohnung die Praxis. Aus unzähligen Meetings und Gesprächen zur Vermietung kann die Schlussfolgerung gezogen werden, dass die Beteiligten des Vermietungsprozesses die Wohnungen auf dem Produktreport nicht nur der Anschrift nach kennen, sondern sie auch mit eigenen Augen gesehen haben müssen.

Leitfaden: Produktreport

- **Konzeption und Design:** Geschäftsführung, Führungsebene unter Einbezug der operativen Vermietungsmitarbeiter
- **Datenpflege:** Vermietungsmitarbeiter und Techniker
- **Turnus der Aktualisierung:** je nach Digitalisierungsgrad in Echtzeit, täglich oder wöchentlich
- **Controlling der Datenpflege:** Abteilungsleitung Vermietung
- **Turnus Produktbesprechung:** innerhalb der Abteilung: wöchentlich auf übergeordneter Führungseben (z. B. GF): monatlich
- **Besprechungsgliederung:** Analyse der Ist-Situation, Abgleich mit Soll; Festlegung von konkreten Handlungsschritten zur Soll-Erreichung
- **Teilnehmer:** Vermietungsmitarbeiter, Bewirtschaftung (Hausordnung, Miethöhe, BEKO etc.), Technik (Instandhaltung etc.)

DIGITALE EXTRAS

5.3.2.2 Vermietungsreport

Der Vermietungsreport ist eine Übersicht zur konkreten Vermietungsleistung in einem definierten, turnusmäßigen Zeitraum von meistens einer Woche. Der Vermietungsreport enthält eine Übersicht der Interessentenanfragen sowie der vereinbarten und realisierten Besichtigungstermine auf Wohnungsebene in detaillierter Form. Ein aussagekräftiges Reporting enthält zu den Anfragen und Besichtigungsterminen eine

Information, aufgrund welcher Marketingmaßnahme der Interessent auf das Wohnungsangebot bzw. den Vermietungsvertrieb aufmerksam geworden ist.

Die Erfassung der erfolgten Besichtigungstermine enthält außerdem eine Information darüber, ob ein Mietvertrag abgeschlossen werden konnte oder nicht. Im Falle einer mieterseitigen Ablehnung sind die jeweiligen Gründe der Ablehnung zu erfassen. Mithilfe dieser wertvollen Informationen sollen Handlungsempfehlungen für den weiteren Vermietungsprozess generiert werden. Je umfangreicher die Anzahl und der Inhalt des Interessentenfeedbacks sind, desto eher lassen sich Optimierungsvorschläge für die Zukunft entwickeln.

Der Vermietungsreport hilft dabei, einen ziemlich genauen Überblick zum periodischen Aufgaben- und Leistungsspektrum der Vermietungsmitarbeiter zu erhalten. Die Führungskraft hat mit diesen Informationen eine fundierte Faktenbasis, um individuelle Maßnahmen zu besprechen. Es sollte dabei nicht der Fehler gemacht werden, nur auf absolute Zahlenwerte zu achten und die Vermietungsmitarbeiter anhand dessen zu vergleichen. Die Werte sind immer ein Ergebnis aus individueller Leistungsfähigkeit, Produktqualität und aktueller Situation am Wohnungsmarkt. Zwischen verschiedenen Städten oder Stadtteilen bzw. unterschiedlichen Wohnungsbeständen können erhebliche Vermarktungsunterschiede bestehen. Insofern kann eine Analyse nur gelingen, wenn eine ganzheitliche Betrachtung aller Umstände stattfindet.

DIGITALE EXTRAS

Leitfaden: Vermietungsreport

- **Konzeption und Design:** Geschäftsführung, Führungsebene unter Einbezug der operativen Vermietungsmitarbeiter
- **Datenpflege:** Vermietungsmitarbeiter
- **Turnus der Aktualisierung:** je nach Digitalisierungsgrad in Echtzeit, täglich oder wöchentlich
- **Controlling der Datenpflege:** Abteilungsleitung Vermietung
- **Turnus Vermietungsbesprechung:** innerhalb der Abteilung wöchentlich, auf übergeordneter Führungsebene (z. B. GF) monatlich
- **Besprechungsgliederung:** Analyse der Ist-Situation, Abgleich mit Soll; Festlegung von konkreten Handlungsschritten zur Soll-Erreichung
- **Teilnehmer:** Vermietung

5.3.2.3 Performance-Report

Der Performance-Report beinhaltet Informationen über die Dynamik und Geschwindigkeit der Prozessumsetzung. Je schneller der komplette Vermietungsprozess erfolgreich abgeschlossen ist, desto eher generiert das Unternehmen den benötigten Cashflow. Die Geschwindigkeit wird maßgeblich durch zwei Faktoren bestimmt:

Der erste Erfolgsfaktor sind die Prozessorganisation sowie die vorgegebenen Strukturen und Abläufe. Nur wenn die Beteiligten untereinander gut organisiert und die jeweiligen aufeinanderfolgenden Arbeitsschritte effizient geplant sind, kann der Vermietungsprozess in der bestmöglichen Zeitdauer umgesetzt werden.

Neben dieser strukturellen Basis kommt es als zweiten Erfolgsfaktor auf die persönliche Performance der am Prozess beteiligten Mitarbeiter an. Es geht dabei nicht nur um die originären Vermietungsmitarbeiter, sondern explizit auch um andere Beteiligte aus angrenzenden Fachgebieten, z. B. Techniker. Im operativen Geschäft besteht die Herausforderung darin, die erforderliche Datenerhebung so einfach und zeitsparend wir möglich zu machen, damit die wertvolle Arbeit im Vertrieb nicht durch administrative Aufgaben blockiert wird.

In der heutigen Arbeitswelt sind personenbezogene Performance-Reports nicht unumstritten. In reinen Vertriebsunternehmen dürfte es in der Regel betriebspolitisch keine Probleme bereiten, detaillierte, individuelle Performance-Messungen vorzunehmen. Das Gleiche gilt für hochdotierte Stellen, bei denen das hohe Jahreseinkommen in Teilen als Schmerzensgeld für den enormen Leistungsdruck fungiert. Speziell in der Wohnungswirtschaft sind solche Modelle nicht oder in nur äußerst abgemilderter Form umsetzbar. Kommunale Wohnungsunternehmen, Genossenschaften, aber auch größere private Wohnungsgesellschaften haben traditionell arbeitnehmerfreundliche Strukturen. Der Einfluss von Betriebsräten und Gewerkschaft ist verhältnismäßig hoch. Das Stichwort »Leistungskontrolle« lässt in der Regel sofort alle roten Warnlampen in diesen Gremien aufleuchten und führt zu erheblichen Diskussionen und Vorbehalten.

Zu dieser Thematik sind sicherlich unterschiedliche Sichtweisen denkbar und für beide Seiten gibt es mehr oder weniger starke Argumente. Die Ablehnung von persönlichen Leistungskontrollen ist nach hiesiger Auffassung ebenso falsch wie die Verherrlichung detaillierter Messungen und die Zurschaustellung menschlicher Leistung. Hier soll deshalb eine Lanze für den intelligenten Umgang mit Reports gebrochen werden.

5.4 Transaktionen – An- und Verkauf sowie Development kommunaler Immobilienbestände

Ein wesentliches Instrument zum erfolgreichen Management auf dem kommunalen Immobilienmarkt sind Transaktionen. Damit sind auf der einen Seite die Akquisition und Hinzugewinnung von Grundstücksflächen oder Immobilienbeständen gemeint und auf der anderen Seite die erfolgreiche Privatisierung von kommunalem Grundeigentum.

5.4.1 Vorkaufsrecht

Die Kommunen haben auf dem Immobilienmarkt eine Schlüsselrolle, weil sie im Gegensatz zu anderen Akteuren gesetzliche Gestaltungsspielräume haben, die es ihnen ermöglicht, Grundstücke zu arrondieren. Ein starkes Instrument ist dabei das gesetzliche Vorkaufsrecht bei Grundstücken.

In § 24 BauGB wird dazu Folgendes geregelt:

> (1) Der Gemeinde steht ein Vorkaufsrecht zu beim Kauf von Grundstücken
> 1. im Geltungsbereich eines Bebauungsplans, soweit es sich um Flächen handelt, für die nach dem Bebauungsplan eine Nutzung für öffentliche Zwecke oder für Flächen oder Maßnahmen zum Ausgleich im Sinne des § 1a Absatz 3 festgesetzt ist,
> 2. in einem Umlegungsgebiet,
> 3. in einem förmlich festgelegten Sanierungsgebiet und städtebaulichen Entwicklungsbereich,
> 4. im Geltungsbereich einer Satzung zur Sicherung von Durchführungsmaßnahmen des Stadtumbaus und einer Erhaltungssatzung,
> 5. im Geltungsbereich eines Flächennutzungsplans, soweit es sich um unbebaute Flächen im Außenbereich handelt, für die nach dem Flächennutzungsplan eine Nutzung als Wohnbaufläche oder Wohngebiet dargestellt ist,
> 6. in Gebieten, die nach den §§ 30, 33 oder 34 Absatz 2 vorwiegend mit Wohngebäuden bebaut werden können, soweit die Grundstücke unbebaut sind, wobei ein Grundstück auch dann als unbebaut gilt, wenn es lediglich mit einer Einfriedung oder zu erkennbar vorläufigen Zwecken bebaut ist,
> 7. in Gebieten, die zum Zweck des vorbeugenden Hochwasserschutzes von Bebauung freizuhalten sind, insbesondere in Überschwemmungsgebieten, sowie
> 8. in Gebieten nach den §§ 30, 33 oder 34, wenn
>   a. in diesen ein städtebaulicher Missstand im Sinne des § 136 Absatz 2 Satz 2 in Verbindung mit Absatz 3 vorliegt oder
>   b. die baulichen Anlagen einen Missstand im Sinne des § 177 Absatz 2 aufweisen
>
> und die Grundstücke dadurch erhebliche nachteilige Auswirkungen auf das soziale oder städtebauliche Umfeld aufweisen, insbesondere durch ihren baulichen Zustand oder ihre der öffentlichen Sicherheit und Ordnung widersprechende Nutzung.
> Im Falle der Nummer 1 kann das Vorkaufsrecht bereits nach Beginn der öffentlichen Auslegung ausgeübt werden, wenn die Gemeinde einen Beschluss gefasst hat, einen Bebauungsplan aufzustellen, zu ändern oder zu ergänzen. Im Falle der Nummer 5 kann das Vorkaufsrecht bereits ausge-

übt werden, wenn die Gemeinde einen Beschluss gefasst und ortsüblich bekannt gemacht hat, einen Flächennutzungsplan aufzustellen, zu ändern oder zu ergänzen und wenn nach dem Stand der Planungsarbeiten anzunehmen ist, dass der künftige Flächennutzungsplan eine solche Nutzung darstellen wird.

(2) Das Vorkaufsrecht steht der Gemeinde nicht zu beim Kauf von Rechten nach dem Wohnungseigentumsgesetz und von Erbbaurechten.

(3) Das Vorkaufsrecht darf nur ausgeübt werden, wenn das Wohl der Allgemeinheit dies rechtfertigt. Dem Wohl der Allgemeinheit kann insbesondere die Deckung eines Wohnbedarfs in der Gemeinde dienen. Bei der Ausübung des Vorkaufsrechts hat die Gemeinde den Verwendungszweck des Grundstücks anzugeben.

Ferner existiert nach § 25 BauGB in folgenden Fällen ein besonderes Vorkaufsrecht:

(1) Die Gemeinde kann
1. im Geltungsbereich eines Bebauungsplans durch Satzung ihr Vorkaufsrecht an unbebauten Grundstücken begründen;
2. in Gebieten, in denen sie städtebauliche Maßnahmen in Betracht zieht, zur Sicherung einer geordneten städtebaulichen Entwicklung durch Satzung Flächen bezeichnen, an denen ihr ein Vorkaufsrecht an den Grundstücken zusteht;
3. im Geltungsbereich eines Bebauungsplans an brachliegenden Grundstücken oder für im Zusammenhang bebaute Ortsteile (§ 34) an unbebauten oder brachliegenden Grundstücken durch Satzung ihr Vorkaufsrecht begründen, wenn
    a. diese vorwiegend mit Wohngebäuden bebaut werden können und
    b. es sich um ein nach § 201a bestimmtes Gebiet mit einem angespannten Wohnungsmarkt handelt.

Ein Grundstück gilt auch dann als unbebaut, wenn es lediglich mit einer Einfriedung oder zu erkennbar vorläufigen Zwecken bebaut ist. Das Vorkaufsrecht nach Satz 1 Nummer 3 erlischt mit dem Ende der Geltungsdauer der Rechtsverordnung nach § 201a. Auf die Satzung ist § 16 Absatz 2 entsprechend anzuwenden.

(2) § 24 Absatz 2 und 3 Satz 1 und 2 ist anzuwenden. Der Verwendungszweck des Grundstücks ist anzugeben, soweit das bereits zum Zeitpunkt der Ausübung des Vorkaufsrechts möglich ist.

Die aktuell angespannte Situation – insbesondere auf dem Wohnimmobilienmarkt – erfordert kreatives und vor allem stringentes Handeln der Kommune. Das Ziel besteht dabei darin, möglichst schnell und umfassend zusätzlichen Wohnraum zu schaffen. Zur Erreichung der Zielsetzung – nämlich Bauland zu schaffen – steht den Kommunen mit der Vorkaufsrechtssatzung ein weitereichendes Mittel zur Verfügung. Dies ergänzt gemeinsam mit der Möglichkeit der Baulandumlegung das Instrumentarium.

Das Wohl der Allgemeinheit ist neben den strengen Voraussetzungen bei der Ausübung eines Vorkaufsrechts durch die Kommune das tragende Element der Rechtswirksamkeit. Zur Beurteilung dieser Frage sind vor allem zwei Faktoren wesentlich:
1. Für das Wohl der Allgemeinheit spricht es nach herrschender Auffassung in Rechtsprechung und Literatur, wenn die betroffenen Flächen unmittelbar oder mittelbar für die Errichtung von Wohngebäuden oder für deren infrastrukturelle Ausstattung erworben werden.
2. Allerdings sind bei der Ausübung des Vorkaufsrechtssind auch zeitliche Grenzen gesetzt. Das Wohl der Allgemeinheit i. S. v. § 24 Abs. 3 Satz 1 BauGB rechtfertigt die Inanspruchnahme des Grundstückseigentümers nach der Rechtsprechung des BVerwG nur, wenn die Gemeinde alsbald diejenigen (weiteren) Schritte unternimmt, die erforderlich sind, um das städtebauliche Ziel, Wohnbauland bereitzustellen, zu verwirklichen (vgl. VGH Hessen, IBRRS 2020, 3766). Das BVerwG führt dazu aus, dass dies im Regelfall die umgehende Aufstellung eines entsprechenden Bebauungsplans erforderlich mache. Der Gesetzgeber habe die Befugnisse der Gemeinden erweitert, damit diese einem akuten Wohnraummangel begegnen können (BVerWG IBR 2010: 236).

5.4.2 Ankauf

Für kommunale Akteure spielt der Ankauf von Grundstücken und Immobilienbeständen oftmals eine wichtige Rolle. Dies liegt insbesondere darin begründet, dass die Kommune gewisse städtebauliche oder sonstige Zielsetzungen nur mithilfe eigener Liegenschaften realisieren kann. Stehen Liegenschaften im Eigentum von Dritten, stellt der freie Ankauf ein wesentliches Handlungsinstrument dar.

Im Zusammenhang mit der Bekämpfung von »Schrottimmobilien« und den in Problemquartieren zu beobachtenden Desinvestitionsprozessen können Ankäufe durch die Kommune sinnvoll sein. Diese dienen dem Zweck, dem freien, privaten Immobilienmarkt entwicklungsschädliche Objekte zu entziehen und insbesondere den Zugriff unseriöser bzw. nicht gemeinwohlorientierter Käufergruppen auszuschließen. Es empfiehlt sich, einen geordneten und gut strukturierten Ankaufsprozess zu etablieren, der standardisiert in der Praxis umgesetzt wird. Ein wesentlicher Bestandteil vor der endgültigen Ankaufsentscheidung ist eine detaillierte kaufmännische, technische und juristische Due Diligence. Im Rahmen dieser Prüfung werden die wesentlichen Rahmenparameter der Investition objektiv geprüft und in eine Wirtschaftlichkeitsanalyse implementiert. Auf dieser Basis folgen dann eine realistische Kaufpreisermittlung und damit eine fundierte Verhandlungsbasis.

5.4 Transaktionen – An- und Verkauf sowie Development kommunaler Immobilienbestände

Ankäufe können regelmäßig nicht von einzelnen Verantwortungsträgern allein entschieden werden. Sie sind damit Gegenstand von zum Teil öffentlichen Beratungen in verschiedenen kommunalen Gremien. Die Beratung in Gremien mag dabei hilfreich sein, mehrheitsfähige, konsensuale Entscheidungen zu treffen. Allerdings besteht die latente Gefahr, dass verhandlungstaktische Erwägungen ihren Weg in die Öffentlichkeit oder sogar unmittelbar zum Geschäftspartner – in diesem Fall zum Verkäufer – finden.

> **Beispiel: Ankauf einer Problemimmobilie**
>
> Ein kommunales Wohnungsunternehmen in einer bundesdeutschen Großstadt beabsichtigte, eine prominent gelegene Problemimmobilie zu erwerben, die aufgrund der prekären Wohnumstände bereits wiederholt Gegenstand der medialen Berichterstattung war. In einer Sitzung des mit der Entscheidung befassten Aufsichtsrats wurde beschlossen, dass die Geschäftsführung die Immobilie bis zu einem bestimmten maximalen Kaufpreis erwerben dürfe. Aufgrund der medialen Aufmerksamkeit und der Weitergabe interner Informationen aus dem Kreise der Aufsichtsratsmitglieder veröffentlichte die örtliche Tageszeitung am nächsten Tag den exakten Beschlussgegenstand mit Nennung der maximalen Kaufpreissumme. Selbstverständlich hatte dies zur Folge, dass der Verkäufer über die interne »Schmerzgrenze« Bescheid wusste und damit die Verhandlungsposition der Kommune mehr als schlecht war.

Insofern ist beim Ankauf von Beständen im Vorfeld ein allgemeiner Prozess mit entsprechenden Entscheidungsfreigaben für die Verantwortungsträger zu definieren. In einer akuten Ankaufssituation kann dann sofort und vor allem mit der notwendigen Diskretion gehandelt werden.

5.4.3 Exit und Verkauf

Im kommunalen Kontext kann der Verkauf von Liegenschaften aus verschiedenen Umständen sinnvoll oder erforderlich sein. Gerade im Zeitraum der Privatisierung Mitte der 2000er-Jahre lag es im Trend, kommunale Wohnungsbestände zu veräußern, um damit Haushaltsdefizite auszugleichen. In vielen Städten und Gemeinden Deutschlands wurden aus diesem Grund ganze Portfolios oder Teile daraus an private Dritte veräußert. Man versprach sich nach dem Motto »privat vor Staat« ein besseres Management der Bestände und erhöhte Investitionen zugunsten des Stadtbildes und der Mieterinnen und Mieter. Leider konnten diese Ziele nicht immer erreicht werden, da vielfach Käufer den höchsten Preis boten, die weder eine Modernisierung noch eine Repositionierung der erworbenen Immobilien planten. Die Folge waren Einsparungen im Bereich der Instandhaltung und Modernisierung auf Kosten der dort lebenden Mieterschaft. Aus den Fehlern der Vergangenheit lernend sind heute eher gegenläufige Trends sichtbar: die Rekommunalisierung von Beständen, also der bewusste Ankauf von Immobilien.

Verkäufe sind für kommunale Bestandshalter nicht per se ein rotes Tuch. Vielmehr kann die gezielte Veräußerung und Verwertung von Grundstücken, Wohnbeständen oder Gewerbeliegenschaften ein geeignetes Instrument des Portfoliomanagements sein.

Der erfolgreiche Verkauf eines Wohnungs- oder Gewerbebestands ist ein komplexer Vorgang, der neben Fachkenntnissen ein tiefes Verständnis der Besonderheiten des Immobilienvertriebs erfordert. Fehlen diese Voraussetzungen in der eigenen kommunalen Struktur oder sind die zeitlichen und personellen Ressourcen nicht vorhanden, um eine Veräußerung selbst durchzuführen, bedient man sich entsprechender Hilfe in Form von professionellen Immobilienberatungs- und Maklerunternehmen[40] – allerdings nur dann, wenn ein öffentliches Ausschreibungsverfahren nicht gesetzlich vorgeschrieben ist.

Der richtige Auswahlprozess stellt dabei bereits die erste Hürde dar. Die Auswahl eines für das konkrete Projekt geeigneten Nachweis- und/oder Vermittlungsmaklers verspricht lukrative Ergebnisse, sofern bestimmte Regeln beachtet werden. Sobald eine erfolgreiche Auswahl getroffen ist, gilt es, das Augenmerk auf die adäquate Strukturierung des Veräußerungsprozesses zu legen.

5.4.3.1 Auswahlverfahren für Immobilienberater und -Makler

Bei Verträgen von Immobilienberatern und -maklern mit Kommunen ist stets die Einhaltung der entsprechenden kommunalrechtlichen Vorgaben aus den landesrechtlichen Gemeindeordnungen zu beachten. Der Ausnahmetatbestand der Geschäfte der laufenden Verwaltung erfordert eine jeweilige Einzelfallprüfung und kann nur in engen Grenzen angenommen werden.[41]

Bei der Suche nach einem geeigneten Maklerunternehmen gibt es verschiedene Herangehensweisen. Objekte bis zu einer Größenordnung von einer Million Euro werden in der Regel von lokalen Maklerhäusern betreut. Sofern das zu veräußernde Objekt in diese Kategorie einzuordnen ist, bietet es sich an, in der Stadt bzw. der Gemeinde des betreffenden Grundstücks nach einem ortsansässigen Maklerunternehmen zu suchen. In den meisten Städten und Landkreisen gibt es zwei, drei Platzhirsche, die einen Großteil des Marktgeschehens begleiten. Daneben sind oftmals kleinere Makler oder neue, zwar ggf. unerfahrene, aber dafür extrem motivierte Einzelkämpfer zu finden. In jedem Fall sollte ein persönlicher, aber unverbindlicher Gesprächstermin im Büro des Maklers oder am Objekt vereinbart werden, um einen näheren persönlichen Eindruck gewinnen zu können.

---

40 Ausführlich zur Rolle des Immobilienmaklers Nothelfer in: Murfeld. S. 1259 ff.
41 Vgl. OLG Frankfurt, IMR 2016, 171.

5.4 Transaktionen – An- und Verkauf sowie Development kommunaler Immobilienbestände

Im kommunalen Verbund können auch Immobilienabteilungen der örtlichen Sparkasse der richtige Ansprechpartner sein. Auch hier entscheiden über den Erfolg allerdings die tatsächlich involvierten Teammitglieder und nicht allein ein seriöser Bankname. Dies gilt auch für die Immobilienabteilungen anderer kommunalnaher Bankinstitute, z. B. bei den Volks- und Raiffeisenbanken.

Grundvoraussetzung für die professionelle Leistungserbringung durch einen Makler ist das Vorhandensein substanzieller Fachkenntnisse. Diese müssen sich im Idealfall auf kaufmännische, technische und juristische Fragestellungen erstrecken. Die Professionalisierung der Immobilienbranche ist in Deutschland in den vergangenen Jahren um einiges fortgeschritten. Länderübergreifend werden spezialisierte Ausbildungsgänge wie z. B. »Immobilienmakler« oder Fortbildungen zum »Immobilienfachwirt« gemeinsam mit den Industrie- und Handelskammern angeboten. Auch die Hochschullandschaft hat sich auf diesen Trend eingestellt und bietet diverse immobilienspezifische Fachstudiengänge. Die Absolventen sind in der Lage, komplexe Finanz- und Transaktionsstrukturen zu begleiten. Vor diesem Hintergrund ist bei der Auswahl eines Transaktionsberatungsunternehmens besonderer Wert auf die fachliche Expertise der handelnden Personen zu legen.

Die Beurteilung sollte sich auch auf den »Track Record« des Unternehmens erstrecken. In Zeiten moderner Medien lässt der geschulte Blick auf die Internetpräsenz des Maklerunternehmens wichtige Schlüsse auf dessen Leistungsfähigkeit zu. Von Bedeutung sind insbesondere die aktuellen Objektangebote – sowohl im Hinblick auf die Quantität als auch auf die Qualität. Daneben veröffentlichen manche Unternehmen auch separate Referenzaufstellungen, aus denen die Vermietungs- und Verkaufserfolge der letzten Jahre ablesbar sind. Letztendlich kann auf dieser Basis eine zuverlässige Auswahl getroffen werden, bei der natürlich der persönliche Eindruck in puncto Sympathie und Vertrauenswürdigkeit ebenfalls eine nicht unwesentliche Rolle spielt. Außerdem bieten viele seriöse Transaktionsberater sog. Marktreports und Marktberichte an. Dort sind unabhängige wissenschaftliche Erhebungen des jeweiligen Immobilienmarktes enthalten, die ein objektives Bild zur konkreten Preisentwicklung zulassen. Die dargestellten Informationsquellen sind lediglich Indikatoren und ergeben als einzelne Bausteine – im Zusammenspiel mit anderen – ein tendenziell positives oder negatives Gesamtbild.

Checkliste: Beraterauswahl

- Fachkenntnisse und Qualifikation der Mitarbeitenden
- Internetpräsentation
- Präsenz im Bereich Social Media
- Referenzen
- Markteports und Marktberichte

DIGITALE EXTRAS

5.4.3.2 Art der Beauftragung

Hat man sich für ein kompetentes, leistungsfähiges Beratungsunternehmen entschieden, geht es darum, die Konditionen einer Zusammenarbeit festzulegen. Abgesehen von der im Erfolgsfall zu zahlenden Provisionshöhe ist der Kernpunkt eines jeden Maklervertrags die Frage nach der Exklusivität der Maklertätigkeit. Dazu gibt es aus Sicht des Verkäufers verschiedene Möglichkeiten:

In der Regel erzielt man die besten Ergebnisse mit der exklusiven Beauftragung eines leistungsstarken Maklerunternehmens. Oft begegnet man dem Vorurteil, man würde mit mehreren Maklern einen breiteren Markt abdecken. Dies ist allerdings nur sehr eingeschränkt richtig. Die Beauftragung nur eines exklusiven Unternehmens führt dazu, dass sich die handelnden Personen stärker auf den Auftrag fokussieren, weil sie wissen, dass sie im Erfolgsfall definitiv eine Vergütung erhalten.

Eine nicht exklusive Beauftragung kann allerdings in gewissen Situationen und Konstellationen sinnvoll sein. Bei Objekten, die einen überregionalen Käuferkreis ansprechen, kann die nicht exklusive Beauftragung von Maklerunternehmen sinnvoll sein. Dazu gehören in der Regel Immobilien aus dem Wohn- oder Gewerbebereich, die zu Investmentzwecken erworben werden und einen Verkaufswert von über zwei Millionen Euro haben. Für solche Investmentimmobilien kommen oftmals ortsunabhängige Käuferkreise infrage, die nicht selten aus anderen Bundesländern oder gar anderen Staaten stammen. Beispielsweise gibt es in den B- und C-Städten Deutschlands nur einen überschaubaren lokalen Käuferkreis, der in der Lage ist, Ankäufe in dieser Größenordnung zu realisieren. Die ortsüblichen Makler kennen diese Handvoll Personen und Institutionen. Haben sie allerdings kein Interesse, ist ein überregionaler Akquisitionsprozess erforderlich. Die bundesweit tätigen großen, internationalen Maklerhäuser wie JLL, CBRE etc. sind theoretisch die richtigen Ansprechpartner – allerdings dürfte man bei einem Objektvolumen von weniger als fünf Millionen Euro relativ weit unten im Bearbeitungsstapel landen. Diese Häuser handeln grundsätzlich mit größeren Volumina. Insofern bietet es sich an, den Verkaufsprozesse unter Zuhilfenahme mehrerer mittelgroßer Maklergesellschaften durchzuführen.

Es stellt sich die Frage, wie der Vertriebsprozess – trotz Non-Exklusivität – optimal zu gestalten ist. Grundvoraussetzung ist eine faire und transparente Prozessarchitektur. Dazu sind verschiedene Schritte erforderlich. Zunächst ist es wichtig, dass die betreffende Immobilie in keinem Fall öffentlich beworben wird. Dies bezieht sich sowohl auf die üblichen Internetportale, wie z. B. Immobilienscout24, Immowelt etc., als auch auf Printanzeigen. Ziel ist es, das Objekt nicht am Markt zu »verbrennen«, indem es wahllos quer durch die Republik feilgeboten wird, sondern systematisch vertrauenswürdige Investoren direkt anzusprechen.

5.4.3.3 Strukturierung des Verkaufsprozesses

Die nachstehenden Ausführungen zur Strukturierung eines Verkaufsprozesses gelten sowohl für die Eigenvermarktung als auch für die Vermarktung durch Berater und Makler. In einem ersten Schritt ist sicherzustellen, dass das zu veräußernde Immobilienangebot geordnet und zielgerichtet angeboten wird. Dies bedeutet, dass – im Gegensatz zum öffentlichen Ausschreibungsverfahren – gerade keine breite Marktansprache erfolgt, sondern potenzielle Erwerber nach ihrer Expertise und finanziellen Bonität selektiert und gezielt kontaktiert werden.

Sobald ein Immobilienberater und -makler involviert ist, gilt: Verkäufer und Maklerunternehmen sollten eine Vereinbarung abschließen, die beiden Seiten den erforderlichen Schutz gewährt. Der Kunde möchte, dass sein Objekt nicht breit gestreut wird, sondern wirklich nur ausgewählten Kunden, denen das Objekt noch nicht von anderer Seite bekannt ist, angeboten wird. Der Makler auf der anderen Seite möchte das Objekt nur Kunden anbieten, die es noch nicht kennen, weil er sich sonst selbst unglaubwürdig macht. Gleichzeitig möchte er für den Fall, dass sein Kunde kauft, eine Provision erhalten. Diese beiden nachvollziehbaren Interessenlagen lassen sich in Kongruenz bringen. Wichtigstes Mittel ist die beiderseitige Verpflichtung zur absoluten Vertraulichkeit.

Das Maklerunternehmen darf das Objekt nur Kunden anbieten, die der Verkäufer vorher freigegeben hat. Dies hat den Zweck, dass der Verkäufer einen Überblick behalten soll und muss, welcher Investor zu welchem Zeitpunkt von wem das Objektangebot erhalten hat. Gleichzeitig sollen unbeliebte »Doppelansprachen« vermieden werden, die sonst den Eindruck erwecken, das Objekt werde zwanghaft von vielen Seiten »verramscht«. Ferner muss klar geregelt sein, dass der Makler im Erfolgsfall, d. h. bei Abschluss eines Kaufvertrags mit einem exklusiv von ihm benannten Investor, in jedem Fall eine Provision erhält. Der Makler kann also mit ruhigem Gewissen seine Investoren benennen und weiß im Vorfeld, dass er mit Freigabe im Erfolgsfall auch eine Provision verdienen wird. Ihm kann es insofern fast »egal« sein, was etwaige andere Makler machen. Wird nämlich durch einen später beauftragten Makler derselbe Investor erneut dem Verkäufer zur Freigabe vorgelegt, wird dieser natürlich abgelehnt, weil der Investor bereits durch den vorhergehenden Makler angesprochen wurde.

Die einmalige Direktansprache eines Investors führt zu einer hohen Marktdurchdringung bei gleichzeitiger Vermeidung von Doppelansprachen. Bevor eine Ansprache erfolgt, ist sicherzustellen, dass ein vollständiger Datenraum angelegt ist. Dieser wird heute digital abgelegt und enthält sämtliche relevanten Objektinformationen (Grundbuchauszug, Lageplan, Mieterlisten etc.). In der Vergangenheit wurden Aktenkörbe in einem bestimmten Raum zur Verfügung gestellt und der oder die Investoren konnten dort alle relevanten Unterlagen einsehen. Im modernen Zeitalter der IT ist dies glücklicherweise nicht mehr erforderlich. Heute ist die Einrichtung eines digitalen Datenraums üblich. Er kann nur von den persönlich Berechtigten mit den entsprechenden Zugangscodes betreten werden.

Je nach Güte des Objektangebots können zahlreiche Investoren in Betracht kommen. In diesem Fall bietet es sich an, trotz selektiver Ansprache zunächst nur »Teaser« zu versenden, die zwar alle relevanten Eckdaten enthalten, aber sonst anonymisiert sind. Sie erlauben also keine Rückschlüsse auf den Verkäufer oder die konkrete Adresse des Objekts.

Bekundet ein auf diese Art und Weise angesprochener Investor sein Interesse an dem Objekt, hat er seinerseits eine entsprechende Vertraulichkeitserklärung zu unterzeichnen und sich zu verpflichten, die ihm zur Verfügung gestellten Daten und Informationen nicht unbefugt an Dritte weiterzuleiten. Gleichzeitig wird damit den Anforderungen der DSGVO Rechnung getragen. Die wirksame Vertraulichkeitsvereinbarung hat den Hintergrund, dass die Immobilienwelt ausgesprochen gut vernetzt ist. Oftmals pflegen Investoren enge Kontakte untereinander oder zu Maklerhäusern und tauschen sich ständig über neue Objekte aus. Ohne eine Vertraulichkeitsvereinbarung besteht die Gefahr, dass ein fremder Dritter das Angebot über Umwege erhält und nicht abgestimmte Vermarktungsaktivitäten initiiert. Nicht selten werden Immobilienverkäufern aufgrund dieser unlauteren Vorgehensweise ihrer eigenen Objekte von völlig unbekannten Maklern zum Kauf angeboten. Dies ist der »Super-GAU« einer jeden Immobilientransaktion. Insofern dienen eindeutige vertragliche Regelungen der Harmonisierung der gegenseitigen Interessenlagen.

Nachdem die Investoren eine Vertraulichkeitserklärung abgegeben haben, sind ihnen weitergehende Informationen zum Verkaufsgegenstand zur Verfügung zu stellen. Dabei empfiehlt es sich, die Dokumente und Informationen strukturiert vorzubereiten. In diesem Stadium sind für den potenziellen Erwerber vor allem aussagekräftige Mieterlisten von Interesse, die den jährlichen Cashflow unter Berücksichtigung von Nebenkostenzahlungen genau darstellen. Bei gewerblichen Mietverhältnissen sind weiterhin die jeweiligen Eckdaten der Gewerberaummietverträge wichtig, insbesondere Kündigungszeiträume und Optionsrechte sowie Mietindexierungen. Offenkundige Besonderheiten oder Mängel des Objekts sind in diesem Stadium ebenfalls offen anzusprechen. Dazu zählen beispielsweise Besonderheiten, die im Grundbuch eingetragen sind (z. B. negativ wirkende Wege- oder Leitungsrechte), Bergschädenverzichte oder aber bautechnische Mängel. Abgesehen davon, dass die Offenlegung zu einem fairen und ordentlichen Geschäftsgebaren gehört, werden diese Umstände dem Investor ohnehin – spätestens bei der anschließenden Due Diligence – bekannt werden.

5.4 Transaktionen – An- und Verkauf sowie Development kommunaler Immobilienbestände

Sobald ein Investor den Ankauf einer Liegenschaft konkret verfolgen möchte, wird eine detaillierte Prüfung erforderlich sein. Die sog. Due Diligence erstreckt sich auf alle kaufmännischen, juristischen und technischen Aspekte des Immobilienbestands. Der kaufmännische Teil wird oftmals durch den Investor selbst bzw. seine internen Mitarbeiter abgedeckt. Für die juristische Due Diligence werden spezialisierte Kanzleien herangezogen, gleichzeitig wird die technische Prüfung ebenfalls häufig durch externe Dritte realisiert. An dieser Stelle entstehen für den Investor Kosten, die er auch bei Scheitern der Akquisition zu tragen hat. Der Investor wird demnach eine kostenpflichtige Beauftragung der externen Dienstleister nur dann vornehmen, wenn er eine hinreichende Sicherheit hat, dass er bei positivem Abschluss seiner Prüfung auch tatsächlich den Zuschlag erhält. Insofern ist es sinnvoll, dem Investor eine exklusive Prüfungsphase von z. B. vier bis acht Wochen – je nach Objektvolumen – einzuräumen. In dieser Zeit darf der Verkäufer mit keinen anderen Investoren verhandeln oder diesen das Objekt anbieten. Kommt der Investor nach Prüfung zu dem Ergebnis, dass er das Objekt zu den zuvor besprochenen Rahmenbedingungen erwerben möchte, kann der Kaufvertrag vorbereitet werden.

Zu jedem Zeitpunkt des Verkaufsprozesses ist eine transparente Vorgehensweise aufseiten des kommunalen Verkäufers erforderlich. Dazu gehört auch die offene Kommunikation, sobald ernsthafte Interessenten auf den Plan treten. Nachdem alle relevanten Bedingungen und Regeln eines Kaufvertrags einvernehmlich zwischen Verkäufer- und Käuferseite abgestimmt sind, erfolgt die Beauftragung eines Notars mit der Erstellung eines Kaufvertragsentwurfs. Dieser enthält alle wesentlichen Absprachen in juristisch korrekter Form. Der Vertragstext sollte ebenfalls eng mit Verkäufer, Käufer und dem vermittelnden Maklerunternehmen abgestimmt werden. Beachtet man die vorstehenden Prozessabläufe sorgfältig, lässt sich eine erfolgreiche Transaktion ideal realisieren.

Leitfaden: Strukturierte Transaktion

- Aufbau eines vollständigen Datenraums
- Direktansprache potenzieller Investoren
- Abschluss einer Vertraulichkeitsvereinbarung vor Übersendung detaillierter Objektinformationen
- Einholung indikativer Angebote
- Einräumung einer Exklusivitätsphase zur Due Diligence
- verbindliche Angebote, Verhandlungen, Signing und Closing

DIGITALE EXTRAS

5.4.3.4 Exkurs: Kommunale Grundstücksreserven

Häufig verfügen Kommunen über exzellente Grundstücksreserven, die sich für eine Bebauung eignen. Sofern die Kommune hier nicht selbst als Bauherrin auftritt, kann diese Aufgabe ein privater Träger übernehmen. Dazu ist der Erwerb des Grundstücks durch den Dritten erforderlich. Hierbei ist zu beachten, dass die Kommune in den meisten Fällen eine lenkende Wirkung in Bezug auf die zukünftige Nutzung eines Grundstücks ausüben möchte. Zu diesem Zweck wird oft ein sog. Investorenauswahlverfahren angestrebt. Ziel eines solchen Verfahrens ist es, unter mehreren potenziellen Investoren denjenigen auszuwählen, der die wirtschaftlichen, baulichen, sozialen und ökologischen Vorstellungen und Vorgaben der Kommune am besten erfüllt.

Bei Vorliegen des vergaberechtlichen Anwendungsbereichs empfiehlt sich dabei ein mehrstufiges Auswahlverfahren. In einem ersten Schritt erfolgt zunächst ein vorgeschalteter Teilnahmewettbewerb. Dieser dient dazu, unter allen eingegangenen Bewerbungen diejenigen Bewerber auszuwählen, die anhand der vorher festgelegten objektiven Auswahlkriterien am besten als Investoren geeignet sind. Dieser kleine Kreis der ausgewählten Investoren erstellt dann in der darauf folgenden zweiten Stufe ein planerisches, konzeptionelles und preisliches Angebot auf der Basis des kommunalen Anforderungsprofils. Das Anforderungsprofil kann die Kommune nutzen, um beispielsweise Mindestvorgaben zu machen und gleichzeitig konzeptionelle sowie gestalterische Varianten zu ermöglichen. Die eingereichten Angebote sind anhand zuvor festgelegter Zuschlagskriterien zu bewerten. Die Auswahlentscheidung muss insofern plausibel und nachvollziehbar sein.

5.4.4 Development

Die Kommunen gehen mittlerweile dazu über, Grundstücke zu erwerben, selbst zu entwickeln und zu erschließen und dann an einen Enderwerber (im Bieterverfahren) zu veräußern. Dieses Vorgehen erfordert ein Höchstmaß an immobilienwirtschaftlicher Kompetenz in kaufmännischer, juristischer und technischer Hinsicht. Die wirtschaftliche Dimension dieser herausfordernden Aufgabe macht die interdisziplinäre Arbeit zwischen internen und externen Expertenteams erforderlich.

Neben den anspruchsvollen fachlichen Aufgaben spielt auch die zeitliche Komponente eine wichtige Rolle. Dies bedeutet, dass ein Agieren in Echtzeit erforderlich ist und die üblichen, sonst oftmals langwierigen Verwaltungsprozesse stark gestrafft werden müssen. Diese komplexe Aufgabenstellung kann nur mit einem erfahrenen und durchsetzungsfähigen Führungsteam erfolgreich gemeistert werden. Weiterhin ist unbedingt Marktnähe erforderlich, um Fehlentwicklungen am Markt zu vermeiden.

6 Personal und Unternehmensführung

Bearbeitet von Thomas Körzel

Das erfolgreiche Management kommunaler Immobilienbestände kann nur mit exzellenten Mitarbeiterinnen und Mitarbeitern gelingen. Diese benötigen die nötigen Fachkenntnisse sowie eine besondere Handlungsorientierung. Als weiterer Baustein ist eine moderne, leistungsorientierte Führung notwendig.

6.1 Personal – Aufgabenfelder und Kompetenzen

Die kommunale Immobilienwirtschaft im Allgemeinen und die kommunale Wohnungswirtschaft im Speziellen bieten eine Vielzahl attraktiver Arbeitsfelder rund um die Bewirtschaftung von Gebäuden. Die Aufgabenfelder unterscheiden sich häufig durch eine stärker technische oder kaufmännische Ausrichtung. So sind klassischerweise Vermietung, Verwaltung oder das Rechnungswesen (Mieteinnahmen, Nebenkosten, Betriebskosten) kaufmännische Aufgaben, Instandhaltung, Gebäudemanagement, Projektleitung oder Baumanagement demgegenüber technische Aufgabenstellungen eines Hausmeisters, Gebäudetechnikers oder eines Bauingenieurs/Architekten. Es gibt in diesen Segmenten jedoch vielfach Überschneidungen: Solide technische Grundkenntnisse sind auch für den Verwalter/Vermieter relevant und selbstverständlich müssen Neubau- oder Instandhaltungsprojekte wirtschaftlich kalkuliert werden. Daneben ist in allen Aufgabenstellungen auch ein gewisses juristisches Know-how von Bedeutung.

Andere Aufgabenbereiche in der kommunalen Immobilienwirtschaft erfordern Spezialwissen. In diesem Zusammenhang sind zum Beispiel die Wohneigentumsverwaltung (WEG), das Sozialmanagement oder das Mahn- und Klagewesen zu nennen.

Zur besseren Übersicht und Einordnung befassen wir uns im Folgenden mit der klassischen Organisationsstruktur eines kommunalen Wohnungsunternehmens. Anhand dieses Beispiels werden die wesentlichen immobilienspezifischen Berufsbilder beschrieben. Diese können auch in andere öffentliche Verwaltungsstrukturen analog übertragen werden.

In einem ersten Schritt werden zunächst jeweils die Aufgaben- und Verantwortungsbereiche beschrieben. Darauf aufbauend werden die notwendigen Qualifikationen und die fachlichen und sozialen Kompetenzen genannt. Ein Blick auf die Gehaltsbänder rundet die Beschreibungen jeweils ab.

Selbstverständlich sind je nach Größe des Bestandes und somit des Unternehmens und der jeweiligen unternehmerischen Ausrichtung unterschiedliche Strukturen vorhanden. Beispielsweise hat nicht jedes Unternehmen ein Sozialmanagement oder eine WEG-Verwaltung. Teilweise kommen noch weitere Aufgabenbereiche hinzu, wie etwa eine Concierge-Funktion beim Servicewohnen. Auch unterscheiden sich die Berufsbilder kommunaler Wohnungsunternehmen von anderen kommunalen Unternehmen, die gewerbliche Objekte entwickeln und betreiben, in einigen Punkten. Außerdem werden auch gewerbliche Flächen entwickelt, betrieben, modernisiert, verwaltet und vermietet. Die rechtlichen Rahmenbedingungen sind hier andere, der Immobilienmarkt unterscheidet sich, ebenso sind die Nutzungsarten verschieden (Polizeiwache, Rathaus, Kita etc.). Letztendlich ergeben sich hier die maßgeblichen Unterschiede in den fachlichen Anforderungen.

6.2 Die typische Organisationsstruktur eines Unternehmens der kommunalen Wohnungswirtschaft

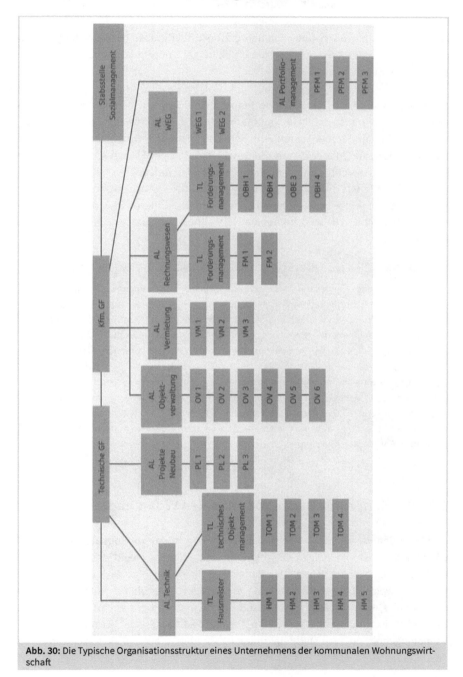

Abb. 30: Die Typische Organisationsstruktur eines Unternehmens der kommunalen Wohnungswirtschaft

Das vorstehende Organigramm zeigt den Aufbau einer fiktiven kommunalen Wohnungsgesellschaft. Typischerweise gibt es eine fachliche Unterteilung in den kaufmännischen und technischen Bereich sowie weitere Führungsebenen, je nach Unternehmensgröße. Hier im Beispiel sind es die Abteilungsleiter(AL)- und Teamleiterebene (TL). In großen Unternehmen existiert häufig über den Abteilungsleitern noch die Ebene der Bereichsleiter, die oft einhergeht mit Prokura und der Mitgliedschaft in der Geschäftsleitung.

Im technischen Bereich besteht eine Tendenz zum Outsourcing von z. B. Hausmeistern oder in der Haustechnik, im kaufmännischen Bereich teilweise bei der Buchhaltung (Betriebs- und Nebenkosten). Die Bereiche Recht oder Sozialmanagement sind häufig Stabsstellen, die direkt an die Geschäftsführung (GF) angekoppelt sind. Aus Gründen der Übersichtlichkeit sind einige allgemeine Aufgabenbereiche nicht separat aufgeführt (z. B. Controlling, Marketing oder Einkauf). Nicht wohnwirtschaftliche kommunale Immobilienunternehmen haben teilweise anderen Benennungen für die Aufgabenbereiche, z. B. statt Immobilienverwalter Assetmanager, und/oder weitere Aufgabenbereiche.

> **Tipp: Einrichtung der Stabsstelle »Transformation und Klimaneutralität«**
>
> Die Bewältigung des Klimawandels fordert gerade von der kommunalen Immobilienwirtschaft eine Kraftanstrengung. Die verschiedenen Analysen, Planungen und die spätere Bauausführung mit dem Ziel der Klimaneutralität im Jahr 2045 erfordern einen unternehmerischen Managementansatz aus der Vogelperspektive. Die komplexen fachlichen Zusammenhänge und Schnittstellen können nur dann ideal genutzt und verknüpft werden, wenn die Koordination eng an die Geschäftsleitung angebunden ist.
>
> Aus diesem Grund empfiehlt sich für die Zukunft die Einrichtung einer Stabsstelle »Transformation und Klimaneutralität«. Die damit betraute Person oder später ggf. sogar Abteilung berichtet direkt an die Geschäftsleitung. Dies hat den Vorteil, dass anstehende Veränderungen auch direkt durch die Geschäftsleitung kommuniziert werden können und damit im gesamten Betrieb Berücksichtigung finden.

6.3 Stellenprofile in der kommunalen Wohnungswirtschaft

Im Folgenden werden die einzelnen Stellenprofile in der kommunalen Wohnungswirtschaft, so wie im obigen Organigramm aufgeführt, anhand des Lebenszyklus einer Immobilie beschrieben. Der Einfachheit halber erfolgt eine chronologische Vorgehensweise von der Planung über die Fertigstellung bis zur Nutzung und Modernisierung, wohl wissend, dass sich Bereiche in der Praxis auch überschneiden. Beispielsweise wird schon während der Planung die Expertise der Vermietungsspezialisten eingeholt, um eine Markteinschätzung vorzunehmen, und sicherlich wird auch die technische Bestandsbewirtschaftung (im Organigramm die Abteilung Technik) mit ins Boot geholt. Wir wollen für unsere Zwecke die Darstellung nicht verkomplizieren.

Zunächst entsteht die Idee, auf einem Grundstück eine Wohnimmobilie oder auch eine Wohnsiedlung zu bauen. Es wird vorab geprüft, ob das Grundstück Altlasten aufweist, Baurecht besteht oder erlangt werden kann, die Lage stimmt und vieles mehr. Sollte alles positiv beschieden sein, entwickelt das Wohnungsunternehmen eine Planung. Involviert ist vor allem die Abteilung Neubau, die die Planung eventuell mit externen Architektur- und Ingenieurbüros abstimmt und das Bauvorhaben mit Handwerks- und Baufirmen durchführt. In der Regel koordiniert und steuert ein Projektleiter mit bautechnischer Kompetenz das Bauprojekt.

Ist ein entsprechender Baufortschritt erzielt, wird die Vermietungsabteilung gemeinsam mit dem Marketing aktiv, es werden Anzeigen geschaltet und Exposés versendet, sodass nun Besichtigungstermine mit Interessenten vereinbart und Mietverträge geschlossen werden können. Diese gehen anschließend in die Abteilung Mietverwaltung, die den Mieter als Bestandskunden übernimmt.

Sind die Wohnungen bezogen, ist der Mietverwalter der erste Ansprechpartner für die Mieter in allen Fragen rund um den Vertrag, z. B. Haustechnik, Hausregeln, etc. Während dieser sogenannten Nutzungsphase sind bei technischen Fragen des Weiteren die Gebäudetechnik und die Hausmeister involviert, bei Fragen zur Abrechnung, z. B. von Nebenosten die Buchhaltung bzw. Betriebskostenabteilung.

Sollten einzelne Wohnungen oder Objekte verkauft werden, sind die entsprechenden WEG-Verwalter die Ansprechpartner rund um die Eigentumswohnungen, bei Zahlungsversäumnissen (Mietschulden) wird das Mahn- und Klagewesen aktiv, häufig unterstützt durch das Sozialmanagement oder die Rechtsabteilung.

Die Abteilung Finanzierung begleitet während des gesamten Immobilienentwicklungs- und Nutzungsdauer den Prozess, das Portfoliomanagement prüft währenddessen Entwicklungsmöglichkeiten des Bestandes in Richtung An-/Verkauf oder Modernisierung, um möglichst gut den Markt zu bedienen und zukünftige Entwicklungen aufzunehmen. Die unternehmerischen Fragestellungen lauten hierbei schwerpunktmäßig:
- Welche Zuschnitte und Wohnungsgrößen werden nachgefragt?
- Wo sollten Wohnungen seniorengerecht modernisiert werden?
- Soll Servicewohnen angeboten werden?
- Wo lohnt sich ein Grundstücksankauf, wo eine Modernisierung und wo ein (Teil-)Abriss?

Natürlich gibt es in den Unternehmen noch weitere Aufgabenbereiche wie Personal, Rechnungswesen oder Unternehmensentwicklung. Auch hier haben wir aus Gründen der Übersichtlichkeit im Organigramm auf die Abbildung verzichtet.

Nach 20, 30 oder mehr Jahren besteht der Bedarf einer umfassenden Modernisierung bzw. Revitalisierung oder das Objekt wird abgerissen und neu gebaut. Hier sind erneut die technischen Positionen Bestand und Neubau gefragt und ein neuer Zyklus beginnt.

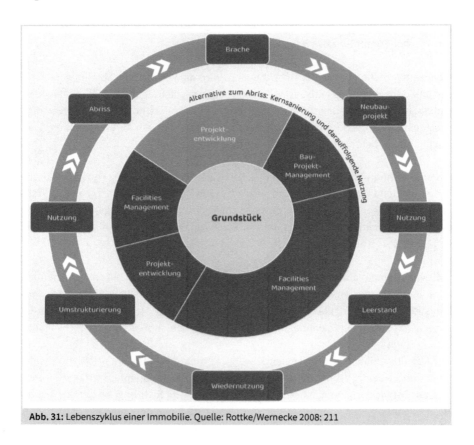

Abb. 31: Lebenszyklus einer Immobilie. Quelle: Rottke/Wernecke 2008: 211

Kommunale Wohnungsunternehmen haben häufig auch Gewerbeflächen im Portfolio. Dies können kleinere Ladenflächen oder Büros, Praxen etc. sein. Diese werden häufig von kaufmännischen Objektmanagern betreut, die über Erfahrung in diesem Segment verfügen. Die oben beschriebenen Phasen können hier ebenfalls angewendet werden. Auch in kommunalen Immobiliengesellschaften ist dieses Schema gelebte Praxis – mit den zuvor beschriebenen Besonderheiten im Gewerbeimmobilienbereich. Außerdem wird häufig auch Sondereigentum verwaltet, z. B. Gärten, Garagen oder Stellflächen.

6.3.1 Objektverwaltung

Die nachstehenden Stellenprofile werden nicht chronologisch nach dem oben abgebildeten Lebenszyklus strukturiert, sondern entwickeln sich aus dem Kerngeschäft heraus. Damit ist die Objektverwaltung die zentrale Aufgabe eines klassischen Wohnungsunternehmens. Die nachstehende Abbildung zeigt den Überblick über die Kernbereiche in der Wohnungsverwaltung.

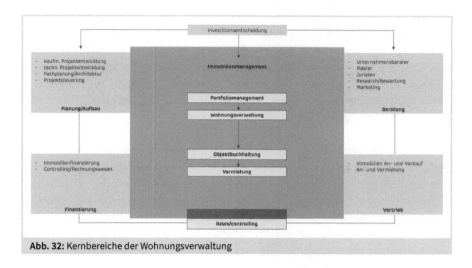

Abb. 32: Kernbereiche der Wohnungsverwaltung

Der Aufgabenbereich von Objektverwalterinnen und -verwaltern umfasst die gesamte kaufmännische Betreuung des Mietverhältnisses. Andere Bezeichnungen für die Position lauten: Immobilienverwalter, Wohnungsverwalter, Objektmanager, Bestandsverwalter, Kundenbetreuer, Immobilienmanager, Hausverwalter, Mietverwalter oder – häufiger allerdings bei nicht wohnwirtschaftlichen Objekten – Asset- oder Property-Manager.

Die Aufgaben umfassen meist folgende Tätigkeiten und Verantwortungsbereiche:
- Kundenbetreuung
- Beschwerdemanagement, Überwachung der mietvertraglichen Regelungen inklusive der Hausordnung
- Wohnungsbesichtigungen und Wohnungsabnahmen
- Führung der Mieterakten und Stammdatenpflege
- Mietvertragsverwaltung von der Vertragsunterzeichnung bis zur Kündigungsbearbeitung
- Steuerung der Hauswarte
- Beauftragung von Handwerker- und weiteren Dienstleistungen

In der Regel arbeiten in der kaufmännischen Wohnungsverwaltung ausgebildete Immobilienkaufleute, häufig auch Fachwirte der Wohnungswirtschaft, die eine entsprechende Weiterbildung absolviert haben. Auch Kaufleute aus anderen Bereichen, z. B. Industriekaufleute wechseln bei Interesse in die Immobilienbranche und erwerben die spezifischen fachlichen Kenntnisse »on the job«.

Die Mitarbeiterinnen und Mitarbeiter der Wohnungsverwaltung sollten sich im Mietrecht auskennen, gute Kenntnisse in den Bereichen Betriebskosten und Nebenkosten besitzen und den Wohnungsmarkt in ihrer Region kennen. Sehr gute Kenntnisse des zu vermietenden Bestands (Objektbeschaffenheit/technische Gebäudeausstattung, Mieterstruktur, Wohnumfeld) sind ebenfalls eine wichtige Voraussetzung, außerdem – je nach Mieterklientel – Fremdsprachenkenntnisse und allgemeine IT-Kenntnisse sowie Erfahrungen mit immobilienwirtschaftlicher Software. Auch Kenntnisse im Bereich Wohngeld sowie anderer staatlicher Unterstützungsmöglichkeiten sind bei der täglichen Arbeit von Vorteil.

Der Umgang mit Mieterinnen und Mietern sowie Interessenten mit schriftlichem, telefonischem oder persönlichem Kontakt macht einen großen Teil des Verantwortungsbereichs aus. Deshalb sind kommunikative Fähigkeiten von hoher Relevanz, auch im Umgang mit Beschwerden und Konflikten. Dies betrifft sowohl die Beziehung zwischen Vermieter und Mieter als auch zwischen den Mietparteien. Dazu gehört ein ausgewogenes Verhältnis von Durchsetzungsvermögen und Einfühlungsvermögen, Selbstsicherheit und diplomatischem Geschick. Ebenfalls von Bedeutung sind Verhandlungsgeschick, Belastbarkeit, Serviceorientierung und interkulturelle Kompetenz.

Das Bruttojahresgehalt für diese Position liegt bei ca. 40.000 Euro bis über 60.000 Euro bei sehr erfahrenen Mitarbeitenden in großen Wohnungsunternehmen. Häufig können Verwalter ein Poolfahrzeug nutzen. Führungskräfte verdienen ca. 85.000 bis 130.000 Euro im Jahr inklusive eines variablen Gehaltsbestandteils von ca. 10 bis 15 Prozent sowie eines Dienstfahrzeugs.

Objektverwalterinnen und -verwalter von gewerblichen Immobilien haben ähnliche Aufgaben. Der Kundenkontakt gestaltet sich etwas differenzierter und meist weniger kleinteilig. Oftmals liegen die Gehälter im gewerblichen Bereich um ca. 5 bis 10 Prozent höher. Dies gilt im Übrigen auch für die nachstehend beschriebenen Positionen.

6.3.2 Vermietung

In kleinen Wohnungsgesellschaften wird die Wohnungsvermietung häufig von den Objektverwaltern, die wir oben beschrieben haben, mit übernommen. Bei mittleren (ab ca. 4.000 Wohneinheiten) und großen Wohnungsunternehmen (ab ca. 10.000 Wohneinheiten) werden die Aufgaben von Spezialistinnen und Spezialisten übernommen. Diese Spezialisierung nimmt insgesamt zu, sodass wir davon ausgehen, dass sich die Position des Vermieters auch in kleineren Unternehmen durchsetzen wird.

Vermieter betreuen in der Regel sowohl den Wohnungsbestand als auch die Neubauprojekte. Einzig bei Unternehmen, die sehr stark im Neubau aktiv sind, gibt es unterschiedliche Teams für Neubauvermietung und Bestandsvermietung.

Vermietungsspezialisten sind verantwortlich für den gesamten Nach- und Neuvermietungsprozess ihres Bestandes. Die Aufgaben beginnen bei der Akquisition der Wohnungen mit Unterstützung der Marketingabteilung und von externen Partnern. Es werden Anzeigen geschaltet, Exposés erstellt und Interessenten über andere Kanäle kontaktiert, z. B. über soziale Netzwerke oder Interessentendatenbanken. In schwierigen Märkten arbeiten Vermieter häufig auch mit Maklern zusammen, die den Erstkontakt herstellen.

In der Bestandsvermietung ist eine frühe Information des Verwalters bzgl. einer anstehenden Kündigung wichtig. Eine gute Zusammenarbeit zwischen beiden Abteilungen dient auch dazu, die passenden Mieter für die Objekte zu gewinnen und dadurch Beschwerden, Konflikte und Kündigungen zu minimieren. Nach dem Erstkontakt, häufig telefonisch oder per Mail, findet ein erster, persönlicher Kontakt im Wohnungsunternehmen oder vor Ort in der entsprechenden Wohnung statt. Sofern die Rahmenbedingungen stimmen, die erforderlichen Nachweise und Formulare vorhanden sind und beide Parteien Einigkeit über die Konditionen erzielen, wird der Mietvertrag unterschrieben und das Mietverhältnis geht auf den Bestandsverwalter über. Bei Neubauprojekten bleibt der Vermieter häufig noch Ansprechpartner für den Kunden bis zur Schlüsselübergabe. Die Aufgaben lassen sich somit folgendermaßen unterteilen:
- Entwicklung, Erstellung und Beauftragung von Exposés, Werbemaßnahmen und Anzeigen
- Durchführung von Erstkontaktgesprächen und Wohnungsbesichtigungen
- Beratung der Mietinteressenten
- Verhandlung und Abschluss von Mietverträgen
- Wohnungsübergabe

Ähnlich wie Verwalter sind Vermieter häufig ausgebildete Immobilienkaufleute, oftmals auch mit einer Weiterqualifizierung zum Fachwirt. Mehrjährige Berufserfahrung – z. B. in der Verwaltung – wird häufig gefordert sowie Fremdsprachenkenntnisse. Für gewerbliche Vermieter ist zudem Know-how im Immobiliensegment, z. B. Büro, Handel, Logistik, wichtig. Bei kommunalen Spezialimmobilien, Feuerwehrwachen und Kitas gilt das Gleiche.

Für die Aufgaben in der Vermietung sind umfassende Kenntnisse des Mietrechts, der Markt- und Wettbewerbssituation sowie des zu vermietenden Bestands (Objektbeschaffenheit, technische Gebäudeausstattung, Mieterstruktur, Wohnumfeld etc.) von hoher Bedeutung. Gute Kenntnisse kommunaler öffentlicher Förderbestimmungen bei der Wohnraumbelegung und sonstiger staatlicher Unterstützungsinstrumente (Wohngeld, ARGE-Bestimmungen) sind ebenso relevant.

In der Vermietung ist eine hohe Kunden- und Dienstleistungsorientierung von großer Bedeutung. Einfühlungsvermögen, Durchsetzungsstärke und Abschlussorientierung in Verhandlungssituationen und damit einhergehend ein sicheres Auftreten und sehr gute Kommunikationsfähigkeiten werden ebenfalls erwartet. Im Rahmen der Mieterauswahl sollten Vermieterinnen und Vermieter eine gute Menschenkenntnis und Entscheidungsfähigkeit besitzen. Interkulturelle Kompetenz rundet die sozialen Kompetenzen ab. Je nach Marktsituation sind Vertriebsfähigkeiten und eine hohe Frustrationstoleranz wichtig, vor allem bei weniger nachgefragten Standorten.

Die Verdienstmöglichkeiten liegen in der Vermietung je nach Erfahrung zwischen jährlich ca. 43.000 und 68.000 Euro, inklusive eines variablen Anteils und häufig eines Dienstfahrzeugs, insbesondere bei räumlich weit gefassten Standorten. Führungskräfte der zweiten Ebene liegen zwischen 95.000 und 130.000 Euro inklusive eines variablen Anteils von ca. 10 bis 15 Prozent und eines Dienstfahrzeugs.

In kommunalen Immobilienportfolios ohne Wohnungsbestand ist der Objektmanager (Property-Manager) auch für die Vermietung zuständig, häufig unter Zuhilfenahme eines Maklers.

6.3.3 WEG-Verwaltung

Eine Sonderform der Wohnungsverwaltung ist die WEG-Verwaltung. »WEG« steht hier für Wohnungseigentümergemeinschaft und bezieht sich auf Mehrfamilienhäuser und Wohnanlagen, in denen mehrere Eigentümerinnen und Eigentümer Wohnungen besitzen. Klassischerweise ist die WEG-Verwaltung kein Kerngeschäft von kommunalen Gesellschaften. Meist sind es private Dienstleistungsunternehmen, sogenannte WEG-Verwaltungen, die für die Eigentümer das kaufmännische Management übernehmen. Dennoch gibt es in zahlreichen kommunalen Wohnungsgesellschaften einen kleinen Bestand an WEG, der mitbetreut wird, häufig aus historisch gewachsenen Gründen.

WEG-Verwalterinnen und -Verwalter sind verantwortlich für die Aufstellung des jährlichen Wirtschaftsplans sowie der Jahresabrechnung. Außerdem organisieren und leiten sie die jährlichen Eigentümerversammlungen und die Prüfung und Organisation von Investitionen. Kernaufgabe ist es, ein gutes Zusammenleben der Eigentümerinnen und Eigentümer untereinander und gemeinsam mit den Mietern im Objekt zu gewährleisten. WEG-Verwalter als sog. Sondereigentumsverwalter vertreten die Interessen des Wohnungseigentümers gegenüber seinem Mieter, wenn die Wohnung nicht vom Eigentümer selbst bewohnt und als Kapitalanlage behandelt wird. Daneben kümmert sich der WEG-Verwalter um die technischen Belange und Dienstleister sowie die Überwachung der pünktlichen Miet- und Hausgeldzahlungen. Folgende Aufgabenbereiche stehen im Fokus des WEG-Verwalters:

- Verwaltung und Betreuung (kaufmännisch und technisch) von Wohnungseigentümergemeinschaften und Mehrfamilienhäusern
- Vermietung bzw. Vermietungskoordination von Leerständen für den Eigentümer
- Verbuchen der Einnahmen und Ausgaben auf sog. Treuhandkonten
- gerichtliches und außergerichtliches Mahn- und Klagewesen
- Organisation und Führen von Eigentümerversammlungen
- Erstellung von Wirtschaftsplänen und Jahresabrechnungen
- Führen der Beschlusssammlung und Umsetzung der Beschlüsse

Ähnlich wie Objektmanager/Immobilienverwalter sind WEG-Verwalter häufig ausgebildete Immobilienkaufleute. In der Regel erfolgt dann eine Weiterqualifizierung zum WEG-Verwalter. Mehrjährige Berufserfahrung z.B. in der Mietverwaltung, in der Objektbuchhaltung, Vermietung oder im Forderungsmanagement wird nicht selten gefordert, da in dieser Position eine breite Palette an kaufmännischen Aufgaben zu erledigen ist. Zudem werden juristische Kenntnisse benötigt, um insbesondere auf neue Rechtsprechung zeitnah reagieren zu können.

Fachlich sollten WEG-Verwalterinnen und -Verwalter über fundierte Kenntnisse des Wohnungseigentums- und Mietrechts, gute Kenntnisse in der Gebäudetechnik und der kaufmännischen Immobilienverwaltung verfügen. Ein nicht unwesentlicher Teil der fachlichen Aufgaben liegt im Bereich des Rechnungswesens. Dazu gehört das Verbuchen der Einnahmen und Ausgaben auf sog. Treuhandkonten, die Durchführung von Rechnungsprüfungen sowie die Erstellung von Wirtschaftsplänen und Jahresabrechnungen. Aus diesem Grund sollten entsprechende fachliche Kompetenzen auch hier vorhanden sein, ebenso wie juristisches Know-how in Bezug auf das Mahn- und Klagewesen, die Umsetzung von Beschlüssen und die Korrespondenz mit Beiräten, Behörden, Rechtsanwälten und anderen Beteiligten.

Persönlich sollten WEG-Verwalterinnen und -Verwalter über ein sicheres Auftreten und Entscheidungskompetenz verfügen. Präsentationsfähigkeiten, Durchsetzungsvermögen und ausgeprägte mündliche und schriftliche Kommunikationsfähigkeiten sind ebenfalls von Bedeutung. Organisationsfähigkeit, eine selbstständige, eigenverantwortliche Arbeitsweise und ein hohes Maß an Zuverlässigkeit und Genauigkeit runden das Profil ab.

Das Bruttojahresgehalt für diese Position liegt in einer ähnlichen Größenordnung wie beim Wohnungsverwalter, also bei ca. 40.000 bis über 60.000 Euro bei sehr erfahrenen Mitarbeitenden in großen Wohnungsunternehmen. Poolfahrzeuge werden häufig zur Verfügung gestellt, auch weil WEG-Verwalter häufig Eigentümerversammlungen leiten, die teilweise bis zum späteren Abend dauern oder am Wochenende durchgeführt werden. Da die WEG-Abteilungen in den kommunalen Wohnungsunternehmen meist klein sind und die Bestände nur einen geringen Prozentsatz des Portfolios ausmachen, werden WEG-Verwalter häufig vom Leiter des Objektmanagements personalverantwortlich geführt. Wie oben beschrieben liegen Führungskräfte in diesem Bereich bei ca. 85.000 bis 130.000 Euro inklusive eines variablen Gehaltsbestandteils von ca. 10 bis 15 Prozent sowie eines Dienstfahrzeugs. Teilweise wird ein Team von WEG-Verwaltern von einem Teamleiter WEG (dritte bis vierte Führungsebene) geführt. Das Bruttojahresgehalt liegt hier bei ca. 70.000 bis 80.000 Euro.

Im gewerblichen Immobilienbereich gibt es sog. Teileigentum, das ebenfalls durch den WEG-Verwalter betreut werden kann.

6.3.4 Rechnungswesen: Objektbuchhaltung (Betriebs- und Nebenkosten)

Die kaufmännische Betreuung der Objekte umfasst auch die buchhalterische Erfassung der mit der Vermietung einhergehenden Zahlungsströme. Mieteinnahmen, Betriebs- und Nebenkosten sowie die Zusammenarbeit mit dem Mahnwesen, die Erfassung der Objektstammdaten sowie die Kontierung und Durchführung der Zahlungsflüsse sind Aufgaben, die im Rechnungswesen und hier in der Objektbuchhaltung durchgeführt werden. Die Objektbuchhaltung ist eng mit der Objektverwaltung verzahnt.

In kleinen Wohnungsgesellschaften kommt es vor, dass die Buchhaltung direkt von der Verwaltung mit übernommen wird oder das allgemeine Rechnungswesen die Aufgaben wahrnimmt. In der Regel gibt es in kommunalen Wohnungsgesellschaften jedoch eine Abteilung für die Objektbuchhaltung. Die Mitarbeitenden kümmern sich hierbei um einen Teilbestand, informieren Verwaltung und Mahnwesen über Unregelmäßigkeiten im Zahlungsverkehr und erstellen jährlich die Betriebskosten- und Nebenkostenabrechnungen für die Mieter. Folgende Hauptaufgaben fallen an:

- Kontrolle der Mieteingänge inklusive Mahnwesen
- enge Zusammenarbeit mit dem kaufmännischen Objektbetreuer und der Abteilung Mahnwesen
- Prüfung, Kontierung und Buchung von Rechnungen und Buchung der Monats- und Einmalsollstellungen für die Debitoren
- Anlage von Dauerbuchungen für wiederkehrende Zahlungen

- Erfassung und Pflege der Mieter- und Objektstammdaten sowie Abstimmung der Bankkonten
- Durchführung des Zahlungsverkehrs
- Erstellung der Betriebs- und Nebenkostenabrechnung der Wohnimmobilien

Die Mitarbeitenden in der Objektbuchhaltung verfügen über eine Ausbildung im Immobilienbereich oder in der Buchhaltung, teilweise auch in steuernahen Berufen oder Tätigkeiten. Steuerrechtliche Kenntnisse werden häufig vorausgesetzt.

Die fachlichen Anforderungen liegen in der immobilienwirtschaftlichen Buchhaltung. Kenntnisse in der Bau- und Immobilienbranche sind wichtig sowie MS-Office-Kenntnisse und Erfahrung mit immobilienwirtschaftlichen Verwaltungsprogrammen. Die Rechnungskontrolle, das Reporting, Kontierungen, die Debitoren-/Kreditorenbuchhaltung und juristische Kenntnisse im Bereich der Betriebs- und Nebenkostenabrechnungen sowie im Mahnwesen sind weitere Facetten der fachlichen Kompetenzen.

Hohe Genauigkeit bei der Bearbeitung der Aufgaben, Qualitätsorientierung, Zuverlässigkeit und Sorgfalt sind klassische persönliche Kompetenzen. Darüber hinaus sollten Objektbuchhalter über eine selbstständige Arbeitsweise, gute Organisationsfähigkeiten, Zahlenverständnis und mathematische Fähigkeiten verfügen.

Das Bruttojahresgehalt liegt auf Sachbearbeiterebene in der Objektbuchhaltung bei ca. 38.000 bis 58.000 Euro und in der Abteilungsleitung zwischen ca. 80.000 und 95.000 Euro. Variable Bestandteile sind auf der Mitarbeiterebene eher nicht üblich, auf Führungsebene selten anzutreffen. Dienstfahrzeuge bieten in der Regel nur die großen Wohnungsunternehmen mit mehr als 20.000 Wohnungen.

In kommunalen Immobilienunternehmen außerhalb der Wohnungswirtschaft findet sich ebenfalls die Position des Objektbuchhalters, die im Rechnungswesen verortet ist. Häufiger wird diese Leistung aber an spezialisierte Dienstleister outgesourct, sodass im Rechnungswesen nur die Kontrolle organisiert wird.

6.3.5 Projektleitung

Im technischen Bereich wird häufig unterschieden zwischen Neubau und Bestandsmanagement. Innerhalb dieser Bereiche, aber auch dazwischen gibt es eine Vielzahl unterschiedlicher Bezeichnungen für die einzelnen Tätigkeitsbereiche. So wird der Hausmeister teilweise auch als »Hauswart« oder »Facility-Manager« bezeichnet, wobei sich der Begriff »Facility-Manager« stärker im Zusammenhang mit Gewerbeimmobilien und dort im Bereich der Haus- bzw. Gebäudetechnik durchgesetzt hat. Grundsätzlich gibt es im internationalen Facility-Management die Bereiche kaufmännisches, technisches und infrastrukturelles Facility-Management – somit ist hier die gesamte Objektbewirtschaftung umfasst. Diese Definition hat sich in Deutschland jedoch nie wirklich durchgesetzt.

Komplizierter wird es in den technischen Positionen in der Haustechnik, des Neu- und Umbaus. Hier gibt es eine Vielfalt an unterschiedlichen Stellenbezeichnungen vom Projektleiter über den Projektmanager, den Projektentwickler, Baumanager bis zum Bauleiter und technischen Asset-Manager. Im Rahmen der vorliegenden Ausarbeitung beschränken wir uns bei den Beschreibungen auf die Begriffe »Projektleiter« und »technisches Objektmanagement«. Die Tätigkeiten im Neubau/Umbau (Gebäudeerstellung) sowie in der Bewirtschaftung (Gebäudenutzung) werden ebenfalls in diesem Zusammenhang erläutert.

»Projektleiter« ist häufig die Bezeichnung für einen Bautechniker oder Bauingenieur, der in den Unternehmen für den Neubau von Immobilien oder deren umfangreiche Modernisierung (Revitalisierung) verantwortlich ist. Er steuert das Projekt mit Generalunternehmern, Nachunternehmern und weiteren Dienstleistern von der Planung bis zur schlüsselfertigen Übergabe an die Vermietung bzw. Verwaltung oder den Käufer.

Die Aufgabenbereiche von Projektleiterinnen und -leitern können schon vor der Akquise eines Baugrundstücks mit der Schaffung von Baurecht und eines ersten Entwicklungskonzepts beginnen. Ist Baurecht geschaffen, geht es an die konkrete Planung mit Architektur- und Ingenieurbüros (technische Gebäudeausrüstung, kurz TGA). Gemeinsam mit Nachunternehmern der unterschiedlichen Gewerke (Rohbau, Elektrik, Sanitär usw.) wird das Gebäude erstellt und schlüsselfertig übergeben. Bei großen Projekten wird meist ein Generalunternehmen (GU) vorgeschaltet, das die Nachunternehmer koordiniert. Teilweise wird bei derartigen Projekten auch ein Projektsteuerer eingesetzt, der als Bauherrenvertreter die Kostenkontrolle übernimmt. Zu den Hauptaufgaben gehören:

- Überwachung der Ausführung auf Übereinstimmung mit der Baugenehmigung, Ausführungsplanung, Leistungsbeschreibung sowie allen technischen Vorschriften sowie Qualitätskontrolle
- Ausschreibung und Vergabe von Bauleistungen sowie Pflege, Überarbeitung und Entwicklung von Leistungsverzeichnissen
- Erstellung und Überwachung von Bauzeitplänen, Terminen und Kostenbudgets
- Prüfung und Abrechnung von Planungs- und Bauleistungen
- Projektsteuerungs- und Baumanagementaufgaben für Wohnbauprojekte über sämtliche Projektphasen

In der Projektleitung wird häufig ein Studium zum Bauingenieur verlangt oder eine Ausbildung im Baubereich mit entsprechender Weiterqualifizierung zum Techniker oder Meister. Wohnungsbauerfahrung, Erfahrung im Schlüsselfertigbau und Bauleitungserfahrung sowie Projektmanagementkenntnisse werden ebenfalls erwartet.

Projektleiter sollten Erfahrung in allen Leistungsphasen, insbesondere aber in den Phasen 6 bis 9 gemäß HOAI (Honorarordnung für Architekt/innen und Ingenieur/innen) aufweisen können. Baurechtliche Kenntnisse, die Erstellung von Leistungsverzeichnissen, Ausschreibungs- und Vergabeverfahren, Kalkulation und Prüfung von Leistungen, Projektsteuerung und die Steuerung von Nachunternehmern gehören ins Leistungsbild des Projektleiters.

Bei den Soft Skills stehen Kompetenzen wie Entscheidungsstärke, Durchsetzungsvermögen, Belastbarkeit, Verhandlungsstärke, Kundenorientierung und ein sicheres Auftreten im Vordergrund. Kommunikationsstärke und Kontaktfähigkeit sowie Verbindlichkeit runden das Profil ab.

Das Bruttojahresgehalt von Projektleitern im Bereich Neubau in der Wohnungswirtschaft liegt bei ca. 62.000 bis 83.000 Euro inklusive eines variablen Anteils von ca. 5 bis 10 Prozent. Führungskräfte der zweiten Ebene verdienen zwischen 95.000 und 130.000 Euro inklusive Dienstfahrzeug und eines variablen Anteils von 10 bis 20 Prozent.

Im Bereich der gewerblichen Immobilien gibt es zum einen ebenfalls Projektleiter, die vor allem die technische Verantwortung für das Bauprojekt besitzen, häufig jedoch gibt es übergeordnet die Position des Projektentwicklers. Der Aufgabenbereich ist umfassender, häufig auch stärker kaufmännisch geprägt. Projektentwicklung beginnt häufig in der Konzeptionsphase. Hier werden Ideen entwickelt, welche Nutzung für das Grundstück geeignet erscheint: Büro, Handel, Arztpraxen, Kitas etc., häufig auch als Mix und mit einem Anteil Wohnungsbau. Der oben beschriebene Projektleiter kommt dann erst etwas später ins Projekt, wenn es um die konkrete Planung geht oder auch erst bei der Umsetzung des Bauvorhabens. Die klassischen Aufgaben eines Projektentwicklers im Gewerbebereich umfassen häufig:

- Grundstückssuche und Marktsondierung
- Ankaufsprüfung von bebauten/unbebauten Grundstücken, ggf. Due Diligence
- Kontaktaufnahme/Vorverhandlung mit Anbietern und ggf. Finanzierungspartnern
- Durchführung von Baurechtsprüfungen bzw. Herstellung von Baurecht
- Erstellung von Konzepten und Projektkalkulationen
- Ansprache von Miet-/Kaufinteressenten, Abschluss von Verträgen
- Ankauf der betreffenden Grundstücksflächen
- Planung des Projekts bis Baubeginn mit internen und externen Projektbeteiligten sowie Auftragsvergabe
- Budgetplanung, Wirtschaftlichkeitsanalysen, Erstellung von Monats-/Quartalsberichten
- kaufmännische Kontrolle der Projektrealisierung bis zur schlüsselfertigen Übergabe, Projektcontrolling
- Betreuung des Projekts bis zur vollständigen Vermietung bzw. bis zum Verkauf

Allerdings ist dieses Leistungsbild in kommunalen Immobiliengesellschaften nur selten zu finden, da Kommunen in der Regel keine Immobilien am freien Markt verkaufen wollen. Meist ist der dortige Erstellungsprozess zweckgebunden: Beispielsweise werden Verwaltungsbauten zu einem bestimmten Zweck erstellt (Rathaus, Feuerwehrstation etc.) und dann intern vermietet.

Bei Wohnungsunternehmen ist die Nutzungsart meist eindeutig definiert: Es sollen Mietwohnungen entstehen. Die Gebäude gehen in den Bestand des Unternehmens über, sodass der Projektleiter sich stark auf die Umsetzung und wirtschaftliche Kontrolle des Bauvorhabens und die Zusammenarbeit mit den Nachunternehmen fokussiert. Den Marktüberblick zu geeigneten Wohnungszuschnitten, Zielgruppen und angemessenen Miethöhen liefern die Bereiche Vermietung und Objektmanagement, in größeren Unternehmen auch die Abteilung Portfoliomanagement.

6.3.6 Technisches Objektmanagement

Der zuvor beschriebene Projektleiter betreut die Neubauvorhaben des Unternehmens. Der technische Objektmanager bzw. die Projektmanagerin o. Ä. hat die technische Verantwortung während der Nutzung des Objekts. Daher liegt der Schwerpunkt stärker auf dem Bereich der Haustechnik oder der technischen Gebäudeausrüstung (TGA). Es versteht sich, dass die Mitarbeitenden dieses Bereichs auch im Neubau fakultativ hinzugezogen werden, wenn es um spezielle Fragen der Haustechnik geht.

Der Schwerpunkt des Aufgabenbereiches liegt jedoch bei der Wartung und Instandhaltung (z. B. der Aufzüge), der Technik, bei Modernisierungen (Stichwort »energetische Sanierung« oder »seniorengerechtes Wohnen«) oder Reparaturen, z. B. der Fassade, des Dachs etc. Diese Aufgaben werden meist mit Fachfirmen durchgeführt, die entsprechend instruiert und koordiniert werden müssen. Auch in dieser Position besteht eine enge Verzahnung mit dem kaufmännischen Objektmanagement. Häufig gibt es feste Teams für die Teilbestände, die die komplette kaufmännische und technische Verwaltung verantworten. Des Weiteren steuern die technischen Objektmanager die Hausmeister, die für einfachere Wartungsarbeiten, Wohnungsabnahmen, Grünflächenpflege, Einhaltung der Hausordnung und andere Themen verantwortlich sind.

Der Aufgabenbereich im technischen Objektmanagement umfasst die technische Betreuung des Bestandes. Als Eigentümervertreter nimmt er die Interessen der Wohnungsgesellschaft wahr. Er verantwortet die technische Sicherheit in den Gebäuden in Bezug auf die unterschiedlichen Gewerke in der Haustechnik, wie Elektrik, Sanitär etc. Er beauftragt Fachfirmen, kontrolliert die Wartungspläne, kümmert sich um Brand- oder Wasserschäden oder andere Beeinträchtigungen technischer Art und leitet Umbau- und Modernisierungsprojekte. Folgende Aufgaben fallen üblicherweise an:

- Verantwortung für die technische Betreuung und Instandhaltung der Liegenschaften
- Bearbeitung von Störungen, Wartungen und Instandsetzungen in den Objekten und Wohnungen
- Personalführung und Einsatzplanung der Hausmeister
- Kontrolle und Überwachung der ausgeführten Dienstleistungen hinsichtlich Qualität, Kosten und Termineinhaltung
- Übernahme der Nachunternehmersteuerung
- Erarbeitung von Angeboten und Kalkulationen
- technische Projektsteuerung bei Umbau und Modernisierung

Technische Objektmanager verfügen meist über eine handwerkliche und/oder technische Ausbildung und eine Weiterqualifizierung zum Meister oder Techniker. Ebenfalls über passende Qualifikationen verfügen Ingenieure der Haustechnik oder auch Bauingenieurinnen. Erfahrungen im Wohnungsbau und der Haustechnik werden vorausgesetzt.

Erwartet werden vertiefte Kenntnisse in den unterschiedlichen technischen Gewerken, Kenntnisse der gesetzlichen Rahmenbedingungen für die Wartung von technischen Anlagen sowie bautechnisches Know-how. Erfahrung in der Steuerung von Nachunternehmern, in der Kalkulation von Baumaßnahmen und der Planung von Projekten sind ebenfalls von Bedeutung. Auch die Prüfung von Verträgen, z. B. Energiebezug, wird häufig durch technische Objektmanager und -managerinnen durchgeführt.

Wichtige passende Persönlichkeitsmerkmale sind eine selbstständige und strukturierte Arbeitsweise, Erfahrung in der Führung von Handwerkern und Nachunternehmern, gute Kommunikationsfähigkeiten sowie Verhandlungskompetenz und Durchsetzungsvermögen.

Das Bruttojahresgehalt liegt im Bereich des technischen Objektmanagements bei ca. 45.000 bis 70.000 Euro bei sehr erfahrenen Spezialisten und bei ca. 88.000 bis 130.000 Euro auf der Führungsebene inklusive eines ca. 10-prozentigen variablen Anteils sowie eines Dienstfahrzeugs.

6.3.7 Hausmeisterservice und Siedlungsverwaltung

Hausmeister oder Hauswarte sind in den Quartieren der Wohnungsgesellschaften als direkte Ansprechpartner der Mieter vor Ort aktiv. Sie beauftragen kleinere Reparaturen oder führen sie persönlich durch. Ferner sind sie zuständig für Sauberkeit und Ordnung auf den Grünflächen, Müllplätzen, Spielflächen und weiteren Gemeinschaftsflächen. Sie führen zudem Wohnungsbegehungen und Wohnungsübergaben durch. Bei Beschwerden wegen Verstößen gegen die Hausordnung werden sie von

Mieterinnen und Mietern direkt angesprochen oder über die Wohnungsverwalter informiert.

Der Hausmeister ist der »Kümmerer« in der Wohnsiedlung oder im Quartier. Er kann bei einfachen Schäden oder Wartungen helfen sowie unter Umständen Unternehmen beauftragen. Er arbeitet eng mit dem kaufmännischen und technischen Objektmanagement zusammen und unterstützt teilweise auch das Forderungsmanagement bei der Kontaktaufnahme mit säumigen Mietern. Nicht selten gibt es in den Quartieren Mieterbüros, sodass dort unmittelbar vor Ort der Kontakt zwischen Mieter und Hausmeister gegeben ist. Auch bei Konflikten und Unstimmigkeiten der Mieter unterstützt der Hausmeister bei der Lösungsfindung.

Folgende Aufgabenschwerpunkte sind zu nennen:
- Durchführung von Wartungsarbeiten und Kleinreparaturen
- Durchführung von regelmäßigen Inspektionsrundgängen
- Kontrolle der haustechnischen Anlagen
- Beauftragung und Kontrolle beauftragter Firmen
- Pflege und Kontrolle der Gemeinschaftsflächen
- Ansprechpartner der Mieterinnen und Mieter bei technischen Anliegen oder bei Nichteinhaltung der Hausregeln
- Wohnungsbegehungen und Wohnungsübergaben

Hausmeister verfügen in der Regel über eine abgeschlossene handwerkliche Ausbildung z. B. im Bereich Haustechnik, Elektrik, Tischlerei oder Sanitär sowie über ein ausgeprägtes technisches Geschick.

Technisches Geschick und handwerkliche Fähigkeiten sind die wichtigsten fachlichen Fähigkeiten. Hausmeister sollten sich idealerweise in den unterschiedlichen haustechnischen Gewerken auskennen und/oder über Erfahrungen im Baubereich verfügen. Auch Erfahrung in der Steuerung und Kontrolle der beauftragten Firmen sollte vorhanden sein.

Selbstständiges und eigenverantwortliches Arbeiten, Durchsetzungsvermögen, Flexibilität und Kundenorientierung sind wichtige Soft Skills. Hausmeister sollten zudem kommunikatives Geschick mitbringen sowie ein freundliches, sympathisches Auftreten.

Das Bruttojahresgehalt von Hausmeistern liegt bei ca. 25.000 bis 36.000 Euro. Eine reine Führungskraft in diesem Bereich gibt es eher selten. Meist werden die Hausmeister vom technischen Objektmanagement gesteuert.

Im gewerblichen Immobilienbereich wird der Hausmeister häufig als »Facility-Manager« bezeichnet und ist verantwortlich für ein oder mehrere Objekte. Er betreut die

Mieter und Eigentümer und steuert die Nachunternehmen. Häufig besitzen Facility-Manager neben einer handwerklichen/technischen Ausbildung eine Weiterqualifizierung zum Techniker oder Meister bzw. ein Studium im Bereich der technischen Gebäudeausrüstung. Je technisch komplexer die betreuten Liegenschaften sind, desto tiefere Kenntnisse sind erforderlich. Dementsprechend liegt auch der Gehaltsrahmen deutlich über dem oben genannten.

6.3.8 Forderungsmanagement (Mahn- und Klagewesen)

Neben den klassischen kaufmännischen und technischen Aufgabenbereichen rund um die Wohnungen gibt es in vielen kommunalen Wohnungsgesellschaften weitere Tätigkeitsbereiche. Einige davon werden im Anschluss vorgestellt, wobei die Darstellung auf die häufig vorhandenen Berufsbilder Forderungsmanagement, Sozialmanagement sowie Portfoliomanagement fokussiert wird.

Die Abteilung Mahn- und Klagewesen ist gerade in Unternehmen mit mittleren und großen Beständen (8.000 und mehr Wohneinheiten) an das kaufmännische Objektmanagement angeschlossen. Die Forderungsmanagerinnen und -manager arbeiten eng mit den Objektverwaltern, dem Rechnungswesen sowie dem Sozialmanagement zusammen. Für Wohnungsunternehmen ist eine kurzfristige Reaktion bei Zahlungsversäumnissen sehr wichtig, verbunden mit einer möglichst persönlichen Kontaktaufnahme. Insbesondere Unternehmen in den Großstädten mit Bestand an sozial schwierigen Standorten verfügen über eine eigenständige Abteilung im Bereich Mahn- und Klagewesen. Teilweise agieren diese Mitarbeitenden auch als Sozialmanager und unterstützen bei finanziellen Problemen durch die Kontaktherstellung zu passenden Ansprechpartnern z. B. in den Kommunen oder mit Hilfestellungen beim Schuldenabbau.

Forderungsmanager sind zuständig für die Reduzierung offener Posten bei Mieten, Betriebs- und Nebenkosten. Sie leiten entsprechende Verfahren ein, nehmen Kontakt zu Mietern oder weiteren Kontaktpersonen auf und stehen im engen Kontakt zu den Bereichen Mietbuchhaltung, Objektmanagement und Sozialmanagement sowie der Rechtsabteilung. Folgende Aufgabenstellungen bearbeiten Mitarbeitende im Forderungsmanagement:
- Verantwortung für die Reduzierung der Forderungen/offenen Posten aus Mietverhältnissen
- selbstständige Steuerung der Mahnmaßnahmen und Einleitung der notwendigen Schritte wie beispielsweise die Erstellung von Mahnbescheiden
- Zusammenarbeit mit den Bereichen Recht, Verwaltung und Sozialmanagement und Kontakt zur Mieterschaft

- Erarbeitung und Abschluss von Ratenzahlungs- oder sonstigen Vereinbarungen sowie Verantwortung für die Überwachung dieser Vereinbarungen
- Unterstützung der säumigen Mieter durch Vermittlung von Ansprechpartnern bei Kommunen, Sozialorganisationen sowie der Verbraucher- und Schuldnerberatung

Forderungsmanagerinnen und -manager kommen aus unterschiedlichen Ausbildungsrichtungen. Zu finden sind hier sowohl Immobilienkaufleute als auch andere kaufmännische Ausbildungen, gelegentlich auch steuer- und anwaltsnahe Berufe und aus den Bereichen Rechnungswesen und Buchhaltung. Teilweise, insbesondere dann, wenn der soziale Aspekt der Tätigkeit von hoher Bedeutung ist, finden wir im Forderungsmanagement auch Menschen mit einer Ausbildung in sozialen Berufen. Angesiedelt ist die Position häufig im Rechnungswesen, entweder als Stabsstelle oder mit einer Teamleitung und mehreren Forderungsmanagern.

Die Mitarbeitenden im Forderungsmanagement sollten Erfahrungen im Umgang mit Wohnungsmietern besitzen bzw. in der Wohnungswirtschaft gearbeitet haben. Gute juristische Kenntnisse im Mietrecht, Sozialrecht sowie Finanzierungskenntnisse und Erfahrungen im Bereich Mahnwesen sind ebenfalls von hoher Bedeutung. Ein tragfähiges Kontaktnetzwerk zu kommunalen Stellen und Sozialverbänden etc. ist ebenfalls überaus hilfreich.

Zu den wichtigsten sozialen Kompetenzen gehören Durchsetzungsfähigkeit, Netzwerken, überzeugende kommunikative Fähigkeiten, Strukturiertheit, genaue und akribische Arbeitsweise sowie Kontaktfähigkeit, Frustrationstoleranz sowie Teamfähigkeit.

Das Bruttojahresgehalt liegt im Forderungsmanagement zwischen dem kaufmännischen Objektmanagement und der Objektbuchhaltung, also bei ca. 40.000 bis 60.000 Euro auf Mitarbeiterebene, teilweise mit einem geringen zusätzlichen variablen Anteil bei erfolgreicher Forderungsrückzahlung. In größeren Gesellschaften wird der Bereich häufig von einem Teamleiter geführt. Hier liegt die Gehaltsrange bei ca. 70.000 bis 85.000 Euro mit ca. 5- bis 10-prozentigem variablem Anteil. Ein Dienstfahrzeug wird in der Regel nicht gestellt.

In kommunalen Unternehmen mit gewerblichem Immobilienbestand wird die Funktion meist vom Rechnungswesen oder dem Asset-Management bzw. Objektmanagement übernommen.

6.3.9 Sozialmanagement

Das Sozialmanagement in der kommunalen Wohnungswirtschaft kümmert sich um den sozialen Frieden in den Quartieren. Gerade in problematischen Beständen mit einer heterogenen Mieterschaft hinsichtlich des ökonomischen Status, des Bildungsgrads, unterschiedlicher kultureller Herkunft, des Alters etc. kommt es immer wieder zu Unstimmigkeiten im Zusammenleben. Die Herausforderungen bestehen in der Anhäufung von Mietschulden und vielfältigen sozialen und persönlichen Problemlagen wie Mobbing, Gewalt, Ruhestörung oder gar Messieverhalten. Hausmeister, Objektverwalter oder Forderungsmanager können sich meist nicht ausreichend um die individuellen Schwierigkeiten kümmern und werden als Vertreter des Unternehmens auch häufig nicht als Vertrauensperson akzeptiert.

In Sozialberufen ausgebildete Expertinnen und Experten dienen daher in vielen Wohnungsunternehmen als vertrauensvolle Ansprechpartner in diesen Situationen. Sie suchen Mieter aktiv auf, moderieren Konfliktgespräche, kümmern sich um bestimmte Mietergruppen, z. B. Senioren oder Jugendliche, und organisieren für diese Klientel Freizeitaktivitäten. Auch die Organisation von Mieterfesten für alle Bewohner kann zu dem vielfältigen Aufgabenbereich gehören. Sie kümmern sich bei finanziellen Schieflagen um mögliche Lösungswege und können oftmals durch persönliche Netzwerkkontakte zu Anlaufstellen in den Kommunen, Verbänden und weiteren sozialen Einrichtungen bei sozialen und psychischen Problemen unterstützen. Sie sind bei dieser sozialen Verantwortung allerdings immer auch Vertreter des kommunalen Eigentümers und haben dessen Ziele ebenfalls im Blick.

Die Aufgabenbereiche erstrecken sich in der Regel über folgende Krisensituationen:
- finanzielle Schieflagen und Notsituationen
- Konflikte innerhalb der Mieterschaft
- psychische Auffälligkeiten von Mietern
- soziale Problemlagen von Mietergruppen (kultureller Hintergrund, Generationsunterschiede)
- Gewalttätigkeit
- allgemeine soziale und kulturelle Differenzen

Sozialmanagerinnen und -manager haben folgende Aufgaben:
- aktives Aufsuchen und Kontaktaufnahme zu Mietern in Problemlagen
- Quartiersarbeit in den Wohnquartieren
- Weiterentwicklung und Umsetzung von präventiven, integrierten Handlungskonzepten für die Quartiere
- Kooperation und Vernetzung mit lokalen Akteuren, Förderung des Ehrenamts und Gewinnung neuer Ehrenamtlicher
- Organisation von Mieterfesten und weiteren gemeinschaftlichen Aktivitäten
- Zusammenarbeit mit bestehenden Netzwerken, Aufbau und Pflege von neuen Netzwerken
- Gremien- und Öffentlichkeitsarbeit

- Akquise von Fördermitteln
- Übernahme von Sonderprojekten im Rahmen des Sozialmanagements

In der Regel verfügen Sozialmanager über ein abgeschlossenes Studium der Sozialarbeit bzw. Sozialpädagogik oder in ähnlichen Studiengängen. Es sind aber auch Quereinsteiger in diesem Tätigkeitsbereich aktiv, die häufig aus der Wohnungsverwaltung kommen und sich einschlägige Erfahrungen im Bereich Quartiers- und Sozialraumarbeit aufgebaut haben. Das Sozialmanagement ist häufig als Stabsfunktion an die Geschäftsführung angeschlossen oder dem kaufmännischen Objektmanagement untergliedert. Es gibt viele Schnittstellen zum Objektmanagement, zum Forderungsmanagement sowie zu den Hausmeistern.

Sozialmanagerinnen und -manager sollten über ausgeprägte soziale Beratungskompetenzen verfügen, sich mit professionellen Kommunikationstechniken auskennen (gewaltfreie Kommunikation, Feedbacktechniken etc.) und erfahren im Umgang mit »labilen« Persönlichkeiten sein. Kenntnisse von Betreuungs- und Beratungsangeboten im kommunalen und sozialen Bereich, ein umfangreiches Netzwerk zu den Anlaufstellen und Kenntnisse im Sozialrecht und verwandten Bereichen sind ebenfalls von hoher Bedeutung.

Eine hohe Lösungsorientierung, adressatengerechte und verbindliche Kommunikationsfähigkeiten, sicheres Auftreten, hohe Eigenverantwortung sowie konzeptionelles und strategisches Denken sowie eine ausgeprägte interkulturelle Kompetenz sind die wichtigsten sozialen Kompetenzen.

Das Bruttojahresgehalt für Mitarbeitende im Sozialmanagement ist angelehnt an die Gehaltsgrößen in sozialen Institutionen und liegt zwischen ca. 50.000 und 60.000 Euro. In großen Wohnungsgesellschaften gibt es häufig eine Teamleitungsfunktion im Sozialmanagement. Die Vergütung beträgt ca. 65.000 bis 75.000 Euro. Variable Anteile sind sowohl in der Mitarbeiter- als auch in der Führungsfunktion eher die Ausnahme. Für aktive Besuche der Mieterinnen und Mieter in den Quartieren werden meist Poolfahrzeuge genutzt.

Im Bereich der gewerblichen Immobilien existiert die Funktion eines Sozialmanagers nicht.

6.3.10 Portfoliomanagement

In mittleren und großen kommunalen Immobilienunternehmen findet sich häufig eine Abteilung »Portfoliomanagement«. In diesem strategischen Bereich analysieren die Mitarbeitenden die Bestände nach unterschiedlichen Kriterien wie Alter, Bauzustand,

Lage, Markt, Miethöhe und anderen Kriterien. Im Zuge der branchenspezifischen Diskussion zum Erreichen der Klimaziele fließen auch immer stärker ökologische Gesichtspunkte in das Portfoliomanagement ein. Die Portfoliomanagerinnen und -manager unterbreiten der Geschäftsführung anhand ihrer Matrix unter kaufmännischen Prämissen Vorschläge zu An- und Verkauf, Abriss, Modernisierung, Renovierung und Sanierung. Wohnungsgrößen und -zuschnitte, die Quartiersentwicklung oder strategische Unternehmensentscheidungen verändern sich im Laufe der Zeit. Vor diesem Hintergrund ist eine strategische Steuerung des Bestandes für den Erfolg eines kommunalen Immobilienunternehmens von hoher Bedeutung.

Hauptaufgabe ist die Portfolioanalyse und Überwachung (Soll/Ist) des Immobilienbestandes nach den Größen Rendite, Risiko und Liquidität. Dazu gehört auch die komplette Erstellung von Jahresplanungen inklusive der Vorbereitung und Überwachung der Umsetzung. Die Vorschläge zur Optimierung sowie die Planungen werden der Geschäftsführung als Entscheidungsvorlagen übergeben. Deshalb arbeitet das Portfoliomanagement eng mit der Geschäftsführung zusammen. Weitere Schnittstellen sind das kaufmännische und technische Objektmanagement. Zudem arbeiten Portfoliomanager mit unterschiedlichsten Dienstleistern zusammen, unter anderen mit Immobilienmarkt-Researchern, Immobilienanalysten, Sachverständigen und Volkswirtschaftlern.

Folgende Aufgaben fallen ins Stellenprofil:
- Research, Strategieentwicklung und -empfehlung für das Immobilienportfolio des Unternehmens
- Konzeptentwicklung und -vorschläge zur operativen Bestandsoptimierung durch In- bzw. Desinvestition auf Portfolioebene
- Cash Flow Modeling, Wirtschaftlichkeitsberechnungen sowie Steuerung des Liquiditätsmanagements auf Portfolioebene
- Durchführung von Markt- und Standortanalysen
- Erstellen von Businessplänen im Zuge der Portfoliooptimierungsstrategie
- Empfehlungen für operatives Bestandsmanagement, Revitalisierungsmaßnahmen und Projektentwicklungen
- Monitoring des Immobilienbestandes hinsichtlich Wertentwicklung und Wirtschaftlichkeit

Portfoliomanager und -managerinnen verfügen meist über ein betriebswirtschaftliches, seltener über ein volkswirtschaftliches Studium und/oder eine immobilienwirtschaftliche Zusatzqualifikation. Mehrjährige Berufserfahrung im kaufmännischen Immobilienbereich oder der Beratung sollte ebenfalls vorhanden sein.

Mitarbeitende im Portfoliomanagement verfügen über umfassende betriebswirtschaftliche und immobilienwirtschaftliche Kenntnisse sowie über Kenntnisse der

Immobilienbewertung. Der Umgang mit Portfoliotechniken und strategischen Auswertungen sowie der Beratungsbereich sind ebenfalls Bestandteil des Profils. Genaue Kenntnisse des regionalen Immobilienmarktes und der Quartiere sowie Grundlagenkenntnisse in technischen, juristischen und steuerrechtlichen Fragen sowie schließlich Wissen im Immobilienmanagement und sehr gute IT-Kenntnisse sind weitere Voraussetzungen.

Kommunikations- und Verhandlungskompetenz, eine gewisse Vertriebsaffinität und Präsentationssicherheit sowie Argumentationsstärke sind wichtig, um auf Geschäftsführungsebene zu überzeugen. Weiterhin wichtig sind unternehmerisches sowie strategisch-analytisches Denken, Zahlenaffinität, Präzision sowie ein seriöses und geschäftsbetontes Auftreten.

Portfoliomanager und -managerinnen erzielen Bruttojahresgehälter von ca. 65.000 bis 75.000 Euro. Auf Leitungsebene wir ein Gesamtgehalt von ca. 90.000 bis 120.000 Euro erzielt inklusive eines variablen Anteils von ca. 10 Prozent sowie eines Dienstfahrzeugs.

In kommunalen Immobiliengesellschaften gibt es die Funktion des Portfoliomanagers aktuell eher selten, da Bestandsoptimierungen/-entwicklungen weniger strategisch angegangen werden, sondern eher kommunalen Notwendigkeiten gehorchen. Hier ist dringend die Etablierung dieser Funktion in der Organisation zu empfehlen. Nur auf diese Weise sind kommunale Immobilieneigentümer in der Lage, den komplexen Marktgegebenheiten gebührend Rechnung zu tragen.

Die vorstehenden Ausführungen geben einen Überblick zu den vorherrschenden Stellenprofilen in der kommunalen Immobilienwirtschaft. Selbstverständlich gibt es weitere, allgemeine Funktionen, wie beispielsweise Personalmanagement, Recruiting oder Einkauf. In diesem Kapitel erfolgte aus Kapazitätsgründen eine bewusste Beschränkung und Konzentration auf die typischen immobilienspezifischen Berufsbilder.

7 Bauleistungen, Vergabe und Einkauf

Bearbeitet von Dirk Buttler und Henrik Trockel

In der kommunalen Immobilienwirtschaft sind die Vergabe und der Einkauf von Bauleistungen und anderen Gütern an der Tagesordnung. Die Anwendung von vergaberechtlichen Vorschriften ist dabei von besonderem Interesse. Die vergaberechtlichen Regelungen verfolgen den Zweck, öffentliche Gelder möglichst sparsam und wirtschaftlich zu verwenden. Ferner dienen sie dazu, einen fairen und transparenten Wettbewerb zu gewährleisten.

Zunächst ist dabei zu unterscheiden, ob im Ober- und Unterschwellenbereich Vergaberecht anwendbar ist. Der Gesetzgeber hat im Oberschwellenbereich insbesondere die Förderung der europaweiten Beschaffung von Leistungen und Gütern im Blick. Die aktuellen nationalen Regelungen basieren auf verschiedenen EU-Richtlinien, die in den 1990er-Jahren und 2004 erlassen wurden. Eine Konkretisierung im nationalen Recht gliedert sich wie folgt:

Im vierten Teil des Gesetzes gegen Wettbewerbsbeschränkungen (GWB) werden die gesetzlichen Grundlagen und Rahmenbedingungen der öffentlichen Auftragsvergabe gelegt. Ferner regelt das GWB dezidiert das Verfahren zur Nachprüfung von Auftragsvergaben. Für den Liefer- und Dienstleistungsbereich bei EU-weiten Vergabeverfahren im Oberschwellenbereich regelt die Verordnung über die Vergabe öffentlicher Aufträge (VgV) die Details des Vergabeverfahrens. Die Vergabe von Bauleistungen wird im zweiten Abschnitt der Vergabe- und Vertragsordnung für Bauleistungen (VOB/A) normiert. Ferner werden die Regelungen ergänzt durch spezielle Vorschriften zur Vergabe von Konzessionen in der Konzessionsvergabeordnung (KonzVgV), für Sektorentätigkeiten durch Sektorenauftraggeber in der Sektorenverordnung (SektVO) sowie für sicherheitsrelevante Aufträge in der Vergabeordnung Verteidigung und Sicherheit (VSVgV).

Die Schwellenwerte, die für eine etwaige Anwendung der zuvor genannten vergaberechtlichen Vorschriften überschritten werden müssen, richten sich nach dem jeweils konkreten Auftragswert. Die Berechnung des Auftragswerts kann im Einzelfall – gerade bei Bauleistungen – äußerst komplex sein. In der Praxis gibt es beispielsweise die Möglichkeit, Leistungen in Rahmenverträgen oder in einzelnen Losen zu vergeben. Im Ergebnis dürfen derartige einzelne Leistungen allerdings nicht bewusst gesplittet werden, mit dem Ziel, die sonst einschlägigen vergaberechtlichen Regelungen zu umgehen. Ob eine Leistung europaweit auszuschreiben ist, richtet sich also danach, ob bestimmte Auftragswerte überschritten werden.

Derzeit gilt, dass Vergabestellen des Landes und der Kommunen bei Lieferungen und Dienstleistungen ab einem Auftragswert von 215.000 Euro und bei Bauleistungen ab einem Auftragswert von 5.350.000 Euro europaweit ausschreiben müssen. Die Werte verstehen sich als Netto-Auftragssumme, also ohne gesetzliche Umsatzsteuer.

Unterhalb dieser EU-rechtlichen Schwellenwerte, im sog. »Unterschwellenbereich«, sind für nationale Vergaben vergleichbare Regelungen in der Unterschwellenvergabeordnung (UVgO) sowie dem ersten Abschnitt der VOB/A anwendbar. Ähnlich wie beim Kommunalrecht zeigt sich auch im Vergaberecht die föderalistische Struktur in Deutschland. Aus diesem Grund gibt es in den einzelnen Bundesländern jeweils eigenständige Regelwerke. In Nordrhein-Westfalen etwa wird die UVgO durch das Tariftreue- und Vergabegesetz des Landes Nordrhein-Westfalen (TVgG NRW), die Verwaltungsvorschriften zu § 55 Landeshaushaltsordnung sowie weitere landesrechtliche Vorschriften ergänzt. Für die Kommunen des Landes Nordrhein-Westfalen konkretisiert § 26 Kommunalhaushaltsverordnung die Vergabegrundsätze. Es gelten in diesem Zusammenhang ergänzende Erlasse.

7.1 Einordnung kommunaler Wohnungsgesellschaften als privater oder öffentlicher Auftraggeber

Eine Vielzahl an Kommunen unterhalten zur Sicherstellung der Wohnraumversorgung ihrer Einwohner kommunale Wohnungsbaugesellschaften. Insbesondere vor dem Hintergrund immens steigender Mieten auf dem privaten Wohnungsmarkt soll hierdurch sichergestellt werden, dass Wohnraum zu sozialadäquaten Mieten angeboten werden kann. Wohnungsbaugesellschaften sollen durch den Bau und die Vermietung neuen Wohnraums zur Daseinsvorsorge beitragen. Der Bedarf an bezahlbarem Wohnraum, insbesondere der Bedarf an Sozialwohnungen, dürfte zukünftig weiter steigen, sodass einer kommunal getragenen Wohnungsbaugesellschaft bei der Bewerkstelligung dieses gesellschaftlichen Bedürfnisses hohe Bedeutung zukommt.

Bei der Ausgliederung des (sozialen) Wohnungsbaus ist besondere Vorsicht geboten. Durch die Übertragung des Baus und der Vermietung neuen Wohnraums zur Daseinsvorsorge an eine Gesellschaft in privater Rechtsform (in der Praxis vorwiegend in der Rechtsform der GmbH) bedarf es gleichwohl einer sorgsamen Überprüfung, ob und inwieweit vergaberechtliche Vorgaben im Rahmen der Leistungsbeschaffung einzuhalten sind.

Oftmals wird die Eigenschaft als öffentlicher Auftraggeber stiefmütterlich behandelt. Es ist jedoch im Einzelfall zu eruieren, ob die jeweilige kommunal getragene Wohnungsbaugesellschaft dem Kartellvergaberecht und/oder haushaltsrechtlichen Vergabegrundsätzen unterliegt. Hierbei ist insbesondere zu berücksichtigen, dass die

7.1 Einordnung kommunaler Wohnungsgesellschaften als privater oder öffentlicher Auftraggeber

zugrunde liegende Rechtsfrage der Einordnung als öffentlicher Auftraggeber im Sinne des Vergaberechts in der letzten Zeit – durch eine konträre obergerichtliche Spruchpraxis – wieder an Fahrt aufgenommen hat. So haben beispielsweise das OLG Rostock in seinem Beschluss vom 02.10.2019[42] und das OLG Brandenburg in seinem Beschluss vom 11.02.2019[43] die Eigenschaft einer kommunal getragenen Wohnungsbaugesellschaft bejaht, obgleich das OLG Hamburg in seinem Beschluss vom 11.02.2019[44] der Einstufung einer kommunal getragenen Wohnungsbaugesellschaft als öffentlicher Auftraggeber eine Absage erteilt hat. Eine höchstrichterliche Entscheidung zu der Frage, ob kommunale Wohnungsbaugesellschaften öffentliche Auftraggeber sind, gibt es derzeit (noch) nicht. Demnach verbietet sich eine generelle Aussage zur Einstufung als öffentlicher Auftraggeber. Es bedarf vielmehr stets einer sorgsamen Einzelfallprüfung.

Insbesondere vor dem Hintergrund der mit der Einhaltung von vergaberechtlichen Verpflichtungen einhergehenden erheblichen personellen, finanziellen und zeitlichen Ressourcenbindung ist eine tiefgreifende Prüfung – idealerweise vor Gesellschaftsgründung – unerlässlich. Die Frage, ob eine kommunal getragene Wohnungsgesellschaft als öffentlicher Auftraggeber zu qualifizieren ist, ist allein anhand der gesetzlichen Vorgaben und der durch die Rechtsprechung entwickelten Grundsätze zu § 99 Nr. 2 GWB zu beantworten. Die in der Praxis immer noch verbreitete Auffassung, dass die Gründung einer juristischen Person des Privatrechts ausreichend ist, um das Vergaberechtsregime zu umgehen, kann hingegen nicht weiter vertreten werden.

Eine kommunal getragene Wohnungsbaugesellschaft ist öffentlicher Auftraggeber im Sinne des § 99 Nr. 2 GWB, wenn sie

- zu dem besonderen Zweck gegründet ist, im Allgemeininteresse liegende Aufgaben nichtgewerblicher Art zu erfüllen,
- sie durch eine Gebietskörperschaft oder sonstige staatliche Stelle überwiegend finanziert werden,
- ihre Leitung der Aufsicht einer solchen Stelle unterliegt oder mehr als die Hälfte der Mitglieder eines ihrer zur Geschäftsführung oder zur Aufsicht berufenen Organe durch eine Gebietskörperschaft oder sonstige staatliche Stelle bestimmt worden ist.

Nach der Rechtsprechung des EuGH ist der Begriff des öffentlichen Auftraggebers funktional zu verstehen.[45] Entscheidend ist deshalb nicht allein, welche Aufgaben der Gesellschaft bei ihrer Gründung übertragen worden sind, sondern die objektive Ausrichtung der juristischen Person auf die nichtgewerbliche Erfüllung einer im Allgemeininteresse liegenden Aufgabe.[46]

---

42 OLG Rostock, Beschluss v. 02.10.2019 – 17 Verg 3/19.
43 OLG Brandenburg, Beschluss v. 06.12.2016 – 6 Verg 4/16.
44 OLG Hamburg, Beschluss v. 11.02.2019 – 1 Verg 3/15.
45 EuGH, Urteil v. 01.02.2001 – C-237/99; OLG Brandenburg, Beschluss v. 06.12.2016 – 6 Verg 4/16.
46 OLG Brandenburg, Beschluss v. 06.12.2016 – 6 Verg 4/16.

7.1.1 Juristische Person des Privatrechts

Kommunale Wohnungsgesellschaften sind häufig in der Gesellschaftsform der GmbH oder AG organisiert und damit juristische Personen des Privatrechts.

7.1.2 Staatsverbundenheit

Ein weiteres zu erfüllendes Merkmal für die Eigenschaft als öffentlicher Auftraggeber ist die Bejahung der Staatsverbundenheit des kommunalen Wohnungsunternehmens. Das ist der Fall, sofern
- die Wohnungsbaugesellschaft überwiegend von Gebietskörperschaften einzeln oder gemeinsam durch Beteiligung oder auf sonstige Weise finanziert wird **oder**
- die Leistung der Wohnungsbaugesellschaft der Aufsicht von Gebietskörperschaften unterliegt **oder**
- mehr als die Hälfte der Mitglieder eines ihrer zur Geschäftsführung oder zur Aufsicht berufenen Organe durch Gebietskörperschaften bestimmt worden ist.

Für die Annahme einer besonderen Staatsverbundenheit im Sinne des § 99 Nr. 2 a bis c reicht es aus, wenn einer der drei Tatbestände vorliegt. Das Vorliegen sämtlicher Tatbestandsvarianten ist hingegen nicht erforderlich. Die Prüfung der besonderen Staatsverbundenheit einer kommunalen Wohnungsgesellschaft kann sich im Einzelfall als durchaus komplex erweisen. Gleichwohl wird die Staatsverbundenheit in den meisten Fällen zu bejahen sein. Letztendlich knüpfen sämtliche Voraussetzungen an das Bestehen einer staatlichen Einflussnahmemöglichkeit an.

7.1.2.1 Überwiegende Finanzierung

Die erste Variante der staatlichen Einflussmöglichkeit besteht darin, dass der Staat die kommunale Wohnungsbaugesellschaft »durch Beteiligung oder auf sonstige Weise überwiegend finanziert«, wobei der Begriff der »Finanzierung« funktional zu verstehen ist.[47] Hiervon werden sämtliche Zuwendungen umfasst, die zur Sicherstellung des laufenden Geschäftsbetriebs der kommunalen Wohnungsbaugesellschaft beitragen oder unterstützend wirken.[48] Hierunter fallen insbesondere Bürgschaften, Garantien, Darlehen oder verlorene Zuschüsse. Neben der direkten Finanzierung werden auch indirekte finanzielle Vorteile berücksichtigt.

---

47 EuGH, Urteil v. 13.12.2007 – C-337/06, Slg; 12.09.2013; OLG Düsseldorf, Beschluss v. 29.04.2015 – VII-Verg 35/14.
48 EuGH, Urteil v. 12.09.2013 – C-526/11; OLG Düsseldorf, Beschluss v. 29.4.2015 – VII-Verg 35/14; VK Sachsen, Beschluss v. 12.11.2015 – 1/SVK/033–15.

7.1.2.2 Aufsicht über die Leitung

Die Staatsverbundenheit i. S. d. § 99 Nr. 2b) GWB ist ferner gegeben, sofern die Leitung der Aufsicht durch Stellen nach § 99 Nr. 1 oder Nr. 3 GWB unterliegt. Vor dem Hintergrund des Normzwecks ist in jenem Fall die Staatsverbundenheit gegeben, sofern die Aufsichtsbefugnis derart ausgestaltet ist, dass Einflussmöglichkeiten bei Beschaffungsentscheidungen bestehen.[49] Dies ist ausweislich der Rechtsprechung des EuGH nicht der Fall, wenn lediglich eine Rechtmäßigkeitskontrolle des Aufsichtsorgans bestehen, da in diesem Fall keine Einflussmöglichkeit auf die operative Arbeit des öffentlichen Auftraggebers besteht.[50] Anders ist hingegen der Fall zu beurteilen, wenn dem Aufsichtsgremium eine Überprüfung der Ordnungsmäßigkeit, der Wirtschaftlichkeit sowie der Zweckmäßigkeit obliegt. Ist dies der Fall, ist die notwendige Einflussmöglichkeit zu bejahen.[51] Gleiches gilt, sofern dem Aufsichtsgremium die Entscheidung obliegt, die Gesellschaft aufzulösen oder Leitungsorgane ihres Amtes zu entheben. Für die Bejahung der Staatsverbundenheit genügt die potenzielle Einflussnahmemöglichkeit. Die tatsächliche Ausübung ist hingegen nicht erforderlich.[52]

> **Hinweis**
>
> Vor dem Hintergrund des deutschen Verwaltungsorganisationsrechts genügt die bloße Rechtsaufsicht, die auf die Rechtmäßigkeitskontrolle beschränkt ist, nicht den Anforderungen der Staatsverbundenheit im Sinne des § 99 Nr. 2b) GWB. Sofern jedoch eine Fachaufsicht besteht, die auf eine Rechts- und Zweckmäßigkeitskontrolle abzielt, ist grundsätzlich von einer Staatsverbundenheit i. S. d § 99 Nr. 2b) GWB auszugehen. Maßgeblich ist jedoch immer die konkrete Ausgestaltung im Einzelfall, wobei die Aufsichtsbefugnisse insgesamt betrachtet werden müssen und nicht bezogen auf ein einzelnes Vergabeverfahren.[53]

7.1.2.3 Mehrheitliche Organbesetzung

Die Tatbestandsalternative des § 99 Nr. 2c) GWB nimmt die Staatsverbundenheit an, wenn »mehr als die Hälfte der Mitglieder« eines Geschäftsführungs- oder Aufsichtsorgans des öffentlichen Auftraggebers durch Stellen nach § 99 Nr. 1 oder 3 GWB bestimmt worden sind.

---

49 EuGH, Urteil v. 27.02.2003 – C-373/00, Slg. 2003, I-1931.|
EuGH, Urteil v. 01.02.2001 – C-237/99, Slg. 2001, I-939; OLG Düsseldorf, Beschluss v. 30.04.2003 – Verg 67/02; OLG Naumburg, Beschluss v. 17.03.2005 – 1 Verg 3/05; VK Südbayern, Beschluss v. 27.03.2014 – Z3-3-3194-1-01-01/14.
50 EuGH, Urteil v. 27.02.2003 – C-373/00, Slg. 2003, I-1931.
51 EuGH, Urteil v. 27.02.2003 – C-373/00, Slg. 2003, I-1931.
52 In diesem Sinne auch EuGH, Urteil v. 01.02.2001 – C-237/99, Slg. 2001, I-939 Rn. 56 – Kommission/Frankreich; VK Südbayern, Beschluss v. 27.03.2014 – Z3-3-3194-1-01-01/14, IBRRS 2014, 1344, S. 24 f.
53 VK Südbayern, Beschluss v. 27.03.2014 – Z3-3-3194-1-01-01/14, S. 25–28.

Die Staatsverbundenheit wird mithin mit der Möglichkeit, die personelle Zusammensetzung der wesentlichen Gremien zu bestimmen, verknüpft. Ausweislich des Gesetzeswortlauts muss es sich um ein Gremium mit organschaftlicher Funktion handeln. Dies sind nach dem deutschen Gesellschaftsrecht insbesondere der Vorstand und der Aufsichtsrat bei der AG bzw. die Geschäftsführung bei der GmbH.

Neben den vorgenannten Gremien kann sich die Organfunktion auch aus anderweitigen Vereinbarungen ergeben. So können auch Beiräte oder Verwaltungsräte eine Organfunktion im Sinne des § 99 Nr. 2c) GWB innehaben.[54] Bei der Bewertung, ob dem jeweiligen Gremium eine Organfunktion zukommt, ist der potenzielle Einfluss jenes Gremiums auf das Geschäftsverhalten der Gesellschaft zu bewerten. Sofern ein solches Gremium lediglich beratende Funktionen übernimmt, ist ein potenzieller Einfluss in der Regel zu verneinen. Zudem müssen die Mitglieder des jeweiligen Organs »bestimmt worden sein«. Nach dem Wortlaut muss eine tatsächliche Bestimmung zugrunde liegen. Eine Möglichkeit, von der jedoch kein Gebrauch gemacht wurde, ist hingegen nicht ausreichend. Des Weiteren muss die »Mehrheit« der Organmitglieder durch öffentliche Auftraggeber bestimmt worden sein. Dies ist zunächst dann anzunehmen, wenn mehr als die Hälfte der vorgesehenen Mitgliederzahl von öffentlichen Auftraggebern bestimmt worden ist.[55] Insbesondere vor dem Hintergrund der deutschen Unternehmensmitbestimmung (§ 7 Abs. 1 MitbestG, § 27 MitbestG) kann die Frage im Einzelfall problematisch sein und bedarf einer genaueren Überprüfung.

7.1.2.4 Mediatisierte Staatsverbundenheit

Eine weitere Form der Staatsverbundenheit sieht § 99 Nr. 2, 2. Halbsatz GWB vor. Danach ist von einer Staatsverbundenheit auszugehen, wenn die juristische Person einer anderen juristischen Person des öffentlichen oder privaten Rechts einzeln oder gemeinsam mit anderen
- die überwiegende Finanzierung gewährt,
- über deren Leitung die Aufsicht ausübt oder
- die Mehrheit der Mitglieder eines zur Geschäftsführung oder Aufsicht berufenen Organs bestimmt hat.

---

54 Ebenso z. B. Dietlein NZBau 2002, 136 (141); Eschenbruch in Kulartz/Kus/Portz § 98 Rn. 178. Vgl. aus der Praxis z. B, für den Beirat einer oHG; VK Westfalen, Beschluss v. 24.06.2002 – VK 03/02, ZfBR 2002, 724 (730); für den Verwaltungsrat einer BGB-Gesellschaft OLG Celle, Beschluss v. 14.09.2006 – 13 Verg 3/06, VergabeR 2007, 86 (88). AA Dreher in Immenga/Mestmäcker § 98 Rn. 103.
55 Die Benennung eines von zwei Geschäftsführern genügt daher gerade nicht, vgl. VK Berlin, Beschluss v. 10.04.2006 – VK-B1–03/06; VK Rheinland-Pfalz, Beschluss v. 21.12.2017 – VK 1-24/17.

Die besondere Staatsverbundenheit erfolgt hierbei durch die Zwischenschaltung einer juristischen Person.[56] Sinn und Zweck dieser Vorschrift ist es, die Umgehung der Staatsverbundenheit durch gesellschaftsrechtliche Ausgliederungen zu verhindern.[57] Soweit eine Gemeinde, ein Kreis oder eine Stadt, vielleicht sogar der Bund oder das Land als mittelbarer oder unmittelbarer Gesellschafter beteiligt ist, kann die Staatsverbundenheit als erfüllt angesehen werden. Dies wird auch durch die Entsendung der Mitglieder des Aufsichtsrats nach außen hin deutlich.

7.1.3 Erfüllung im Allgemeininteresse liegender Aufgaben

Nach der Rechtsprechung des EuGH erfüllt eine Einrichtung, die zwar nicht zu dem besonderen Zweck gegründet wurde, im Allgemeininteresse liegende Aufgaben nichtgewerblicher Art zu erfüllen, die jedoch später solche Aufgaben übernommen hat und diese seither tatsächlich wahrnimmt, das Tatbestandsmerkmal der Gründung zu dem genannten Zweck, sofern die Übernahme dieser Aufgaben objektiv festgestellt werden kann.[58] Ob die gesellschaftsrechtlichen Grundlagen der Gesellschaft an die tatsächliche Aufgabenerfüllung angepasst worden sind, ist ohne Bedeutung.[59]

Auf der Grundlage einer funktionalen Betrachtung ist ebenfalls die tatsächliche Aufgabenerfüllung maßgebend, wenn ein Unternehmen zwar im Zeitpunkt der Gründung als satzungsmäßiger Zweck die Erfüllung im Allgemeininteresse liegender Aufgaben nichtgewerblicher Art übertragen worden ist, später aber seine Satzung ändert oder ohne Satzungsänderung im Allgemeininteresse liegende Aufgaben nichtgewerblicher Art nicht mehr ausführt (vgl. Eschenbruch in: Kulartz/Kus/Portz, § 99 Rn. 65, 66).

Nicht erforderlich für die Qualifikation als öffentlicher Auftraggeber ist es, dass das Unternehmen ausschließlich im Allgemeininteresse liegende Aufgaben nichtgewerblicher Art erfüllt.[60] Nach der Rechtsprechung des EuGH ist es vielmehr unerheblich, dass der jeweilige öffentliche Auftraggeber nicht nur eine im Allgemeininteresse liegende Aufgabe hat, sondern – in Gewinnerzielungsabsicht – auch anderweitige Tätigkeiten ausübt.

Welchen Anteil die in Gewinnerzielungsabsicht ausgeübten Tätigkeiten an den Gesamttätigkeiten dieser Einrichtung ausmachen, ist für die Frage, ob sie als Einrichtung

---

56　Dörr, in: Beck'scher Vergaberechtskommentar, 3. Auflage 2017, § 99 Rn. 63.
57　Dörr, in: Beck'scher Vergaberechtskommentar, 3. Auflage 2017, § 99 Rn. 63.
58　EuGH, Urteil v. 12.12.2002 – C-470/99; OLG Brandenburg, Beschluss v. 06.12.2016 – 6 Verg 4/16.
59　OLG Brandenburg, Beschluss v. 06.12.2016 – 6 Verg 4/16.
60　EuGH, Urteil v. 12.12.2002 – Universale Bau AG a.a.O; OLG Hamburg, Beschluss v. 11.02.2019 – 1 Verg 3/15; OLG Brandenburg, Beschluss v. 06.12.2016 – 6 Verg 4/16.

des öffentlichen Rechts zu qualifizieren ist, nicht ausschlaggebend.[61] Der Einordnung einer juristischen Person als öffentlicher Auftraggeber steht es nicht entgegen, wenn die Erfüllung der im Allgemeininteresse liegenden Aufgaben tatsächlich nur einen relativ geringen Anteil der Tätigkeiten der Gesellschaft ausmacht, solange sie weiterhin die im Allgemeininteresse liegenden Aufgaben wahrnimmt, die sie als besondere Pflicht zu erfüllen hat.[62]

Demnach führt auch eine nur teilweise Wahrnehmung von im Allgemeininteresse liegenden Aufgaben nichtgewerblicher Art dazu, dass die Gesamttätigkeit des Unternehmens vergaberechtlich als Tätigkeit eines öffentlichen Auftraggebers anzusehen ist (sog. Infizierungstheorie[63]). Eine andere Beurteilung kommt allenfalls dann in Betracht, wenn der Bereich der Erfüllung im Allgemeininteresse liegender Aufgaben nichtgewerblicher Art derart untergeordnet ist, dass die Ziele des EU-Vergaberechts ersichtlich nicht berührt werden.[64]

Die Gründung einer kommunal getragenen Wohnungsbaugesellschaft bezweckt in erster Linie die sozial verantwortbare Wohnungsversorgung breiter Bevölkerungsschichten. Kommunen kommen so ihrer der Daseinsvorsorge zuzurechnenden Verpflichtung nach, den (sozialen) Wohnungsbau zu fördern und voranzutreiben. Dass jene Zweckverfolgung eine im Allgemeininteresse liegende Aufgabe darstellt, wird in der obergerichtlichen Rechtsprechung grundsätzlich angenommen.[65]

Bei der Prüfung der Frage, ob eine im Allgemeininteresse liegende Aufgabe erfüllt wird, ist zunächst auf die Grundlagen der Gesellschaft, wie etwa Satzungen oder Gesellschaftsverträge abzustellen. Eine im Allgemeininteresse liegende Aufgabe wird im Rahmen von kommunalen Wohnungsbaugesellschaften zumindest dann angenommen, wenn der soziale Wohnungsbau als Zweckbestimmung Niederschlag in der Satzung oder im Gesellschaftsvertrag gefunden hat. Die Praxis zeigt, dass eine Vielzahl an Wohnungsbaugesellschaften eine solche Bestimmung in die vertraglichen Grundlagen der Gesellschaft aufgenommen hat. Teilweise wird der soziale Wohnungsbau expressis verbis als Hauptzweck ausgewiesen. Teilweise wird (lediglich) auf den Wohnungsbau im Allgemeinen Bezug genommen. Sofern eine kommunal getragene Wohnungsbaugesellschaft eine solche Klausel hingegen nicht in der Satzung bzw. im

---

61 EuGH, Urteil v. 10.04.2008 – C-393/06; OLG Brandenburg, Beschluss v. 06.12.2016 – 6 Verg 4/16; VK Rheinland-Pfalz, Beschluss v. 21.12.2017 – VK 1-24/17.
62 EuGH, Urteil v. 10.11.1998 – C-360/96; OLG Rostock, Beschluss v. 02.10.2019 – 17 Verg 3/19.
63 OLG Hamburg, Beschluss v. 11.02.2019 – 1 Verg 3/15; OLG Rostock, Beschluss v. 02.10.2019 – 17 Verg 3/19; vgl. Eschenbruch a.a.O. 4. Aufl. § 99 Rn. 67; Ziekow/Völlink, Vergaberecht, 2. Aufl., § 98 Rn. 74.
64 OLG Brandenburg, Beschluss v. 06.12.2016 – 6 Verg 4/16; VK Sachsen, Beschluss v. 11.06.2021 – 1/SVK/006-21.
65 OLG Hamburg, Beschluss v. 11.02.2019 – 1 Verg 3/15.

Gesellschaftsvertrag verankert hat und am Markt nicht im Bereich des sozialen Wohnungsbaus tätig ist, kann die Eigenschaft als öffentlicher Auftraggeber entfallen.

Eine weitere Voraussetzung, um die Eigenschaft eines öffentlichen Auftraggebers zu bejahen, ist die bezweckte Erfüllung von im Allgemeininteresse liegenden Aufgaben. Das Vorliegen dieser Voraussetzung kann durch einen Blick in die Satzung bzw. den Gesellschaftsvertrag einer kommunalen Gesellschaft geprüft werden. In vielen Satzungen ist dort beispielsweise zur Definition des Unternehmensgegenstands vermerkt, dass die Gesellschaft zu dem besonderen Zweck gegründet wurde, vorrangig eine sichere und sozial verantwortbare Wohnungsversorgung der breiten Schichten der Bevölkerung zu gewährleisten. Hier gibt es noch verschiedene weitere Zwecke, die ein solches Allgemeininteresse untermauern. Das kommunale Wohnungsunternehmen kann etwa verpflichtet werden, Marktmieten nur in sozialverträglichen Grenzen zu erheben. Gerade vor dem Hintergrund der Preisentwicklungen am Mietwohnungsmarkt in den letzten Jahren, insbesondere in den Metropolen und Schwarmstädten, wird deutlich, welche Rolle staatlich verbundene Unternehmen in derartigen Vermietermärkten spielen sollen.

In der Satzung bzw. im Gesellschaftsvertrag wird häufig die Anforderung formuliert, dass die kommunale Gesellschaft Wohnraum für Notfälle bereitstellen soll. Damit sind beispielsweise Obdachlosenunterkünfte, Frauenhäuser oder ähnliche Unterkünfte für Menschen in Sondersituationen gemeint. Ebenso erfordern Fluchtbewegungen infolge humanitärer Krisensituationen im Ausland ein schnelles Handeln auf dem hiesigen Markt. Flüchtende aus anderen Ländern benötigen unmittelbar nach ihrer Ankunft eine Unterkunft. Gerade in der Anfangsphase wird die Unterbringung primär durch öffentliche Stellen koordiniert und gewährleistet. Daneben kann das Erfordernis bestehen, besondere Betreuungsleistungen für die Nutzerinnen und Nutzer zu übernehmen.

Die satzungsgemäße Verpflichtung des Wohnungsunternehmens, die Umsetzung wohnungspolitischer Ziele der Kommune zu realisieren, dokumentiert ebenfalls die Erfüllung im Allgemeininteresse liegender Aufgaben.

7.1.4 Nichtgewerbliche oder gewerbliche Tätigkeit

Die entscheidende Frage zur Beurteilung der öffentlichen Auftraggeber-Eigenschaft ist, ob die kommunale Wohnungsgesellschaft nichtgewerblich tätig ist oder ihr Handeln als gewerblich einzuschätzen ist. Die Frage der Gewerblichkeit bzw. Nichtgewerblichkeit dürfte – ausweislich der Rechtsprechung – der neuralgische Punkt bei der Frage, ob eine kommunal getragene Wohnungsbaugesellschaft dem Vergaberecht unterliegt oder nicht, sein. Das Merkmal der »Nichtgewerblichkeit« ist auf die im Allgemeininteresse liegende Aufgabe bezogen, nicht auf die juristische Person. Demnach steht es einer Einordnung als öffentlicher Auftraggeber nicht entgegen, wenn die juristische Person neben der im Allgemeininteresse liegenden Aufgabe nichtgewerblicher Art auch – in Gewinnerzielungsabsicht – andere Tätigkeiten ausübt.[66] Ein Auftraggeber ist bereits dann als öffentlicher Auftraggeber im Sinne des § 99 Nr. 2 GWB anzusehen, wenn dieser auch nur in Teilen im Allgemeininteresse liegende Aufgaben nichtgewerblicher Art erfüllt.[67] Ob eine Aufgabe nichtgewerblich ist, hängt insbesondere davon ab, ob die juristische Person diese Aufgabe unter Wettbewerbsbedingungen ausübt.

Dabei schließt es das Vorliegen von Wettbewerb für sich genommen aber nicht aus, dass eine vom Staat, von Gebietskörperschaften oder anderen Einrichtungen des öffentlichen Rechts finanzierte oder kontrollierte Stelle sich von anderen als wirtschaftlichen Überlegungen leiten lässt.[68] Aufgaben, die auf andere Weise als durch das Angebot von Waren und Dienstleistungen auf dem Markt erfüllt werden und die der Staat aus Gründen des Allgemeininteresses selbst erfüllt oder bei denen er einen entscheidenden Einfluss behalten möchte, stellen in der Regel im Allgemeininteresse liegende Aufgaben nichtgewerblicher Art dar.

Die derzeit aktuellste obergerichtliche Entscheidung des OLG Hamburg steht in Bezug auf die Nichtgewerblichkeit in einem gewissen Spannungsverhältnis zu älteren obergerichtlichen Entscheidungen, insbesondere des OLG Brandenburg[69]. Vor allem aufgrund der unterschiedlichen gerichtlichen Spruchpraxis besteht ein gewisses Maß an Rechtsunsicherheit und somit ein gewisser Gestaltungsspielraum, die von der Rechtsprechung entwickelten Vorgaben in den vertraglichen Grundlagen der jeweiligen Gesellschaft in die eine oder in die andere Richtung zu lenken. Unabhängig von den vertraglichen Grundlagen sind jedoch bei der Prüfung, ob eine im Allgemeininteresse liegende Aufgabe nichtgewerblich ist, sämtliche rechtlichen und tatsächlichen Umstände zu würdigen, die zur Gründung einer kommunalen Wohnungsbaugesellschaft geführt haben, sowie die Marktgegebenheiten, unter denen die Wohnungsbaugesellschaft am Markt agiert.[70]

Bei der Bewertung der Nichtgewerblichkeit hat die Rechtsprechung weitere Unterkriterien entwickelt, die zwingend zu berücksichtigen sind, insbesondere
- das Fehlen von Wettbewerb auf dem jeweiligen Markt,
- das Fehler einer grundsätzlichen Gewinnerzielungsabsicht,
- das Fehlen der Übernahme der mit der Tätigkeit verbundenen Risiken und
- die etwaige Finanzierung der Tätigkeit aus öffentlichen Mitteln.[71]

---

66 EuGH, Urteil v. 15.01.1998 – C-44/96; OLG Brandenburg, Beschluss v. 06.12.2016 – 6 Verg 4/16.
67 OLG Düsseldorf, Beschluss v. 08.06.2011 – Verg 49/11.
68 OLG Brandenburg, Beschluss v. 06.12.2016 – 6 Verg 4/16.
69 OLG Brandenburg, Beschluss v. 06.12.2016 – 6 Verg 4/16.
70 EuGH, Urteil v. 22.05.2003 – C-18/01; OLG Rostock, Beschluss v. 02.10.2019 – 17 Verg 3/19; OLG Hamburg, Beschluss v. 11.02.2019 – 1 Verg 3/15; VK Sachsen, Beschluss v. 11.06.2021 – 1/SVK/006-21.
71 OLG Hamburg, Beschluss v. 11.02.2019 – 1 Verg 3/15; VK Sachsen, Beschluss v. 11.06.2021 – 1/SVK/006-21.

7.1 Einordnung kommunaler Wohnungsgesellschaften als privater oder öffentlicher Auftraggeber

Die vorgenannten Unterkriterien sind Ausfluss der ständigen nationalen vergaberechtlichen Spruchpraxis und gehen auf die Rechtsprechung des EuGH aus dem Jahr 2003 zurück.[72] Sämtliche Unterkriterien sind dabei im Einzelfall zu überprüfen.[73]

7.1.4.1 Fehlender Wettbewerb auf dem Markt

Die erste zu beantwortende Frage ist, ob auf dem einschlägigen Markt Wettbewerbsdruck besteht oder nicht. Wettbewerb fehlt danach, sofern ein Unternehmen keinerlei Marktmechanismen unterworfen ist und auch nicht mit anderweitigen Leistungsanbietern um Aufträge konkurrieren muss.[74]

Das OLG Hamburg nimmt fehlenden Wettbewerb an, sofern keine anderen Marktteilnehmer ersichtlich sind bzw. sich die kommunal getragene Wohnungsbaugesellschaft durch Zutun des Staates in einer marktbezogenen Sonderstellung befindet und sich aus diesem Grunde nicht in einem dem Wettbewerbsdruck unterliegenden Umfeld betätigt.[75] Der derzeitige Wohnungsmarkt ist geprägt durch eine übermäßige Nachfrage nach Wohnungen zu sozialadäquaten Mieten. Demnach übersteigt die Nachfrage nach Wohnraum das Angebot deutlich. Gleichwohl ist von einem gänzlichen Fehlen von Wettbewerb nicht auszugehen. Auf dem derzeitigen Wohnungsmarkt agiert eine Vielzahl von Anbietern, die gegenseitig im Wettbewerb stehen. Insbesondere in Ballungszentren stehen größere Wohnungsbaugesellschaften im Wettbewerb zueinander. Gleichwohl bedarf es einer sorgsamen Prüfung, ob und inwieweit entsprechender Wettbewerbsdruck besteht. Die Frage, ob Wettbewerbsdruck auf dem jeweiligen Markt besteht, kann ggf. in ländlichen Regionen anders zu beurteilen sein als in Ballungszentren. Hierbei bedarf es der sorgsamen Bewertung der Gegebenheiten auf dem jeweiligen Markt.

Fraglich ist auch, ob die kommunale Gesellschaft im Wettbewerb zu anderen Wohnungsanbietern steht. Gerade in entspannten Wohnungsmärkten kann dies bejaht werden. Hier herrschen ein großes Wohnungsangebot und eine vergleichsweise geringe Nachfrage. Die Mietinteressenten haben die Wahl zwischen verschiedenen Angeboten. Hier steht eine kommunale Gesellschaft im unmittelbaren Wettbewerb zu anderen, privaten Eigentümern. Das Produkt und die entsprechende Mietpreisbildung sind entscheidend für den Vermietungserfolg. Insofern ist hier kein automatisierter Rückschluss auf das Vorhandensein der Voraussetzungen eines öffentlichen Auftraggebers möglich.

---

72 EuGH, Urteil v. 16.10.2003 – C 283/99.
73 EuGH, Urteil v. 16.10.2003 – C-283/00.
74 OLG Hamburg, Beschluss v. 11.02.2019 – 1 Verg 3/15.
75 OLG Hamburg, Beschluss v. 11.02.2019 – 1 Verg 3/15.

7.1.4.2 Fehlende Gewinnerzielungsabsicht

Ein weiteres Indiz für das Vorliegen einer Nichtgewerblichkeit ist das Fehlen einer grundsätzlichen Gewinnerzielungsabsicht. Insoweit ist zu beachten, dass nach der Rechtsprechung des EuGH zwar einerseits die Gewinnerzielungsabsicht regelmäßig dann fehlt, wenn sie nicht den Hauptzweck des betreffenden Unternehmens oder nur ein Zwischenziel zur Erfüllung nichtkommerzieller Zwecke darstellt[76], andererseits aber eine Einrichtung schon dann als gewerblich handelnd einzustufen sein kann, wenn sie zwar ohne Gewinnerzielungsabsicht, aber doch nach Effizienz- und Wirtschaftlichkeitskriterien arbeitet.[77]

Zunächst besteht in der neueren Rechtsprechung Einigkeit darüber, dass Gewinnoptimierung und Gewinnmaximierung keine notwendigen Voraussetzungen für das Vorliegen einer entsprechenden Gewinnerzielungsabsicht sind.[78] Im Umkehrschluss bedeutet dies, dass kommunal getragene Wohnungsbaugesellschaften, die nicht primär nach Gewinnmaximierung streben, Gewinnerzielung aufweisen können. Bei der Beurteilung, ob die konkrete Wohnungsbaugesellschaft am Markt mit der Absicht, Gewinne zu erzielen, agiert, sind sämtliche Kriterien zu berücksichtigen. Zunächst ist darauf abzustellen, ob und inwieweit die Wohnungsbaugesellschaft in der Vergangenheit tatsächliche Gewinne erzielt hat. Ausweislich des Beschlusses des OLG Hamburg vom 11.02.2019 sprechen vergangene Gewinne »sehr deutlich« für die Absicht, Gewinne erzielen zu wollen.[79] Gleichwohl sind nicht ausschließlich vergangene erwirtschaftete Gewinne bei der Bewertung maßgeblich. Daneben sind anderweitige Aspekte zwingend zu berücksichtigen. Für ein Handeln in Gewinnerzielungsabsicht sprechen überdies

- Gewinnausschüttungen[80] an die Gesellschafter,
- eine erhebliche Eigenkapitalquote sowie
- die fehlende Abhängigkeit von öffentlichen Mitteln.[81]

Eine weitere Voraussetzung für die Unterscheidung zwischen privaten und öffentlichen Auftraggebern ist das Vorhandensein einer Gewinnerzielungsabsicht. Allerdings ist hier keine pauschale Beantwortung möglich. Das Vorhandensein einer Gewinnerzielungsabsicht schließt ein nichtgewerbliches Handeln nicht per se aus und auf der anderen Seite lässt das Fehlen einer Gewinnerzielungsabsicht nicht zwingend auf eine nichtgewerbliche Tätigkeit schließen. Vielmehr ist es eine Abwägung verschiedener Umstände, die das Pendel zu einer der beiden Seiten ausschlagen lässt. Die Gewinn-

---

76 EuGH C-18/01, Urteil v. 22.05.2003, »Korhonen«, Rn. 54 f. und EuGH C-283/00, Urteil v. 16.10.2003, »SIEPSA«.
77 EuGH, Urteil v. 10.05.2001 C-223/99, Entscheidung v. 10.05.2001, »Agorà und Excelsior«.
78 OLG Rostock, Beschluss v. 02.10.2019 – 17 Verg 3/19; VK Sachsen, Beschluss v. 11.06.2021 – 1/SVK/006-21.
79 OLG Hamburg, Beschluss v. 11.02.2019 – 1 Verg 3/15.
80 OLG Hamburg, Beschluss v. 11.02.2019 – 1 Verg 3/15.
81 OLG Rostock, Beschluss v. 02.10.2019 – 17 Verg 3/19.

7.1 Einordnung kommunaler Wohnungsgesellschaften als privater oder öffentlicher Auftraggeber

orientierung einer Gesellschaft kann u. a. aus deren Tätigkeitsfeld hergeleitet werden. Ferner gibt der satzungsgemäße Gesellschaftszweck dazu weitere Hinweise.

Zu diesem Themenfeld führt die Vergabekammer weiter aus[82]:

> Im Gesellschaftsvertrag heißt es:
> »Die Preisbildung für die Überlassung von Mietwohnungen und die Veräußerung von Wohnungsbauten soll angemessen sein, das heißt, eine Kostendeckung einschließlich angemessener Verzinsung des Eigenkapitals sowie die Bildung ausreichender Rücklagen unter Berücksichtigung einer Gesamtrentabilität der Gesellschaft ermöglichen. Da die Gesellschaft im Wettbewerb mit anderen Wohnungsanbietern steht und sie ihre Aufwendungen ohne Zuwendungen aus öffentlichen Haushalten deckt, darf sie in diesem Rahmen mit Gewinnerzielungsabsicht tätig sein.«
> Vorliegend ergibt sich aus den für die [...] beschlossenen aktualisierten Eigentümerzielen (Präambel):
> »Der Zweck der [...] ist vorrangig eine sichere und sozial verantwortbare Wohnungsversorgung der breiten Schichten der Bevölkerung. Als kommunale Wohnungsgesellschaft nimmt die [...] dabei eine wichtige Funktion auf dem [...] er Wohnungsmarkt ein und ist ein Instrument zur praktischen Umsetzung sozial-, wohn- und stadtentwicklungspolitischer sowie ökologischer Ziele des wohnungspolitischen Konzepts der Stadt [...] in seiner aktuellen Fassung, die unter Berücksichtigung der betriebswirtschaftlichen Stabilität verfolgt werden.«
> In den aktualisierten Eigentümerzielen (Präambel) heißt es weiter:
> »Unter Beachtung, dass das Erreichen der finanz- und betriebswirtschaftlichen Zielvorgaben die zentrale Voraussetzung für die nachhaltige wirtschaftliche Stabilität der [...] und damit eine wesentliche Bedingung für eine angemessene Erfüllung der jeweiligen Sachziele darstellen, d. h. Vorrang haben, beschließt die Ratsversammlung folgende Eigentümerziele: ...«
> Es folgen dann verschiedene Sachziele. Die [...] soll u. a. den Wohnungsbestand von 35.000 auf 40.000 erhöhen und beim Neubauprogramm einen Anteil von mindestens 30 % Sozialwohnungen erreichen.
> Als Finanzziel ist u. a. vorgesehen:
> »Primäres Finanzziel der [...] ist die Sicherung einer nachhaltig wirtschaftlichen Stabilität des Unternehmens. Hierbei ist die Unternehmensstrategie so auszurichten, dass eine wirtschaftliche Umsetzung der Sachziele möglich ist.
> [...]

---

[82] VK Sachsen, Beschluss v. 11.06.2021 – 1/SVK/006-21

Die [...] erwirtschaftet weiterhin nachhaltig positive Jahresergebnisse, die eine marktübliche Verzinsung gewährleisten. Die Realisierung einzelner Sachziele wird bei der Bemessung der Verzinsung berücksichtigt.«

Soweit hierzu von der Auftraggeberin maßgeblich eingewendet wurde, dass die Finanzziele Vorrang vor den Sachzielen haben und deshalb insgesamt von einer Gewinnerzielungsabsicht der [...] auszugehen sei, folgt dem die Vergabekammer im Ergebnis nicht.

Diese Sichtweise berücksichtigt nicht, dass nach dem Dafürhalten der Vergabekammer für Teile der Tätigkeiten der [...] keine Gewinnerzielungsabsicht vorhanden ist und dies ausreicht, um die gesamte Tätigkeit des Unternehmens vergaberechtlich als Tätigkeit eines öffentlichen Auftraggebers anzusehen (sog. Infizierungstheorie).

Das Merkmal der Gewinnerzielungsabsicht ist auf die im Allgemeininteresse liegende Aufgabe bezogen, nicht auf die juristische Person. Einer Einordnung als öffentlicher Auftraggeberin steht es daher nicht entgegen, wenn die juristische Person neben der im Allgemeininteresse liegenden Aufgabe nichtgewerblicher Art auch – in Gewinnerzielungsabsicht – andere Tätigkeiten ausübt (vgl. EuGH, Urteil vom 15.01.1998 – C-44/96 – Mannesmann Austria Rn. 31; EuGH, Urteil vom 12.12.2002 – C-470/99 – Universale Bau AG Rn. 55; OLG Brandenburg, Beschluss vom 06.12.2016 – 6 Verg 4/16 – Rn. 56), bspw. um die anderen nichtgewerblichen Tätigkeiten überhaupt erst (insgesamt) kostensparsam zu ermöglichen. Nach der Infizierungstheorie führt also die Tatsache, dass ein Unternehmen im Allgemeininteresse liegende Aufgaben nichtgewerblicher Art wahrnimmt, dazu, dass es öffentlicher Auftraggeber ist, ungeachtet dessen, ob es daneben noch weitere Tätigkeiten ausübt, die nicht im Allgemeininteresse liegen oder die gewerblicher Art sind. Demnach kommt es allein darauf an, ob das Unternehmen – ggf. neben anderen, vergaberechtlich »unschädlichen« Aktivitäten – überhaupt Aufgaben im Sinne von § 99 Nr. 2 GWB erfüllt. Welchen Umfang diese Tätigkeiten am Gesamtportfolio des Unternehmens haben, ist unerheblich. Schon relevante Tätigkeiten von nur ganz untergeordnetem Umfang führen zu einer »Infizierung« des gesamten Unternehmens (vgl. Krohn/Schneider in Gabriel/Krohn/Neun, Handbuch des Vergaberechts, § 3 Auftraggeber Rn. 37–39 m. w. N. u. a. EuGH, Urteil vom 10.04.2008 – C-393/06 – Aigner Rn. 47). Eine andere Beurteilung kommt allenfalls dann in Betracht, wenn der Bereich der Erfüllung im Allgemeininteresse liegender Aufgaben nichtgewerblicher Art derart untergeordnet ist, dass die Ziele des EU-Vergaberechts ersichtlich nicht tangiert werden (vgl. OLG Brandenburg Beschl. v. 6.12.2016 – 6 Verg 4/16).

Dies ist hier nicht der Fall. Vielmehr handelt es sich bei der [...] um einen großen und entscheidenden Akteur auf dem [...]er Wohnungsmarkt, der einen Marktanteil von derzeit 10 % hat. Bei dem Großteil der Wohnungen handelt die [...] wie jedes andere Wohnungsunternehmen auch. Für einen Teil der Wohnungen

7.1 Einordnung kommunaler Wohnungsgesellschaften als privater oder öffentlicher Auftraggeber

ist sie aber aufgrund der Eigentümerziele verpflichtet, diese als preiswerten Wohnraum (Kosten der Unterkunft-Richtlinie) bzw. als Sozialwohnungen zur Verfügung zu stellen. Dafür wurden ihr ambitionierte Ziele von der Stadt [...] auferlegt. Unter anderem sollen 30 % aller Neubauten der [...] Sozialwohnungen sein. Nach Auffassung der Vergabekammer sind somit die im Allgemeininteresse liegenden nichtgewerblichen Aufgaben (preiswerter Wohnraum und sozialer Wohnungsbau) mit einer auf Gewinnerzielung gerichteten Tätigkeit verbunden. Erst durch die Gewinne bei der regulären Vermietung wird die [...] finanziell in die Lage versetzt, die nichtgewerblichen Tätigkeiten in diesem Umfang durchzuführen. Durch die Erträge im regulären Betrieb werden insoweit günstige Wohnungen und sozialer Wohnungsbau querfinanziert. Dies erscheint nicht nur bei der [...], sondern auch bei anderen kommunalen Wohnungsgesellschaften deren typischem heutigen Bild zu entsprechen (vgl. OLG Rostock, Beschluss vom 02.10.2019 – 17 Verg 3/19 –; OLG Brandenburg, Beschluss vom 06.12.2016 – 6 Verg 4/16 –; VK Rheinland-Pfalz, Beschluss vom 21.12.2017 – VK 1-24/17 –).

Ausgehend von diesen Überlegungen ist es dann nicht entscheidend, ob das Erreichen der Finanzziele Vorrang vor allen anderen Sachzielen hat oder nicht und die [...] als juristische Person bestrebt ist, (insgesamt) ein positives Jahresergebnis zu erzielen. Teile der Tätigkeiten der [...] sind ganz eindeutig nichtgewerbliche Aufgaben, für die eine Gewinnerzielungsabsicht nicht vorliegt. Dies ist nach dem oben ausgeführten ausreichend, um die [...] insgesamt als öffentliche Auftraggeberin anzusehen.

Die Argumentation der Vergabekammer ist nicht konsistent. Soweit die Kammer der Auffassung ist, dass eine nichtgewerbliche Tätigkeit vorliege, weil öffentlich geförderter Wohnungsneubau durch frei finanzierten Wohnungsbau querfinanziert werde, vermag die Argumentation nicht zu überzeugen. Private Projektentwickler und Bauträger sind schon heute bei der Akquisition von Grundstücken und insbesondere im Prozess der Baurechtschaffung dazu angehalten, neben frei finanziertem Wohnraum auch öffentlich geförderten Wohnraum zu realisieren. Die Kommunen gehen verstärkt dazu über, vom späteren Erwerber einen Nutzungsmix bei Grundstücksverkäufen zu fordern. Demnach kann die Kommune ihre Ziele nicht nur über ihre eigene kommunale Gesellschaft, sondern genauso gut auch über private Akteure erreichen. Insofern müssten zur Bejahung einer fehlenden Gewinnerzielungsabsicht höhere Anforderungen erfüllt sein.

7.1.4.3 Wirtschaftliches Risiko

Ein weiterer Aspekt, der in die Prüfung der Tatbestandsvoraussetzung »Nichtgewerblichkeit« mit einzufließen hat, ist die Frage, ob die jeweilige kommunale Wohnungsbaugesellschaft das wirtschaftliche Risiko ihres eigenen Handelns selbst zu tragen hat.

Dies ist immer dann nicht der Fall, wenn eine hohe Wahrscheinlichkeit dafür besteht, dass die Gesellschafter bzw. die an der Gesellschaft beteiligten Verwaltungsträger finanziell für die Wohnungsbaugesellschaft im Falle einer drohenden Zahlungsunfähigkeit bzw. einer wirtschaftlichen Schieflage eintreten würden.[83]

In der Praxis wird die Wahrscheinlichkeit einer wirtschaftlichen Schieflage oftmals durch konzernrechtliche Verpflichtungen, Verlustausgleichsverträge, Patronatserklärungen oder Garantien gemindert. Es bedarf mithin einer ganzheitlichen Betrachtung der vertragsrechtlichen Verflechtungen der Wohnungsbaugesellschaft gegenüber den Gesellschaftern. In einer älteren Entscheidung hat das OLG Hamburg das fehlende Verlusttragungsrisiko ausreichen lassen, um eine Wohnungsbaugesellschaft als öffentlichen Auftraggeber einzustufen.[84]

7.1.4.4 Finanzierung der Tätigkeit aus öffentlichen Mitteln

Ein weiterer Unteraspekt, der bei der Frage der Nichtgewerblichkeit eine Rolle spielen kann, ist, ob die Gesellschaft zur Erfüllung ihrer Aufgaben öffentliche Mittel in Anspruch nimmt oder nicht.[85] Für ein gewerbliches Auftreten am Markt spricht die Tatsache, dass die Wohnungsbaugesellschaft keine öffentlichen Mittel in Anspruch nimmt.

Oftmals enthalten die vertraglichen Grundlagen der Gesellschaft für ihre Gesellschafter Verpflichtungen, entstehende Fehlbeträge auszugleichen. Sofern solche Ausgleichsverpflichtungen bestehen, ist die Inanspruchnahme öffentlicher Mittel zu bejahen.

Die Vergabekammer Sachsen[86] nimmt sehr ausführlich zum Merkmal der »Nichtgewerblichkeit« Stellung. Die Ausführungen dazu lauten wie folgt:

> Das Merkmal der Nichtgewerblichkeit ist einer der vielschichtigsten Begriffe des europäischen Vergaberechts. Es handelt sich um einen EU-rechtlichen Begriff, der mit dem deutschen Gewerbebegriff (etwa aus dem Gewerbe- und Steuerrecht) nichts zu tun hat. Er wird durch eine umfangreiche Judikatur des EuGH geprägt. Eine allgemeingültige Definition hat der EuGH bislang noch nicht entwickelt. Geklärt ist, dass es sich bei der »Nichtgewerblichkeit« der Aufgabe um ein gegenüber dem »Allgemeininteresse« selbstständig zu prüfendes Tatbestandsmerkmal handelt. Demnach ist zwischen im Allgemeininteresse

---

83 OLG Hamburg, Beschluss v. 11.02.2019 – 1 Verg 3/15; VK Sachsen, Beschluss v. 11.06.2021 – 1/SVK/006-21.
84 OLG Hamburg, Beschluss v. 31.03.2014, 1 Verg 4/13.
85 OLG Hamburg, Beschluss v. 11.02.2019 – 1 Verg 3/15.
86 VK Sachsen, Beschluss v. 11.06.2021 – 1/SVK/006-21.

liegenden Aufgaben nicht gewerblicher Art einerseits und im Allgemeininteresse liegenden Aufgaben gewerblicher Art andererseits zu differenzieren (EuGH, Urteil vom 12.11.1998 – C-360/96 – Gemeente Arnhemen; EuGH, Urteil vom 22.05.2003 – C-18/01 – Korhonen).

Das Merkmal knüpft an den Zweck des funktionalen Auftraggeberbegriffs an, alle Einrichtungen dem Vergaberecht zu unterstellen, bei denen die Gefahr besteht, dass sie sich bei der Auftragsvergabe von anderen als wirtschaftlichen Erwägungen leiten lassen. Das ist immer dann der Fall, wenn die Vergabestelle bei der Erfüllung einer konkreten Tätigkeit nicht oder nicht vollständig den Marktgesetzen unterliegt, also nach anderen Kriterien als Effizienz und Rentabilität wirtschaften kann. »Nichtgewerblich« ist eine Aufgabenerfüllung also dann, wenn sie durch Zutun des Staates in einer marktbezogenen Sonderstellung erfolgt, welche sie wenigstens teilweise von den Wirkungen eines Wettbewerbs unter Gleichen befreit. Gewerblich ist eine Tätigkeit demgegenüber, wenn sie in jeder Hinsicht dem Druck des Wettbewerbs im Binnenmarkt ausgesetzt ist (Dörr in: Burgi/Dreher, § 99 GWB Rn. 35 f. m. w. N.).

Der EuGH hat zudem eine Reihe von Indizien entwickelt, die zur Beurteilung der Gewerblichkeit bzw. Nichtgewerblichkeit im Einzelfall heranzuziehen sind (vgl. EuGH, Urteil vom 10.05.2001 – C-223/99 – Ente Fiera; EuGH, Urteil vom 27.02.2003 – C-373/00 – Adolf Truley; EuGH, Urteil vom 22.05.2003 – C 18/01 – Korhonen; EuGH, Urteil vom 16.10.2003 – C-283/00 – SIEPSA). Maßgeblich ist insbesondere, ob das Unternehmen die mit der Übernahme der Tätigkeit verbundenen Risiken selbst trägt, mit Gewinnerzielungsabsicht und unter normalen Marktbedingungen tätig wird. Liegen diese Indizien vor, ist das Vorliegen einer Aufgabe nichtgewerblicher Art unwahrscheinlich (EuGH, Urteil vom 22.05.2003 – C-18/01 – Korhonen).

Die praktische Handhabung des Kriteriums der Nichtgewerblichkeit wird durch die Indizien erleichtert. Der EuGH nimmt jedoch keine trennscharfe Abgrenzung vor; vielmehr sind stets alle relevanten Umstände des Falles zu betrachten, einschließlich der konkreten Voraussetzungen, unter denen das Unternehmen seine Tätigkeit ausübt (vgl. zum Ganzen: Krohn/Schneider in Gabriel/Krohn/Neun, Handbuch des Vergaberechts, § 3 Auftraggeber, Rn. 32–36 m. w. N.).

Deswegen ist für die Frage der Nichtgewerblichkeit eine Gesamtbetrachtung anzustellen, im Rahmen derer alle erheblichen rechtlichen und tatsächlichen Gesichtspunkte, wie etwa die Umstände, die zur Gründung der betreffenden Einrichtung geführt haben, und die Voraussetzungen, unter denen sie ihre Tätigkeit ausübt, zu berücksichtigen sind. Die Gesamtbetrachtung ist auf das wirtschaftliche Umfeld, d. h. den Sektor, für den die Gesellschaft gegründet wurde, zu richten. Es handelt sich um eine Einzelfallprüfung, die entsprechend einer teleologisch-europarechtlichen Auslegung des Merkmals der »Nichtgewerblichkeit« durchzuführen ist (Badenhausen-Fähnle in: Müller-Wrede, § 99 GWB, Rn. 52 m. w. N.).

Exkurs: Kritische Würdigung der Argumentation der Vergabekammer
Ausgehend von den oben dargestellten Entscheidungsmaßstäben kommt die Vergabekammer zu dem Ergebnis, dass die kommunale Wohnungsgesellschaft in dem dort streitigen Sachverhalt nichtgewerblich handle und sie daher eine öffentliche Auftraggeberin sei. Dies begründet die Vergabekammer damit, dass die Gesellschaft, die mit der Übernahme der Tätigkeit verbundenen Risiken nicht selbst tragen würde, sondern die Kommune. Sie führt dazu im Einzelnen aus[87]:

> Im Rahmen dieses Indizes kommt es darauf an, ob die betreffende Einrichtung ihre eigenen Verluste zu tragen hat und insbesondere einem Insolvenzrisiko ausgesetzt ist. Daran fehlt es, wenn wenigstens die Wahrscheinlichkeit besteht, dass im wirtschaftlichen Notfall ein Verwaltungsträger finanzielle Unterstützung gewährt oder für Verbindlichkeiten gegenüber Dritten haftet (EuGH, Urteil vom 22.05.2003 – C-18/01 – Korhonen) oder wenn das Insolvenzrisiko durch ein System des Verlustausgleichs praktisch ausgeschlossen ist (OLG Hamburg, Beschluss vom 25.01.2007 – 1 Verg 5/06 –).
> Die [...] ist zwar als GmbH per se einem Insolvenzrisiko ausgesetzt. In der Satzung sind keine Verlustausgleichspflichten des Gesellschafters gegenüber der Beigeladenen oder anderweitige Ausgleichsmechanismen vorgesehen. Trotzdem kann man nach Auffassung der Vergabekammer zu dem Ergebnis gelangen, dass keine Risikotragung vorhanden ist, wenn man zu der plausiblen Annahme gelangt, dass die Gebietskörperschaft, der eine Gesellschaft gehört, deren Zahlungsunfähigkeit aller Voraussicht nach nicht in Kauf nehmen und – soweit erforderlich – eine Rekapitalisierung der Gesellschaft durchführen würde, damit diese weiter ihre im Allgemeininteresse liegenden Aufgaben wahrnehmen kann. Dies gilt insbesondere dann, wenn z. B. die Gebietskörperschaften in der Vergangenheit bereits einmal öffentliche Mittel für die Verfolgung der Gesellschaftszwecke zur Verfügung gestellt haben (vgl. OLG Rostock, Beschluss vom 02.10.2019 – 17 Verg 3/19 –; EuGH, Urteil vom 22.05.2003 – C-18/01 – Korhonen; EuGH, Urteil vom 16.10.2003 – C-283/00 – SIEPSA).
> Der Auftraggeberin wurden Mitte der 90er Jahre Bürgschaften in erheblichem Ausmaß von der Stadt [...] gewährt. Diese umfassen aktuell noch ein Gesamtvolumen von etwa 194 Mio. EUR. Auch wenn es nach der ursprünglichen Gewährung zu keinen weiteren Bürgschaften kam und sich die Bedingungen am Wohnungsmarkt seitdem in [...] umfassend verändert haben, insbesondere die nach der Wende auftretenden Probleme hinsichtlich des Zustands der Gebäude und den teilweise unklaren Eigentumsverhältnissen nun nicht mehr vorhanden sind, spricht dies nach Auffassung der Vergabekammer eher für ein nichtgewerbliches Handeln. Entscheidend ist innerhalb dieses Indizes

---

[87] VK Sachsen, Beschluss v. 11.06.2021 – 1/SVK/006-21.

7.1 Einordnung kommunaler Wohnungsgesellschaften als privater oder öffentlicher Auftraggeber

aber auch, dass die Vergabekammer es für plausibel hält, dass im Falle einer drohenden wirtschaftlichen Schieflage der [...] die Stadt [...] diese – in welcher Form auch immer – finanziell unterstützen wird. Es erscheint nicht vorstellbar, dass die Stadt [...] eine Insolvenz der [...] hinnehmen würde, ohne zumindest den Versuch zu unternehmen, diese abzuwenden und dabei finanzielle Unterstützung zu gewähren, um dies zu verhindern. Angesichts der ambitionierten neuen Ziele im sozialen Wohnungsbau, welche die Stadt [...] als Alleingesellschafterin der [...] gesetzt hat und der aktuellen politischen Situation, in der sich verschiedene für die Stadtpolitik [...] maßgebliche Parteien bezüglich des sozialen Wohnungsbaus eindeutig positioniert haben, erscheint es ausgeschlossen, dass man die Insolvenz der [...] hinnehmen würde. Dann hätte man kein effektives Mittel mehr in der Hand, um die ambitionierten wohnungspolitischen Ziele zu erreichen. Aus den aktualisierten Eigentümerzielen der [...] und dem dazugehörigen Stadtratsbeschluss samt Begründung ist erkennbar, dass die Stadt [...] die [...] als wichtiges Instrument zur Durchsetzung ihrer stadtentwicklungspolitischen Ziele ansieht. Maßgeblich soll die [...] ihren Bestand an Wohnungen erweitern, den Anteil von preiswertem Wohnraum im Bestand erhöhen und »umgehend alle Möglichkeiten zur Organisation eines wirtschaftlich vertretbaren sozialen Wohnungsbaus« ausarbeiten und bei der Schaffung von neuem Wohnraum dafür Sorge tragen, dass ein angemessener Anteil an sozial verträglichen Wohnungen sichergestellt wird (vgl. Begründung Stadtratsbeschluss Nr. VI-DS-03397-NF-05, Seiten 1, 4 und 5). Der [...] wird somit für die allgemeinen wohnungs- und stadtentwicklungspolitischen Ziele der Stadt [...] explizit eine besondere Rolle zugeschrieben (so auch OBM [...] am 07.06.2021:

»›Die [...] ist auf Kurs und ein unverzichtbares Instrument für unsere wohnungspolitischen und städtebaulichen Ziele‹, LVZ vom 07.06.2021).«

Dass die Stadt [...] es also hinnehmen würde, auf dieses »unverzichtbare« Instrument im Falle einer drohenden Insolvenz verzichten zu müssen, erachtet die Vergabekammer als praktisch ausgeschlossen. Dann wären zugleich maßgebliche politische Ziele im Bereich sozialer Wohnungsbau in Gefahr. Deshalb geht die Vergabekammer davon aus, dass die Stadt [...] eine Zahlungsunfähigkeit der [...] aller Voraussicht nach nicht in Kauf nehmen würde.

Die Argumentation der Vergabekammer ist fragwürdig und nicht konsequent zu Ende gedacht. Die Schlussfolgerung, die kommunale Wohnungsgesellschaft würde im Notfall von einem staatlichen Träger finanziell gestützt, ist nicht mehr als eine Vermutung. Die Vermutung wird nämlich im Kern einzig und allein mit dem Argument begründet, der Staat als unmittelbarer oder mittelbarer Gesellschafter würde schon automatisch dafür sorgen, dass »seine« Unternehmen nicht insolvent werden. Wenn dies ein zutreffendes Argument wäre, dann bräuchte man keine Prüfung vorzunehmen und würde bei staatlichen Gesellschaften grundsätzlich davon ausgehen, dass diese im Zweifel das Insolvenzrisiko übernehmen und damit ein Handeln immer nichtgewerblich sei. Die Argumentation überzeugt auch gerade deshalb nicht, weil diese Vermutung genauso gut auch für einen privatwirtschaftlichen Gesellschafter gelten kann, der über eine ebenso starke Bonität verfügt wie etwa der Staat. So könnte man auch argumentieren, dass beispielsweise börsennotierte, kapitalstarke Wohnungsgesellschaften wie die Vonovia, LEG oder TAG mit ihnen verbundene Unternehmen im Insolvenzfall stützen würden, weil sie a) die Kapitalkraft dazu haben und b) ihr Image nicht beschädigen wollen. Gleiches gilt im Übrigen auch für andere kapitalstarke Konzerne, etwa Siemens, SAP, Google, Facebook, Amazon usw.

Solange in der Satzung, in der Gesellschaftervereinbarung oder in sonstigen rechtlich relevanten Dokumenten keine ausdrückliche Verpflichtung der staatlichen Träger verankert ist, die finanziellen Risiken im Falle einer Zahlungsunfähigkeit oder Überschuldung zu tragen, kann nicht automatisch von einer nichtgewerblichen Tätigkeit des kommunalen Wohnungsunternehmens ausgegangen werden.

Auch Formulierungen in Gremienbeschlüssen – wie hier dem Stadtratsbeschluss – oder Äußerungen von politischen Verantwortungsträgern, sie würden die Gesellschaft als »wichtiges Instrument zur Verwirklichung stadtentwicklungspolitischer Ziele« sehen, vermag nicht per se die Gewerblichkeit der Tätigkeit auszuschließen. Gerade die neue Debatte zur Situation am bundesweiten Wohnungsmarkt und insbesondere in den Metropolen und Schwarmstädten hat gezeigt, dass auch und gerade private Akteure ebensolche Ziele verfolgen.

Die Vonovia mit einem Bestand von rund einer halben Million Wohnungen in Deutschland verschreibt sich intensiv der Quartiersentwicklung und der Schaffung von Wohnraum zur Linderung des Wohnungsmangels. Auch die Vivawest, ein industrieverbundenes Wohnungsunternehmen mit mehr als 120.000 Wohnungen in Nordrhein-Westfalen engagiert sich intensiv im Bereich Quartiersentwicklung und regionaler Standortförderung. Diese Beispiele zeigen, dass auch nichtstaatliche Unternehmen bei aller Gewinnerzielungsabsicht gemeinwohlorientierte Ziele verfolgen (können).

7.1.5 Aktuelle Rechtsprechung

- **Das OLG Hamburg[88] verneint die Eigenschaft als öffentlicher Auftraggeber:** Nach dem Beschluss des Hanseatischen Oberlandesgerichts Hamburg sind Wohnungsbaugesellschaften keine öffentlichen Auftraggeber, wenn sie nicht zu dem Zweck gegründet worden sind, Aufgaben nichtgewerblicher Art zu erfüllen. Dies gilt auch

---

88 OLG Hamburg, Beschluss v. 11.02.2019 – 1 Verg 3/15.

dann, wenn sie ganz oder mehrheitlich im Eigentum der öffentlichen Hand stehen. Deswegen ist eine solche Wohnungsbaugesellschaft nicht dazu verpflichtet, Ausschreibungen für Bauaufträge entsprechend den Regelungen des GWB und der VOB/A EU durchzuführen. Eine Wohnungsbaugesellschaft kann bereits dann als gewerblich einzustufen sein, wenn sie zwar ohne Gewinnerzielungsabsicht tätig ist, aber doch nach Effizienz- und Wirtschaftlichkeitskriterien arbeitet.[89]

Bei der Entscheidung des OLG Hamburg wird man jedoch konstatieren müssen, dass es sich um eine originäre Einzelfallentscheidung handelt, die nicht – ohne vertiefte Prüfung – auf anderweitige kommunal getragene Wohnungsbaugesellschaften übertragen werden kann.

- **Das OLG Rostock bejaht die Eigenschaft als öffentlicher Auftraggeber:** Nach dem Beschluss des OLG Rostock vom 02.10.2019[90] steht ein Gewinnstreben einer kommunalen Wohnungsbaugesellschaft der Nichtgewerblichkeit der im Allgemeininteresse liegenden Aufgabe der sozialen Wohnraumversorgung nach § 99 Nr. 2 GWB nicht entgegen. Dies gilt erst recht, wenn die Gewinnerzielung für die kommunale Gesellschaft nur ein »nice to have« ist und fehlende Gewinnaussichten den Fortbestand des Unternehmens nicht ernstlich in Zweifel ziehen würden. Denn dann besteht die objektive Gefahr, dass sich das unter kommunaler Kontrolle stehende Unternehmen bei der Vergabe von Aufträgen von anderen als rein wirtschaftlichen Überlegungen leiten lässt.

  Das OLG Rostock betont dabei die Notwendigkeit einer Gesamtbetrachtung und schließt sich dabei der »Infizierungstheorie« an. Danach ist eine kommunale Wohnungsbaugesellschaft insgesamt als öffentlicher Auftraggeber anzusehen, sofern zumindest in Teilen im Allgemeininteresse liegende Aufgaben nichtgewerblicher Art wahrgenommen werden, auch wenn sie daneben (oder sogar hauptsächlich) wettbewerblich und mit Gewinnerzielung agiert.[91]

- **OLG Brandenburg – Beschluss v. 06.12.2016 – 6 Verg 4/16:** Nach dem Beschluss des OLG Brandenburg richtet sich die Beurteilung, ob eine kommunale Wohnungsbaugesellschaft öffentliche Auftraggeberin i. S.d. § 99 Nr. 2 GWB ist, nach einer funktionalen Betrachtungsweise. Das OLG Brandenburg stellt fest, dass der soziale Wohnungsbau und die soziale Wohnraumförderung als Bestandteil der öffentlichen Daseinsvorsoge eine im Allgemeininteresse liegende Aufgabe darstellt.[92] In diesem Bereich tätige kommunale Wohnungsbaugesellschaften üben die im Allgemeininteresse liegende Aufgabe regelmäßig auch dann in nichtgewerblicher

---

89 OLG Hamburg, Beschluss v. 11.02.2019 – 1 Verg 3/15; EuGH, Urteil v. 10.05.2001 – C-223/99.
90 OLG Rostock, Beschluss v. 02.10.2019 – 17 Verg 3/19.
91 OLG Rostock, Beschluss v. 02.10.2019 – 17 Verg 3/19; VK Sachsen, Beschluss v. 11.06.2021 – 1/SVK/006-21.
92 OLG Brandenburg, Beschluss v. 06.12.2016 – 6 Verg 4/16; OLG Schleswig, Beschluss v. 15.02.2005 – 6 Verg/04, VergabeR 2005, 357; KG Berlin, Beschluss v. 06.02.2003 – 2 Verg 1/03, VergabeR 2003, 355; Senat, Beschluss v. 03.08.2001 – Verg W 3/01, VergabeR 2002, 45; VK Baden-Württemberg, Beschluss v. 09.10.2001 – 1 VK 27/01, zit. nach juris; VK Lüneburg, Beschluss v. 13.02.2012 – VgK-2/12, zit. nach veris; VK Brandenburg, Beschluss v. 27.12.205 – VK 12/15, zit. nach veris; Eschenbruch, a. a. O., 4. Aufl., § 99 Rn. 267 ff; Ziekow/Völlink, a. a. O., Rn. 52, 58; Reidt/Stickler/Glahs Vergaberecht, 2. Aufl., Rn. 92; Heuveles/ Höß/ Kuß/Wagner, Vergaberecht, Aufl. 2013, § 98 Rn. 58.

Art aus, wenn sie daneben in Gewinnerzielungsabsicht unter Marktbedingungen Wohnraum anbieten. Es entspricht dem typischen Bild heutiger kommunaler Wohnungsbaugesellschaften, dass sie die Aufgabe der sozialen Wohnraumförderung mit der Tätigkeit eines nach wirtschaftlichen Gesichtspunkten agierenden Wohnungsunternehmens verbinden, so das OLG Brandenburg. Das ändert nichts daran, dass die im Allgemeininteresse liegende besondere Aufgabe der sozialen Wohnraumförderung eine solche nichtgewerblicher Art ist.

- **Vergabekammer Brandenburg – Beschluss v. 22.07.2015 – VK 12/15:** Die Vergabekammer Brandenburg bejaht die öffentliche Auftraggebereigenschaft von kommunalen Wohnungsbaugesellschaften. Eine kommunale Wohnungsbaugesellschaft, deren Aufgabe darin liegt, Wohnungen an breite Bevölkerungsschichten zu vermieten, die zur Schaffung von Wohneigentum selbst nicht in der Lage sind, ist als öffentliche Auftraggeberin i. S. d. § 99 Nr. 2 GWB zu qualifizieren.
- **Vergabekammer Rheinland-Pfalz – Beschluss v. 21.12.2017 – VK 1-24/17:** Nach der Entscheidung der Vergabekammer Rheinland-Pfalz nimmt eine Wohnungsbaugesellschaft eine im Allgemeininteresse liegende Aufgabe wahr, wenn ihr Zweck nach dem Gesellschaftsvertrag ist, vorrangig eine sichere und sozial verantwortbarer Wohnungsversorgung breiter Schichten der Bevölkerung und die Entwicklung städtebaulicher Projekte zu sichern. Selbst wenn sich das tatsächliche Handeln einer solchen Gesellschaft von ihrem ursprünglichen, im Gesellschaftsvertrag niedergelegten Unternehmenszweck losgelöst haben sollte, ist sie bereits dann öffentliche Auftraggeberin, wenn überhaupt Aufgaben der fraglichen Art erfüllt werden. Auf den Umfang der Betätigung kommt es dann nicht an. Eine Wohnungsbaugesellschaft ist – so die VK Rheinland-Pfalz – nicht allein deswegen gewerblich tätig, weil sie sich auch von wirtschaftlichen Gesichtspunkten leiten lässt. Gegen eine Gewerblichkeit spricht, wenn die hinter der Gesellschaft stehende Gemeinde bei einzelnen Projekten das wirtschaftliche Risiko, beispielsweise durch Zuschüsse, mitträgt. Ein beherrschender Einfluss auf eine Gesellschaft liegt zudem vor, wenn der Stadtrat nach dem Gesellschaftsvertrag berechtigt ist, den städtischen Vertretern im Aufsichtsrat Richtlinien und Weisungen zu erteilen.

DIGITALE EXTRAS

Checkliste: Kommunaler Auftraggeber

Durch die Beantwortung der nachfolgenden Fragen können sich kommunal getragene Wohnungsbaugesellschaften einen ersten Überblick darüber verschaffen, ob sie als öffentliche Auftraggeber vergaberechtlichen Bestimmungen unterliegen. Sofern die nachstehenden Fragen bejaht werden, spricht vieles dafür, dass die kommunale Wohnungsbaugesellschaft öffentlicher Auftraggeber im Sinne des § 99 Nr. 2 GWB ist und somit dem Vergaberecht unterliegt:
- Sind wir als juristische Person des privaten Rechts ausgestaltet?
- Ist in unserer gesellschaftsvertraglichen Grundlage (Gesellschaftsvertrag, Satzung) als Gründungszweck eine im Allgemeininteresse liegende Aufgabe, insbesondere im Bereich des sozialen Wohnungsbaus, definiert?

- Ergibt sich eine im Allgemeininteresse liegende Aufgabe aufgrund der tatsächlichen Betätigung am Markt?
- Werden wir unmittelbar oder mittelbar von der öffentlichen Hand finanziert oder beherrscht?
- Nehmen wir eine Sonderstellung am Markt ein, die ihren Ursprung in der Vereinnahmung öffentlicher Gelder hat?
- Besteht kein eigenes Verlustrisiko?
- Hat die Gesellschaft in der Vergangenheit Gewinne ausgeschüttet?
- Bestehen Verlustausgleichsverpflichtungen der Gesellschafter gegenüber der kommunalen Wohnungsbaugesellschaft?

Aufgrund der Tragweite der Bejahung einer öffentlichen Auftraggebereigenschaft sollten die gesetzlichen Tatbestandsvoraussetzungen unter Berücksichtigung der von der Rechtsprechung hierzu entwickelten Grundsätze – im besten Fall vor Gründung und Ausgestaltung der kommunal getragenen Wohnungsbaugesellschaft – sorgsam geprüft werden.

7.2 Vergabe und Einkauf

Sofern eine kommunale Wohnungsbaugesellschaft als öffentliche Auftraggeberin im Sinne des § 99 Nr. 2 GWB zu qualifizieren ist, muss sich diese den vergaberechtlichen Bestimmungen unterwerfen. Neben der Vergabe von Liefer- und Dienstleistungen ist ein Schwerpunkt von kommunalen Wohnungsbaugesellschaften die Vergabe von Bauleistungen, insbesondere zur Wohnraumbeschaffung.

Das Vergaberecht gliedert sich grundsätzlich in das Kartellvergaberecht (Oberschwellenbereich) und das Unterschwellenvergaberecht, welches seinen Ursprung im Haushaltsrecht findet. Sofern der maßgebliche Schwellenwert[93] überschritten ist, ist das Kartellvergaberecht anwendbar. Dies bedeutet, dass bei der Vergabe von Bauleistungen das Gesetz gegen Wettbewerbsbeschränkungen (GWB) und die VOB/A EU anzuwenden sind.

7.2.1 Vergabe von Bauleistungen oberhalb des Schwellenwerts

Sofern der maßgebliche Schwellenwert von Bauleistungen erreicht oder überschritten wird, hat der öffentliche Auftraggeber das Vergabeverfahren nach den Vorschriften des GWB und der VOB/A EU auszurichten.

---

93 Ab dem 01.01.2022 beträgt der Schwellenwert gem. § 106 GWB für Bauaufträge sowie Baukonzessionen 5.382.000 Euro. Jener Schwellenwert gilt für die Kalenderjahre 2022 und 2023. Die jeweiligen Schwellenwerte werden alle zwei Jahre neu festgelegt. Bis zum 31.12.2021 betrug der Schwellenwert für Bauaufträge und Baukonzessionen 5.350.000 Euro (netto).

7.2.1.1 Auftragswert

Ausgangspunkt für die Einordnung, nach welchem Vergaberechtsregime zu verfahren ist, ist die Kostenschätzung des jeweiligen Auftrages. Für die Auftragswertschätzung sind die Grundsätze des § 3 VgV maßgeblich. Bei der Schätzung des Auftragswerts ist vom voraussichtlichen Gesamtwert der vorgesehenen Leistung ohne Umsatzsteuer auszugehen. Zudem sind etwaige Optionen oder Vertragsverlängerungen zu berücksichtigen. Sieht der öffentliche Auftraggeber Prämien oder Zahlungen an den Bewerber oder Bieter vor, sind auch diese zu berücksichtigen.

Die pflichtgemäße Schätzung des Auftragswertes hat nach rein objektiven Kriterien zu erfolgen. Hierbei hat eine Preisorientierung am Markt und nicht an den Kostenrichtwerten zu erfolgen. Um eine belastbare Kostenschätzung generieren zu können, ist vorab eine Markterkundung bei relevanten Marktteilnehmern zulässig. Eine ordnungsgemäße Kostenschätzung ist für jedes Vergabeverfahren essenziell, da die Kostenschätzung maßgebliche Grundlage für diverse (spätere) Verfahrensschritte ist, wie z. B. eine Verfahrensaufhebung oder eine zwingend durchzuführende Auskömmlichkeitsprüfung sein kann. Die Belastbarkeit der Kostenschätzung und die Dokumentation der Ermittlung der Kosten müssen dabei zunehmen je näher die Kostenschätzung den Schwellenwert erreicht. Maßgeblicher Zeitpunkt für die die Schätzung des Auftragswertes ist der Tag, an dem die Auftragsbekanntmachung abgesendet wird oder das Vergabeverfahren auf sonstige Weise eingeleitet wird. Eine rückwirkende Kostenschätzung ist demnach unzulässig. Bei der Schätzung des Auftragswerts von Bauleistungen ist neben dem Auftragswert der Bauaufträge der geschätzte Gesamtwert aller Liefer- und Dienstleistungen zu berücksichtigen, die für die Ausführung der Bauleistungen erforderlich sind und vom öffentlichen Auftraggeber zur Verfügung gestellt werden. Die Möglichkeit des öffentlichen Auftraggebers, Aufträge für die Planung und die Ausführung von Bauleistungen entweder getrennt oder gemeinsam zu vergeben, bleibt hiervon jedoch unberührt.

7.2.1.2 Definition Bauauftrag

Sofern der maßgebliche Schwellenwert für Bauleistungen erreicht oder überschritten wird, hat die kommunale Wohnungsbaugesellschaft die Bauleistung einem europaweiten Vergabeverfahren zuzuführen. Der Begriff des Bauauftrags ist in § 103 GWB definiert. Danach sind Bauaufträge Verträge über die Ausführung oder die gleichzeitige Planung und Ausführung

1. von Bauleistungen im Zusammenhang mit einer der Tätigkeiten, die in Anhang II der Richtlinie 2014/24/EU des Europäischen Parlaments und des Rates vom 26. Februar 2014 über die öffentliche Auftragsvergabe und zur

Aufhebung der Richtlinie 2004/18/EG (ABl. L 94 vom 28.3.2014, S. 65) und Anhang I der Richtlinie 2014/25/EU des Europäischen Parlaments und des Rates vom 26. Februar 2014 über die Vergabe von Aufträgen durch Auftraggeber im Bereich der Wasser-, Energie- und Verkehrsversorgung sowie der Postdienste und zur Aufhebung der Richtlinie 2004/17/EG (ABl. L 94 vom 28.3.2014, S. 243) genannt sind, oder
2. eines Bauwerkes für den öffentlichen Auftraggeber oder Sektorenauftraggeber, das Ergebnis von Tief- oder Hochbauarbeiten ist und eine wirtschaftliche oder technische Funktion erfüllen soll.

Ein Bauauftrag liegt auch vor, wenn
- ein Dritter eine Bauleistung gemäß den vom öffentlichen Auftraggeber oder Sektorenauftraggeber genannten Erfordernissen erbringt,
- die Bauleistung dem Auftraggeber unmittelbar wirtschaftlich zugutekommt und
- der Auftraggeber einen entscheidenden Einfluss auf Art und Planung der Bauleistung hat.

Eine weitere Definition des Bauauftrags enthält § 1 EU VOB/A. Danach sind Bauaufträge Verträge über die Ausführung oder die gleichzeitige Planung und Ausführung

1. eines Bauvorhabens oder eines Bauwerks für einen öffentlichen Auftraggeber, das a) Ergebnis von Tief- oder Hochbauarbeiten ist und b) eine wirtschaftliche oder technische Funktion erfüllen soll oder
2. einer dem öffentlichen Auftraggeber unmittelbar wirtschaftlich zugutekommenden Bauleistung, die Dritte gemäß den vom öffentlichen Auftraggeber genannten Erfordernissen erbringen, wobei der öffentliche Auftraggeber einen entscheidenden Einfluss auf die Art und die Planung des Vorhabens hat.

Immobilientransaktionen unterfallen hingegen nicht dem Vergaberecht. Beteiligt sich eine kommunale Wohnungsbaugesellschaft hingegen an einem Projekt durch Risikoübernahme oder auf andere Weise mit finanziellen Mitteln, geht diese das Risiko ein, dass ein unmittelbares wirtschaftliches Interesse an der Projektrealisierung zu bejahen ist und mithin ein ausschreibungspflichtiger Bauauftrag vorliegt (Ahlhorn-Rechtsprechung).

Mit dem Urteil des Europäischen Gerichtshofs vom 25.03.2010 (Rs C-451/08) haben öffentliche Auftraggeber ihre früheren Entscheidungs- und Gestaltungsspielräume bei Immobiliengeschäften zurückerhalten. Der EuGH bestätigt darin die Zulässigkeit der Veräußerung kommunaler Grundstücke an private Investoren ohne europaweite Ausschreibung auch dann, wenn das Grundstücksgeschäft mit städtebaulich motivierten Vorgaben für die künftige Nutzung verbunden wird. Aus einer solchen Verknüpfung hatte das OLG Düsseldorf in mehreren Entscheidungen (sog. Ahlhorn-Rechtsprechung) die Verpflichtung zur europaweiten Ausschreibung abgeleitet. Dieser Ausweitung des Vergaberechts ist der EuGH entgegengetreten. Er betont, dass ein vergabepflichtiger öffentlicher Bauauftrag nur dann vorliegt, wenn es um eine Bauleistung geht, die dem öffentlichen Auftraggeber unmittelbar wirtschaftlich zugutekommt.

Ein solches unmittelbares wirtschaftliches Interesse des öffentlichen Auftraggebers bestehe jedoch nur in den folgenden Fallkonstellationen:
- Der öffentliche Auftraggeber wird Eigentümer des auftragsgegenständlichen Bauwerks.
- Der öffentliche Auftraggeber hat – auch ohne Eigentümer zu werden – ein Verfügungsrecht über das auftragsgegenständliche Bauwerk.
- Der öffentliche Auftraggeber ist berechtigt, aus der künftigen Nutzung oder Veräußerung des auftragsgegenständlichen Bauwerks wirtschaftliche Vorteile zu ziehen.

7.2.1.3 Ausnahme vom Vergaberecht

Gemäß § 107 Abs. 1 Nr. 2 GWB werden öffentliche Aufträge und Konzessionen für den Erwerb, die Miete oder die Pacht von Grundstücken, vorhandenen Gebäuden oder anderem unbeweglichem Vermögen sowie Rechten daran, ungeachtet ihrer Finanzierung, generell vom Vergaberecht ausgenommen.

7.2.1.4 Beurteilung typengemischter Verträge

Typengemischte Verträge werden danach beurteilt, welche Tätigkeit bei einer an einem objektivierten Maßstab auszurichtenden Betrachtung den Hauptgegenstand darstellt. Danach ist zu bestimmen, wo der rechtliche und wirtschaftliche Schwerpunkt des Vertrags liegen soll, wobei die subjektive Einordnung des öffentlichen Auftraggebers unerheblich ist.

Gemischte Verträge sind danach einheitlich nach den Regeln zu behandeln, die für ihren Schwerpunkt gelten. Oftmals ist die Abgrenzung zwischen Bauleistungen und Liefer-/Dienstleistungen nicht immer leicht. Vor dem Hintergrund der sich immens unterscheidenden Schwellenwerte kann eine fehlerhafte Bewertung jedoch weitreichende Folgen haben. Demnach bedarf es vorab einer genauen Analyse, in welchem Bereich der jeweilige Leistungsschwerpunkt liegt.

Stellen Bauleistungen nur Nebenarbeiten im Verhältnis zum Hauptgegenstand des Vertrags dar oder werden sie neben der Lieferung von Leistungen (etwa als dazu notwendige einfache Montageleistungen o. Ä.) lediglich als Nebentätigkeit verlangt, ist der Vertrag daher einheitlich als Lieferauftrag anzusehen.

Der Hauptgegenstand ist zwar in erster Linie wirtschaftlich zu bestimmen. Feste Wertgrenzen, insbesondere in der Weise, dass ab einem bestimmten wertmäßigen Anteil eine bestimmte Auftragsart nicht mehr angenommen werden kann, bestehen jedoch nicht. Die Wertanteile vermitteln für die rechtliche Einordnung des gesamten Auftrags im Regelfall lediglich Anhaltspunkte und eine erste Orientierung. Sie stellen jedoch nur ein Kriterium hinsichtlich der Ermittlung des Hauptgegenstandes dar. Maßgeblich ist vielmehr das »Gepräge« des Vertragsgegenstandes. Daneben ist bei Bauleistungen auf den Funktionszusammenhang abzustellen. So ist zum Beispiel ein Auftrag zur Errichtung eines digitalen Alarmierungssystems für die nichtpolizeiliche Gefahrenabwehr kein Bau-, sondern ein Liefer- bzw. Dienstauftrag.[94] Die hier genannten Abgrenzungskriterien sind auch auf den Bereich der Unterschwellenvergabe nach VOB/A Abschnitt 1 zu übertragen.

Exkurs: Besondere Einzelfälle
Ein Vertrag über die Anmietung eines nach den Erfordernissen des öffentlichen Auftraggebers noch zu errichtenden oder umzubauenden Gebäudes kann sich im Ergebnis insgesamt als vergaberechtspflichtiger Bauauftrag erweisen, wenn der Mietvertrag mit den Bauleistungen »steht und fällt« und ohne diese nicht realisiert würde.

Ist eine nach den konzeptionellen Erfordernissen des öffentlichen Auftraggebers vorzunehmende Errichtung bzw. ein Umbau des später an diesen zu vermietenden Gebäudes vertraglicher Hauptgegenstand, handelt es sich in der Regel um einen öffentlichen Bauauftrag, nicht etwa um einen vergaberechtsfreien Mietvertrag.[95]

Der Verkauf eines Grundstücks durch einen Auftraggeber zum Zwecke des Neubaus und des Betriebs eines Hotels durch einen privaten Investor ist kein öffentlicher Auftrag.

Rein städtebauliche Interessen einer Kommune stellen kein »unmittelbares wirtschaftliches Interesse« an der Bauleistung des Investors dar, da der Kommune hierdurch kein unmittelbarer wirtschaftlicher Vorteil zugutekommt. Durch die Genehmigung eines Bebauungskonzepts, das keinen über Randbedingungen hinausgehenden Detaillierungsgrad aufweist, nimmt die Kommune keinen vergaberechtlich entscheidenden Einfluss auf die Erbringung der Bauleistung des Investors.[96]

Der Verkauf eines Grundstücks zum Zweck der Verpflichtung, ein Kurhotel zu errichten, ist kein öffentlicher Bauauftrag. Das allgemeine Interesse der Wirtschaftsförderung genügt nicht, um ein unmittelbares wirtschaftliches Interesse an der Bauleistung

---

94 OLG Düsseldorf, Beschluss v. 16.10.2019 – Verg 66/18.
95 VK Sachsen, Beschluss v. 19.06.2015 – 1/SVK/009-15.
96 VK Baden-Württemberg, Beschluss v. 02.02.2015 – 1 VK 64/14.

7 Bauleistungen, Vergabe und Einkauf

zu begründen. Lediglich mittelbare Vorteile reichen nicht aus, wobei jede geldwerte Leistung – des öffentlichen Auftraggebers an den Käufer – grundsätzlich geeignet ist, das Tatbestandsmerkmal der Entgeltlichkeit zu erfüllen. Darunter fallen auch finanzielle Beteiligungen in Form von Subventionen oder eine bloße Kostenerstattung.[97]

Das Vergaberecht findet auf die Ausschreibung öffentlicher Aufträge für die Miete von Gebäuden keine Anwendung (§ 107 Abs. 1 Nr. 2 GWB). Das gilt auch dann, wenn der Mietvertrag ein erst noch zu errichtendes Gebäude betrifft.

Betreffen die dem öffentlichen Auftraggeber zustehenden Gestaltungsmöglichkeiten vornehmlich die reine Ausstattung des Gebäudes, nicht jedoch das Gebäude und dessen Konzeption als solche, fehlt es an dem für einen »Bestellbau« entscheidenden Einfluss.[98]

7.2.2 Vergabe von Bauleistungen unterhalb des Schwellenwerts

Sofern der maßgebliche Schwellenwert für Bauleistungen nicht erreicht wird, ist gleichwohl ein Vergabeverfahren nach den Regelungen der VOB/A, 1. Abschnitt durchzuführen. Im Gegensatz zu den oberschwelligen Vorgaben unterliegen unterschwellige Vergabeverfahren einem nicht so formstrengen Vergaberechtsregime. Zwar bestehen viele Parallelen zwischen dem Unterschwellenvergaberecht und den Vorschriften für oberschwellige Vergabeverfahren im Baubereich. Gleichwohl unterscheiden sich diese Vergaberechtsregime in nicht unwesentlichen Punkten. Die maßgeblichen Unterschiede bestehen insbesondere in Bezug auf die Informations- und Transparenzpflichten sowie die – im Unterschwellenvergaberecht grundsätzlich nicht bestehenden – (vergaberechtlichen) Rechtsschutzmöglichkeiten. Die zentral zu berücksichtigende Norm bei der Vergabe von Bauleistungen unterhalb des Schwellenwerts in Bezug auf die Wahl der Verfahrensart ist § 3a VOB/A, 1. Abschnitt.

Sofern der Auftraggeber die Kosten für die geplante Baumaßnahme ordnungsgemäß geschätzt hat und jener Schätzwert unterhalb des maßgeblichen Schwellenwerts liegt, ist in einem nächsten Schritt zu klären, welche Verfahrensart zu wählen ist. Gemäß § 3a Abs. 1 VOB/A stehen dem Auftraggeber nach seiner Wahl die öffentliche Ausschreibung und die beschränkte Ausschreibung mit Teilnahmewettbewerb zur Verfügung. Anderweitige Verfahrensarten, wie beispielsweise eine »beschränkte Ausschreibung ohne Teilnahmewettbewerb« oder eine »freihändige Vergabe«, sind nur dann zulässig, sofern die gesetzlichen Voraussetzungen des § 3a Abs. 2 bzw. Abs. 3

---
97 Thüringer OLG, Beschluss v. 15.03.2017 – 2 Verg 3/16.
98 VK Bund, Beschluss v. 17.12.2019 – VK 2-88/19.

VOB/A erfüllt sind. Diese Verfahrensarten sind Ausnahmen vom grundsätzlichen Wahlrecht des § 3a Abs. 1 VOB/A, die grundsätzlich eng auszulegen sind und begründet werden müssen.

Die Durchführung einer »beschränkten Ausschreibung ohne Teilnahmewettbewerb« ist an bestimmte Auftragswerte geknüpft. Danach ist bis zu einem Auftragswert von 50.000 Euro für Ausbaugewerke (ohne Energie- und Gebäudetechnik), Landschaftsbau und Straßenausstattung die Durchführung einer beschränkten Ausschreibung zulässig. Für Tief-, Verkehrswege- und Ingenieurbau gilt eine Auftragswertgrenze von 150.000 Euro. Für alle übrigen Gewerke ist die Auftragswertgrenze von 100.000 Euro maßgeblich. Des Weiteren ist eine beschränkte Ausschreibung ohne Teilnahmewettbewerb gem. § 3a Abs. 2 Nr. 2 VOB/A zulässig, sofern eine öffentliche Ausschreibung oder eine beschränkte Ausschreibung mit Teilnahmewettbewerb zu keinem annehmbaren Ergebnis geführt hat.

Die Praxis zeigt derzeit, dass die Beteiligung an öffentlichen Vergabeverfahren – insbesondere an nationalen Bauausschreibungen – deutlich abnimmt. Teilweise liegt bei Ablauf der Angebotsfrist kein Angebot vor, sodass die Leistung in einer nachgelagerten – vereinfachten – beschränkten Ausschreibung ohne Teilnahmewettbewerb gem. § 3a Abs. 2 Nr. 2 VOB/A vergeben werden kann, ohne dass es einer erneuten öffentlichen Ausschreibung bedarf. Überdies ist eine beschränkte Ausschreibung ohne Teilnahmewettbewerb zulässig, wenn die öffentliche Ausschreibung oder eine beschränkte Ausschreibung mit Teilnahmewettbewerb aus anderen Gründen (z. B. Dringlichkeit, Geheimhaltung) unzweckmäßig ist.

Die Zulässigkeitsvoraussetzungen der »freihändigen Vergabe« sind in § 3a Abs. 3 VOB/A normiert. Bei einer freihändigen Vergabe handelt es sich nicht – wie oftmals in der Praxis verwechselt – um eine direkte Beauftragung eines Unternehmens. Vielmehr zeichnet sich eine freihändige Vergabe durch die geringste Formstrenge aus, obgleich die vergaberechtlichen Grundprinzipien zu beachten sind. § 3a Abs. 3 VOB/A enthält eine nicht abschließende Aufzählung von Tatbeständen, nach denen eine freihändige Vergabe zulässig ist. Ausgangspunkt für die Zulässigkeit einer freihändigen Vergabe ist die Unzweckmäßigkeit einer öffentlichen Ausschreibung oder einer beschränkten Ausschreibung. Der Verordnungsgeber nimmt dabei die Unzweckmäßigkeit an, wenn

- für die Leistung aus besonderen Gründen (z. B. Patentschutz, besondere Erfahrung oder Geräte) nur ein bestimmtes Unternehmen in Betracht kommt (Nr. 1),
- die Leistung besonders dringlich ist (Nr. 2),
- die Leistung nach Art und Umfang vor der Vergabe nicht so eindeutig und erschöpfend festgelegt werden kann, dass hinreichend vergleichbare Angebote erwartet werden können (Nr. 3),

- nach Aufhebung einer öffentlichen Ausschreibung oder einer beschränkten Ausschreibung eine erneute Ausschreibung kein annehmbares Ergebnis verspricht (Nr. 4),
- es aus Gründen der Geheimhaltung erforderlich ist (Nr. 5),
- sich eine kleine Leistung von einer vergebenen größeren Leistung nicht ohne Nachteil trennen lässt (Nr. 6).

Eine freihändige Vergabe bis zu einem Netto-Auftragswert von 10.000 Euro ist stets zulässig.

> **Tipp: Verfahrenserleichterungen berücksichtigen**
>
> Vor der Durchführung einer öffentlichen Ausschreibung sollten zumindest gedanklich die von der VOB/A vorgegebenen Verfahrenserleichterungen durchgegangen werden. Hierbei sollte jedoch neben der vergaberechtlichen Zulässigkeit stets die aktuelle Marktlage und die Praxistauglichkeit berücksichtigt werden. Aufgrund der aktuellen Marktlage, insbesondere aufgrund der Volatilität der Marktpreise, verstärkt durch die Corona-Pandemie, die Flutkatastrophe sowie zuletzt die kriegerische Auseinandersetzung in der Ukraine, ist ein weiterer Rückgang der Beteiligung von Unternehmen an öffentlichen Ausschreibungen zu erwarten. Die Schaffung eines größtmöglichen potenziellen Bieterkreises und damit Wettbewerbs ist für den Auftraggeber unabdingbar, um einen öffentlichen Auftrag zu vergeben, obgleich die Voraussetzungen vereinfachter Vergabeverfahren vorliegen.
>
> Nicht zuletzt durch die kriegerische Auseinandersetzung in der Ukraine ist davon auszugehen, dass die Preise für Energie und Baustoffe stark ansteigen werden. Damit geht ein immenses wirtschaftliches Risiko auf der Auftragnehmerseite einher, das dazu führen kann, dass Unternehmen zukünftig keine seriösen Angebote mehr abgeben können. Dies liegt daran, dass Unternehmen derzeit ausschließlich tagesaktuelle Preise erhalten und oftmals keinerlei Lieferzusagen. Um dieses auftragnehmerseitige Risiko abzuschwächen, sollten – insbesondere bei längerfristigen Projekten – Stoffpreisgleitklauseln implementiert werden, um den unkalkulierbaren Kostenrisiken entgegenzuwirken. Hierbei ist insbesondere darauf hinzuweisen, dass dem Auftragnehmer gem. § 7 Abs. 1 Nr. 1 VOB/A kein ungewöhnliches Wagnis aufgebürdet werden darf für Umstände und Ereignisse, auf die er keinen Einfluss hat und deren Einwirkung auf die Preise und Fristen er nicht im Voraus schätzen kann. Vor diesem Hintergrund ist das Abschwächen des finanziellen Risikos unabdingbar. Hierzu kann und sollte insbesondere das Formblatt 225 des VHB Bund genutzt werden. Falls das Formblatt nicht verwendet wird, sollten Vertragsklauseln mit aufgenommen werden, um das finanzielle Risiko auf Auftragnehmerseite abzuschwächen, um nicht Gefahr zu laufen, dass Bauprojekte ins Stocken geraten.

7.2.3 Landesspezifische Besonderheiten

Nicht zuletzt durch die Corona-Krise und die Flutkatastrophe in Rheinland-Pfalz und Nordrhein-Westfalen unterliegt die Vergabe von Leistungen ständigen landesspezifischen Anpassungen. Neben der Einführung landesspezifischer Vergabevorschriften durch Landestariftreue- und/oder Vergabegesetze kann die (zeitlich begrenzte) Anpassung vergaberechtlicher Vorgaben auch durch kommunale Vergabegrundsätze oder Ministerialerlasse erfolgen. Die Einführung einheitlicher Richtlinien für die Vergabe öffentlicher Aufträge wurde dabei bundeslandspezifisch unterschiedlich gehandhabt, wobei die inhaltlichen Schwerpunkte in vielen Länderregelungen vereinheitlich wurden. Maßgebliche Unterschiede ergeben sich im Hinblick auf die teilweise im Detail sehr unterschiedlichen Ausgestaltungen in den landesrechtlichen Vergabevorschriften u. a. bezüglich

- der Verfahrensarten, Vergabestellen, der Vergabe von öffentlichen Aufträgen durch kommunale Einrichtungen,
- den Wertgrenzen, der Mittelstandsförderung, der Tarifverpflichtung, dem Mindestlohn, den Nachweispflichten der Bieter, deren Kontrolle und der Gestaltung von Sanktionen,
- der Regelungen zum Umgang mit Nachunternehmern bis hin zu der Frage eines Primärrechtsschutzes unterhalb der Schwellenwerte auf Länderebene.

> **Hinweis: Vorschriften prüfen und definieren**
>
> Bei sämtlichen Beschaffungsvorgängen sollten die anzuwendenden vergaberechtlichen Vorschriften geprüft und definiert werden. Hierbei sollten insbesondere die landesspezifischen Vorgaben auf deren konkreten Anwendbarkeit überprüft werden. Die Praxis zeigt, dass die konkrete Analyse der anzuwendenden landesspezifischen Vorgaben durchaus komplex sein kann, sodass dieser Überprüfung eine gewisse Aufmerksamkeit geschenkt werden sollte.

7.2.4 Besonderheiten bei der Verwendung von Fördermitteln

Sofern eine kommunal getragene Wohnungsbaugesellschaft mit Fördermitteln bedacht wird, ist ebenfalls erhöhte Aufmerksamkeit in Zusammenhang mit der Einhaltung vergaberechtlicher Vorgaben geboten. Grundsätzlich wird zwischen dem Vergaberecht und dem Zuwendungsrecht unterschieden. Während das typische Vergaberecht nur von öffentlichen Auftraggebern (im Sinne des § 99 GWB) anzuwenden ist, gilt das Zuwendungsrecht für alle Empfänger von Fördergeldern (also auch für private Institutionen). Folglich bestimmt der Fördergeldgeber die »Spielregeln«, d.h. auch, ob und in welcher Ausprägung das Vergaberecht anzuwenden ist. Die rechtliche Grundlage von Zuwendungen bildet dabei das Landeshaushaltsrecht (§§ 23, 44 BHO/LHO). Bei der Anwendung des Landeshaushaltsrechts gelten regelmäßig die »Allgemeinen Nebenbestimmungen für Zuwendungen (ANBEst)«. Auf die zwingende Anwendungspflicht der ANBest-P (P = zur Projektförderung) wird in den jeweiligen Förderbescheiden hingewiesen. Die ANBest unterscheiden sich – je nach Bundesland – teilweise wesentlich. Bei der Vergabe fördermittelfinanzierter Aufträge hat der Fördermittelempfänger regelmäßig die Vorschriften des Vergaberechts zu beachten, und zwar auch dann, wenn er ansonsten kein öffentlicher Auftraggeber ist.

Die Anwendung des Vergaberechtes dient dabei der Sicherstellung der verwaltungsrechtskonformen Verwendung öffentlicher Mittel. Der direkte Verweis auf die Einhaltung vergaberechtlicher Vorgaben ist in den Förderbescheiden zu finden. Folglich gilt die Verpflichtung zur Beachtung des Vergaberechts auch für private Institutionen, die ansonsten nicht dem Vergaberechtsregime unterliegen, sofern dies vom jeweiligen Bundesland im Förderbescheid angeordnet wurde.

Die Fördermittelbewilligung erfolgt als sog. Verwaltungsakt (Zuwendungsbescheid). Zuwendungsbescheide werden üblicherweise mit Nebenbestimmungen (z. B. ANBest-P des jeweiligen Bundeslandes) versehen. Verstößt der Zuwendungsempfänger gegen die dem Fördermittelbescheid zugrunde liegenden vergaberechtlichen Vorgaben, liegt ein Auflagenverstoß vor, der den Fördermittelgeber gemäß § 49 Abs. 3 Satz 1 Nr. 2 VwVfG zum Widerruf der Bewilligung und gemäß § 49a Abs. 3, 4 VwVfG zur Rückforderung von Fördermitteln verpflichtet. Die zurückgeforderte Summe wird darüber hinaus mit fünf Prozentpunkten über dem Basiszinssatz verzinst (§ 49a Abs. 3 VwVfG), sodass – je nach Höhe der zurückgeforderten Fördermittel – ein beträchtliches finanzielles Risiko bestehen kann.

Die Entscheidung, ob ein sog. schwerwiegender Verstoß gegen das Vergaberecht vorliegt, steht im Ermessen des Fördermittelgebers. Die Annahme eines schweren Vergaberechtsverstoßes hängt nicht von einem vorsätzlichen oder grob fahrlässigen Handeln ab.[99] Es genügt der Umstand einer ungerechtfertigten Einschränkung des Wettbewerbs. Beispiele für schwere Vergaberechtsverstöße sind
- die Wahl der falschen Verfahrensart,
- fehlende, unklare oder nicht bekannt gegebene Wertungskriterien,
- ein Verstoß gegen das Gebot der Mittelstandsförderung oder
- Dokumentationsfehler.

Hinweis: Vorgaben sorgfältig prüfen

Bei Beschaffungen, die durch Fördermittel finanziert werden, ist besondere Vorsicht geboten. Bereits bei der Vorbereitung sollten die Weichen für den Fördermittelbestand gestellt werden. Hierzu ist es ratsam, dass die fördermittelrechtlichen Vorgaben, die sich aus dem Fördermittelbescheid und den zugrunde liegenden allgemeinen Nebenbestimmungen ergeben, vorab sorgsam geprüft werden. Aufgrund der landesspezifischen Besonderheiten und der teilweise erheblichen unterschiedlichen Handhabung in den fördermittelrechtlichen Vorgaben kann eine vorherige Kontaktaufnahme mit dem Fördermittelgeber hilfreich sein, um den rechtlichen Rahmen abzustecken.

---

99 VG Regensburg, Urteil v. 14.06.2018 – RN 5 K 16.1879; VGH München, Beschluss v. 22.05.2017 – 4 ZB 16.577.

8 Marketing und Presse-/Öffentlichkeitsarbeit

Bearbeitet von Marco Boksteen

Kommunale Immobiliengesellschaften und ihre Organe sowie Mitarbeitenden stehen in einem besonderen öffentlichen Fokus. Sie ziehen die Aufmerksamkeit der Stadt- oder Dorfgesellschaft sowie der lokalen, regionalen und mitunter auch bundesweiten Medienlandschaft auf sich. In gewisser Weise sind kommunale Unternehmen auch Seismografen der der gesellschaftlichen Entwicklung. Allein in den letzten zehn Jahren hatten sämtliche gesellschaftlichen Trends auch besonderen Einfluss auf die Immobilienwirtschaft.

Bestes Beispiel sind in diesem Zusammenhang die verschiedenen Krisen, die mehr oder weniger intensiv auf die Immobilienwirtschaft eingewirkt haben. Die Finanzkrise hat das Thema Finanzierbarkeit von Maßnahmen und die Abhängigkeit vom Bankensystem auf die Tagesordnung gebracht. Im Zuge der europäischen Migrationskrise, die auch in Deutschland den Zuzug Tausender Menschen aus weltweiten Krisenregionen zur Folge hatte, erlangte auch die Wohnungswirtschaft neue Bedeutung. Die unverzügliche und schnelle Schaffung von Wohnraum für Geflüchtete wurde gerade in der Anfangsphase der Krise durch die kommunalen Akteure in Verbindung mit den vielen Wohlfahrtsverbänden gestemmt. Ganz aktuell zeigen die Fluchtbewegungen aus der Ukraine, dass auch in Deutschland Wohnraum für hilfsbedürftige Menschen bereitgestellt werden muss.

Unmittelbar im Fadenkreuz des öffentlichen Interesses standen und stehen auch die kommunalen Wohnungsgesellschaften im Zusammenhang mit der Wohnungsmarktkrise. Die Anspannung an den Wohnungsmärkten hat angefangen bei den Metropolen und über die Schwarmstädte nun auch bei den B- und C-Standorten ihren Niederschlag gefunden. Die Bürgerinnen und Bürger spüren die Veränderungen am Wohnungsmarkt unmittelbar und mit ungefilterter Kraft. Dies betrifft sowohl objektive als auch subjektive Kriterien. Konnte man in den 2000er-Jahren noch entspannt auf Wohnungssuche gehen, so gleicht die Suche nach attraktivem Wohnraum in den Top-Regionen heute einem komplizierten Bewerbungsverfahren. Wohnungsbesichtigungen mit Dutzenden von potenziellen Interessenten sind kein Einzelfall und unverschämte Auswahlkriterien der Eigentümer oder eingeschalteten Dienstleister werden zum Kondensationspunkt für öffentlichkeitswirksame Beschwerden. Derartige Erlebnisse wirken geradezu traumatisch und fördern Ängste und Sorgen bei den Menschen.

Das subjektive Erleben der Realität wird unterfüttert durch einen ähnlich besorgniserregenden Mietpreistrend. Dieser zeigt seit mehreren Jahren nur in eine Richtung, nämlich nach oben. Derzeit bestimmen der Klimawandel und seine Herausforderungen die meisten gesellschaftlichen Debatten. Gerade die Immobilien- und insbesondere die Wohnungswirtschaft steht vor enormen Herausforderungen, um das Ziel der Klimaneutralität bis 2040 zu erreichen. Weitere Zukunftsthemen, wie künstliche Intelligenz, die 10-Minutenstadt und viele weitere Trends, werden eine ebenso große Dimension für die Wohnungswirtschaft darstellen.

In diesem anspruchsvollen Koordinatensystem bewegen sich kommunale Immobiliengesellschaften. Nicht nur deren strategische Ausrichtung wird durch gesellschaftliche Entwicklungen bestimmt, sondern in der Folge auch die daraus resultierende Marketingstrategie. Nach allgemeiner Auffassung wird unter »Marketing« die konsequente Ausrichtung des gesamten Unternehmens an den Bedürfnissen des Marktes verstanden.[100] »Werbung« wiederum ist die Beeinflussung von verhaltensrelevanten Einstellungen mittels spezifischer Kommunikationsmittel, die über Kommunikationsmedien verbreitet werden.[101]

8.1 Imagemarketing

Im Folgenden wird der Frage nachgegangen, auf welche Art und Weise sich kommunale Immobiliengesellschaften idealerweise an den Bedürfnissen des Marktes ausrichten. Bereits die Definition der »Bedürfnisse des Marktes« dürfte für die Gruppe der Kommunalen einige Besonderheiten mit sich bringen. Der Markt ist dabei nicht nur der originäre Wohnungsmarkt, auf dem agiert wird. Dieser stellt insofern einen reinen Absatzmarkt für das Produkt »Wohnen« dar und ist in den strategischen Überlegungen gesondert zu betrachten.

Ein weiteres Ziel des Marketings dürfte darüber hinaus die Bürgerschaft sein, denn aus ihr bilden sich in Form von gewählten kommunalen Vertreterinnen und Vertretern die aktuellen und zukünftigen Entscheidungsgremien der Gesellschaft. Dies bedeutet, dass Fehler oder Unvollständigkeiten in der Strategie bzw. deren Realisierung mittel- bis langfristig eine Reaktion auf Gesellschafterbasis hervorrufen. Unabhängig davon läuft auch derjenige Gefahr, eine ungewünschte Reaktion der Gesellschafterbasis hervorzurufen, der eine adäquate Strategie und operative Umsetzung nicht im öffentlichen Bewusstsein zu implementieren vermag. Das Marketing einer kommunalen Wohnungsgesellschaft hat demnach zwei wesentliche Zielgruppen: den Bürger als

---

100 Vgl. Kirchgeorg in: Gabler Wirtschaftslexikon, https://wirtschaftslexikon.gabler.de/definition/marketing-39435 abgerufen am 01.04.22.
101 Vgl. Schulz in: Gabler Wirtschaftslexikon, https://wirtschaftslexikon.gabler.de/definition/werbung-48161abgerufen am 01.04.22.

Gesellschafter und damit mindestens zukünftigen mittelbaren Entscheidungsträger und den Bürger als potenziellen Mieter und damit Kunde.

Abb. 33: Marketingstrategie in kommunalen Immobiliengesellschaften

Es gibt verschiedene hoch wirksame Mittel, sich lokal oder in der Region als kommunale Wohnungsgesellschaft zu präsentieren. Adressaten der folgenden Werbemaßnahmen können die Gesamtheit der Bürgerschaft oder die Personen sein, die sich gerade zum Zeitpunkt der »Ausstrahlung« auf Wohnungssuche befinden. Eine weitere konkretere Zielgruppe sind diejenigen, die sich beim später auftauchenden Thema Wohnungssuche an den Wohnungsanbieter aufgrund seiner Werbung erinnern und ihn kontaktieren sollen.

8.1.1 Anzeigenwerbung

Ein bewährtes Mittel zur Steigerung des Bekanntheitsgrades und zur Kommunikation der eigenen Stärken ist die klassische Printanzeige. Hier bieten sich lokale Tages- oder

Wochenzeitungen oder Stadtmagazine an. Darüber hinaus gibt es verschiedene einmalige Printprodukte zu Vereinsjubiläen oder jährlichen Veranstaltungen (Karneval, Turniere etc.), die sich für eine Anzeigenschaltung anbieten.

Die Anzeigen des kommunalen Wohnungsunternehmens sollten aus der Masse der Werbeanzeigen herausstechen. Dies kann durch ein besonders markantes Design oder eine unerwartete Botschaft erfolgen. Besonders in Erinnerung bleiben Motive und Botschaften, die einen unmittelbaren Bezug zur Publikation und deren Anlass schaffen. Stadion- und Hallenzeitschriften haben beispielsweise einen Bezug zu einem bestimmten Sportverein oder zu einer Sportart. Hingegen sind bei Brauchtumsvereinen und deren Printprodukten konkrete Bezüge zu deren spezifischen Inhalten sinnvoll. Es empfiehlt sich, dieses Merkmal bereits bei der Gestaltung der Anzeige aufzugreifen und mit dem Thema zu arbeiten. Dadurch erfährt die Markenbotschaft eine größere Nähe zum Empfänger und erleichtert diesem wiederum die Identifikation mit dem Unternehmen. Es spricht auch einiges dafür, lokal bekannte Gesichter in Kampagnen, also sog. Testimonials, einzubinden. Diese sorgen für einen positiven Imagetransfer und übertragen ihre persönliche Glaubwürdigkeit auf den Wohnungsanbieter. Werbliche Aussagen über das Unternehmen oder die betreffenden Wohnungen werden auf diese Art und Weise zu einer förderlichen Referenz.

Wohnungsanbietern ist zu raten, bei Kundenanzeigen ein sympathisches Bild zu vermitteln. Der potenzielle Mietinteressent bzw. Kunde bekommt dabei den Eindruck vermittelt, mit dem Wohnungsanbieter einen Partner auf Augenhöhe gefunden zu haben. Der Kunde muss die lokale bzw. regionale Verwurzelung des Anbieters spüren. Dies erzeugt Vertrauen in eine erfolgreiche Geschäftsverbindung. »Bewährt und bekannt« ist nicht nur bei der Ausschreibung und Vergabe von Aufträgen ein unausgesprochenes Leitmotiv. Gerade bei Anzeigenwerbung wird ein wirksamer Effekt nur durch kontinuierliche visuelle Beeinflussung der Zielgruppe auftreten. Insofern ist es für das Unternehmen ratsam, entweder konsequent periodisch oder gar nicht zu werben.

Die Wahl eines peppigen Motivs und dazu passenden Slogans verfolgt das primäre Ziel, überhaupt vom Betrachter wahrgenommen zu werden. Die Informationsflut durch Off- und Online-Marketing verringert von Jahr zu Jahr die tatsächliche Aufmerksamkeitsspanne der Konsumenten. Trotz dieser Situation ist es sinnvoll, dem Betrachter auf den zweiten Blick ein konkretes Angebot zu unterbreiten. Dies ist denkbar durch das Einfügen einer kleinen Fließtext-Wohnungsanzeige in einem »Störer«, sodass der Bezug zwischen Marken- bzw. Firmenname und tatsächlichem Produktangebot hergestellt wird.

Als kommunales Immobilienunternehmen kann das zu vermittelnde Produkt vielfältig sein. Neben Wohnungen zur privaten Nutzung kommen verschiedene Betriebs- oder Gewerbeflächen in Betracht, die von Betreuungsangeboten für bestimmte Zielgruppen bis hin zu reinen Büro-, Praxis- oder Hallenflächen reichen. Hier ist insofern genau darauf zu achten, dass Produkt, Zielgruppe und das ausgewählte Medium in einem harmonischen Verhältnis zueinander stehen und auf diese Weise positive Resultate erzielt werden.

Das Spektrum im Bereich der Printmedien ist weitreichend. Die Nutzung der unterschiedlichen Publikationen verspricht bei bestimmten Immobilienangeboten besondere Erfolge. Eine grobe, nutzenorientiere Einordnung erfolgt nachstehend:

- **lokale oder regionale Tageszeitung:** Die Abonnentenzahlen der lokalen und regionalen Tageszeitungen sind seit Jahren rückläufig. Trotzdem lesen statistisch gesehen jeden Tag Tausende von Menschen in einer Stadt die Zeitung. Die journalistische Presse, wie z. B. die WAZ, Rheinische Post, Münchener Merkur oder die Sächsische Volksstimme, hat nach wie vor eine Stammleserschaft. Diese ist lokal und regional verwurzelt und stellt somit eine interessante Zielgruppe für kommunale Anbieter dar.
- **Wochenzeitung/Anzeigenblatt:** Besonders ältere Menschen und solche, die sich dauerhaft überwiegend im eigenen Haushalt aufhalten, stellen die Leserschaft der Wochenzeitungen und Anzeigenblätter. Wohnungsangebote, die auf diese Zielgruppe zugeschnitten sind, also beispielsweise barrierefreier oder barrierearmer Wohnraum, können dort erfolgversprechend vermarktet werden.
- **überregionale Tageszeitung:** Überregionale Tageszeitungen, wie z. B. Süddeutsche Zeitung, Frankfurter Allgemeine, Welt oder Zeit, haben eine bundesweite Leserschaft, die überwiegend zum Bildungsbürgertum gehört. Insbesondere in den Sonntagsausgaben gibt es spezielle Immobilienrubriken mit redaktionellen Fachbeiträgen. Diese werden durch entsprechende Anzeigen ergänzt. Insbesonders gestaltete Anzeigen für exklusive Wohnprodukte, die für eine gut situierte Klientel infrage kommen, eignen sich für die Insertion. Die großen Maklerfranchiseunternehmen wie Engel & Völkers, Dahler & Company sowie von Poll nutzen diese Plattform extensiv, um Imagewerbung mit Objektwerbung für hochpreisige Privatimmobilien zu verbinden. Der Fokus liegt hier überwiegend im Verkauf, allerdings können auch Vermietungsangebote in exklusiven Objekten beworben werden.
- **(Fach-)Magazin:** Der Markt für Magazine ist in Deutschland breit gefächert. Gefühlt existiert für jedes Hobby ein entsprechendes Fachmagazin. Die Themen reichen von A wie Auto bis Z wie Zierpflanze. Der Wohnungsvertrieb kann die Zuspitzung auf bestimmte Zielgruppen nutzen. Dies setzt voraus, dass er ein Wohnungsangebot vermarkten möchte, das sich besonders für eine spezielle Zielgruppe eignet. Dies kann beispielsweise der Fall sein, wenn Wohnungen auf oder in der unmittelbaren Nähe zu einem Reiterhof vermarktet werden sollen. Eine gewisse Abgelegenheit oder schlechte Erreichbarkeit mit dem ÖPNV mag in diesem Fall für Reitsportliebhaber völlig irrelevant sein. Im Gegenteil: Der Standort hat für ihre individuellen Vorlieben ausschließlich Vorzüge. In derartigen Fällen ist ein Inserat in einem entsprechenden Fachmagazin durchaus erfolgversprechend.

> **Tipp: Mediadaten**
> Die Vertriebsabteilungen der Printpublikationen stellen sog. Mediadaten bereit, die einen statistischen Überblick zur Leserschaft enthalten. Dort sind wichtige Details zur Anzahl der Leser, regionalen Verteilung, zu Alter, Einkommen, Interessen etc. zu finden. Der kommunale Anbieter erstellt mithilfe der Mediadaten einen Abgleich mit der von ihm gewünschten Zielgruppe und stellt darauf basierend fest, ob sein Wohnungsangebot tatsächlich auf die richtige Zielgruppe trifft. Eine sorgfältige Analyse schont zum einen das Marketingbudget und führt auf der anderen Seite zu schnellen Vermietungserfolgen.

8.1.2 Außenwerbung

Unter dem Begriff »Außenwerbung« werden alle Formen von Plakaten, Displays und anderen Großformaten im öffentlichen Raum verstanden. In Deutschland wird eine Großzahl dieser Werbemöglichkeiten, ca. 300.000 Stück, über die Ströer-Gruppe vermarktet. Außenwerbung hat einen ähnlich starken Wahrnehmungseffekt wie Radiowerbung. Größe, Anzahl und Frequentierung der Flächen entscheiden darüber, wie schnell die Markenbotschaft den potenziellen Kunden erreicht.

Ähnlich wie bei der Radiowerbung sind die Streuverluste gerade im Hinblick auf das Produkt »Wohnen« hoch. Daher empfehlen sich zielgruppenspezifische Strategien für das Immobilienunternehmen. Dabei kommt dem Standort der Außenwerbefläche besondere Bedeutung zu. Durch Außenwerbung in einem bestimmten Quartier, Bezirk oder Stadtteil werden die dort lebenden Bewohner gezielt angesprochen. Dies bietet sich etwa an, wenn in diesen Lagen vermehrt Wohnungsbestände zur Vermietung anstehen oder die Bewohner für einen anderen, ebenso geeigneten Standort begeistert werden sollen.

Gerade kommunale Immobiliengesellschaften verfügen über eigene Liegenschaften und Objekte und können insofern ohne Abstimmung mit einem möglicherweise unbekannten Eigentümer geeignete Standorte für Außenwerbung im eigenen Bestand identifizieren. Zudem hat die Werbung an eigenen Objekten den Vorteil, dass keine zusätzlichen Pacht- oder Nutzungskosten das Marketingbudget belasten. Geeignete Standorte zeichnen sich durch eine hohe Frequentierung aus, also beispielsweise an befahrenen Straßen oder anderen Verkehrswegen. Ferner bieten sich Anlaufstellen für eine Vielzahl von Menschen an, also Einkaufs- und Fachmarktzentren, Kliniken, Schulen, öffentliche Verwaltungsgebäude oder Sportstätten. Überall dort, wo in der Kommune buchstäblich »etwas los ist«, ist Außenwerbung sinnvoll.

Sind die geeigneten Standorte identifiziert, sollten die konkreten Inhalte der Werbebotschaft, Motive und Design möglichst passgenau bestimmt werden. Dabei gilt die Regel: Je origineller und standortspezifischer, umso eher verfängt die Botschaft beim Empfänger.

8.1 Imagemarketing

> **Beispiel: AllbauZukunftsmaler**
>
> Einen besonders innovativen Ansatz bei der Außenwerbung verfolgt die Essener Allbau AG unter der Leitung von Dirk Miklikowski. Die Allbau AG ist als kommunale Wohnungsgesellschaft der größte Wohnungsanbieter in Essen mit einem Eigenbestand von rund 17.700 Wohnungen im gesamten Stadtgebiet.
>
> Unter dem Motto »Kinder machen Stadtteilentwicklung« hat Dieter Remy als Leiter der Unternehmenskommunikation bereits mehrere Male eine zukunftsorientierte Idee realisiert: Kinder malen ihre Wünsche für die Zukunft im Stadtteil und daraus wird ein Großflächenplakat, das später im Stadtteil prominent ausgestellt wird.
>
> Im Rahmen der Aktion »AllbauZukunftsmaler« wurden die Schülerinnen und Schüler einer ausgewählten Grundschule kreativ. Es ging konkret um mehr Raum für Spiel, Sport und Spaß im Essener Stadtteil Gerschede. »Was kann verbessert werden? Was macht den Stadtteil schöner?«, fragte die Allbau-Sozialmanagerin Annette Giesen bei ihrem Besuch in der Grundschulklasse. Anschließend verteilte die Allbau AG im Klassenraum eigene Zukunftsmaler-Malblöcke und -Wachsmalstifte. Die Klasse überzeugte mit spannenden Ideen: Einer träumt von einem hohen Fahrgeschäft auf der Happy-Days-Kirmes in Essen-Dellwig, eine andere wünscht sich Käfige an Tierheimen, damit keine Kaninchen mehr ausgesetzt werden. Wieder andere würden sich über eine Parkanlage zum Meditieren freuen oder möchten, dass auf dem Schulweg eine Ampel aufgestellt wird. Das neue Großflächenplakat in direkter Nähe zur Schule zeigte anschließend die besten Bilder. Auch die anderen Kinder gingen nicht leer aus. Alle gemalten Bilder veröffentlicht die Allbau AG in einer Online-Vernissage auf ihrer Website und auf ihrer Facebook-Seite.
>
> Die Malaktion hat einen weiteren Benefit: Essens größter Wohnungsanbieter prüft die konkreten Wünsche gemeinsam mit anderen Akteuren im Quartier auf ihre Umsetzbarkeit oder leitet sie an die zuständigen Stellen in der Stadt weiter. Auf diese Art und Weise leisten die Kinder und die kommunale Wohnungsgesellschaft einen wertvollen Beitrag zur Stadt- und Quartiersentwicklung.

Die Einbeziehung der Menschen und ihrer konkreten Vorstellungen oder Lebensumstände im Quartier ist ein wesentlicher Erfolgsfaktor beim Immobilienmarketing. Neben »Prominenten« können auch Mieter und Bürgerinnen einbezogen werden. Menschen mit besonderen Hobbys, Engagements, Modestilen oder Mieterinnen und Mieter, die aus bestimmten Gründen seit Jahrzehnten vor Ort leben, können starke Markenbotschafter sein, die ein hohes Maß an Glaubwürdigkeit genießen.

8.1.3 Fahrzeugwerbung

Ein starker Werbeträger sind Busse, Taxen und andere Fahrzeuge. Sie sind im Straßenverkehr äußerst visibel. Aufgrund der möglichen Größe der Werbung wird ein echter Eyecatcher im Stadtbild geschaffen. Die Fahrzeuge des ÖPNV frequentieren klar bestimmbare lokale Räume, sodass die Sichtbarkeit gezielt gesteuert wird. Warte- und Parkzeiten werden dabei genauso gut genutzt wie reine Fahrtzeiten.

Die Flotten der Verkehrsbetriebe und Taxiunternehmen sind zusätzlich häufig im Inneren mit Screens ausgestattet, die dem Fahrgast News, ausgewählte Inhalte und Werbung präsentieren. Die Screens können für Wohnungsanbieter eine weitere Möglichkeit darstellen, spezifische Inhalte für Zielgruppen auszuspielen, die beispielsweise besonders häufig den ÖPNV benutzen (Studierende, Pendler, Senioren etc.).

8.1.4 Events

Positive Imagetransfers sind auch über gezielte Werbemaßnahmen bei öffentlichen Events realisierbar. Der kommunale Immobilienanbieter kann sich bereits in das eigentliche Eventmarketing einklinken und damit die beträchtlichen Reichweiten nutzen. Das Logo und/oder der Unternehmens-, Quartier- oder Projektname erscheint auf Eventplakaten und Flyern sowie den Eintrittskarten. Das Event selbst wird darüber hinaus direkt vor Ort zu Marketing- und Promotionzwecken genutzt. Die Gäste werden über Plakate, Roll-ups, eigene Stände oder Promotionaktionen mit der Verteilung von Give-aways auf den Anbieter aufmerksam gemacht.

8.1.5 Kooperationen

Wohnungen als Produkte sprechen bestimmte Zielgruppen an. Eine ideale Möglichkeit, die identifizierte Zielgruppe zu erreichen, bietet die Kooperation mit örtlichen Händlern, Gastronomie- oder Freizeitbetrieben (Kids-World, Soccerhallen etc.). Die Kunden der Kooperationspartner können entweder gegen Entgelt oder im gegenseitigen Austausch mit der jeweiligen Werbebotschaft in Berührung gebracht werden. Gerade in der Gastronomie bieten sich diverse Möglichkeiten. Die Logo- und Inhaltsplatzierung erfolgt beispielsweise in der Speisekarte, auf dem Getränkedeckel oder dem Zuckertütchen. Der gute Draht zum Gastronomiebetreiber als Meinungs- und Empfehlungsmultiplikator steigert darüber hinaus den Erfolg der Maßnahme.

8.1.6 Radio- und TV-Werbung

Mit Radiowerbung werden lokal und regional große Hörerreichweiten erzielt. Der bekannte Slogan »Radiowerbung geht ins Ohr und bleibt im Kopf« hat in gewisser Weise seine Berechtigung. Gerade durch Radiowerbung wird ein positives, emotionales Image aufgebaut. Die Werbemaßnahme erfordert verhältnismäßig hohe Summen, sodass bereits die Ausstrahlung der Werbung auf den wirtschaftlichen Erfolg des Unternehmens schließen lässt. Diese Art der Werbung eignet sich zudem sehr gut für eine zielgruppenspezifische Ansprache und die Platzierung bestimmter Botschaften.

Festzuhalten bleibt allerdings auch, dass gewöhnlich aufgrund der Eigenheiten des Produkts »Wohnen« oder »Büro« ein hoher Streuverlust bei der Ausstrahlung zu verzeichnen ist. Nur einige wenige davon – gemessen an der Gesamtzahl der Hörer – werden etwa einen konkreten Wunsch nach einer neuen Wohnung oder Bürofläche haben.

Der Vollständigkeit halber sei an dieser Stelle auch die Möglichkeit von TV-Werbung erwähnt. In puncto Budgetierung kann wohl in der Regel für gewöhnliche mittelständische Immobilienanbieter allenfalls eine Schaltung in lokalen oder regionalen TV-Sendern wirtschaftlich umsetzbar sein. Investorenfinanzierte Makler-Start-ups wie etwa McMakler oder Homeday verfügen insbesondere in der Anlaufphase über ausreichend (Fremd-)Finanzmittel, um ihre Werbung auch auf bundesweiten Kanälen auszuspielen. Diese Art der TV-Werbung ist für kommunale Immobilienanbieter gewöhnlich nicht über das operative Geschäft auskömmlich zu betreiben. Kosten und Nutzen stehen hier in keinem vernünftigen Verhältnis.

8.1.7 Sponsoring

Die lokale und regionale Positionierung eines Immobilienanbieters kann in idealer Form über Sponsoringaktivitäten erfolgen. In den Städten und Gemeinden Deutschlands gibt es unzählige Vereine in den Bereichen Brauchtum, Kultur, Freizeit und Sport. Diese Vereine leben von ihren ehrenamtlichen Mitgliedern, die häufig gut im gesellschaftlichen Leben ihres Wohnorts vernetzt sind. Mit Sponsoring werden genau an Ort und Stelle die richtigen Zielgruppen erreicht. Es geht dabei nicht nur um Visibilität, sondern vielmehr auch darum, die Vernetzung der Menschen untereinander zu nutzen. Multiplikatoren in den Vereinen werden zu Botschaftern des eigenen Unternehmens.

Insbesondere für das Produkt »Wohnen« stellt das Sponsoring einen idealen Weg dar, als vertrauensvoller und kompetenter Ansprechpartner am Wohnungsmarkt wahrgenommen zu werden. Gemeinsam mit den Vereinen können zudem individuelle Konzepte erarbeitet werden, um die zahlreichen Mitglieder unmittelbar anzusprechen. Aufgrund der positiven Wahrnehmung als Unterstützer des eigenen Vereins gibt es weniger Kontaktbarrieren bei den Mitgliedern. Die gemeinsame Sympathie von Sponsor und Mitglied für denselben Verein sorgt im gleichen Zuge für gegenseitiges Vertrauen.

Die vorstehenden Mittel zur Image-Werbung sind von kommunalen Immobilienanbietern in sinnvoller Weise zu kombinieren. Die für den Vertrieb Verantwortlichen erfüllen hier eine tragende Rolle in der Konzeptionierung. Deren Aufgabe besteht darin, durch kreative Denkansätze Möglichkeiten zu finden, das Angebot der geeigneten Zielgruppe näherzubringen. Dabei werden nicht nur vertiefte Kenntnisse des Immobilienmarkts benötigt, sondern auch ein Überblick über das soziale und gesellschaftliche Leben in der jeweiligen Stadt oder Gemeinde. Erfolg hat derjenige, der die Bedürfnisse, Trends, Verhaltensweisen und Vorlieben der Menschen vor Ort kennt und sich mit seiner eigenen Botschaft sowie seinem Produkt ideal positioniert. Auch in größeren Organisationsstrukturen arbeiten demnach Vertrieb und Marketing idealerweise ressortübergreifend eng zusammen, um gemeinsam die besten Ergebnisse zu erzielen.

8.2 Digitale Vermarktung

Wir leben im Zeitalter der Digitalisierung. Dementsprechend hat sich auch die Immobilienvermarktung in den letzten Jahren immer weiter gewandelt. Die Möglichkeiten der digitalen Vermarktung haben exponentiell zugenommen. Wer heute am Immobilienmarkt Vertriebserfolge generieren möchte, muss sich auf dem digitalen Vermarktungsparkett ebenso geschmeidig und sicher bewegen wie einst bei den analogen Vermarktungsformen. Nachfolgend wird ein Überblick zu den wesentlichen digitalen Vermarktungskanälen gegeben (Vgl. Boksteen 2021: 162 ff.).

8.2.1 Internetportale

Seit Ende der 1990er-Jahre haben Internetmarktplätze für Immobilien und Wohnungen von Jahr zu Jahr größere Bedeutung erlangt. Im Laufe der Zeit haben sich verschiedene Anbieter am Markt bewährt. Heute ist an eine professionelle Immobilienvermarktung ohne Online-Marktplätze nicht mehr zu denken. Die Anbieter haben unterschiedliche Stärken und Schwächen, insbesondere in Bezug auf den Mietwohnungsvertrieb.
- **ImmobilienScout24:** Der Marktführer in Deutschland startete 1998 mit zwölf Mitarbeitern und beschäftigt heute rund 650 Mitarbeitende.[102] Monatlich suchen rund 14 Mio. Besucher die Website auf. Die Nutzung von ImmobilienScout24 für den Vertrieb von Wohnungen und Gewerbeflächen kann als obligatorisch bezeichnet werden. Das Portal ist zur systematischen Immobilienvermarktung im gesamten Bundesgebiet äußerst effektiv, da große Reichweiten bei Miet- und Kaufinteressenten erzielt werden.
Dies liegt wohl nicht zuletzt daran, dass das Portal selbst einen immensen Marketingaufwand, insbesondere im Bereich SEO (Search Engine Optimization) und SEM (Search Engine Marketing) betreibt. Das Portal sichert sich damit oberste

---

[102] https://www.immobilienscout24.de/unternehmen/immobilienscout24/meilensteine/ abgerufen am 01.04.2022.

Platzierungen bei Suchmaschinenanfragen von Mietinteressenten, die z. B. nach »Wohnung in Dortmund« suchen.

Die hohen Reichweiten finanziert der Immobilienanbieter allerdings durch im Vergleich zu den anderen Anbietern beträchtliche monatliche Nutzungsbeiträge. Der Premium-Account für Mietinteressenten ist eine Produktentwicklung, die aus Sicht des Vermietungsvertriebs Vor-, aber auch Nachteile bietet. Mietinteressenten, die einen kostenpflichtigen Premium-Account gebucht haben, können eine digitale Bewerbermappe erstellen. Diese Bewerbermappe enthält einen Bonitätscheck, eine Mietzahlungsbestätigung, Einkommensnachweise, die Mieterselbstauskunft sowie einen Identitätscheck. Die Nachrichten des Mietinteressenten werden beim Vermieter prioritär und mit besonderer Premium-Kennzeichnung gelistet. Ein wesentlicher Faktor bei der Wohnungssuche ist für den Mietinteressenten zudem, dass Wohnungsanbieter auswählen können, ob bestimmte Angebote ausschließlich Premium-Interessenten vorgestellt werden. Gerade in angespannten Wohnungsmärkten mit einer hohen Nachfrage auf Mieterseite kann der Besitz eines solchen zahlungspflichtigen Premium-Accounts als erstes Selektionskriterium bei der Mieterauswahl dienen.

An späterer Stelle wird vertieft auf den Einsatz von (Chat) Bots bzw. künstlicher Intelligenz bei der Auswahl von Mietern eingegangen.

Die hier bereits in der Praxis umgesetzten Methoden zur Mieterselektion werfen aus ethischer oder sozialer Sicht berechtigte Fragen auf. Ein Mietinteressent, der bereit und in der Lage ist, die monatlichen Kosten eines Premium-Accounts zu tragen, hat allein durch sein finanzielles Engagement einen uneinholbaren Vorteil gegenüber anderen, eventuell genauso gut geeigneten Mietinteressenten. Diese Methoden befeuern ohnehin gegebene Tendenzen der sozialen Segregation und Gentrifizierung in bestimmten Makro- und Mikrolagen. Sicherlich kann demgegenüber argumentiert werden, dass es an der individuellen Entscheidung des Einzelnen liegt, ob er Finanzmittel zur Wohnungssuche einsetzen möchte oder nicht.

Positiv bleibt anzumerken, dass sich für diejenigen, die sich eine solche prioritäre Suche nicht leisten können oder wollen, Alternativangebote am Online-Marktplatz herauskristallisieren. Studierende etwa greifen gern auf für Mietinteressenten kostenlose Portale wie wg-gesucht.de zurück.

Ein weiteres Ansteigen der Nutzerbeiträge auf Anbieter- und Nachfrageseite wird dazu führen, dass die Vermarktung auf ImmobilienScout24 für alle Beteiligten teurer wird. Dies dürfte sich zukünftig in den dort zu findenden Wohnungsangeboten widerspiegeln. Wahrscheinlich werden dann nur noch Wohnungen mit verhältnismäßig hohen Mieten eine Insertion auf der Basis einer Kosten-Nutzen-Analyse rechtfertigen. Dies führt zu einer allmählichen Veränderung des Anbieter- und Nutzerkreises und eröffnet neue Geschäftschancen für andere Marktteilnehmer.

- **Immowelt:** Die Immowelt Group begann bereits 1996 mit dem Launch des Portals immowelt.de die digitale Vermarktung von Wohnimmobilien. Durch die Fusion mit immonet.de entstand einer der wichtigsten Player auf dem Portalmarkt in Deutschland. Im Gegensatz zur Lösung von ImmobilienScout24 werden Interessenten keine kostenpflichtigen Premium-Angebote unterbreitet. Insofern erhält jeder Interessent den gleichen Marktzugang. Die Reichweite ist nach Google Analytics mit monatlich 48 Millionen Visits deutlich geringer als bei ImmobilienScout24 mit rund 76 Millionen Visits. Für Wohnungsanbieter sind die monatlichen Kosten ebenfalls deutlich niedriger als beim Marktführer. Immowelt bietet sich als kumulative oder alternative Portallösung an.

- **eBay Kleinanzeigen:** In der jüngsten Vergangenheit hat das Portal eBay Kleinanzeigen für die Vermietung von Wohnraum ebenfalls an Bedeutung gewonnen. Die klassischen Verkaufsanzeigen von häufig gebrauchten Artikeln (rund 40 Millionen Kleinanzeigen) haben eine große Anzahl von Kaufinteressenten angezogen. Diese Zielgruppe wurde früher durch analoge Anzeigenblätter, wie z. B. den RevierMarkt, bedient. Die große Kleinanzeigen-Käufergruppe hat zum Teil auch Interesse an Mietwohnungen. Dementsprechend hat sich gerade für Mietwohnungen auf eBay Kleinanzeigen ein interessanter Teilmarkt etabliert. Das Inserieren ist für kommunale Wohnungsanbieter verhältnismäßig kostengünstig, sodass dieses Portal in eine digitale Marketingstrategie implementiert werden sollte.
- **IVD24:** Das vom IVD (Immobilienverband Deutschland) gegründete Portal www.ivd24.de ist eine weitere Portallösung für Wohnungsangebote. Es wird ausschließlich von den Mitgliedsunternehmen des Verbands genutzt. Das Konzept sieht als Besonderheit vor, dass die Unternehmen ihre Wohnungsangebote teilweise eine Woche früher veröffentlichen als auf anderen Portalen. Es handelt sich mit über 75.000 Angeboten im Vergleich zu den Mitbewerbern um ein Nischenportal, das als Ergänzungsoption im Einzelfall zusätzliche Mietinteressenten generieren kann.
- **Weitere Online-Marktplätze:** Die o. g. Portale werden ergänzt durch zahlreiche regionale oder lokale Wohnungsbörsen. Ferner gibt es Nischenportale wie z. B. immobilo.de, wohnungsboerse.net, null-provision.de und viele weitere Anbieter mit im Vergleich zu den Marktführern geringen Nutzerzahlen. Hinzu kommen speziell auf bestimmte Zielgruppen abgestimmte Portale, wie z. B. wg-gesucht.de für Studierende.

Die früheren Wochen- und Anzeigenblätter in Deutschland haben im Zuge der Digitalisierung einen Großteil ihrer Leserschaft und – damit einhergehend – ihrer Anzeigenkunden verloren. Die Unternehmen haben allerdings mittlerweile eigene digitale Angebote entwickelt, um wieder Relevanz zu erlangen. In Nordrhein-Westfalen werden beispielsweise auf dem Portal lokalkompass.de die in den Printanzeigen der Wochenblätter inserierten Wohnungsangebote auch online und damit digital veröffentlicht.

> **!** **Tipp**
>
> Reine Portalgröße und Reichweite sind nicht der Erfolgsgarant bei der digitalen Immobilienvermarktung. In der Praxis ist zu beachten, dass regionale Unterschiede bei den Suchpräferenzen der Mietinteressenten ganz unterschiedliche Rangfolgen bei den Portalen ergeben können. Dies hängt u. a. davon ab, in welcher Art und Weise ein Portal eigenes Marketing in bestimmten

Regionen betreibt. Während die Portale aktive Werbekampagnen in regionalen Tageszeitungen oder durch große Plakatwerbung in den Städten realisieren, sollte der Wohnungsanbieter die Zeit nutzen und aktiv Wohnungen auf dem entsprechenden Portal inserieren. Damit profitiert der Wohnungsvertrieb unmittelbar von der zeitweise immensen Breitenwirkung der Portalkampagne. Insofern empfiehlt sich eine gewisse Flexibilität und Dynamik bei der Auswahl der richtigen Portallösung. In jedem Fall sind aktuelle Entwicklungen im Auge zu behalten. Kommunale Wohnungsanbieter sparen ferner monatliche Kosten für Online-Inserate, indem sie regelmäßig ihre Abonnements kündigen und die Portale laufend bzw. revolvierend wechseln. Oftmals erhält man als Neukunde bzw. als wieder gewonnener Altkunde bessere Konditionen, als dies bei einem laufenden Abonnement der Fall ist. Hier sind ein flexibles Agieren am Markt und ein gewisses Verhandlungsgeschick gefragt, um beste Ergebnisse zu erzielen.

8.2.2 Social Media

Der Einsatz von Social Media ist für kommunale Immobiliengesellschaften sinnvoll. Die Aktivität auf Social-Media-Kanälen wird häufig zentral vom und für das Unternehmen durchgeführt. Darüber hinaus empfiehlt sich aber auch die individuelle Aktivität von Mitarbeitenden bzw. Vermietern auf Social-Media-Kanälen. Grundvoraussetzung für jedes Engagement in den sozialen Netzwerken ist allerdings ein Verständnis von den Mechanismen und Anforderungen der »Follower«. In jedem Fall ist ein unkontrolliertes, dem Zufall und der Gelegenheit überlassenes Agieren von Mitarbeitenden auf Social Media im beruflichen Kontext zu vermeiden. In diesem Zusammenhang kann weniger manchmal mehr sein.

Bevor Social Media durch den kommunalen Akteur genutzt werden kann, sind zunächst einige Überlegungen zu den am Markt verfügbaren Social-Media-Kanälen anzustellen. Die Kanäle bedienen unterschiedliche Zielgruppen, die wiederum verschiedene Vorstellungen und Wünsche hinsichtlich der zu konsumierenden Inhalte haben. Eine individuelle Reflexion der herrschenden Anforderungen, der Stärken und Schwächen des Produkts und nicht zuletzt des Akteurs selbst sind das Fundament für eine erfolgreiche Social-Media-Anwendung. Im Folgenden werden die wesentlichen Kanäle und die sich bietenden Chancen für den Vermietungsvertrieb skizziert:

- **Instagram:** Instagram ist ein soziales Netzwerk mit Fokus auf Video- und Foto-Sharing, das vom Unternehmen Meta Platforms betrieben wird. Kern des Angebots ist eine Mischung aus Microblog und audiovisueller Plattform.[103] Instagram ermöglicht es den Nutzenden, Fotos auch in anderen sozialen Netzwerken zu verbreiten. Die enormen Reichweiten werden von über einer Milliarde Nutzern geschätzt.
Es ist demnach fraglich, inwieweit der Kanal sich für die Zwecke der kommunalen Immobilienvermarktung eignet. Als Lifestyle-Kanal sind insbesondere Marken und

---

103 Vgl. https://de.wikipedia.org/wiki/Instagram abgerufen am 01.04.2022.

Unternehmen vertreten, die ein junges, hippes Lebensgefühl vermitteln möchten. Die Branchen Fashion, Food und Travel sind sicherlich Vorreiter, während die Immobilienbranche insgesamt etwas hinterherhinkt. Dies dürfte insbesondere an dem »Produkt« liegen. Bei Konsumgütern findet viel häufiger eine Kaufinteraktion statt – im Vergleich zu einer Wohnung oder gar Gewerbefläche, die häufig für mehrere Jahre angemietet wird.

Dennoch empfiehlt es sich für den kommunalen Anbieter, Instagram aufgrund seiner starken Verbreitung innerhalb der jungen Zielgruppen zu nutzen. Eine langfristig ausgelegte Strategie zum Aufbau einer eigenen Community hilft beim professionellen Betreiben eines eigenen Instagram-Profils.

Der kommunale Akteur sollte zudem Kooperationen mit lokalen oder regionalen Influencern eingehen. Diese Influencer posten dann Fotos oder Videos von Besichtigungen und erwähnen den Anbieter in ihren Posts. Dies führt zu einer allmählichen Erweiterung und Steigerung des Bekanntheitsgrades.

Aufgrund des visuellen Schwerpunkts eignet sich Instagram auch insbesondere für Aufnahmen von Sehenswürdigkeiten oder großartigen Motiven aus der Mikro- und Makrolage der im Vertrieb befindlichen Wohnungen. Dies gilt auch für das Einfangen von Ausblicken von hochgeschossig gelegenen Balkonen. Motive und Perspektiven, die spektakulär sind und begeistern, wie z. B. Drohnenaufnahmen, stehen dabei in der Nutzergunst ganz oben. Dieser positive Imagetransfer kommt daher nicht nur dem Anbieter zugute, sondern der gesamten Kommune.

- **Facebook:** Als weiterer Social-Media-Kanal genießt Facebook eine bedeutende Marktpositionierung. Das Portal hat weltweit etwa 2,5 Milliarden Nutzer, was fast einem Drittel der Weltbevölkerung entspricht. Das von Mark Zuckerberg gegründete Portal hatte in Deutschland Ende 2019 etwa 25,9 Millionen Nutzer.[104]

Die Nutzergruppe hat über die letzten zehn Jahre einen Wandel vollzogen. Insbesondere Teenager und junge Erwachsene nutzen eher Instagram oder TikTok, während die Erwachsenen Facebook für sich entdeckt haben. Vor diesem Hintergrund ist der Kanal für Immobilienunternehmen als Medium äußerst interessant. Auch für den kommunalen Wohnungsanbieter ist eine intensive Nutzung sinnvoll. Der Anbieter kann in unterschiedlicher Weise von einer Aktivität auf Facebook profitieren.

Immobilienunternehmen nutzen Facebook vor allem zur Steigerung ihrer Awareness und zur Interaktion mit den Kundinnen und Kunden (vgl. Kippes 2020: 424 f.). Dabei wird das Ziel verfolgt, einen Mehrwert zu bieten. Dies bedeutet, dass Posts vor allem die Zielgruppe ansprechen sollen. Hintergrundinformationen, exklusive Vorschauen, sog. Sneak Peaks, und ein Blick hinter die Kulissen des Unternehmens machen den Social-Media-Kanal zu einem idealen Marketinginstrument.

---

104 https://de.wikipedia.org/wiki/Facebook abgerufen am 01.04.2022.

- **LinkedIn:** Ein für geschäftliche und berufliche Zwecke genutzter Social-Media-Kanal ist der Online-Dienst LinkedIn. LinkedIn hat sich zur zentralen Anlaufstelle der digitalen B2B-Kommunikation entwickelt. Über 17 Mio. Menschen nutzen LinkedIn im DACH-Raum und über 810 Mio. waren es 2021 weltweit.[105]

  Das soziale Netzwerk funktioniert mittlerweile sehr vergleichbar zu Facebook. Der Nutzer kann ein eigenes Profil erstellen und Inhalte mit anderen teilen. Der Fokus liegt dabei eindeutig auf geschäftlichen Informationen und Inhalten. Stand in den Anfängen die Kontaktpflege und der Austausch mit anderen Mitgliedern im Mittelpunkt, hat sich die Art der Anwendung in der jüngsten Vergangenheit stark gewandelt. Der Online-Dienst hat sich zu einer Art PR-Portal für jedermann entwickelt. Fotos und Videos von geschäftlichen Events, Meetings und anderen Experiences werden immer häufiger veröffentlicht. Aus der vielfältigen Interaktion ist das öffentliche Statement geworden. Jeder kann für sich selbst beurteilen, inwieweit ein Engagement für den beruflichen Erfolg sinnvoll ist.

  Für kommunale Immobilienanbieter kann die Verwendung des Dienstes insbesondere eine Hilfe beim Recruitment von neuen, fähigen Mitarbeitern sein. Daneben ist dieser Kanal für entsprechende Produktangebote geeignet. Auch die Akquisition von neuen Grundstücken oder Anlageobjekten kann über das Netzwerk gelingen. Weniger geeignet ist das Portal für die Ansprache von Mietinteressenten. Sinnvoll sind hier auf der B2B-Ebene spezielle Angebote für eine bestimmte Zielgruppe, z. B. temporäres Wohnen für Expats in einer Metropole. Unter Umständen kann auch die Schaltung von Imagewerbung auf dem Portal erfolgversprechend sein. Besondere Angebote z. B. für mittelständische Unternehmen, die ihre Mitarbeitenden zeitweise an einem bestimmten Ort unterbringen müssen, führen auch hier idealerweise zu konkreten Abschlüssen.

  Letztendlich ist LinkedIn prädestiniert dafür, die Öffentlichkeitsarbeit zu unterstützen. Öffentlichkeitswirksame und medienrelevante Themen, Inhalte sowie Aktionen können hier unmittelbar platziert werden. Die exakte Reichweitenmessung unterstützt dabei die Erfolgskontrolle und hilft dabei, zukünftige Posts besser planen zu können.

- **Pinterest:** Der aus San Francisco stammende Social-Network-Service Pinterest genießt auch in Deutschland immer größere Beliebtheit. Von den im Jahr 2021 weltweit etwa 461 Millionen aktiven Nutzern stammen über 16 Millionen Menschen aus Deutschland – sie speichern jeden Monat über 4 Millionen Inhalte.[106] Der Online-Dienst funktioniert nach folgendem Prinzip: Es gibt »Pins«, die virtuell an »Boards« gepinnt werden können. Ein Pin besteht aus einem Bild, das ein Nutzer selbst hochlädt oder von einer anderen Website verlinkt. Die Pins werden thematisch in Kategorien, auch »Boards« genannt, gespeichert. Auf diese Art und Wei-

---

105 https://www.futurebiz.de/artikel/linkedin-statistiken/ abgerufen am 01.04.2022.
106 https://www.futurebiz.de/artikel/pinterest-statistiken/ abgerufen am 01.04.2022.

se können andere Nutzende die zu einem bestimmten Thema existierenden Pins anschauen und ihrerseits weiterverlinken. Der Vorteil des Dienstes besteht darin, dass die Nutzer sich kreative Anregungen und Ideen zu bestimmten Themen einholen.

Für den Wohnungsanbieter gibt es verschiedene Anwendungsmöglichkeiten. Die Themen Home Staging, Inneneinrichtung, Möblierung oder Do-it-yourself-Ideen sind ebenso beliebt wie Boards zu bestimmten Handwerken oder Ausstattungen (Tapeten, Bodenbeläge, Gartengestaltung etc.). Der Wohnungsanbieter bietet hier mit Postings von besonders interessanten oder ansprechenden Motiven seinen Mietinteressenten und Mietern einen informellen Mehrwert. Darüber hinaus wird die Markenbekanntheit gesteigert.

Zur Direktakquisition von Mietinteressenten eignet sich der Dienst weniger, da eine lokale oder regionale zielgruppengerechte Ansprache von Mietinteressenten nur schwer realisierbar ist. Das Netzwerk darf bei einem professionellen Mediamanagement nicht fehlen und punktet insbesondere im Bereich »Wohnen« mit interessanten Features.

- **TikTok:** Es gibt zahlreiche weitere Online-Dienste, die insbesondere von der jüngeren Generation verwendet werden. Viele Teenager aus Deutschland nutzen auf ihrem Smartphone beispielsweise die Apps Snapchat und TikTok. Im September 2020 wurden erstmalig offizielle TikTok-Nutzerzahlen für Europa veröffentlicht. Mehr als 100 Mio. Menschen nutzen TikTok in Europa mindestens einmal pro Monat.[107] Global nutzen eine Milliarde Menschen, etwa die Hälfte davon aus China, diese App. Die Nutzenden verbreiten mehr oder weniger spaßige Kurzvideos und andere Inhalte.

    Die Immobilienbranche hat diese App bislang noch nicht für sich entdeckt. Dies könnte daran liegen, dass die Zielgruppe zu jung und die Ausrichtung auf Klamauk und Unterhaltung nur wenig Raum für seriöses Immobilienmarketing bietet. Für Spartenprodukte, wie z. B. studentisches Wohnen, wird sich allerdings auch ein Marketing-Engagement auf diesen Plattformen lohnen. Grundvoraussetzung ist dabei ein authentischer Auftritt und die Fähigkeit, mit den jungen Usern auf Augenhöhe zu kommunizieren. Dies kann mithilfe von spezialisierten Freelancern oder Agenturen gelingen, deren Mitarbeitende teilweise selbst noch zum Nutzerkreis gehören und dementsprechend passende Inhalte produzieren.

- **Twitter:** Der Microblogging-Dienst Twitter hat weltweit aktuell rund 330 Millionen monatlich aktive Nutzer und 145 Millionen täglich aktive Nutzer.[108] Die Nutzenden können Kurznachrichten mit maximal 280 Zeichen (früher 140) veröffentlichen. Diese sind für die eigenen Follower sichtbar und werden durch »Hashtags« weltweit auch von anderen Nutzern gesehen. Die beliebtesten Twitter-Profile aus

---

107 https://www.futurebiz.de/artikel/tiktok-statistiken-2019/ abgerufen am 01.04.2022.
108 https://www.brandwatch.com/de/blog/twitter-statistiken/ abgerufen am 01.04.2022.

Deutschland stammen von Mesut Özil (26 Mio. Follower), Toni Kroos (9 Mio.) und DJ Zedd (7,8 Mio.).[109] Als Massenkommunikationsmittel ist der Dienst also für Personen geeignet, die mit minimalem Aufwand ein möglichst großes Auditorium erreichen möchten. Die Twitter-Nachrichten von hochrangigen Politikern sind häufig Gegenstand der öffentlichen Diskussion.

Für Marketingzwecke von Wohnungsvertrieben ist der Dienst nur unter bestimmten Umständen geeignet. Die Verbreitung ist gerade auf lokaler oder regionaler Ebene eher gering. Die Anwendung kann im Kontext einer individuellen Strategie in Bezug auf die sozialen Medien aber auch für den kommunalen Immobilienanbieter positive Effekte haben. Positiv wirkt sich das aktive Managen eines Twitter-Accounts im Bereich Personalrecruiting und zur Expertenpositionierung der kommunalen Mitarbeitenden aus.

- **Xing:** Das soziale Netzwerk Xing wurde von Lars Hinrichs im Jahr 2003 unter dem Namen »OpenBC« (Open Business-Club) gegründet. In Deutschland und der DACH-Region ist der Dienst sehr beliebt. Dort nutzen rund 20,3 Millionen Menschen das Angebot.[110] Xing hat dabei wie LinkedIn eine berufliche und geschäftliche Ausrichtung. Die o. g. Ausführungen zu LinkedIn treffen insofern auch auf diesen Dienst zu. Xing ist aktuell in Deutschland stärker verbreitet als LinkedIn und genießt daher bezogen auf bestimmte Kampagnen den Vorzug. Der kommunale Immobilienanbieter sollte ein Gefühl für den Dienst entwickeln und die Eignung für die eigene Ziel- und Zwecksetzung prüfen.

8.3 Digital Advertising

Suchmaschinen haben sich zum Dreh- und Angelpunkt bei den digitalen Erkundungen der Menschen entwickelt. Die gemeine Fließtextanzeige der 1990er-Jahre in der Tageszeitung ist der Google-Ads-Kampagne gewichen. Mit den Suchmaschinen sind umfangreiche Marketingmöglichkeiten entstanden. Heute befassen sich bereits Studieninhalte mit den Schlagwörtern SEO (Search Engine Optimization), SEA (Search Engine Advertising), SEM (Search Engine Marketing), Landingpages und vielen weiteren Begrifflichkeiten. Für die Immobilienbranche bieten sich effiziente Wege, um zielgruppengerechtes Marketing zu platzieren. Der große Vorteil gegenüber den klassischen analogen Anzeigen ist die umfangreiche Messbarkeit der Sichtbarkeit und des Klickerfolgs. Die kommunalen Immobilienanbieter tun gut daran, einen Teil ihres Marketingbudgets in Digital Advertising zu investieren. Dazu bieten sich verschiedene Wege an. SEO und SEA sind Bestandteile des SEM, das insofern als Oberbegriff fungiert:

---

109 https://de.statista.com/statistik/daten/studie/70597/umfrage/twitter-accounts-nach-anzahl-follower/ abgerufen am 01.04.2022.
110 https://de.statista.com/statistik/daten/studie/481399/umfrage/anzahl-der-xing-nutzer-in-der-dach-region/ abgerufen am 01.04.2022.

- **SEO:** Der kommunale Immobilienanbieter gestaltet seine eigene Website oder spezielle Landingpages derart, dass die von ihm bevorzugte Zielgruppe bei ihrer Recherche im Internet auf die betreffenden Seiten stößt. Dies wird mithilfe sog. Keywords erreicht. Keywords sind Schlagworte, die verkürzt den Suchbegriff des Interessenten wiedergeben. In der Praxis handelt es sich bei den Keywords vielfach um Kombinationen aus mehreren Suchbegriffen, z. B. »Wohnung Dortmund« oder »betreutes Wohnen Kaiserslautern«. Die Suchmaschinen durchforsten das Web nach passenden Websites, die derartige Keywords beinhalten, und ranken diese dann in den Suchergebnislisten prioritär. Gerade bei lokalen und regionalen Wohnungsangeboten ist daher die gezielte Suchmaschinenoptimierung sinnvoll.
- **SEA:** Mittels Suchmaschinenwerbung werden Anzeigen gegen Zahlung einer Vergütung auf den Ergebnisseiten von Suchvorgängen platziert. Die Anzeigen passen zum jeweiligen Suchbegriff und enthalten diesen häufig in ihrer Überschrift. Der wohl bekannteste Anbieter ist Ads aus dem Hause Google. Die Suchprozesse der Nutzenden lassen sich über Analysetools sehr dezidiert aufschlüsseln. Auf diese Art und Weise werden passgenaue Anzeigen entworfen. Der Erfolg bei der Ausspielung ist auf vielfältige Weise messbar. Die Zahl der Einblendungen, sog. Views, aber auch die Klickraten, die sog. Conversions, werden bis ins letzte Detail nachvollzogen. Limitierender Faktor ist das vorhandene Budget. Je nachdem, wie beliebt ein Keyword ist, steigert sich der Klickpreis beträchtlich. Insbesondere bei beliebten und häufig benutzten Suchbegriffen wie z. B. »Wohnung Dortmund« konkurriert man als Anbieter bei den Anzeigenpreisen mit den großen Immobilienportalen, wie z. B. Immobilienscout24 oder Immowelt. Diese Portale haben selbst ein Interesse daran, möglichst viele Suchinteressenten auf ihre Angebotsseiten zu locken. Diese Immobilienportale haben in den meisten Fällen größere Marketingbudgets zur Verfügung als einzelne Wohnungsgesellschaften oder Vermietungsvertriebe. Trotzdem wird SEA gerade bei lokalen und regionalen Wohnungsangeboten angewendet. Hier ist Zeit und Mühe in die Erstellung sinnvoller Key-Word-Listen zu investieren. Selbst wenn die direkte Wohnungsvermarktung und zielgerichtete Interessentenansprache nur wenige konkrete Erfolge produziert, so sorgt doch das regelmäßige Erscheinen der Anzeigen für die Steigerung der Markenbekanntheit. Diese wiederum ist ein weiterer, unterstützender Faktor bei der Anmietungsentscheidung eines Interessenten.

> **!** **Tipp: Redaktionelle Inhalte erstellen**
>
> Redaktionelle Inhalte sind für kommunale Immobilienanbieter der Schlüssel, um digitalen Vermarktungserfolg zu generieren. Die redaktionellen Inhalte auf der Website des Unternehmens haben einen mehrfachen Nutzen. Sie versorgen zum einen den Besucher und Leser mit den neuesten Inhalten, zum anderen helfen die dort verwendeten Keywords dabei, die Seite auf den Suchmaschinen prominent zu platzieren. Ein weiterer Zusatznutzen redaktioneller Inhalte besteht darin, dass diese über die Social-Media-Kanäle von Mitarbeitenden, Interessenten und Mietern geteilt und damit vervielfältigt werden.

8.4 Street-Art

Eine ideale Möglichkeit für subtiles, sympathisches und äußerst öffentlichkeitswirksames Marketing bildet Street und Urban Art (vgl. Boksteen 2021: 182 ff.). Künstlerinnen und Künstler nutzen dabei eine Fassade oder Hauswandfläche als Leinwand für ein spektakuläres Mural. Gerade in Berlin können an verschiedenen hochgeschossigen Gebäuden beeindruckende Werke betrachtet werden. Kommunale Immobilienakteure profitieren durch die strukturierte Organisation von Street-Art in ihrem Immobilienbestand auf vielfältige Weise.

Street-Art ist ein Mittel der Quartiersentwicklung. Das Quartier und das betreffende Gebäude werden durch ein Mural zur Ausstellungsfläche. Die Nachbarschaft und die Bewohner des ausgewählten Gebäudes sollten von Anfang an in den Entstehungsprozess integriert werden. Gemeinsam mit dem Künstler werden zum Beispiel in Workshops Ideen für Motive, Themen und Bezüge zum realen Leben im Quartier entwickelt. Die Bewohner werden zeitnah in den Prozess einbezogen und identifizieren sich daher früh mit der entstehenden Kunst. Gerade Kindern und Jugendliche, die ohnehin über die Jugendkultur einen starken Bezug zu Graffiti haben, bekommen durch ein derartiges Projekt identitätsstiftende Anreize. Ihr Wohnort wird plötzlich hip und sie selbst helfen dabei mit, etwas Neues zu kreieren.

Nach individuellen Kriterien und je nach Höhe des zur Verfügung stehenden Budgets werden lokale, nationale oder sogar internationale Künstlerinnen oder Künstler für eine Aktion engagiert und motiviert. Bereits die Auswahl hat Auswirkungen in Bezug auf die mediale Wirkung. Für die lokalen Medien ist der Entstehungsprozess als solcher ohnehin interessant. Je prominenter der Künstler oder die Künstlerin, desto höher ist die Wahrscheinlichkeit, dass auch andere regionale Medien das Thema aufgreifen.

Jeder Künstler hat zudem seine eigene Community und seine eigenen Verbreitungskanäle. Die Wirkung der Öffentlichkeitsarbeit des Künstlers selbst sollte dabei nicht außer Acht gelassen werden. Das Anfertigen des Murals kann mit einer Kamera als Zeitraffer-Video festgehalten und crossmedial, z. B. über Instagram, Facebook oder die eigene Unternehmensseite, verbreitet werden. Im Rahmen der Entstehung und zur »Vernissage« finden ferner begleitende Events statt. Diese Events sprechen vor allem die Community vor Ort an, helfen aber auch dabei, neue Mieter in den Wohnungsbestand zu locken.

Das Mural wird damit zum positiv besetzten künstlerischen Magneten des Quartiers. Das Gebäude wird außerdem zur einmaligen Marke und hat einen hohen Wiedererkennungswert. Gerade Fassaden in frequentierten Lagen werden in kurzer Zeit zum Stadtgespräch.

8 Marketing und Presse-/Öffentlichkeitsarbeit

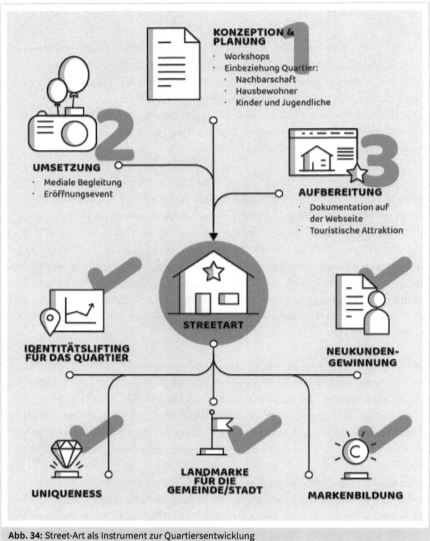

Abb. 34: Street-Art als Instrument zur Quartiersentwicklung

> **! Beispiel**
>
> Mittlerweile haben sich Agenturen bereits darauf spezialisiert, Wohnungsunternehmen und Immobilienbestandshalter dabei zu unterstützen, Quartiere und Kieze mithilfe von Street-Art bunter zu gestalten. Dennis Rodenhauser[111] hat mit seiner Agentur »Yes, and Production« aus Berlin für die kommunale Wohnungsgesellschaft Gewobag die Repositionierung des Bülow-Quartiers in Schöneberg begleitet. Das Quartier war u. a. durch Straßenprostitution

---

[111] Experteninterview mit Dennis Rodenhauser, Yes and Productions GmbH & Co. KG, vom 25.09.2020.

stark in Mitleidenschaft gezogen. Dies hatte sich negativ auf die Vermietungssituation am Standort ausgewirkt. Rodenhauser hat mit seiner Agentur bereits diverse Fassadengestaltungen für das landeseigene Wohnungsbauunternehmen Gewobag in Berlin realisiert. Soziales und kulturelles Engagement gehören zur Firmenphilosophie der Gewobag. Über die Stiftung Berliner Leben bündelt die Gewobag einen Teil ihres sozialen Engagements und bietet den Projekten und Initiativen eine zukunftsorientierte Perspektive. Bereits seit 2013 unterstützt und präsentiert die Gewobag Kunst in den Quartieren. Die von der Gewobag gegründete Stiftung Berliner Leben betreibt zudem das URBAN NATION Museum im Schöneberger Kiez. Künstlerinnen und Künstler arbeiten hier zu Schwerpunktthemen wie Stadtentwicklung, Urbanität, Technologie und Nachhaltigkeit und machen diese auf interessante Art und Weise erlebbar. Darüber hinaus bringen die vielfältigen Projekte Anwohner und Künstler ins Gespräch. Durch die künstlerischen Fassadengestaltungen, das Engagement vor Ort (z. B. in Zusammenarbeit mit Grundschulen und durch Workshopangebote) sowie die Kommunikation darüber wird das Bülow-Quartier wieder ins öffentliche Bewusstsein gerückt. So wird die Identifikation der Bewohnerinnen und Bewohner mit ihrem Viertel gesteigert. Im Idealfall lassen sich durch die gestärkte Nachbarschaft negative Rahmenbedingungen wie z. B. Kriminalität und Drogenhandel zurückdrängen.

Problemkieze erhalten ein neues Gesicht und damit neue Identifikationsanker für die Bewohnerinnen und Bewohner, von denen sie kurz-, mittel- und langfristig profitieren. Die Realisierung kann als voller Erfolg betrachtet werden. Der Wohnungsgesellschaft ist es so gelungen, das Quartier am Wohnungsmarkt zu repositionieren.

Ein Street-Art-Projekt lässt – neben dem Immobilienanbieter – viele Menschen zu Nutznießern werden:

- **Kommune:** Die Stadt oder Gemeinde, in der ein solches Kunstwerk entsteht, zieht positive Aufmerksamkeit auf sich. Ein Kunstwerk stiftet im Stadtbild über Jahrzehnte hinweg einen kulturellen und visuellen Mehrwert. In Hagen konnte zum 100-jährigen Jubiläum der kommunalen Wohnungsgesellschaft ha.ge.we im Jahr 2019 ein aufwendiges Mural in Form eines Goldfisches an prominenter Stelle in der Innenstadt realisiert werden. Das Wandbild wurde in einer 3D-Technik von dem bekannten Künstler Bond Truluv gestaltet. Mittels der Smartphone-App »Artivive« können die unterschiedlichen Schichten des Kunstwerks zu einem dreidimensionalen Bild transformiert werden. Der Betrachter kann dann durch sein eigenes Smartphone ein neues, lebendiges Kunstwerk betrachten. Der Goldfisch in Hagen steht für Häuslichkeit, Harmonie und Wohlstand. Er bringt zusätzlich einen »Bling-Bling-Moment« in die manchmal trist wirkende Stadt.
  Die Aktion hat Nachahmer gefunden und zu Verstärkungseffekten geführt. Zum 125-jährigen Stadtjubiläum im Jahr 2021 führte eine Gruppe engagierter Hagener Akteure das erste Hagen-Mural-Projekt mit vielen verschiedenen Künstlern durch.[112] Die Ergebnisse prägen das Stadtbild und steigern die Attraktivität für auswärtige Besucher.

---

112 http://www.hagenmuralprojekt.com abgerufen am 11.03.2022.

- **Quartier**[113]**/Nachbarschaft:** Der einzigartige Charakter von Quartieren und Nachbarschaften wird durch Kunst im öffentlichen Raum besonders akzentuiert. Ein gelungenes Street-Art-Projekt nimmt direkten Input aus der Gemeinde auf – ihre Geschichte, ihre Menschen, ihre Künstler, ihre Stimmung – und spiegelt ihn wider. Dies führt in einer Umkehrreaktion wiederum dazu, dass die Gemeinschaft bereichert wird. Die optimale Kunst im öffentlichen Raum nimmt also Bezug auf die Geschichte des Ortes, an dem sie entsteht. Dieses spezifische Ortsgefühl unterscheidet ein Wandgemälde von einem gerahmten Klassiker in einem Museum. VIVAWEST-Geschäftsführer Haluk Serhat[114] berichtet von der Repositionierung des Wohnquartiers Borsig-West in der Dortmunder Nordstadt.[115] Im Rahmen der Recherchen zur Historie des Quartiers hatte man herausgefunden, dass dort die bekannte BVB-Legende Max Michallek am 29.08.1922 geboren wurde. Dieses Thema hat VIVAWEST mit der Kreativagentur »More Than Words« aufgenommen. Die Fassaden wurden mit ansprechenden Murals und Wandgemälden mit Bezug zur Fußballikone gestaltet. Auf diese Art und Weise hat man die aufregende Geschichte des Quartiers aufleben lassen – ein gelungenes Praxisbeispiel für die positive Repositionierung eines ganzen Quartiers durch Street-Art. Das Projekt hat bundesweit mediale Aufmerksamkeit erlangt. Der Sender Sky berichtete beispielsweise in seiner umfassenden Dokumentation »BVB 09 – Stories who we are« detailliert über das Projekt und seine Bedeutung für Dortmund und seine Bürgerinnen und Bürger.
- **Bewohner/Passanten:** Kunst im öffentlichen Raum soll in erster Linie die Menschen begeistern, die diese betrachten. Dazu zählen tagtäglich insbesondere die Bewohnerinnen und Bewohner des Gebäudes, an denen die Kunst stattfindet. Sie leben fortan mit Kunst und werden auch von ihrem sozialen Umfeld anlässlich von Besuchen damit in Verbindung gebracht. Neben den Bewohnern sind die Passanten und Pendler Hauptziel der Strahlwirkung. Gerade an riesigen Hausfassaden entlang pulsierender Verkehrsadern wirken die Kunstwerke täglich auf Tausende Menschen. In dem Moment, in dem deren Aufmerksamkeit auf das Mural gelenkt wird und sie es betrachten, ist die gesamte Aktion bereits ein Erfolg.
- **Künstler/Kunstszene:** Nicht zuletzt profitiert von dem Werk der Künstler und mit ihm die gesamte Kunstszene selbst. Ein weiteres Exponat im öffentlichen Raum sorgt für eine größere Verbreitung und Bekanntheit. Gleichzeitig sind vielfach Nachahmungseffekte zu verzeichnen. Je mehr Street-Art an bestimmten Orten konzentriert zu betrachten ist und je spektakulärer sie ist, desto stärker transformiert sich das Quartier oder ein ganzer Bezirk zu einer Kulturstätte. Dies führt im besten Fall so weit, dass das Quartier mit seiner Street-Art zu einem touristischen Anziehungspunkt wird.

---

113 Vgl. zum Quartiersbegriff Deffner/Meisel, S. 71 ff.
114 Experteninterview mit Haluk Serhat, VIVAWEST Wohnen GmbH, vom 05.08.2020.
115 www.borsig-west.de abgerufen am 01.04.202.

Die Liste der Nutznießer zeigt deutlich, dass sich die Investition in und das Engagement für Street-Art lohnen. Kommunale Immobilienakteure sollten hier aktiver Motor sein und die handelnden Personen zusammenführen. Die Vorteile liegen auf der Hand. Der Wiedererkennungswert eines Gebäudes oder Quartiers steigt. Die Uniqueness und Authentizität des Standorts nehmen deutlich zu. Die Lagequalität und das Image verbessern sich. Dies steigert die Anmietungsattraktivität von freien Wohnungen oder Gewerbeflächen für potenzielle Mietinteressenten. Die verhältnismäßig geringen Investitionssummen und die große Anzahl von Profiteuren machen Street-Art zu einem wertvollen Instrument der Quartiersentwicklung.

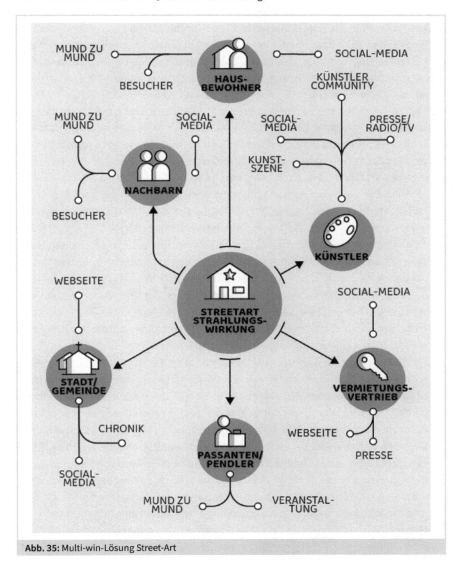

Abb. 35: Multi-win-Lösung Street-Art

8.5 Kommunale Marketingstrategien

Kommunale Immobilienanbieter entwickeln individuelle Marketingstrategien, um ihre Zielsetzung zu erreichen. Die Strategie hat zwei Zielgruppen zu berücksichtigen. Auf der einen Seite sind die unmittelbar Nutzenden Ziel verschiedener Marketingmaßnahmen. Dabei geht es darum, neue Kunden, Mieter oder Käufer zu gewinnen oder die Beziehung zu den bereits bestehenden Kunden zu intensivieren. Auf der anderen Seite ist die gesamte Bürgerschaft der Kommune Adressat verschiedener Marketingmaßnahmen. Hierbei geht es darum, den kommunalen Akteur als Aktivposten in Szene zu setzen. Mittelbar sind die Bürger über ihre Vertreterinnen und Vertreter im Rat auch Gesellschafter. Nicht zu unterschätzen ist die politische Wirkung in der Kommune: Ein positives Image der kommunalen Immobiliengesellschaft hat positive Strahleffekte auf deren Geschäftsführung, den Aufsichtsrat oder die Verwaltungsspitze samt Bürgermeister. Die richtige Marketingstrategie umfasst dabei sowohl Offline- als auch Online-Maßnahmen. Mit fortschreitender Digitalisierung nehmen die Online-Maßnahmen einen deutlich höheren Stellenwert ein. Die Online-Präsenz auf den erwähnten Social-Media-Plattformen besteht aus verschiedenen Komponenten. Aus strategischer Sicht ist zu entscheiden, ob einzelne Elemente oder die gesamte Palette der Instrumente in der Praxis angewendet werden sollen:

- **eigene Darstellung des Unternehmens:** Es empfiehlt sich, dass kommunale Immobilienanbieter eine eigene Unternehmensseite anlegen und laufend unterhalten. Mietinteressenten und Kunden sowie Freunde von Mitarbeitern werden kontinuierlich animiert, die Unternehmensseite zu abonnieren. Dies erfolgt durch eine direkte Einladung oder eine Logo-Verlinkung auf die Unternehmensseite der diversen Social-Media-Plattformen. Die Verlinkung befindet sich in diesem Fall auf der eigenen Website, in den Immobilienanzeigen oder Exposés sowie in jeder Mail-Signatur der Mitarbeitenden. Je mehr Abonnenten die Unternehmensseite aufweist, desto höher ist der Verbreitungsgrad von veröffentlichten Posts. Die Posts umfassen Immobilienangebote, lokale bzw. regionale News, Veranstaltungshinweise, Hinweise auf Ratgeberliteratur und ähnliche Inhalte.

Einblicke in das Innenleben des Unternehmens sind von gesteigertem Interesse für die Betrachter. Dies können Mitarbeiterportraits sein oder das fotografische Einfangen von Meetings, Gesprächen oder einfach nur einer gemütlichen Kaffeepause. Ziel ist es dabei, den Betrachter mit dem eigenen Unternehmen vertraut zu machen und ihm das Gefühl zu vermitteln, dabei zu sein und dazuzugehören.

Der beste Social-Media-Content nützt allerdings wenig, wenn die Veröffentlichungen nicht fortlaufend erfolgen. Wichtig ist Kontinuität bei der Veröffentlichung. In der Praxis besteht darin die größte Herausforderung, da die kontinuierliche Produktion von Content aufwendig und anstrengend ist. Angesichts der Vielzahl der Informationen, die tagtäglich auf jeden einzelnen Nutzer einprasseln, muss er im entscheidenden Moment an den Vermietungsvertrieb erinnert werden. Die Wahrscheinlichkeit, den richtigen Moment zu erwischen, kann enorm erhöht werden, wenn die Aufmerksamkeit des Nutzers so oft wie möglich auf die Unternehmensseite des kommunalen Anbieters gelenkt wird.

Dabei folgt die Sichtbarkeit von Posts gewissen Gesetzmäßigkeiten. Die Algorithmen begünstigen bei der Ausspielung der Inhalte verschiedene Faktoren, die sich allerdings im Laufe der Zeit ändern. Die Anzahl der Abonnenten, die Häufigkeit von »Likes« oder die Posting-Frequenz steigern etwa die Visibilität. Auch erkennen die Portale, welcher Nutzer sich wie lange Posts anschaut, und begünstigt dann für die Zukunft derartige Inhalte. Diese individuell gefilterten Informationen sorgen dafür, dass jeder Einzelne präferiert die Inhalte erhält, denen er ohnehin zugeneigt ist. Diese Art der Einseitigkeit führt nicht zuletzt unter dem Stichwort »Filterblase« zu gesellschaftskritischen Diskussionen.

- **standortbezogene Seite zur mittelbaren Objektvermarktung:** Immobilienangebote werden auch mithilfe von Standortmarketing mittelbar vermarktet. Dazu dienen lokale Seiten, die sich beispielsweise auf eine Stadt, einen Stadtteil, ein Quartier oder eine einzelne Wohnanlage bzw. ein bestimmtes Wohnprojekt beziehen. Das Lokalkolorit und die Heimatverbundenheit ziehen die Menschen auf diese Seite. Es lohnt sich durchaus für den kommunalen Immobilienanbieter, eine solche Seite zu erstellen. Dies kann in Zusammenarbeit mit der jeweiligen Wirtschaftsförderung der Kommune geschehen. Eine enge Verzahnung der jeweiligen Strategien und der daraus folgenden konkreten Maßnahmen ist wichtig. Durch das gemeinsame Agieren kann zum einen mehr Reichweite bzw. mehr Öffentlichkeitswirksamkeit erreicht werden, zum anderen lassen sich Synergien und Einkaufsvorteile erzielen.

Der Inhalt der standortbezogenen Seite ist sorgfältig auszuwählen. Dabei ist es sinnvoll, zu 80 Prozent ausschließlich auf lokale Inhalte zu fokussieren. Die restlichen 20 Prozent werden dann mit unternehmens- und vor allem angebotsbezogenen Inhalten angereichert. Diese Art der Darstellung ist sympathisch und stellt den Standort in den Mittelpunkt. Sowohl das Unternehmen als auch der Nutzer haben damit ein gemeinsames Interesse an dem Standort. Die Gemeinsamkeit schafft Vertrauen und dies führt wiederum dazu, dass aus Nutzern zu einem späteren Zeitpunkt Mietinteressenten und Mieter werden.

Mithilfe einer standortbezogenen Seite lassen sich in der Regel einfache Kooperationen mit anderen ortsansässigen Vereinen oder Communitys eingehen. Sportvereine sind in den Quartieren oft tief verwurzelt. Sie sind der gesellschaftliche Kitt, der oftmals auch schwierige Quartiere durch intensive Jugendbetreuung und ein offenes Vereinsleben zusammenhält und stärkt. Gemeinsam mit den Vereinen können Aktivitäten und Initiativen ins Leben gerufen werden, die dann über mehrere Kanäle verbreitet werden. Im Laufe der Zeit nehmen die Nutzer die enge Verbundenheit des kommunalen Anbieters mit der eigenen Heimat und dem eigenen Verein wahr. Diese Art des Marketings ist authentisch und sorgt für eine hohe gegenseitige Identifikation der Akteure und Adressaten. Gerade Kommunen können aufgrund ihrer Verpflichtung zum Allgemeinwohl ein Wir-Gefühl erzeugen und damit positive Impulse in der Gemeinde setzen.

- **Arbeit mit themenbezogenen Seiten bzw. Gruppen:** Ein weiteres Werkzeug stellt die Arbeit mit themenbezogenen Seiten und/oder Gruppen dar. Dabei handelt es sich um digitale Versammlungsorte, die sich aus mehreren Nutzern zu einem gemeinsamen Thema bilden. Zumeist stehen den Gruppen sog. Administratoren vor, die bestimmte »Spielregeln« aufstellen. Beitreten kann in der Regel jeder, der sich interessiert und sich an die dortigen Richtlinien hält.

  Als gewerblicher Anbieter empfiehlt es sich, nicht ungefragt Inhalte zu posten, sondern mit den Administratoren Absprachen zu treffen. Dabei ist durch den kommunalen Anbieter immer eine Win-win-Situation anzustreben. Den Administratoren fällt es zum Beispiel leichter, das Posten eines Wohnungsangebots zu bewilligen, wenn die Gruppenmitglieder im Gegenzug eine besondere Kondition oder einen Benefit erhalten. Dies steigert auf der einen Seite die Attraktivität der Gruppe und die Motivation der Mitglieder, weiterhin dort vertreten zu sein. Auf der anderen Seite hilft es bei der zielgruppengerechten Platzierung von Immobilienangeboten auf lokaler Ebene. Die Reichweiten sind unter Berücksichtigung der Kontakte 2. Grades gerade im lokalen Bereich enorm und können einen positiven Beitrag zur Marktdurchdringung leisten.

- **individuelle Darstellung von Vermietungsmitarbeitenden:** Die individuelle Nutzung von Social-Media-Diensten mit einem persönlichen Profil unterliegt natürlich dem Schutz der Privatsphäre. Mitarbeiterinnen und Mitarbeiter können daher von ihrem Arbeitgeber nicht zwangsweise dazu angehalten werden, ihr privates Profil auf einem der zahlreichen Portale für geschäftliche Zwecke zu nutzen. In kommunalen Strukturen gibt es allerdings erfreulicherweise oftmals eine große Eigenmotivation der Mitarbeitenden, die neuen Medien zu nutzen. Insbesondere die hohe persönliche Identifikation mit dem eigenen Beruf und die Begeisterung für die tägliche Arbeit führen zu einer teilweise fließenden Grenze zum Privatleben.

  Der Mitarbeiter hat mit seinem persönlichen Profil die Möglichkeit, sich eine ihm wohlgesonnene freundschaftliche Followerschaft aufzubauen, die er fortwährend auch mit beruflichen Informationen versorgen kann. Aus digitalen Freunden können auf diese Art und Weise schnell Kunden, Mieter oder gar Käufer werden. Dabei ist auch nicht zu unterschätzen, welchen Multiplikator die Kontakte darstellen, sobald diese wiederum ihre eigenen Kontakte über spannende Angebote des Mitarbeiters informieren. Die Informationen zum Wohnungsangebot genießen dabei eine viel höhere Glaubwürdigkeit, weil der Mitarbeiter mit seinem privaten Engagement dokumentiert, dass er unmittelbar und mit seiner ganzen Persönlichkeit hinter dem Angebot steht. Die Veröffentlichung von beruflichen Inhalten auf privaten Accounts ist in jedem Fall im Vorfeld mit dem Unternehmen abzustimmen, um Missverständnisse und Fehlentwicklungen zu vermeiden.

Die Nutzung der Social-Media-Kanäle stellt eine wichtige Vermarktungsmöglichkeit für kommunale Immobilienanbieter dar. Dieses Feld wird durch eigene, fähige Mitarbeiter oder externe Dienstleister professionell betreut. Die folgende Checkliste hilft dabei, ein erfolgreiches Social-Media-Management im eigenen Unternehmen zu implementieren.

> **Checkliste: Social-Media-Management**
> - individuelle Social-Media-Strategie entwickeln
> - Richtlinie für die private Nutzung der Mitarbeiter entwickeln
> - Zielsetzung definieren (Angebotsverbreitung, Recruiting, Marktpositionierung etc.)
> - Social-Media-affine Mitarbeiter aktiv einbinden
> - groben Redaktionsplan mit Inhalten und Veröffentlichungsdatum erstellen
> - Top-Bilder auswählen und diese vor Veröffentlichung veredeln (Filter etc.)
> - richtige Hashtags setzen
> - Follower-Community mit gezielten Aktionen (Gewinnspiele etc.) pflegen

DIGITALE EXTRAS

8.6 Presse- und Öffentlichkeitsarbeit

Eine professionelle Presse- und Öffentlichkeitsarbeit ist für kommunale Immobiliengesellschaften von großer Wichtigkeit. Dabei gibt es allerdings einige Besonderheiten zu beachten, auf die wir im weiteren Verlauf näher eingehen werden. Bei der Presse- und Öffentlichkeitsarbeit ist zu unterscheiden, ob eigene Themen aktiv kommuniziert werden oder ob auf die Berichterstattung und Themensetzung von Dritten reagiert wird. Die Frage, wie die Gesellschaft bzw. der kommunale Anbieter in der Öffentlichkeit wahrgenommen werden möchte, führt zu konkreten Handlungskonzepten.

In einem ersten Schritt ist zu empfehlen, gesellschaftliche Trends aktiv aufzunehmen und entsprechend umzusetzen. Dabei kann es durchaus eine Zielsetzung sein, als Trendsetter zu gelten und sich an die Spitze der Modernisierungsbewegung zu setzen.

Mögliche Themen und Schwerpunkte für eine initiative Öffentlichkeitsarbeit sind exemplarisch:
- Bauvorhaben und Großmodernisierungen
  - Spatenstich
  - Richtfest
  - Einzug
- Jubiläen von Mieterinnen und Mietern sowie Mitarbeitenden
- personelle Veränderungen von Bedeutung
- Einsatz neuer Technologien
- Aktivitäten für mehr Klimaschutz, z. B. Installation von Fotovoltaik
- Street-Art
- Sponsoring und Unterstützung von Vereinen, Initiativen etc.
- Abruf von öffentlichen Fördermitteln
- soziale Projekte

Gerade kommunale Einrichtungen und Institutionen sind häufig Ziel der medialen Berichterstattung. Die verantwortlichen Akteuren in der Leitungsfunktion stehen im lokalen Rampenlicht. Dies ist darin begründet, dass sich die Auswahl und letztendliche Bestellung der Hauptverantwortlichen auf der politischen Bühne abspielt und von Mehrheitsentscheidungen abhängig ist. Insofern gilt gerade auf der kommunalen Ebene häufig der Grundsatz: wo kein Kläger, da kein Richter. Eine negative Berichterstattung basiert demnach grundsätzlich auf einem negativen, aktiv eingebrachten Impuls von außen in Richtung Presse bzw. Medien. Bei kommunalen Immobilienanbietern wird hierbei von den Medien gern das Narrativ »Kampf von klein gegen groß« verwendet. Selbst wenn sämtliche Sachargumente auf der Seite des Großen liegen, wird die Geschichte dennoch aus Sicht bzw. parteiisch für den etwaig geschädigten Bürger, Mieter oder sonst wehrlosen Protagonisten beschrieben. Selbstverständlich gibt es auch Fälle, in denen den kommunalen Anbieter tatsächlich ein Verschulden trifft und dies auch benannt und geahndet werden muss. Aus der Beobachtung zahlreicher Fälle in den letzten Jahren kann allerdings der Schluss gezogen werden, dass Skandale auch immer eine Vorgeschichtet haben bzw. aus anderer Perspektive gar nicht mehr so skandalös sind.

Im Folgenden sollen verschiedene, für die kommunale Immobilienwirtschaft typische Sachverhalte skizziert werden, die eine öffentliche Berichterstattung begründen können:

Vermutete Verschwendung öffentlicher Gelder
- Auszahlung eines Mitarbeiterbonus anlässlich des 100-jährigen Firmenjubiläums
- Feiern, Partys und andere Freizeitaktivitäten auf Kosten des öffentlichen Trägers
- Anschaffung von Dienstfahrzeugen über das »gefühlte« sozialadäquate Maß (Marke, Modell, Ausstattung, Motorisierung etc.) hinaus
- Nutzung von VIP- oder Business-Tickets bei Sportveranstaltungen und anderen Events

Veränderung von gewohnten Zuständen und Gegebenheiten
- Baumfällung aufgrund anstehender Modernisierung/eines Neubaus
- Rückbau von Kleingärten zur Grundstückserschließung
- Rückbau und Abrisse von Wohngebäuden und anschließender Neubau
- fehlendes Immobilienangebot und dadurch erfolglose Suche nach neuen Flächen

Schäden oder Probleme am Gebäude oder einer Wohnung, die zu einer Beeinträchtigung der Bewohner führen
- Ein defekter Aufzug führt dazu, dass Senioren das Haus nicht mehr verlassen können.
- Schimmel in der Wohnung zwingt Familie mit Kindern zum zeitweisen Umzug oder führt bei Duldung zur Beeinträchtigung der Gesundheit.

- Eine geplatzte Wasserleitung hat zu Schäden am Mobiliar geführt. Die Bewohner haben keinen Versicherungsschutz. Das führt zu dem Schluss, dass jemand anderes für den Schaden aufzukommen hat.
- Ein vermüllter und verdreckter Kinderspielplatz verärgert spielende Kinder bzw. deren Eltern.
- Es gibt Ungeziefer in der Wohnung oder am Gebäude.
- Der Hausfrieden ist gestört. Polizeieinsätze aufgrund von Beleidigungen, Gewalt oder anderer Straftaten im Gebäude sind die Folge.

Finanzielle Benachteiligung der Bürger
- Nebenkostennachzahlung in erheblicher Größenordnung
- Mietpreissteigerungen, die zu sozialen Disparitäten führen

Benachteiligung von Mitarbeitenden
- fristlose Kündigung eines Mitarbeitenden durch den öffentlichen Arbeitgeber
- Nichtberücksichtigung eines speziellen Stellenbewerbers aus vermuteten sachfremden Erwägungen

Die vorgenannten Fallkonstellationen sind ein guter Nährboden für mediale Berichterstattung, sofern sich ein Beschwerdeführer findet, der etwaige Missstände öffentlich anprangert. In Zeiten von Social Media können derartige Beschwerden in Windeseile einen großen Adressatenkreis erreichen und damit auch die Presse auf den Plan rufen. Ist die Fährte zur nächsten großen Story erst gewittert, folgt schon bald eine offizielle Anfrage bei den beteiligten Akteuren.

Presse- und Öffentlichkeitsarbeit sollte absolute Chefsache sein. Selbst wenn es in der Struktur einen Pressesprecher gibt, sind sämtliche Aktivitäten mit der obersten Führungsebene abzustimmen. Dies ist vor allem deshalb sinnvoll, weil mediale Berichterstattung gewisse Kettenreaktionen in Gang setzen kann, deren Folgen oftmals nicht sofort abgesehen werden können.

Ein Ignorieren von Interviewanfragen oder eine Nicht-Kommentierung verhindert Berichterstattung nicht. Zunächst gilt es, keine vorschnellen Aussagen zu treffen, sondern eine zügige und objektive Sachverhaltsanalyse vorzunehmen. Insofern ist der persönliche, am besten telefonische Kontakt zu Redakteuren zu suchen. Es sollte ihnen zunächst eine kurzfristige Rückmeldung in Aussicht gestellt werden, nachdem man die erforderlichen Informationen sammeln konnte. Die schriftliche Kommunikation per Mail oder Anschreiben bietet sich nur in bestimmten Fällen an. Gerade bei den alltäglichen Geschichten, die das Leben schreibt, sollte immer das persönliche Gespräch gesucht werden. Eine Reaktion auf Krisen hat dabei immer unmittelbar durch die Hauptverantwortlichen, sofort und schnell zu erfolgen.

Dabei ist zu beachten, dass echte, substanzielle Krisen meistens durch einen Sekundärfehler hervorgerufen werden, die das eigentliche Problem in den Schatten stellen. Diese Sekundärfehler sind langsame Reaktionszeiten, fehlende Konsequenz, Missstände abzustellen, die Verbreitung von Unwahrheiten oder die Verschleierung von Sachverhalten bzw. die Unterdrückung der Berichterstattung durch direkte oder indirekte Beeinflussung von beteiligten Personen.

Wichtig ist es, eigene, individuelle Standpunkte zu definieren und auf dieser Basis vernünftige Lösungen zu proklamieren. Sobald feststeht, dass eine öffentliche Berichterstattung stattfinden wird, muss der kommunale Akteur eine proaktive Kommunikation in Richtung seiner wesentlichen Stakeholder einleiten, und zwar vor der eigentlichen Berichterstattung. Dies hat zwei Gründe: Ein aktives Ansprechen schafft Deutungshoheit des kommunalen Akteurs, da dieser im Gespräch wesentliche Informationen und Hintergründe vermitteln kann. Ferner verhindert dieses agile Verhalten ein Abrutschen in die Rolle des »Getriebenen«, da die eigene, aktive Kommunikation auch dazu dient, die nächsten Schritte zu planen und einzuleiten. Wer zu den kommunalen Stakeholdern gehört und welche Prioritäten in der Praxis zu beachten sind, wird im nachstehenden Kapitel erläutert.

9 Kommunales Beziehungsmanagement

Bearbeitet von Marco Boksteen

Die Führung kommunaler Immobiliengesellschaften erfordert von den handelnden Personen ein gewisses Geschick im Umgang mit der Vielzahl von »Mitredenden«. Dabei sind in der Praxis oftmals nicht die vorgelagerten »Gemeinsamkeiten« etwa von Angehörigen der gleichen Partei oder Fraktion entscheidend, sondern vielmehr die teilweise historisch gewachsenen zwischenmenschlichen Beziehungen. Wer in diesem Geflecht erfolgreiche Entscheidungen für sein Unternehmen herbeiführen möchte, bedarf einer hohen emotionalen Kompetenz gepaart mit diplomatischem Verhandlungsgeschick und Durchsetzungskraft.

Ein erschwerender Faktor ist die Langlebigkeit von Konflikten im öffentlichen Raum. Die kommunalpolitischen Aktivitäten entfalten im Innenverhältnis oft Ähnlichkeiten zum Vereinsleben. Dieses ist durch die Eigenarten und Besonderheiten einzelner Vereinsmitglieder geprägt. Die weitgehende Ehrenamtlichkeit und Freiwilligkeit der politischen Tätigkeit auf kommunaler Ebene hat zum einen ein hohes zivilgesellschaftliches Engagement zur Folge, zum anderen allerdings auch eine potenzielle dauerhafte Konfrontation mit persönlichen Defiziten. Die handelnden Akteure können nur bei erheblichen juristischen Verstößen ausgetauscht oder ausgeschlossen werden und sind damit mindestens für die Dauer der Wahlperiode ein fester Bestandteil des Entscheidungsprozesses.

Oftmals entstehen die stärksten Konflikte nicht aus der unterschiedlichen Auffassung zu Sachthemen heraus, sondern aus Machtspielen, politischen Intrigen oder einfach menschlichen Schwächen einzelner Beteiligter. Diese negativen Gegebenheiten lösen dann persönliche An- und Verfeindungen aus, die nicht selten dazu führen, dass die Beteiligten sich gegenseitig politisch und gesellschaftlich »demontieren« wollen. In der Praxis werden für diese zwischenmenschlichen Konflikte häufig beliebige »Spielfelder« ausgesucht und Kollateralschäden billigend in Kauf genommen.

> **Beispiel**
>
> In einer Kommune in Hessen war der Aufsichtsratsvorsitzende der kommunalen Wohnungsgesellschaft gleichzeitig Fraktionsvorsitzender der Mehrheitsfraktion im Stadtrat. Aufgrund seines autoritären Führungsstils wuchsen innerhalb seiner eigenen Fraktion erhebliche Spannungen. Nach anonymen Schreiben an die Presse – mutmaßlich von eigenen Fraktionsmitgliedern verfasst – wurden gegen den Fraktionsvorsitzenden staatsanwaltschaftliche Ermittlungen aufgrund von etwaigen Betrugshandlungen im Zusammenhang mit der Erfassung seiner Arbeitszeit eingeleitet. Da sich der Fraktions- und Aufsichtsratsvorsitzende weigerte zurückzutreten, entfaltete sich ein politischer Kleinkrieg zwischen Mitgliedern seiner

> eigenen Fraktion sowie Partei und ihm selbst. Diese ausschließlich negativ und destruktiv geführten Auseinandersetzungen führten mit der Zeit zu seiner Abwahl als Fraktionsvorsitzender und zur politischen Isolation im eigenen Lager und in der Öffentlichkeit. Eine Abwahl oder ein Rücktritt als Vorsitzender der kommunalen Wohnungsgesellschaft erfolgte nicht, sodass diese Position weiterhin von ihm bekleidet wurde. Die beiden Geschäftsführer der Gesellschaft standen nun vor der Herausforderung, mit ihm als formal mächtigster Person konstruktiv zusammenzuarbeiten. Allerdings verfügte er zu diesem Zeitpunkt über keinerlei Verwurzelung in seiner eigenen Fraktion, Partei und im politischen Umfeld mehr.
>
> Für die beiden Geschäftsführer ergab sich somit eine schwierige Pattsituation: Arbeiten sie zu eng mit dem öffentlich geschmähten Aufsichtsratsvorsitzenden zusammen, werden sie selbst zur Zielscheibe von Kritik und destruktiven Entscheidungen. Gemeinsame Öffentlichkeitsauftritte von Geschäftsführung und Aufsichtsratsvorsitzendem waren damit also unmöglich. Gleichzeitig würde auf der anderen Seite ein Übergehen oder Ausschließen des Aufsichtsratsvorsitzenden bewirken, dass dieser verärgert und in der Folge konträr zur Geschäftsführung agiert. Beide Szenarien führen mittelbar zu einem Schaden der Gesellschaft. In unserem Praxisbeispiel führte dies beispielsweise dazu, dass über einen langen Zeitraum keinerlei Medientermine mehr für die Gesellschaft wahrgenommen werden konnten.

Das Praxisbeispiel zeigt deutlich, welche gegenseitigen Abhängigkeiten in der kommunalen Welt gegeben sind. Die komplexen Zusammenhänge gilt es zu erkennen und diese bei der Lösung von Herausforderungen zu beachten.

Die wesentlichen Stakeholder und ihre Bedeutung für Akteure in der kommunalen Immobilienwirtschaft werden nachstehend aufgeführt.

9.1 Kommunalverwaltung

Die Kommunalverwaltung ist Dreh- und Angelpunkt für die Aktivitäten der dort angesiedelten Immobilienwirtschaft. Folgende Funktionen sind wesentlich:
- (Ober-)Bürgermeister oder Bürgermeisterin
- Kämmerer oder Kämmerin
- Baudezernent oder Baudezernentin

Eine besondere Bedeutung kommt dabei dem Hauptverwaltungsbeamten zu. Der (Ober-)Bürgermeister, Landrat oder Gemeinderat als oberster Leiter der Kommunalverwaltung fungiert als Taktgeber für die immobilienwirtschaftliche Strategie. Viele bedeutende Vorhaben hängen davon ab, dass die Kommunalverwaltung fokussiert und zielgerichtet arbeitet. Die Entwicklung von Wohn- oder Gewerbegebieten erfordert neben den kaufmännischen und wirtschaftlichen Weichenstellungen in der Regel auch verstärkte Anstrengungen, um die verschiedenen Behörden und Fachbereiche im anschließenden Genehmigungsverfahren effektiv zum gewünschten Ziel zu geleiten. Aufgrund der immer komplexeren, ressortübergreifenden Sachverhalte benötigen Hauptverwaltungsbeamte ein starkes Team. Wesentliche Bedeutung haben dabei Kämmerer und Baudezernent.

Die Finanzierung und die tatsächliche baurechtliche Durchführung von Vorhaben sind wesentliche Eckpfeiler des Erfolgs. Gerade komplexe Genehmigungsverfahren erfordern oftmals kreative Lösungsansätze. Ist das gewünschte übergeordnete Ziel einmal festgelegt, dürfen sich die daran anschließenden Erörterungen nur mit dem »Wie« der Lösung beschäftigen und nicht das »Ob« des Projekts infrage stellen. Gerade in Kommunalverwaltungen ist ein Zerfasern von an sich guten und geeigneten Projekten möglich. Dies hat verschiedene Gründe: Es sind viele behördliche Stellen beteiligt, die häufig ein Eigenleben führen. Die dort handelnden Personen sind durch die Verwaltung geprägt und darauf eingestellt, Normen einzuhalten und Fehler zu vermeiden. Dem stehen die bei einer Projektrealisierung benötigten Kompetenzen entgegen, die vielmehr ein kreatives, lösungsorientiertes, oftmals auch pragmatisches Vorgehen erfordern. Dabei sind Regeln und Gesetze selbstverständlich einzuhalten. Hier kommt es darauf an, die Auslegung entsprechend lösungsorientiert vorzunehmen und auch bestimmte überschaubare Risiken progressiv einzugehen. Wer darauf wartet, dass alle bestehenden Zweifel und Restrisiken aus dem Weg geräumt sind, wird kein Projekt zeitnah realisieren können. Eine derartige pragmatische Vorgehensweise kann im öffentlichen Raum nur nachhaltig gelingen, wenn die handelnden Personen in einem Vertrauensverhältnis kooperieren und zusammenarbeiten. Aus diesem Grund kommt der kontinuierlichen Kontaktpflege eine große Bedeutung zu.

9.2 Kommunalpolitik

In einer Kommune werden die wesentlichen und wichtigen Entscheidungen durch die jeweilige kommunale Volksvertretung, also den Gemeinde- oder Stadtrat bzw. Kreistag, vorgenommen. In diesem Zusammenhang spielen die dort vertretenen Parteien und ihre Fraktionen eine wesentliche Rolle. Die Fraktionen werden durch die jeweiligen Fraktionsvorsitzenden geleitet. Die Fraktionsvorsitzenden haben eine wesentliche Funktion innerhalb ihrer Fraktion. Sie sind in der Regel Meinungsführer und die Hauptentscheidungsträger. In jeder Fraktion gibt es Stellvertreter und auch in einigen Bereichen Mitglieder mit einer besonderen Sachkunde zu einem bestimmten Thema. Es ist sinnvoll, die Personen zu identifizieren, die zum einen Ansprechpartner für Immobilienthemen sind, und zum anderen diejenigen, die eine Entscheidung innerhalb der Fraktion durchsetzen.

Die Akteure in der kommunalen Immobilienwirtschaft benötigen zudem persönliche Kontakte zu den jeweiligen Parteivorsitzenden in der Kommune. Die Parteivorsitzenden sitzen nicht automatisch in der kommunalen Volksvertretung, sondern sind entweder ohne besonderes Parlamentsmandat oder aber Mitglied des jeweiligen

Landtags oder gar des Bundestags. Die Parteivorsitzenden sind die Meinungsführer und Entscheidungsträger innerhalb der Gesamtorganisation. Zwar gibt es klare Aufgabenteilungen zwischen den Fraktionen und der Partei. Allerdings werden übergeordnete Themen bzw. solche mit einer hohen Bedeutung für die Kommune auch zwischen Fraktion und Partei diskutiert. In diesem Sinne ist es von Vorteil, wenn eine umfassende, vertrauensvolle Kommunikation zu den wesentlichen Beteiligten stattfinden kann.

Gerade Projektentwicklungen und größere Neubauvorhaben haben eine große öffentliche Strahlkraft. Sie rufen Gegner aus den verschiedensten Segmenten und den unterschiedlichsten Motivationen und Interessenlagen auf den Plan: Nachbarn, die sich durch jahrelangen Baulärm und Schmutz belästigt fühlen, denen der neue (verbaute) Ausblick nicht gefällt, Tierschützer, die einen seltenen Hamster auf einem Grundstück entdeckt haben wollen, Archäologen, die einen Bodenschatz unter dem Grundstück vermuten – die Liste der Bedenkenträger kann lang sein. Nicht selten haben zahlenmäßig kleine Gruppen dennoch eine erhöhte öffentliche Aufmerksamkeit, sodass politische Gremien sich mitunter schwertun, unliebsame Entscheidungen zu fällen – aus Sorge, wertvolle Wählerstimmen für die nächste Kommunalwahl zu verlieren.

In dieser Gemengelage zählen gegenseitige vertrauenswürdige und zuverlässige Informationsströme, die nur durch eine offene, persönliche Kommunikationskultur zwischen den kommunalen Entscheidungsträgern in der Politik und in der Immobilienwirtschaft gewährleistet werden können. Nur so können wertvolle Informationen rechtzeitig vor öffentlichen Beratungen oder gar Entscheidungen ausgetauscht und richtig eingeordnet werden. Diese Art der Kommunikation bietet auch den Vorteil, dass wahre Motivationen oder Partikularinteressen Einzelner herauskristallisiert werden können. In der Folge kann dann das exakte »Problem« bearbeitet werden und nicht nur der manchmal vorgeschobene politische Einwand gegen ein immobilienwirtschaftliches Vorhaben. Insofern geht es darum, die wahren Beweggründe für ein bestimmtes Verhalten zu erkennen und wohldosiert zu behandeln. Häufig kann beobachtet werden, dass die Störung von Vorhaben nur eine stellvertretende Auseinandersetzung ist und die wahren Ursachen und Gründe tatsächlich auf einer anderen thematischen Ebene liegen.

Konkret wird eine Vernetzung und ein regelmäßiger Austausch mit folgenden Personen wesentlich sein:
- Fraktionsvorsitzende
- Fraktionsmitglieder mit besonderer Sachkunde
- Parteivorsitzende
- Ausschusssprecher Bauen und Wohnen

Die kommunalpolitischen Themen mit Immobilienbezug sind mannigfaltig. Die Rolle der einzelnen Parteien auf kommunaler Ebene und deren thematischen Standpunkte zu verschiedenen Fragen sind äußerst heterogen und hängen von verschiedenen externen wie internen Faktoren ab. Insbesondere können von der Zugehörigkeit zu einer bestimmten Partei keine Pauschalurteile oder Prognosen zum Verhalten bei einem bestimmten immobilienwirtschaftlichen Thema gezogen werden. Dazu sind gerade auf lokaler Ebene die Projekte und Herausforderungen zu individuell und auch die Interessenlage der verschiedenen Beteiligten innerhalb einer Kommune zu differenziert und teilweise subjektiv geprägt. Nachstehend erfolgt daher nur eine stichwortartige Aufzählung der jeweiligen Kernthemen zur immobilienwirtschaftlichen Ausprägung innerhalb der Parteienlandschaft. Diese ist nur eine generelle Einordnung und dient der ersten Orientierung. In der Praxis ist im konkreten Einzelfall jede Position anhand der realen Gegebenheiten objektiv zu prüfen und zu bewerten. Andernfalls drohen Fehleinschätzungen, die in ihrer Dimension zu empfindlichen politischen Schäden führen können.

Politische Schwerpunkte innerhalb eines kommunalen Gremiums können demnach sein:
- **CDU/CSU:**
  - Mieterhöhung
  - Eigentumsbildung
  - Ausweisung von neuen Baugebieten
  - Bau von Einfamilienhäusern
  - Förderung von Familien mit Kindern
- **SPD:**
  - sozial adäquates Mietniveau/Mietpreisbremse
  - Versorgung der sozial schwachen Schichten mit günstigem Wohnraum
  - Bevorzugung von Geschosswohnungsbau
  - Bau von öffentlich geförderten Wohnungen
- **FDP:**
  - Bereitstellung von hochwertigem Wohnraum
  - Ausbau der infrastrukturellen Anbindung, insbesondere Glasfaserausbau
  - Förderung von Digitalisierung und technischen Innovationen
- **Grüne:**
  - Klimaneutralität, Nutzung regenerativer Energien
  - ökologisches Bauen
  - Bauen im Bestand statt Neubau
- **Linke:**
  - öffentlich geförderter Wohnungsbau
  - niedrige Mieten
- **Bürgerbündnisse:**
  - lokale Schwerpunkte und Sonderthemen, z. B. Vermeidung von Badschließungen etc.

9.3 Kommunale Unternehmen

Eine persönliche Vernetzung empfiehlt sich darüber hinaus mit den Entscheidungstragenden in kommunalen Unternehmen. Zu denken ist dabei an die verschiedenen Sparten:
- Energieversorgung
- Wirtschaftsförderung
- Entsorgung
- Schulen und Hochschulen

Hier sind oft bereits konkrete Schnittpunkte für die Zusammenarbeit etabliert. Im Rahmen einer strategischen Kooperation können gemeinsam neue Synergien entwickelt werden, die zu Win-win-Situationen führen. Hierbei geht es darum, die gegenseitigen Stärken zu bündeln und jeweils gewinnbringend für die Bürgerinnen und Bürger oder Nutzer der kommunalen Immobilien einzubringen. Möglich sind beispielsweise bestimmte Rabattierungen für die eigenen Nutzerkreise oder im Bereich der Energieversorger ein quartiersbezogener Ausbau der Ladeinfrastruktur für elektrobetriebene Fahrzeuge. Derartige arbeitsteilige Projekte, die nur durch ein interdisziplinäres Zusammenwirken von Immobilien- und Energiewirtschaft auf lokaler Ebene stattfinden können, haben Modellcharakter.

Angesichts des Fachkräftemangels sind auch Partnerschaften mit Schulen oder Hochschulen spannend. Hier können zum einen Forschungsschwerpunkte neu definiert werden, die in der Folge auch neue Erkenntnisse für die praktische Anwendung im Immobiliensektor liefern. Zum anderen erleichtert der direkte Draht zu den Institutionen die Begeisterung und Anwerbung von Nachwuchskräften und Talenten für das eigene Unternehmen bzw. den eigenen Bereich.

9.4 Wirtschaft

Ebenso sollten Führungskräfte in der kommunalen Immobilienwirtschaft ein breites, branchenübergreifendes Netzwerk in die lokale Wirtschaft knüpfen. Zunächst empfiehlt es sich, die passenden Plattformen zu identifizieren. Dies können die örtliche Industrie- und Handelskammer, Handwerkskammer oder Wirtschaftsverbände, wie beispielsweise der BVMW (Bundesverband Mittelständische Wirtschaft) sein. Oftmals werden über entsprechende Veranstaltungen und Konferenzen persönliche Kontakte zu den einzelnen Wirtschaftsunternehmen geknüpft.

Gerade in der Kommune sind lokale Bündnisse zwischen einzelnen Akteuren äußerst erfolgsversprechend. Dies können sein:
- größte Arbeitgeber in der Region
- maßgebliche Immobilien- und Wohnungsgesellschaften
- örtliche Banken und Sparkassen

Die großen Wirtschafts- und Industrieunternehmen am Standort haben dynamische Anforderungen an den lokalen Immobilienmarkt. Je nach Wirtschaftslage werden bei einer anstehenden Expansion adäquate Wohnungen für neue Mitarbeitende oder Flächen zur Unternehmenserweiterung gesucht. Gleichzeitig können Industrieunternehmen auch Partner für kooperative Modelle sein. Infrage kommt etwa die Abführung von bei der Produktion erzeugter Wärme in den nahe gelegenen Wohnungsbestand, um damit die Abhängigkeit von fossilen Brennstoffen zu verringern und einen Beitrag zur Klimawende zu leisten. Die Möglichkeiten der Kooperation und gegenseitigen Unterstützung sind vielfältig und können nur verlässlich in persönlichen, vertrauensvollen Gesprächen auf der Ebene der Entscheidungstragenden eruiert werden.

9.5 Medien, Institutionen, Vereine, Influencer

Das gesellschaftliche Leben innerhalb der Kommune wird von verschiedenen Akteuren geprägt. In jeder Gemeinde oder Stadt gibt es eine bestimmte Anzahl von Personen, die aufgrund ihrer wirtschaftlichen, politischen oder gesellschaftlichen Stellung das Zeitgeschehen mehr oder weniger stark beeinflussen. Die kommunale Immobilienwirtschaft bewegt sich im öffentlichen Raum. Ihre Aktionen sind Gegenstand politischer Beratungen in Gremien und ihre realen Auswirkungen sind Gegenstand der öffentlichen Berichterstattung. Insofern empfiehlt sich ein direkter Draht in die Redaktionen der wesentlichen lokalen und regionalen Medien:
- Tageszeitung
- Anzeigenblatt
- Radiosender
- »3. Programme«: TV-Lokalredaktion

Daneben sind Institutionen und Vereine ein wesentlicher Anknüpfungspartner für kommunale Immobiliengesellschaften. Dazu zählen Vereine mit einem besonderen Sportangebot, aber auch Kulturvereine. Die Vereine üben eine Scharnierfunktion aus. Die in den Vereinsgremien tätigen Personen sind oftmals Meinungsführende und Multiplikatoren. Sie erreichen über ihren Verein eine große Anzahl von Menschen, die in der Kommune leben. Eine Unterstützung hat insofern positive Strahl- und Imageeffekte, nicht nur bei zuschauerstarken Sportvereinen.

Auch intern ergeben sich im Kontakt zu den jeweiligen Mitgliedern wichtige Impulse. Häufig ist auch festzustellen, dass gerade in kleineren Kommunen eine Personenidentität bei den politischen Entscheidungstragenden und denen in den verschiedenen örtlichen Vereinen besteht. Hier kann es deshalb sinnvoll sein, vertrauensvolle Kontakte zu pflegen, um eine gute Positionierung der kommunalen Immobilienwirtschaft zu gewährleisten.

> **Tipp: Erfolgsfaktoren kommunaler Immobilienwirtschaft**
>
> Langfristiger Erfolg in der kommunalen Immobilienwirtschaft setzt in der Praxis bestimmte Handlungsmaximen voraus. Diese werden nachstehend vorgestellt:
> - **Unabhängigkeit:** Als Führungskraft in einer kommunalen Immobiliengesellschaft empfiehlt es sich, persönliche Konflikte zu vermeiden und eine weitestgehend neutrale, objektive Position einzunehmen. Insbesondere Fehden und andere Streitigkeiten, die auf dem Spielfeld der Kommunalpolitik ausgetragen werden, sollten vermieden werden – getreu dem Motto »Hältst du dich raus, kommst du nicht rein«.
> - **360-Grad-Kommunikation:** Der Gesprächsfaden zu allen Beteiligten sollte aufgebaut und kontinuierlich gepflegt werden. Nur wer mit allen Akteuren regelmäßig vertrauensvoll im Gespräch ist, kann Informationen und Hintergründe rechtzeitig zur Kenntnis nehmen und sich darauf einstellen.
> - **Vertraulichkeit:** Die Kommunikation innerhalb und außerhalb des eigenen Unternehmens sollte stets von Vertraulichkeit geprägt sein. Nur wer selbst in der Lage ist, vertrauliche Themen für sich zu behalten, kann dies auch erfolgreich von anderen einfordern. Gerade im kommunalpolitischen Umfeld sind teilweise gezieltes Streuen von Gerüchten, Mutmaßungen und indiskrete Plaudereien an der Tagesordnung. In diesem Umfeld fällt positiv auf, wer sich auf Sachthemen konzentriert und ein verlässlicher Ansprechpartner ist. Die Loyalität gegenüber Gesprächspartnern wirkt sich langfristig positiv auf das eigene Agieren aus.
> - **Zuverlässigkeit:** Eine Grundvoraussetzung erfolgreichen Handelns in der kommunalen Immobilienwirtschaft ist die persönliche Zuverlässigkeit. Wer sich konsequent an getroffene Absprachen, Vereinbarungen und vor allem mündliche Zusagen oder Versprechungen hält, wird sich über die Jahre eine außergewöhnliche Reputation erarbeiten. Diese hilft dabei, auch komplexe Projekte zu realisieren.

10 Verbände, Vereine, Arbeitsgemeinschaften

Bearbeitet von Alexander Rychter

10.1 Kommunale Wohnungsgesellschaften als wesentlicher Akteur des gemeinwohlorientierten Wohnungsbaus

Ein zentrales Element der kommunalen Daseinsvorsorge von Städten und Gemeinden ist die Versorgung der Menschen mit Wohnungen. Auch wenn sich aus dem grundgesetzlichen sowie diese Artikel konkretisierenden ordnungsrechtlichen Rahmen in erster Linie nur eine Verpflichtung zur Vermeidung von Wohnungs- und Obdachlosigkeit herleiten lässt, verbindet sich damit doch gleichermaßen die grundlegende Aufgabe von Bund, Ländern und Kommunen, die Versorgung von breiten Schichten der Bevölkerung mit gutem und auch möglichst bezahlbarem Wohnraum sicherzustellen.[116]

Diesem verfassungsrechtlichen Denken folgend sind mit Beginn der industriellen Revolution im ehemaligen Deutschen Reich erste kommunale Wohnungsunternehmen entstanden – eine wohnungswirtschaftliche Entwicklung, die gleichermaßen mit den Gründungen erster Wohnungsgenossenschaften korreliert und insoweit vergleichbare Gründungs- und Wachstumsphasen aufweist. Startpunkt dieser inzwischen über 160-jährigen wohnungswirtschaftlichen Geschichte ist das Gründungsdatum der *Stadtsiedlung Heilbronn GmbH* am 26. April 1856 noch deutlich vor Reichsgründung im damaligen Königreich Württemberg. Auch wenn diese Gründung seinerzeit durch einen Papierfabrikanten zum Bau von Arbeiterwohnungen erfolgte, beteiligte sich die Stadt Heilbronn bereits wenige Jahre später 1858 an der neu gegründeten Gesellschaft. Auch wenn die Kommune erst viele Jahrzehnte später 1954 die Aktienmehrheit der 1862 in eine Aktiengesellschaft umgewandelten Stadtsiedlung erwarb und schlussendlich 2006 Alleingesellschafter wurde, so bleibt dies trotzdem die Geburts-

---

[116] Der Text in diesem Kapitel basiert auf folgenden Quellen: Typisch kommunale Wohnungsunternehmen – wirtschaftlich kompetent, sozial unverzichtbar, ökologisch vorbildlich, GdW-Forum 26 Dokumentation, hrsg. v. GdW Bundesverband deutscher Wohnungs- und Immobilienunternehmen e. V., Berlin 2000; Wohnkultur in gesellschaftlicher Verantwortung. 100 Jahre Wohnungswirtschaft in Rheinland und Westfalen 1901–2001, hrsg. v. VdW Rheinland Westfalen, Düsseldorf 2001; Schwarzbuch Privatisierung, Michael Reimon/Christian Felber, Wien 2003; Kommunale Wohnungsunternehmen – Tafelsilber oder Saatkartoffeln? Positionen des Arbeitskreises Stadtentwicklung, Bau und Wohnen der Friedrich-Ebert-Stiftung, hrsg. v. Jürgen Steinert, Berlin 2007; Strategien der Kommunen für ihre kommunalen Wohnungsbestände – Ergebnisse einer Kommunalbefragung, hrsg. v. Bundesamt für Bauwesen und Raumordnung, Bundesinstitut für Bau-, Stadt- und Raumforschung, Berlin 2010; Kommunale Wohnungsbestände aus verschiedenen Perspektiven, hrsg. v. Bundesamt für Bauwesen und Raumordnung, Bundesinstitut für Bau-, Stadt- und Raumforschung, Bonn 2011; 90 Jahre Die Wohnungswirtschaft. Die Geschichte des GdW und seiner Vorläuferverbände, hrsg. v. GdW Bundesverband deutscher Wohnungs- und Immobilienunternehmen e. V., Berlin 2014.

stunde des sozialen und kommunalen Wohnungsbaus in Deutschland. Die Aufgabenfelder dieser ersten kommunalen Gesellschaft – die soziale Versorgung mit Wohnraum, die bauliche Entwicklung von Wohn- und Stadtquartieren, die Stärkung und Förderung von Nachbarschaften sowie die Förderung der kommunalen Wirtschaft – haben bis heute nicht an Aktualität und Relevanz verloren und lassen damit eine wohnungswirtschaftliche und -politische Linie von 1856 bis in die Gegenwart ziehen.

Die Wohnungsverhältnisse im jungen Kaiserreich in den Jahren der industriellen Revolution waren insbesondere in den stark wachsenden Industrieregionen vielfach katastrophal. Beklagt wurden völlig unzureichende Wohnverhältnisse sowie ein zunehmender Wohnungsmangel, der durch die Binnenwanderung aus den ländlichen Regionen in die industriellen Wachstumskerne verschärft wurde. Diese völlig unzureichende Versorgung mit Wohnraum in einem wohnungspolitisch völlig ungesteuerten Markt führte zu Phänomenen wie Schlafgängern oder Schlafhäusern. Ein Schlafhaus war eine vor allem im Saarrevier verbreitete bauliche Unterkunft, die Bergleuten während der Arbeitswoche als Schlafstätte diente.[117] Schlafhäuser wurden von den preußischen Staatsgruben im 19. Jahrhundert in der Nähe der Förderanlagen errichtet. Den Bergarbeitern standen in den Schlafhäusern für eine monatliche Miete von zwei Mark ein Bett, Bettwäsche und ein Spind zur Verfügung. Zudem konnten Gemeinschaftsküchen benutzt werden, in denen auf ständig unter Feuer gehaltenen Kochherden von zu Hause mitgebrachte Lebensmittel, überwiegend Kartoffeln, zubereitet werden konnten.

In einem ersten Schritt führten diese unübersehbaren Missstände zu einem deutlichen Ausbau des privatwirtschaftlichen Mietwohnungsbaus, zunächst vielfach getragen durch sozial engagierte Industrielle und Privatunternehmer, die entsprechende Wohnungsbauprojekte finanzierten, sie aber gleichzeitig wohnungswirtschaftlich wie wohnungspolitisch auch über die Höhe ihres Beteiligungskapitals kontrollierten. Beispiele dieser Aktienbaugesellschaften sind in Nordrhein-Westfalen die *Gladbacher Aktienbaugesellschaft* sowie die *Hagener gemeinnützige Baugesellschaft*, alle zwischen 1853 und 1861 gegründet, die diese Zeiten überdauert und heute noch nach verschiedenen gesellschaftsrechtlichen und beteiligungstechnischen Transformationsprozessen Mitglied des *Verbandes der Wohnungs- und Immobilienwirtschaft Rheinland Westfalen e. V.* sind.

Dieser privatwirtschaftliche Mietwohnungsbau vermochte dem Binnenmigrationsdruck sowie dem Bevölkerungswachstum zwar quantitativ teilweise standzuhalten, konnte in qualitativer Hinsicht aber die Wohnungssituation nicht spürbar verbessern. In vielen Städten und Gemeinden entstanden sogenannte Mietskasernen, die in ihrer

---

117 Ausführlich unter https://de.wikipedia.org/wiki/Schlafhaus (abgerufen am 22.04.2022)

Baulichkeit und gleichzeitig völligen Überbelegung keine wirkliche Verbesserung der Wohnsituation darstellten. Diese Entwicklung führte schlussendlich zur Wohnreformbewegung, zum Aufkommen des genossenschaftlichen Wohnungsbaus sowie zur gesetzlichen Verankerung der Wohnungsgemeinnützigkeit.

10.2 Historischer Rückblick: Erste kommunale Wohnungsunternehmen entstehen

Gegen Ende des 19. Jahrhunderts traten nun vermehrt auch von Städten und Gemeinden gegründete Wohnungsgesellschaften wie die heutige GEBAG, 1872 als *Duisburger gemeinnützige Baugesellschaft AG* entstanden, oder die 1890 gegründete *ABG Frankfurt Holding GmbH* als Aktienbaugesellschaft für kleine Wohnungen in Erscheinung.

Zu einer verstärkten Gründungsphase kommunaler oder zumindest kommunal beteiligter Wohnungsbauunternehmen kam es jedoch erst nach Ende des Ersten Weltkriegs, der nach vier Jahren einer nahezu ausschließlich auf die Produktion von Rüstungsgütern ausgerichteten Kriegswirtschaft die Wohnungssituation breiter Schichten der Bevölkerung erneut deutlich verschärft hatte. Beispielhaft dafür stehen die Gründung der *Freiburger Siedlungsgesellschaft* 1919, heute Teil im *Freiburger Stadtbau Verbund*, oder das Entstehen der *Siedlungs-Aktiengesellschaft Altona* auf Initiative eines damaligen Altonaer Bürgermeisters und Stadtkämmerers am 29. Dezember 1922, als heutige *SAGA Unternehmensgruppe* nunmehr größtes kommunales Wohnungsunternehmen in der Bundesrepublik Deutschland.

Betrachtet man an dieser Stelle die räumliche Verortung dieser nunmehr überall in Deutschland entstehenden kommunalen Wohnungswirtschaft, so wird deutlich, dass auch heute noch mehr als die Hälfte der in kommunalem Besitz befindlichen Wohnungen auf Städte mit 200.000 und mehr Einwohnern entfällt. 43 Prozent des kommunalen Wohnungsbestandes bündeln sich in den Metropolen. Auch im Verflechtungsraum um die großen Städte herum ist der Anteil von in kommunalem Besitz befindlichen Wohnungen noch recht hoch, während er in ländlichen Kreisen sowie in Kommunen mit weniger als 10.000 Einwohnern signifikant abnimmt.

Während die in kommunalem Besitz befindlichen Wohnungsbestände in den alten Bundesländern zu mehr als 75 Prozent in den großen Ballungszentren und Großstädten liegen, sieht das Bild in den östlichen Bundesländern deutlich anders aus. Hier liegt der Schwerpunkt in den Kommunen der Umlandkreise sowie in ländlichen Kreisen, wobei an dieser Stelle die historischen Ursachen nicht näher beleuchtet werden sollen.

Mit dem vermehrten Entstehen kommunaler Wohnungsunternehmen vollzieht sich ein ganz entscheidender Veränderungsprozess in der Wahrnehmung wohnungswirtschaftlicher Verantwortlichkeit. Waren es in den dynamischen Veränderungsprozessen der industriellen Revolution und der Gründerzeit zuvorderst private Akteure aus Industrie und Wirtschaft sowie in einem parallelen Prozess Menschen aus ganz unterschiedlichen gesellschaftlichen Schichten, die sich im Wege der Selbstverantwortung und Selbstorganisation der Gründung von Wohnungsbaugenossenschaften zuwandten, so tritt nun mit den kommunalen Wohnungsunternehmen und damit einhergehend kommunalpolitisch Verantwortlichen ein neuer Akteur auf die wohnungswirtschaftliche und -politische Bühne, der diese in den kommenden Jahrzehnten bis in die Gegenwart hinein in ganz maßgeblicher Weise prägen wird. Wohnungspolitik wird damit zu einem wesentlichen Teil der Kommunalpolitik, auch wenn deren Bedeutung und Relevanz in den folgenden Jahrzehnten immer wieder Veränderungen unterworfen sein wird.

10.3 Interessenspolitische Vertretung kommunaler und öffentlicher Wohnungsunternehmen

Begibt man sich auf eine Spurensuche nach den Ursprüngen der wohnungswirtschaftlichen Interessenvertretung, so ist diese gleichzeitig eine Geschichte der Entwicklung der unternehmerischen Wohnungswirtschaft in Deutschland selbst. Am Anfang stehen ganz verschiedene Gründungsprozesse, die trotz der über die Jahrzehnte hinweg stattfindenden politischen, wirtschaftlichen und gesellschaftlichen Veränderungen bis in die Gegenwart ihre Gestalt bewahrt haben.

10.3.1 Überblick der wohnungs- und immobilienwirtschaftlichen Verbändelandschaft

An erster Stelle ist die 1911 ins Vereinsregister eingetragene und 1919 als *Zentralverband Deutscher Haus- und Grundbesitzerverein e. V.* gegründete Interessenvertretung nichtunternehmerischer Kleinvermieter zu nennen. Deren Anfänge lassen sich bis zu einem ersten Kongress verschiedener Haus- und Grundbesitzervereinigungen 1879 in Dresden rückverfolgen. Weiterhin ist der *Zentralverband der Deutschen Haus-, Wohnungs- und Grundeigentümer e. V.* – besser bekannt unter dem Namen »*Haus & Grund Deutschland*« – heute auch nach Aufnahme der fünf neu gegründeten Landesverbände aus den östlichen Bundesländern 1991 ein nicht wegzudenkendes Element der wohnungspolitischen Interessenvertretung in der Bundesrepublik Deutschland.

Ein Stück weit jünger gestalten sich die verbandlichen Entwicklungen im Bereich der freien Wohnungswirtschaft, deren Ursprünge wir eingangs im Werden privatwirtschaftlicher Wohnungsunternehmen bereits beschrieben haben und die erst mit der Vereinigung der drei Vorläuferverbände *Deutscher Hausbauverband*, *Verband Freier*

10.3 Interessenspolitische Vertretung kommunaler und öffentlicher Wohnungsunternehmen

Wohnungsunternehmen sowie *Bundesverband Privater Wohnungsunternehmen* 1983 ihre heutige Gestalt als *Bundesverband Freier Immobilien- und Wohnungsunternehmen e. V.*, kurz BFW, gefunden haben.

Sehr viel jünger ist die Geschichte der Interessenvertretung kapitalmarktorientierter Immobilienunternehmen, die 2006 in Anlehnung an den ehemaligen *Zentralen Kreditausschuss* – den Zusammenschluss der kreditwirtschaftlichen Spitzenverbände in Deutschland, heute die *Deutsche Kreditwirtschaft* – als *Zentraler Immobilienausschuss*, kurz ZIA, entstand. Heute bündelt diese Organisation mehr als 300 Einzelunternehmen, darunter neben privatwirtschaftlichen Wohnungsunternehmen überwiegend Gewerbeimmobilienunternehmen, Immobilienfondsgesellschaften, Immobiliendienstleistungs- und -beratungsunternehmen sowie Banken- und Versicherungstöchter. Hinzu kommen 28 Einzelverbände, zu denen mit dem 1983 gegründeten *Bundesfachverband der Immobilienverwalter* (BVI) und dem 2004 als Zusammenschluss der bis dahin selbstständigen Maklerverbände *Ring Deutscher Makler* (RDM) und *Verband Deutscher Makler* (VDM) zum heutigen *Bundesverband der Immobilienberater, Makler, Verwalter und Sachverständigen e. V.*, kurz »*Immobilienverband Deutschland IVD*«, auch die Interessenvertretungen der Dienstleistungsberufe in der Wohnungs- und Immobilienwirtschaft gehören.

Sehr viel weiter zurück reichen die Anfänge der verbandlichen Entwicklungen im Bereich der kommunalen und öffentlichen Wohnungswirtschaft, die von der Historie des gemeinnützigen sowie genossenschaftlichen Wohnungsbaus nicht getrennt betrachtet werden können und nachfolgend mit dem Entstehen des heutigen *GdW Bundesverband deutscher Wohnungs- und Immobilienunternehmen e. V.* und seinem Regionalverband in Nordrhein-Westfalen und Rheinland-Pfalz beschrieben werden sollen.

10.3.2 Entstehung des GdW und seines Regionalverbandes in Rheinland und Westfalen

Die wirtschafts- und gesellschaftspolitischen Ursachen für die Wohnreformbewegung und die gesetzliche Verankerung der Wohnungsgemeinnützigkeit sowohl im Deutschen Reich als auch in Österreich-Ungarn und das damit verbundene sprunghafte Aufblühen von Baugenossenschaften und Bauvereinen in beiden Ländern sind bereits eingangs beschrieben worden. Folgerichtig orientierte sich die verbandliche Entwicklung in der ehemals gemeinnützigen Wohnungswirtschaft entlang des Aufstiegs der gemeinnützigen Baugesellschaften sowie Baugenossenschaften, auf deren Entwicklung aus Verständnisgründen an dieser Stelle ein kurzer Blick geworfen werden soll.

Baugenossenschaften und Bauvereine
Die wohnungsgenossenschaftliche Entwicklung in Deutschland begann bereits 1862 mit der Gründung einer Baugenossenschaft in Hamburg-Steinwerder. Diese

scheiterte aber aufgrund ihrer finanziellen Möglichkeiten, da das 1867 von Preußen erlassene erste Genossenschaftsgesetz nur Genossenschaften mit unbegrenzter Haftung kannte. Die Zahl der Genossenschaftsgründungen blieb in dieser Zeit daher begrenzt – nur wenige Wohnungsgenossenschaften wie die *Baugenossenschaft München eG* von 1871, die *Allgemeine Deutsche Schiffszimmerergenossenschaft* von 1875 in Hamburg oder der *Flensburger Arbeiter-Bauverein eG* von 1878 überstanden diese ökonomisch sehr schwierige Phase. Das genossenschaftliche Selbsthilfeprinzip konnte ohne finanzielle Unterstützung Dritter noch nicht bestehen. Deshalb dominierten in dieser frühen Phase gemeinnützige Baugesellschaften, auch wenn beide Unternehmensformen hinter dem privatwirtschaftlichen Wohnungssektor noch deutlich zurückstanden.

Der 1. Mai 1889 markiert ein einschneidendes Datum: An diesem Tag trat das Gesetz betreffend die Wirtschafts- und Erwerbsgenossenschaften in Kraft und ermöglichte fortan die Gründung von Baugenossenschaften mit beschränkter Haftungspflicht. Zugleich schuf die Invaliditäts- und Altersversicherungsgesetzgebung von 1889 weitere Voraussetzungen für den Erfolg der genossenschaftlichen Wohnungswirtschaft. Mit der Möglichkeit der Vergabe von langfristigen und zinsgünstigen Krediten der Versicherungsanstalten an genossenschaftliche Wohnungsunternehmen wurde die Kapitalbeschaffung wesentlich erleichtert. Folglich wuchs die Zahl von Baugenossenschaften von lediglich 28 im Jahr 1888 auf 1.402 im Jahr 1914 geradezu sprunghaft an.

Die sehr dynamische Entwicklung insbesondere von Baugenossenschaften im späten 19. Jahrhundert machte diese Unternehmensform zwangsläufig zum zentralen Akteur nicht nur in der gemeinnützigen Wohnungsversorgung, sondern auch bei der Entstehung erster verbandlicher Organisationsformen. Erste Wurzeln führen zurück ins Jahr 1859, als Hermann Schulze-Delitzsch in Weimar das *Centralkorrespondenzbureau der deutschen Vorschuss- und Kreditvereine* begründete, dem zunächst 29 Mitglieder – ausschließlich Kreditgenossenschaften – angehörten, andere Genossenschaftsformen aber sehr rasch mit hinzukamen. 1864 wurde aus dem *Centralkorrespondenzbureau* der *Allgemeine Verband der auf Selbsthilfe beruhenden Deutschen Erwerbs- und Wirtschaftsgenossenschaften*.

Zehn Jahre später begann 1874 die Diskussion um die Notwendigkeit einer Unterorganisation der Baugenossenschaften innerhalb des allgemeinen Verbandes – eine Debatte, die zunächst ergebnislos blieb, da es in dieser Phase noch keine ausreichende Zahl an entsprechenden Genossenschaften gab, die diesen organisatorischen Schritt gerechtfertigt hätte. Dies änderte sich schlagartig mit der Neugestaltung der haftungs- und sozialrechtlichen Rahmenbedingungen, sodass 1896 in Bremen der *Verband der Baugenossenschaften Deutschlands* mit Sitz in Berlin gegründet werden konnte – als Anfangspunkt für die verbandliche Vertretung der ehemals gemeinnüt-

10.3 Interessenspolitische Vertretung kommunaler und öffentlicher Wohnungsunternehmen

zigen Wohnungswirtschaft und damit auch der kommunalen und öffentlichen Wohnungsunternehmen.

Ein Jahr später kam es zu einer ersten Abspaltung: 1897 entstand der *Verband der auf Grundlage des genossenschaftlichen Eigentums stehenden Baugenossenschaften*, 1918 in »*Reichsverband deutscher Baugenossenschaften*« umbenannt. Die weitere Entwicklung verlief zunächst keineswegs in gerader Linie. Zwar konnten beide Verbände 1924 Mitgliede des *Hauptverbandes Deutscher Baugenossenschaften* werden, gleichzeitig entstanden aber im ersten Jahrzehnt des neuen Jahrhunderts überall in Deutschland genossenschaftliche Prüfungsverbände, deren wesentliche Aufgabe das im Genossenschaftsgesetz verankerte Prüfungswesen war und auch heute noch ist.

Im Rheinland gründete sich im Zuge dieser Entwicklung am 6. Dezember 1901 der *Verband rheinischer Baugenossenschaften*, nachdem deutlich geworden war, dass die Vorläuferstruktur das erforderliche Prüfungswesen der ihm angeschlossenen Baugenossenschaften nicht mehr gewährleisten konnte. Der Anschluss an einen der überregional operierenden Revisionsverbände war keine wirkliche Option, wurde doch schon damals sehr schnell erkannt, dass vor allem die spezifische Kenntnis der örtlichen Wohnungsteilmärkte und Gegebenheiten ein wesentliches Element der Prüfungs- und Verbandsarbeit darstellt. Wenig später vollzog sich dieser Schritt auch in Westfalen: Am 3. Juni 1903 entstand in Dortmund der *Verband westfälischer Baugenossenschaften*, Sitz des Verbandes wurde Münster.

Die Vielgestaltigkeit und Uneinheitlichkeit der verschiedenen Verbands- und Prüfungsorganisationen der Baugenossenschaften führte nun zügig zu einer Debatte um die Notwendigkeit einer einheitlichen Dachstruktur, um die Interessen und gleichzeitig zunehmend wachsender Bedeutung der gemeinnützigen Wohnungswirtschaft gegenüber Politik, Verwaltung und Öffentlichkeit deutlich zu machen. Auch wenn der Fokus in diesen Jahren zunächst auf der Vereinheitlichung des Prüfungswesens lag, so liegen auch die Wurzeln einer späteren interessenspolitischen Arbeit in diesem schrittweisen Prozess der Vereinigung der bestehenden Organisationen.

Unterbrochen wurde diese Entwicklung durch den Ersten Weltkrieg. Erst 1920 konnte eine Arbeitsgemeinschaft mit dem Namen »*Vereinigung Deutscher Baugenossenschaften*« mit Sitz in Berlin geschaffen werden. Zügig wuchs diese erste übergreifende Organisationsstruktur um weitere Mitgliedsverbände, sodass trotz zahlreicher Anlaufschwierigkeiten am 21. Juli 1924 in Erfurt der *Hauptverband Deutscher Baugenossenschaften* als erster Vorläuferverband des GdW ebenfalls mit Sitz in Berlin gegründet werden konnte. An die Stelle einer lockeren Zusammenarbeit in Form einer Arbeitsgemeinschaft war eine handlungsfähige Dachstruktur entstanden, der bereits zu diesem Zeitpunkt mehr als 2.000 Baugenossenschaften angehörten.

Eine durchaus vergleichbare Entwicklung zeigte sich in den ehemaligen preußischen Provinzen an Rhein und Ruhr, wo 1897 zunächst der *Rheinische Verein zur Förderung des Arbeiterwohnungswesens* in Düsseldorf entstand, zu dessen Mitgliedern bereits fünf Jahre später nicht nur mehr als 75 Bauvereine, sondern auch zahlreiche Behörden gehörten. Aufgaben dieser ersten wohnungswirtschaftlichen Verbandsstrukturen waren

- eine kontinuierliche Öffentlichkeitsarbeit durch verschiedene, später auch überregional beachtete Publikationen,
- die konkrete Unterstützung bei der Gründung neuer Baugenossenschaften und Bauvereine in allen finanziellen und wohnungswirtschaftlichen Fragestellungen sowie schließlich
- die ersten Anfänge einer interessenspolitischen Arbeit gegenüber den damaligen Regierungsbehörden.

Insgesamt gestalteten sich diese frühen Schritte verbandlicher Arbeit als erfolgreich und gerieten damit durchaus zum Vorbild für das Entstehen vergleichbarer verbandlicher Strukturen in Preußen. 1901 wies der zuständige preußische Fachminister in einem Runderlass alle preußischen Provinzen auf die Einrichtung entsprechender Strukturen hin. In Westfalen entstand nur ein Jahr später am 24. Februar 1902 in Dortmund der *Westfälische Verein zur Förderung des Kleinwohnungswesens*.

10.3.3 Kommunale und öffentliche Wohnungsunternehmen in den gemeinnützigen Verbänden

Zwar waren die gemeinwohlorientierten Baugesellschaften die älteste Rechtsformgruppe der späteren gemeinnützigen Wohnungswirtschaft. Ungeachtet dessen ist die Entstehung der wohnwirtschaftlichen Interessen- und Prüfungsverbände dieses Teils der Wohnungswirtschaft untrennbar mit dem Aufkommen des Genossenschaftswesens verbunden. In den ersten beiden Jahrzehnten des 20. Jahrhunderts begann sich diese Situation der genossenschaftlichen Dominanz zu verändern. So schlossen sich von 1905 bis zum Beginn des Ersten Weltkriegs insgesamt 21 Aktiengesellschaften und acht GmbHs dem rheinischen Verband an – in Westfalen war die Aufnahme anderer wohnungswirtschaftlicher Rechtsformen in den Verband erst ab 1915 möglich. Damit war jedoch ein wesentlicher und schlussendlich unumkehrbarer Schritt vollzogen, der auf lange Sicht Struktur und Wesen der wohnwirtschaftlichen Verbände deutlich zu verändern begann.

Waren es ursprünglich reine Genossenschaftsverbände, so entstanden nun überall in Deutschland Verbände der gemeinnützigen Wohnungswirtschaft, deren Mitgliedschaft sich aus ganz unterschiedlichen wohnwirtschaftlichen Strömungen zusammensetzte. Wesentlicher Treiber in dieser Phase war der Beschluss der Gemein-

10.3 Interessenspolitische Vertretung kommunaler und öffentlicher Wohnungsunternehmen

nützigkeitsverordnung als dritte Notverordnung am 1. Dezember 1930, die in wesentlicher Form den rechtlichen Rahmen sowie die Aufsicht und verbandliche Kontrolle für gemeinnützige Wohnungsunternehmen regelte. Trotz aller Schwierigkeiten der Nachkriegs- und Hochinflationszeit waren die Zwanzigerjahre wohnungswirtschaftlich und -politisch, architektonisch und baukulturell eine von Aufbruchsstimmung geprägte Zeit. Innerhalb der Verbände begannen sich allmählich die Gewichte zwischen Wohnungsunternehmen in der Rechtsform einer Aktiengesellschaft oder GmbH sowie Bauvereinen und Baugenossenschaften zu verschieben. Auch wenn Wohnungsgenossenschaften zahlenmäßig bis in die Gegenwart mit deutlichem Abstand die Mehrheit bilden, entstanden nun in zahlreichen Städten und Gemeinden Wohnungs- und Siedlungsgesellschaften, deren Wohnungsbestände und Bauleistungen das Volumen des genossenschaftlichen Sektors deutlich überstiegen.

Ein ganz entscheidender Faktor für diese Entwicklung war der Umstand, dass als maßgebliche Gründungsakteure nunmehr Kommunen auftraten, die die Aktien- oder Anteilsmehrheit behielten und sich auf diesem Wege ein wohnungs- und städtebauliches Instrument schufen, um den gemeinwohlorientierten und bezahlbaren Wohnungsbau zu kontrollieren und voranzutreiben. Gründungsbeispiele aus dieser Zeit sind die *Gemeindliche Siedlungs-Gesellschaft Neuwied* 1926 im heutigen Rheinland-Pfalz oder das gemeinnützige Wohnungsunternehmen der Stadt Münster, die heutige *Wohn+Stadtbau GmbH*, 1928. In dieser Phase erweiterte sich die Mitgliedschaft der Verbände um einen weiteren Zweig der unternehmerischen Wohnungswirtschaft. So wurden die 1918 gegründete *Gemeinnützige Aktien-Gesellschaft für Angestellten-Heimstätten* (GAGFAH), die ebenfalls in dieser Zeit entstehenden Eisenbahner-Wohnungsgesellschaften sowie die drei Wohnungsunternehmen der 1926 gegründeten *Vereinigten Stahlwerke AG* mit Sitz in Düsseldorf Mitglied der Verbände.

10.3.4 Exkurs: Historische Entwicklung von der nationalsozialistischen Machtergreifung bis heute

Zäsur nationalsozialistische Machtergreifung und Zweiter Weltkrieg
Mit der Machtergreifung der Nationalsozialisten am 30. Januar 1933 begannen auch für die Wohnungswirtschaft und die wohnwirtschaftliche Verbändefamilie dunkle Jahre. Unternehmen, Genossenschaften und Verbandsstrukturen wurden gleichgeschaltet und teilweise zwangsvereinigt, Gremien mit Persönlichkeiten des Nationalsozialismus besetzt und demokratische Beteiligungs- und Entscheidungsprozesse durch das sogenannte Führerprinzip ersetzt. Teile der späteren Verbändefamilie innerhalb des GdW, wie der 1931 entstandene *Katholische Siedlungsdienst* als Dachverband der Wohnungsunternehmen der römisch-katholischen Kirche in Deutschland, mussten ihre Verbandsarbeit beenden.

Das bisherige Wohnungsgemeinnützigkeitsrecht wurde nachfolgend neu geordnet mit dem Ergebnis, dass sich nunmehr auch gemeinnützige Wohnungsgesellschaften wie schon zuvor Wohnungsgenossenschaften einer Pflichtprüfung zu unterziehen und einem entsprechenden Prüfungsverband anzugehören hatten. Nach außen wurde diese Veränderung durch eine Umbenennung des Verbandes deutlich, der seit 1934 nunmehr *Hauptverband deutscher Wohnungsunternehmen* hieß. Aus den ursprünglich nur für das genossenschaftliche Wohnungswesen zuständigen Verbänden war eine einheitliche Verbandsorganisation geworden, die alle Sparten und Formen der gemeinnützigen Wohnungswirtschaft bündelte.

In Rheinland und Westfalen vollzogen sich diese Entwicklungen spiegelbildlich. Mit der Auflösung der zuvor bestehenden berufsständischen, gewerkschaftlichen oder konfessionellen Wohnungsverbände gingen deren Mitglieder in den rheinischen und westfälischen Verbänden auf. Gleichzeitig erfolgte in Anlehnung an die Umbenennung des Hauptverbandes die Anpassung der Verbandsnamen und das Verbandsgebiet des westfälischen Verbandes wurde 1935 auf das Land Lippe erweitert.

1945: Neubeginn und Wiederaufbau
Das Ende des Zweiten Weltkriegs, der Zusammenbruch der nationalsozialistischen Gewaltherrschaft sowie die Teilung Deutschlands in vier Besatzungszonen bedeutete für die verbandlichen Vorkriegsstrukturen eine erhebliche Veränderung. Auf dem Papier noch formal bestehend, war die faktische Vorkriegsstruktur des Reichsverbandes zerfallen – übrig blieben die regionalen Verbands- und Prüfungsorganisationen und eine zunächst völlig offene Zukunft für einen Neuanfang. Startschuss dafür war die Gründung eines Gesamtverbandes gemeinnütziger Wohnungsunternehmen durch die verbliebenen wohnwirtschaftlichen Verbände im Rheinland, in Westfalen sowie in Nordwestdeutschland und die Heimstättenorganisationen ebenfalls in Rheinland und Westfalen sowie Niedersachsen und Schleswig-Holstein in der britischen Besatzungszone am 17. Juni 1946 in Bielefeld. Im Herbst 1947 ging es auch für die erneuerten Verbände in Rheinland und Westfalen weiter: Zum ersten Mal seit neun Jahren konnten wieder Mitgliederversammlungen in Herne sowie Düsseldorf stattfinden. Notwendig war eine umfassende organisatorische und satzungsrechtliche Restrukturierung beider Verbände, Verbandsorgane wurden wieder durch demokratische Wahlen legitimiert.

Dem organisatorischen Neuanfang folgte ein erheblicher Bedeutungsgewinn für die gesamte gemeinnützige Wohnungswirtschaft im Rahmen des nun anstehenden Wiederaufbaus des völlig kriegszerstörten Deutschlands, gerade und insbesondere in den Industrie- und Montanregionen im Rheinland und in Westfalen. Angesichts einer immensen Wohnungsnot ging es für Wohnungsunternehmen und -genossenschaften nun darum, so schnell wie möglich breiten Schichten der Bevölkerung guten Wohnraum zur Verfügung zu stellen. Ein breites Instrumentarium an öffentlichen Fördergeldern wurde aufgelegt. Die freie Wohnungswirtschaft war infolge der Kriegsjahre in jeder Hinsicht keine Alternative, erste verbandliche Strukturen bildeten sich dort wie beschrieben erst Ende der Vierzigerjahre wieder heraus.

Demgegenüber verfügten die Unternehmen und Genossenschaften der gemeinnützigen Wohnungswirtschaft trotz aller Kriegseinschränkungen über unverändert kompetente und effiziente Strukturen und entwickelten sich damit zum entscheidenden Akteur des Wiederaufbaus im kommenden Jahrzehnt. Mit diesem erheblichen Bedeutungszuwachs wuchs gleichermaßen die wohnungspolitische Relevanz der gemeinnützigen Wohnungswirtschaft und der sie organisierenden Verbände. Politik und Verwaltung sowie gemeinnützige Wohnungswirtschaft arbeiteten Hand in Hand, politische Entscheidungsträger zogen in zunehmendem Maße in die Organe der gemeinnützigen Wohnungswirtschaft ein, ob auf Verbandsebene oder in den Vorständen und Aufsichtsräten der Unternehmen und Genossenschaften. Im gleichen Zuge fand eine deutliche Politisierung der Verbandsarbeit statt, nachdem sie in der ersten Hälfte des Jahrhunderts doch weitgehend auf das Prüfungsgeschehen sowie die unmittelbare Förderung der Verbandsmitglieder konzentriert gewesen war.

Ende der Vierzigerjahre kam nun auch Bewegung in die neue Ordnung einer überregionalen Vertretung der gemeinnützigen Wohnungswirtschaft, nachdem der ehemalige *Reichsverband des deutschen gemeinnützigen Wohnungswesens e.V.* seine ihm gesetzlich obliegenden Funktionen nicht mehr wahrnehmen konnte. Der *Gesamtverband gemeinnütziger Wohnungsunternehmen* (GGW) als neue Verbandsstruktur in der britischen Besatzungszone konnte diese Funktionen unter verschiedenen Gesichtspunkten nicht ausüben. Folglich war der erste Schritt die Bildung eines Koordinierungsausschusses aus der *Arbeitsgemeinschaft der süddeutschen Wohnungsverbände* sowie dem GGW Ende 1947. Nur wenige Monate später entwickelte sich auf Initiative der Wohnungsverbände in der amerikanischen und französischen Besatzungszone die *Arbeitsgemeinschaft der gemeinnützigen Wohnungswirtschaft*, die im Sommer 1948 ihre Arbeit in Frankfurt/Main aufnahm. Nach intensiven Diskussionen über satzungsrechtliche Fragen und den zukünftigen Sitz gelang es schlussendlich im Rahmen des Gesamtverbandstages am 31. März 1949 in Kronberg im Taunus, den *Gesamtverband gemeinnütziger Wohnungsunternehmen e.V.* (GGW) als neuen Spitzenverband der gemeinnützigen Wohnungswirtschaft für die westlichen Besatzungszonen zu gründen. Die Wohnungsverbände aus der amerikanischen und französischen Besatzungszone sowie der Berliner Verband traten bei, die Arbeitsgemeinschaft der süddeutschen Wohnungsverbände wurde aufgelöst und vereinsrechtlich entstand erstmals ein Verband der Verbände, da nicht mehr die Mitgliedsunternehmen und -genossenschaften mittelbare Verbandsmitglieder waren, sondern vielmehr die einzelnen regionalen Verbände.

Nach einer mehrjährigen Satzungsdiskussion erhielt der Gesamtverband 1955 seine endgültige Struktur. Um den Mitgliedsunternehmen und -genossenschaften die

Einflussnahme auf die Arbeit des Gesamtverbandes zu ermöglichen, wurde ein Delegiertensystem eingeführt, das sich an die Satzungsregelungen vor 1933 anlehnte, als die Verbandsmitglieder durch Vertreter beim Hauptverband vertreten waren. Nach Verabschiedung der neuen Satzung gehörten dem Gesamtverband nunmehr neun Prüfungsverbände als unmittelbare Mitglieder an. Hinzu kam die *Bundesarbeitsgemeinschaft kirchlicher Wohnungsunternehmen*, zu der sich der 1947 wiedergegründete *Katholische Siedlungsdienst e. V.* in Köln und das 1952 gegründete *Evangelische Siedlungswerk in Deutschland e. V.* in Nürnberg zusammengeschlossen hatten. Ferner trat die *Bundesvereinigung der Heimstätten* als außerordentliches Verbandsmitglied hinzu.

Eine Sonderentwicklung nahm die Neugliederung des wohnungswirtschaftlichen Verbandswesens zunächst in der sowjetischen Besatzungszone sowie nachfolgend in der Deutschen Demokratischen Republik, worauf an dieser Stelle jedoch nicht weiter eingegangen werden soll.

Aufhebung der Wohnungsgemeinnützigkeit als erneute Zäsur
Nach der dominanten Rolle der gemeinnützigen Wohnungswirtschaft in den ersten Nachkriegsjahren der jungen Bundesrepublik in der Zeit des Wirtschaftswunders vollzog sich in den Sechziger- und Siebzigerjahren ein allmählicher Wandel, der mit einem zunehmenden wohnungswirtschaftlichen und -politischen Bedeutungsverlust einherging. Die gemeinnützigen Wohnungsunternehmen und -genossenschaften blieben in ihrer Geschäftstätigkeit sehr deutlich auf den Neubau sowie die Bewirtschaftung des sozialen mehrgeschossigen Wohnungsbaus begrenzt. Hinzu kamen zunehmende Probleme im Bereich hochgeschossiger Großwohnsiedlungen. Dem gegenüber nahm die Bautätigkeit des privatwirtschaftlichen Wohnungssektors deutlich zu, der Gesamtbereich des selbst genutzten Wohnungsbaus blieb jedoch weitgehend privaten Bauherren, Bauträgern oder freien Wohnungsunternehmen vorbehalten. Lediglich ein Viertel der in den Fünfziger- bis Siebzigerjahren errichteten Wohneinheiten waren Eigentumsmaßnahmen. Flankiert wurde diese Entwicklung durch einen zunehmenden Rückgang des geförderten Mietwohnungsbaus.

Diese Krise des sozialen Wohnungsbaus, die zunehmende Kritik an Großwohnsiedlungen und ein beginnender Umdenkprozess in Wohnungs- und Städtebau, Stadtentwicklung und Stadtplanung der späten Siebzigerjahre kulminierte Anfang der Achtzigerjahre in der Affäre um das gewerkschaftseigene Wohnungsunternehmen *Neue Heimat*, ursprünglich in den 1920er-Jahren zur Versorgung von Arbeiterhaushalten mit Wohnungen gegründet. Dieser durch Missmanagement und Selbstbereicherung der Führungsetage gekennzeichnete Skandal erschütterte in hohem Maße das Vertrauen in die gemeinnützige Wohnungswirtschaft und war schlussendlich Anlass zur Aufhebung des Wohnungsgemeinnützigkeitsgesetzes zum 31. Dezember 1989.

Diese tiefe Zäsur bedeutete für die Verbände der nun ehemals gemeinnützigen Wohnungswirtschaft der Auftakt zu einem mehrjährigen Veränderungsprozess, an dessen Ende eine in Teilen organisatorisch und strukturell völlig neu formierte Verbandslandschaft stand. Zunächst führte die Aufhebung der Gemeinnützigkeit zur verbandsinternen Frage, ob und in welcher Form Wohnungsunternehmen ganz unterschiedlicher Rechtsformen überhaupt künftig unter einem Dach zusammengeschlossen bleiben konnten. Für den genossenschaftlichen Verbandsteil blieb es bei der genossenschaftsrechtlichen Notwendigkeit der Angehörigkeit in einem Prüfungsverband, für kommunale und öffentliche Wohnungsunternehmen, aber auch die weiteren Sparten stellte sich die verbandliche Situation mit einem Schlag völlig anders dar.

In den rheinischen und westfälischen Verbänden machten 1989 125 Wohnungsgesellschaften sowie 29 Aktiengesellschaften rund ein Drittel aller Verbandsmitglieder aus, die zudem mit rund 785.000 Wohnungen den weit überwiegenden Anteil am Gesamtwohnungsbestand bewirtschafteten. Vordringliches verbandspolitisches Ziel sowohl auf Bundes- wie auch auf Landesebene war es daher, die verschiedenen Zweige der ehemals gemeinnützigen Wohnungswirtschaft zusammenzuhalten und ein Auseinanderfallen in verschiedene Verbandsorganisationen zu verhindern. Unstrittig war das Festhalten am zweistufigen Aufbau des Verbandes, die Gliederung in den Gesamtverband als Zusammenschluss der Regionalverbände und deren Ausrichtung am föderalen Aufbau der Bundesrepublik Deutschland entlang der wohnungspolitischen Kompetenzverteilung zwischen Bund und Ländern.

10.4 GdW und VdW Rheinland Westfalen

In Nordrhein-Westfalen als neues Land, am 23. August 1946 aus den ehemaligen preußischen Provinzen Nordrhein und Westfalen und dem Land Lippe entstanden, war das Vorhandensein zweier wohnungswirtschaftlicher Verbände, deren südliches Verbandsgebiet zudem die inzwischen zum ebenfalls neu entstandenen Land Rheinland-Pfalz gehörenden Regierungsbezirke Koblenz und Trier einschloss, ein völlig überkommenes Modell. Diskussionen über ein Zusammengehen beider Verbände hatte es schon Anfang des 20. Jahrhunderts gegeben, über gemeinsame Kundgebungen oder Arbeitsgespräche war diese Zusammenarbeit schlussendlich aber nie hinausgekommen. Auch wenn in den Siebzigerjahren die Zusammenarbeit beider Verbände kontinuierlich intensiviert werden konnte, war mit dem Wegfall der Wohnungsgemeinnützigkeit nun der Zeitpunkt gekommen, diese überfälligen Veränderungsschritte einzuleiten. Am 1. Oktober 1989 schlossen die Verbände in Rheinland und Westfalen zunächst einen Kooperationsvertrag, um den Zusammenhalt und das Zusammenwirken aller Verbandsmitglieder zu stärken, gemeinsam ihre wirtschaftlichen Interessen zu fördern und die Effizienz der Verbandsarbeit durch Konzentration der vorhandenen Kräfte, Strukturen und Einrichtungen zu erhöhen.

Als erster Schritt wurde die Gründung eines neuen *Verbandes der Westdeutschen Wohnungswirtschaft* (VWW) beschlossen. Hintergrund dieser Gründungsentscheidung war der Umstand, dass auch in den Verbänden an Rhein und Ruhr nach Aufhebung des Wohnungsgemeinnützigkeitsgesetzes die Sorge bestand, dass insbesondere Wohnungsunternehmen in der Rechtsform der GmbH oder Aktiengesellschaft die Verbände würden verlassen können und damit die wohnungspolitische Relevanz aufgrund der wirtschaftlichen Stärke dieser Gruppe deutlich reduziert würde. Mit Gründung des VWW entstand für die ehemals gemeinnützige Wohnungswirtschaft in Nordrhein-Westfalen eine politisch einflussreiche Organisation, deren bindendes Selbstverständnis das Prinzip einer sozial verpflichteten und zugleich unternehmerischen Wohnungswirtschaft war. Bestehen blieben zunächst die beiden Revisionsverbände, da im Zuge der politischen Aufarbeitung der Vorgänge um die *Neue Heimat* für den Bereich der Prüfungsverbände Organisationsregelungen gefordert wurden, die Interessenkollisionen zwischen dem Bereich des Prüfungswesens und der wohnungspolitischen Interessenvertretung von vornherein ausschließen sollten.

Ungeachtet dessen kam auch hier nun der Fusionsprozess zügig voran, nachdem ebenfalls 1989 auf getrennten Mitgliederversammlungen neue Verbandssatzungen verabschiedet werden konnten. Als Ergebnis jahrelanger Vorarbeiten stimmten diese zum letzten Mal tagenden Generalversammlungen beider Verbände im April sowie Mai 1991 zunächst in Dortmund und dann in Bad Kreuznach dem Verschmelzungsvertrag beider Prüfungsverbände zu und machten damit den Weg für den neuen *Verband rheinischer und westfälischer Wohnungsunternehmen e.V.* (VRWW) frei. Mit der Wahl des Sitzungsortes Dortmund schloss sich in der wohnungswirtschaftlichen Verbandsgeschichte jedenfalls für den westfälischen Landesteil der Kreis, wenn man noch einmal an das Gründungsjahr 1903 zurückdenkt.

Als letzter Akt der Neuordnung der ehemals gemeinnützigen Verbändelandschaft in Nordrhein-Westfalen stand nun ein Zusammenführen der für das gesetzliche sowie freiwillige Prüfungswesen zuständigen Verbandsorganisation mit der wohnungspolitischen Interessenvertretung auf der Tagesordnung. Nach ersten organisatorischen und personellen Verzahnungen im haupt- und ehrenamtlichen Verbandsbereich konnte Ende 1996 ein erster Satzungsentwurf vorgelegt werden, der die Grundlage für den weiteren Fusionsprozess bilden sollte. Wesentliche Diskussionspunkte waren die Frage, inwieweit die Stimm- und damit die Einflussrechte der Verbandsmitglieder in verschiedenen wohnungswirtschaftlichen Rechtsformen geregelt werden konnten. Während die Wohnungsgenossenschaften, die nach wie vor unverändert die deutliche Mehrheit bildeten, auf einem System mit einer Stimme pro Verbandsmitglied beharrten, suchten die Kapitalgesellschaften, die bereits im VWW in zwei separaten Fachschaften für öffentliche und kommunale Wohnungsunternehmen sowie kirchliche und privatwirtschaftliche Wohnungsgesellschaften organisiert waren, nach einem Stimmverteilungssystem, das dem unverändert stärkeren wirtschaftlichen Gewicht dieser beiden Unternehmensgruppen Rechnung tragen würde.

Schlussendlich konnte man sich auf ein System verständigen, in dem die bereits bestehenden Fachschaften der Wohnungsunternehmen der Kommunen und der öffentlichen Hand, kurz ÖKU, sowie die Fachschaft der industrieverbundenen, kirchlichen und sonstigen Wohnungsunternehmen (IKS) in den neu zu bildenden Verband übernommen werden sollten. Als dritte Fachschaft würde künftig die 1991 im VWW gegründete *Fachvereinigung Wohnungsgenossenschaften und -vereine* geführt werden. Übernommen wurde aus dem VWW auch die Organisationsstruktur eines Verbandsrats als zentrales Gremium der Verbandsarbeit, dessen Mitglieder von den Fachschaften im Verhältnis 2 : 1 : 1 gestellt werden sollten. Lediglich bei der Mitgliederversammlung verständigte man sich auf die Beibehaltung des bisherigen Stimmrechts – nach wie vor ist damit jedes Verbandsmitglied mit einer Stimme vertreten.

Auf einem ersten gemeinsamen Verbandstag von VWW und VRWW im Herbst 1998 in Münster verabschiedeten die Delegierten die neue Satzung. Am 1. Juni 1999 beschloss die Vollversammlung auf ihrem Verbandstag in Neuss die Verbändefusion: Der VWW wurde aufgelöst, sein Grundvermögen auf die neue Gesamtorganisation übertragen, die damit unter dem neuen Namen *Verband der Wohnungswirtschaft Rheinland Westfalen e. V.* ihre wohnungspolitische Arbeit aufnehmen sollte und bis heute nahezu unverändert fortführt. Lediglich der Verbandsname wurde um den Begriff »Immobilienwirtschaft« ergänzt.

Auf Bundesebene verliefen die verbandlichen Entwicklungen erneut im Gleichschritt – auch hier herrschte an erster Stelle das Ziel vor, alle wohnungswirtschaftlichen Akteursgruppen unter dem Verbändedach zusammenzuhalten. Diesem Ziel hatten sich alle organisatorischen Reformbestrebungen unterzuordnen. Am 1. Januar 1990 trat die neue Verbandssatzung in Kraft, der neue Verbandsname lautete nun »*Gesamtverband der Wohnungswirtschaft*« oder kurz GdW. Sitz des Verbandes war seinerzeit noch Köln. Nur wenige Monate später erfolgte nach dem Fall der Mauer und dem Beitritt der ehemaligen Deutschen Demokratischen Republik zur Bundesrepublik Deutschland die Auflösung der ehemaligen ostdeutschen Verbandsstrukturen und die Aufnahme der nun neuen Regionalverbände in Berlin-Brandenburg, Mecklenburg-Vorpommern, Sachsen, Sachsen-Anhalt und Thüringen.

Eine Besonderheit brachten die neuen ostdeutschen Verbände mit: Während in den alten Bundesländern Wohnungsunternehmen in allen Rechtsformen unter einem Verbändedach vereint waren, gab es in Sachsen, Sachsen-Anhalt und Thüringen getrennte Verbandsorganisationen für Wohnungsgenossenschaften auf der einen und kommunale Wohnungsunternehmen auf der anderen Seite. In Sachsen und Sachsen-Anhalt sind diese nach Rechtsformen differenzierten Verbandsstrukturen bis heute erhalten geblieben, in Thüringen entstand 2015 aus dem ehemaligen *Verband Thüringer Wohnungs- und Immobilienwirtschaft e. V.* sowie dem *Prüfungsverbandes Thüringer Wohnungsunternehmen e. V.* ein gemeinsamer wohnwirtschaftlicher Verband.

10.4.1 Bundesarbeitsgemeinschaften

Um den verschiedenen wohnungswirtschaftlichen Unternehmensformen innerhalb des GdW im Sinne eines pluralen Meinungsbildungsprozesses Rechnung zu tragen, entstanden wie auch im VdW Rheinland Westfalen verschiedene Bundesarbeitsgemeinschaften, abgekürzt BAG. So formte sich unter anderem auch die *BAG kommunaler und öffentlicher Wohnungsunternehmen*, die innerhalb des Bundesverbandes die Interessen von inzwischen bundesweit 740 kommunalen und öffentlichen Wohnungsunternehmen mit rund 2,5 Millionen Wohnungen bündelt.

10.4.2 Regionale Arbeitsgemeinschaften

Neben der rechtsformbezogenen Gliederung der Verbandsarbeit spielt auch in der Gegenwart der örtliche Bezug eine wesentliche Rolle. Wohnungspolitik ist und bleibt an erster Stelle auch Kommunalpolitik. In diesem Sinne findet man heute im VdW Rheinland Westfalen insgesamt 25 sogenannte regionale Arbeitsgemeinschaften der Wohnungswirtschaft. Diese Zusammenschlüsse der örtlichen Wohnungswirtschaft unterstützen den Verband bei seiner interessenspolitischen Arbeit in den Städten und Gemeinden unmittelbar vor Ort. Sie verwurzeln die Verbandsarbeit in der regionalen Wirtschaft, in der Kommunalpolitik, in den jeweiligen Verwaltungsstrukturen und sind damit ein nicht mehr wegzudenkendes Instrument der verbandlichen Arbeit.

In den ländlichen Regionen von Nordrhein-Westfalen sind diese Arbeitsgemeinschaften großräumiger organisiert, wie zum Beispiel dem Bergischen Land, dem Münsterland, Ostwestfalen-Lippe oder Südwestfalen. In den Städten entlang von Rhein und Ruhr sowie in den großen Metropolregionen des Landes sind diese Organisationsstrukturen enger gefasst, wie zum Beispiel die bereits 1949 gegründete *Arbeitsgemeinschaft Kölner Wohnungsunternehmen e. V.* Als größter regionaler Arbeitsgemeinschaft gehören der *köln ag* heute 56 kommunale Wohnungsgesellschaften, Wohnungsbaugenossenschaften, kirchliche, industrieverbundene sowie weitere mit einem Wohnungsbestand von rund 190.000 Wohnungen in der Metropolregion Köln an.

In den meisten regionalen Arbeitsgemeinschaften stellen analog zur Mitgliederstruktur des VdW Rheinland Westfalen die Wohnungsgenossenschaften die überwiegende Mehrheit. Daher entstand 2008 unter dem Namen »Wohnen im Revier« (WIR) ein Zusammenschluss kommunaler und kommunalnaher Wohnungsunternehmen im Ruhrgebiet, dem heute von Duisburg im Westen der Region bis Hamm am östlichen Rand des Reviers 15 Wohnungsunternehmen angehören und dessen Ziel es ist, die besondere Rolle der kommunalen Wohnungswirtschaft unter den sich immer wieder verändernden ökonomischen und ökologischen Rahmenbedingungen in den jeweiligen Städten und Gemeinden zu unterstreichen. Dabei liegt der Schwerpunkt der gemeinsamen Ausrichtung in einer nachhaltigen Bewirtschaftungspolitik für gutes und lebenswertes Wohnen sowie eine verantwortungsvolle Stadtentwicklung, für Vielfalt und Miteinander und am Ende für lebenswerte Wohn- und Stadtquartiere.

10.5 Praktischer Nutzen der Verbands- und Gemeinschaftsarbeit aus Sicht kommunaler Gesellschaften

Das Verständnis der historischen und politischen Zusammenhänge rund um die Verbandsarbeit der Immobilienwirtschaft in Deutschland ist wichtig, um die eigene Rolle als Akteur im Hier und Jetzt richtig zu interpretieren. Die Sinn- und Zweckhaftigkeit von aktiver Verbandsarbeit zeigt sich gerade bei kommunalen Akteuren. Diese haben über ihre Gesellschafter ohnehin einen kommunal-politischen Bezug und sind es gewohnt, sich in regelmäßigen Abständen neuen demokratischen Verantwortungs-, Macht- und Einflusswechseln zu stellen. Die Interessenvertretung in den bundes- und landesweiten Parlamenten und Ministerien ist ein Aspekt der Verbandsarbeit. Aus der Perspektive der kommunalen Gesellschaften ergeben sich neben der politisch-gesetzgeberischen Dimension noch einige weitere Vorzüge.

10.5.1 Wissens- und Innovationstransfer

Verbände und Arbeitsgemeinschaften sind Orte des Fach- und Meinungsaustauschs. Die zahlreichen offenen und geschlossenen Veranstaltungen dienen dem Wissens- und Erfahrungsaustausch der Mitglieder. Immer neue gesellschaftspolitische Herausforderungen erwarten auch immer neue Antworten der handelnden Akteure. Die gemeinsamen Veranstaltungen dienen dabei auch als Lehr- und Lernplattform. Die Berichte aus den einzelnen Kommunen helfen dabei, die eigene Lage objektiver und zutreffender zu beurteilen. Best-Practice-Modelle und gegenseitiger Erfahrungsaustausch sind wertvolle Hilfen für die eigene Arbeit vor Ort. Auch das Lernen aus Fehlern der anderen ist eine bewährte Methode, um praktische Lösungen für flächendeckende Herausforderungen zu finden.

Gleiches gilt auch für die praktische Erprobung von innovativen Technologien und Verfahrensarten. Gerade die fortschreitende Digitalisierung der Arbeitswelt und die technologischen Anforderungen im Zuge der Dekarbonisierung sorgen für einen erheblichen Innovationsdruck, der insbesondere auf kommunalen Unternehmen lastet.

Nachstehend werden die Kernthemen des gegenseitigen Wissens- und Erfahrungsaustauschs vorgestellt:
- **bezahlbares Wohnen**
  - Wohnungspolitik
  - Mietrecht
  - Steuern und Wirtschaft
- **Bauen und Technik**
  - Bauen und Baukosten
  - serielles Bauen
  - serielles Sanieren
  - Gebäude und Technik
- **Stadt und Land**
  - Stadtentwicklung
  - soziale Stadt
  - ländliche Regionen
- **Zukunft des Wohnens**
  - Wohnen für jedes Alter
  - Integration
  - digitales Wohnen
  - Mobilität in Stadtquartieren
- **Energie und Klimaschutz**
  - Klimaziele erreichen
  - nachhaltiges Bauen
  - Wasserstoff
  - Energie für das Quartier

Die Quantität und Komplexität der Aufgabenstellung nimmt immer stärker zu. Gerade die kommunalen Akteure sehen sich einer Vielzahl von Herausforderungen gegenübergestellt. Die aktuelle Gemengelage einer – ausklingenden – Pandemie, gestörter Lieferketten und daraus resultierender Engpässe, kriegerischer Auseinandersetzungen auf dem europäischen Festland, Flüchtlingsbewegungen nach Deutschland, steigender Energie- und Baupreise, fortschreitender Inflation und der Notwendigkeit, den Klimawandel zu stoppen, erfordert zur Bewältigung ein hohes Maß an fachlicher Expertise und Strategie. Die Gemeinschaft hilft hier ganz konkret, geeignete Lösungsmodelle zu entwickeln.

10.5.2 Personalentwicklung

Ein weiteres Schlüsselthema bei der Bewältigung der anstehenden Herausforderungen in der kommunalen Immobilienwirtschaft ist die professionelle Personalentwicklung. Der Fachkräftemangel macht auch und gerade vor dieser Branche nicht Halt.

Nicht nur die Handwerksbetriebe als »Zulieferer«, auch die eigenen kaufmännischen und vor allem technischen Positionen im Unternehmen benötigen qualifizierte und belastbare Mitarbeiterinnen und Mitarbeiter. Längst ist die Neubesetzung von Stellen für Unternehmen und Institutionen kein Selbstläufer mehr. Das Bewerbungsverfahren ist in gewisser Weise invers. Zunächst müssen überhaupt Bewerberinnen und Bewerber durch geschicktes Personalmarketing angesprochen und animiert werden, ihren Lebenslauf einzureichen. Der weitere Bewerbungsprozess wird dann zum gegenseitigen »Beauty-Contest«, bei dem sowohl der Bewerber als auch der Arbeitgeber das jeweilige Gegenüber von den eigenen Vorzügen überzeugen muss.

Der brancheninterne Austausch unterstützt dabei, geeignete Personalentwicklungs- und Akquisitionsstrategien zu entwickeln. Die Verbände leisten hier einen wichtigen Beitrag. Mitunter werden durch die Vielzahl der Unternehmen finanzierte Arbeitgeberkampagnen realisiert. Diese Kampagnen machen Schüler, Studentinnen und junge Talente auf die Branche und ihre unterschiedlichen Berufsbilder aufmerksam.

Das *Bündnis der kommunalen Wohnungsunternehmen im Ruhrgebiet, WIR – Wohnen im Revier e. V.*, entwickelt beispielsweise einen digitalen Einstellungstest für Auszubildende. Dieses webbasierte Tool kann als White-Label-Lösungen von allen angeschlossenen Wohnungsgesellschaften genutzt werden. Die Bewerber müssen nun nicht mehr durch ein vor Ort durchgeführtes Testverfahren geleitet werden, sondern können es bequem und einfach von zu Hause aus zu jeder beliebigen Zeit durchlaufen. Die Unternehmen haben dadurch den Vorteil, dass die potenziellen Kandidatinnen und Kandidaten bereits vor den persönlichen Gesprächen ein effektives Auswahlverfahren durchlaufen haben. Durch die spezifizierten Aufgaben- und Fragestellungen, die neben den rein fachlichen Themen auch persönliche Eignungskriterien abtasten, werden vorqualifizierte und geeignete Kandidierende herauskristallisiert.

Durch die gemeinsame Tätigkeit in Verbänden, Arbeitsgemeinschaften und sonstigen Gremien bilden sich zudem enge persönliche Netzwerke. Diese helfen dabei, neue Stellenvakanzen auszufüllen. Auch das Finden von neuen Führungspersönlichkeiten wird durch den persönlichen Austausch erleichtert. Die Branche ist verhältnismäßig überschaubar und geordnet, sodass auch die Führungskräfte untereinander verbunden sind.

10.5.3 Einkaufs- und Verhandlungsvorteile bei kooperativer Zusammenarbeit

Die kooperative Zusammenarbeit hat neben den zuvor genannten Vorzügen auch weitere wesentliche, wirtschaftliche Vorteile. Gerade der regionale oder interkommunale Zusammenschluss von Unternehmen und Institutionen ergibt eine starke Verhandlungs- und spätere Einkaufsposition gegenüber Zulieferern und Dienstleistern. Die gebündelte Menge vieler einzelner Akteure ergibt einen strategischen Einkaufsvorteil, der im Rahmen vergaberechtlicher Möglichkeiten durchaus genutzt werden kann.

Die kommunalen Immobilieneigentümer können damit auch ihre Verhandlungsposition ausbauen. Insbesondere die örtlichen Arbeitsgemeinschaften der Wohnungswirtschaft generieren Vorteile beim Energieeinkauf. Auch die Position gegenüber klassischen Monopolisten bzw. staatlichen Stellen wird durch den Zusammenschluss der Wohnungsbestände politisch gestärkt. In der Praxis kann demnach festgestellt werden, dass sich Verhandlungen mit Entsorgungsbetrieben oder Baudezernaten leichter gestalten, wenn eine gebündelte Interessenvertretung wahrgenommen wird und nicht nur ein einzelnes Unternehmen ein Anliegen vorbringt. Dies gilt im Übrigen auch für die klassischen Dienstleister wie Messdienste, Softwareanbieter und bestimmte bauausführende Betriebe. Ein gemeinsames Auftreten stärkt die Position des Einzelnen und hilft dabei, ideale Verhandlungs- und Einkaufsresultate zu erzielen.

11 Zukunftsorientiertes kommunales Immobilienmanagement

Bearbeitet von Marco Boksteen

Die zukünftigen Anforderungen auf dem Immobilienmarkt erfordern ausgeklügelte Managementstrategien. Gerade kommunale Akteure mit ihren stark unterschiedlichen und differenzierten Gesellschafterinteressen sind gut beraten, den Überblick zu behalten. Die Herausforderung besteht darin, neben den zwingenden externen Anforderungen von Gesetzgeber und Gesellschaft auch die verschiedenen individuellen, aus der Kommune heraus geäußerten Wünsche, Erwartungen und politischen Zielsetzungen zu berücksichtigen. Ein Erfolgsgarant ist dabei eine agile, pragmatische und zielorientierte Herangehensweise. Dies bedeutet zunächst, dass eine realistische Gewichtung und Priorisierung der Anforderungen erforderlich wird. Dieses Prioritätentableau ist keineswegs in Stein gemeißelt, sondern unterliegt einer dynamischen, fortschreibenden Gestaltung. Neue Umstände führen zu neuen Erkenntnissen und diese wiederum zu einer angepassten Handlungsstrategie für das Management.

Im Folgenden werden die wesentlichen zukünftigen Herausforderungen der kommunalen Immobilienwirtschaft skizziert und geeignete Herangehensweisen zur Lösung entworfen. Letztendlich wird der zukünftige Erfolg unserer kommunalen Entwicklung in der Stadt und auf dem Land davon abhängen, ob jede Kommune, jede Stadtverwaltung, jedes Unternehmen sowie ihre Verantwortungsträger und Mitarbeitenden ihre individuelle Bestleistung einbringen. Dabei sind bürokratische Hürden sowie die Rotation um die eigene (Verwaltungs-)Achse im Sinne der pragmatischen Zielerreichung zu überwinden. Neben der fachlichen Analyse und Erarbeitung der zutreffenden strategischen Lösung erfordert dieses Vorgehen in der Praxis vor allem eines: Mut.

11.1 Dekarbonisierung und Klimaneutralität

Dekarbonisierung oder auch Entkarbonisierung bezeichnet die Umstellung einer Wirtschaftsweise, speziell der Energiewirtschaft, in Richtung eines niedrigeren Umsatzes von Kohlenstoff. Das Ziel ist auf Dauer die Schaffung einer kohlenstofffreien Wirtschaft im Rahmen der Energiewende. Dies kann als eine der großen Herausforderungen der Immobilienwirtschaft in den kommenden 20 Jahren herausgestellt werden. Die aktuellen Entwicklungen zur Ukraine-Krise zeigen, dass die Abhängigkeit von fossilen Brennstoffen, insbesondere Erdgas aus Russland, schneller als bislang angenommen enden wird.

Die Umstellung von Gasbrennwerttechnik auf neue Energieträger und Heizsysteme wird angesichts des zahlenmäßig riesigen Immobilienbestands in Deutschland ein wirtschaftlicher Kraftakt werden. Gerade kommunale Akteure werden sich vor dem Hintergrund dieser Mammutaufgabe auf ihre Schwerpunkte besinnen müssen. Die mannigfaltigen Anforderungen an die kommunale Immobilienwirtschaft werden dann als Folge nur noch in ausgewählten Sparten zu realisieren sein. Umso wichtiger werden branchenübergreifende Allianzen zwischen Immobilien- und Energiewirtschaft, um gemeinsame Synergien zu heben und technologischen Fortschritt zu ermöglichen. Hier kann von erfolgreichen Beispielen der Gegenwart, wie der Innovation City Bottrop, gelernt werden.

Die Herausforderung ist gleichzeitig eine Chance, da Deutschland als Vorreiter der Klimawende die in der Praxis erprobten Konzepte und Technologien später international verwerten kann.

11.2 Die 15-Minuten-Stadt

Im Zuge der Pandemie haben sich neue Bedürfnisse des modernen Menschen herauskristallisiert. Die Verschiebung der täglichen Präsenz ins Homeoffice und die damit verbundene Symbiose von Privat- und Arbeitsleben hat zu einem neuen urbanen Anforderungsprofil geführt: die direkte Erreichbarkeit von allen wesentlichen Kernbereichen des Lebens innerhalb von 15 Minuten. Die »15-Minuten-Stadt« bietet also ihren Bewohnerinnen und Bewohnern in einem fest definierten zeitlichen Radius die Befriedigung der Kernbedürfnisse: wohnen, arbeiten, Nahversorgung, medizinische Versorgung, Kitas, Schulen, Grünanlagen und Erholungsangebote. Dieser bunte Strauß von urbanen Opportunitäten soll durch fortschrittliche, möglichst klimaneutrale Mobilitätskonzepte verwirklichbar sein.

Der globale Immobiliendienstleister CBRE hat in Zusammenarbeit mit der European Business School die Erfolgsfaktoren von Quartieren untersucht und dabei fünf Kategorien entwickelt, mit denen die wirtschaftliche, die ökologische und die soziale Nachhaltigkeit von Quartieren abgebildet werden können (CBRE 2021: 10 ff.). Diese Kriterien sind:

- **Urban Needs/Urban Mix:** Die Untersuchung kommt zu dem Ergebnis, dass sich ein Quartier über seine Funktionalität und den Nutzungsmix definiert. Dabei sind ein wesentlicher Erfolgsfaktor unterschiedliche Nutzungen in mehreren oder einzelnen Gebäuden, die eng miteinander verwoben sind und sich gegenseitig unterstützende Funktionen bieten. Dabei unterstützen sich die verschiedenen Nutzer gegenseitig und sorgen damit für eine gegenseitige Stärkung, die auch in Krisenzeiten zu resilienten Quartieren führt.

Die Wirtschaftlichkeit ist wichtig, allerdings muss das Quartier auch soziale und ökologische Zwecke verfolgen. Das Quartier wird damit nicht nur zum Ort des Konsums, sondern vielmehr zum Ort der Begegnung, des Miteinanders und der Erholung. Dieser Aufgabe kann das Quartier nur gerecht werden, wenn zudem die Sicherheit der Umgebung subjektiv und objektiv gegeben ist. Insofern bedarf es neben der reinen Funktionalität im Sinne der Bedürfnisbefriedigung auch eines wesentlichen Elements des Wohlbefindens.

- **Infrastruktur:** Ein weiteres wesentliches Kriterium ist die Infrastruktur und die Anbindung des Quartiers im städtischen Gesamtgefüge. Dazu zählen ausgebaute Straßenverläufe, gut erreichbarer und ausgebauter ÖPNV, Parkmöglichkeiten für alle Fahrzeugtypen sowie das Angebot von Shared Mobility sowie kurze Wege innerhalb des Quartiers mit entsprechendem Fußgänger- und Radwegenetz (CBRE 2021: 10 ff.). Ein Teilaspekt der kurzen Wege und einer Erreichbarkeit innerhalb von 15 Minuten ist gleichzeitig die Entbehrlichkeit von unnötigem Verkehrsaufkommen und die Vermeidung von Fahrten und Wegstrecken.
- **Identität:** Eine wahrnehmbare und vor allem positiv besetzte Identität eines Quartiers führt dazu, dass sich Nutzer mit ihrer Umgebung und dem Layout der gebauten Umwelt identifizieren, sich langfristig im Quartier einbringen, dieses beleben und es damit letztendlich auch annehmen. Dies bedeutet immer auch einen Brückenschlag zwischen Historie, Gegenwart und Zukunft.

Gerade im Ruhrgebiet kann die positive Identitätsstiftung von historischen Industriebauten beobachtet werden. Das Zeche-Zollverein-Quartier als Weltkulturerbe veranschaulicht eindrucksvoll, welche Strahlkraft historische Bauwerke entfalten können. Das klare Bekenntnis und der Stolz auf vergangene Errungenschaften sorgen für eine generationenübergreifende Solidarität. Die Entbehrungen und Mühen der älteren Generation, die noch selbst im Kohlebergbau oder in Stahlwerken gearbeitet und damit den wirtschaftlichen Erfolg der jungen Generation gesichert haben, werden offenkundig und ehrlich gewürdigt. Gleichzeitig können neue Ideen, Kreativität und Produktivität auf diesen Arealen wachsen und es entstehen neue, innovative Unternehmen. Auch dient das Quartier mit weitläufigen Grün- und Freizeitflächen der Erholung.

Ähnlich positive Strömungen zeigen sich rund um den Dortmunder Phönix-See. Das Quartier hat sich zur Ikone der postindustriellen Stadtentwicklung transformiert. Weitere Praxisbeispiele sind der Duisburger Innenhafen oder das historische Zechenareal Osterfeld in Oberhausen mit dem angrenzenden Olgapark-Gelände, das zunächst im Jahre 1999 Schauplatz einer Landesgartenschau war und sich dann allmählich zu einem belebten Stadtquartier entwickelt hat.

Eine authentische Identität entsteht nicht über Nacht und auch nicht vom Reißbrett aus. Dies macht es gerade für Neubauprojekte und -quartiere schwierig, identitätsstiftende Strahlkraft auf Bewohner, Nutzer und andere Beteiligte zu entfalten.

- **Konnektivität:** Die zuvor geschilderte authentische, gemeinsam wahrgenommene und gelebte Identität spiegelt sich in einem weiteren Kriterium wider: Die Konnektivität im Quartier ist ebenso entscheidend. Sie rührt aus einer gesellschaftlichen Akzeptanz der verschiedenen Interessengruppen in der Quartiersplanung her. Dazu zählen neben Partizipationsprozessen während der Planung ein nutzerorientiertes Quartiersmanagement und auch die aktive Vernetzung der Nutzer, Bewohner sowie der breiten Öffentlichkeit (CBRE 2021: 10 ff.).

  Die klassischen Beteiligungsverfahren in der städtebaulichen Planung können durch eine Community-App oder soziale Medien ergänzt werden. Auch die Einrichtung eines professionellen Quartiersmanagements mit ausreichender Personalstärke dient dazu, aktiv das Netzwerk auf- und auszubauen sowie die persönlichen Kontakte zu pflegen. Gemeinschaftliche Erlebnisse sind immer auch auf das besondere persönliche Engagement einzelner Individuen zurückzuführen, die sich um die Organisation, Koordination und Realisierung federführend kümmern. Insofern ist neben der theoretischen Grundlage und der richtigen Konzeption auch eine »Hands-on«-Mentalität erforderlich, um in der Praxis tatsächlich Erfolge erzielen zu können.

- **Built Environment:** Die Untersuchung von CBRE und der European Business School hat als fünftes Kriterium das »Built Environment« herausgearbeitet. Dazu heißt es: »Das Image und die Identität eines Quartiers werden maßgeblich durch die bauliche Struktur positiv beeinflusst. Auch das Design, die Anordnung der Gebäude und Freiflächen sowie die Flexibilität des Quartierlayouts sind grundlegend für das Interesse der Nutzer, in einem Quartier zu wohnen und/oder zu arbeiten. Für das Erleben einer (Quartiers-)Gemeinschaft sind geeignete Außenräume vorzuhalten, die eine hohe Aufenthaltsqualität aufweisen und als weiteres identitätsstiftendes Element das Erleben des Quartiers auch aus städtebaulicher Sicht unterstützen. Dabei gilt: Je zentraler das Quartier, desto dichter die Bebauung. Dieses Erlebnis kann in der heutigen Zeit durch zukunftweisende Technik im Bereich Smart Building unterstützt werden und hat daher immer mehr Relevanz für Investoren.« (CBRE 2021: 10 ff.)

  Die Corona-Pandemie hat zu einer Renaissance der städtischen Grün- und Freizeitflächen geführt. Mangels alternativer Betätigungsformen haben sich die Bürgerinnen und Bürger vor allem während der Lockdown-Phasen für Aktivitäten rund um ihre eigenen vier Wände entschieden. Diese Entwicklungen haben die Notwendigkeit und zukünftige Chance zutage gefördert, die Gestaltung des öffentlichen Stadtraums neu auszurichten. Benötigt werden im Sinne der Angebots- und Nutzungsvielfalt multicodierte und damit mehrfach nutzbare Flächen für Sport, Spiel, Aufenthalt, Ruhe und Erholung sowie vielfältige Kommunikationsbereiche (vgl. Weidner in Just/Plößl 2021: 36 f.). Lage und Umfeld (Einzugsgebiet, Sozialstruktur, unmittelbare Randbebauung) sollen anstelle von unspezifischen und gängigen Gestaltungsmustern den Rahmen setzen.

Gerade für kommunale Akteure in der Immobilienwirtschaft bietet das Zukunftsmodell der »15-Minuten-Stadt« erhebliche Chancen. Die Kommune blickt aus der Vogelperspektive auf die Planung ihrer eigenen Zukunft. Sie ist dazu in der Lage, alle für Stadtumbau und -erneuerung erforderlichen Ressorts miteinander zu vernetzen. Sie verfolgt dabei einen ganzheitlichen Ansatz. Die kommunale Immobiliengesellschaft oder die anderen Instrumente zur Steuerung des Wohn- und Gewerbeimmobilienmarkts können einen wertvollen Beitrag leisten, da sie in ihre Wirtschaftlichkeitsberechnung bzw. Erfolgsbilanz auch den Gesamtnutzen der Maßnahme einbeziehen können. Mutmaßlich von reinem Profitstreben vernachlässigte Gebiete, wie eben die Entwicklung von großzügigen Außen-, Grün- und Freizeitflächen mit einer hohen Aufenthaltsqualität, fallen auf diese Art und Weise nicht dem Rotstift zum Opfer, sondern können tatsächlich verwirklicht werden. Die kommunalen Akteure dienen dabei als Brücke zu den privatwirtschaftlichen Unternehmen. Sie haben eine koordinierende, moderierende und vor allem motivierende Position im gesellschaftlichen und wirtschaftlichen Netzwerk wahrzunehmen.

11.3 Smart Cities: Der Weg zur intelligenten Stadt

Um die Transformation zu Smart Cities (ausführlich Kamis 2019: 90 ff.) zu meistern, sollte eine Kommunalverwaltung die Bedürfnisse und Herausforderungen ihrer Stakeholder, bestehend aus Bürgerinnen und Bürgern, Unternehmern, Wissenschaftseinrichtungen und Organisationen der Zivilgesellschaft sowie ihren Mitarbeitern im öffentlichen Sektor, einbeziehen (Gorynski/Müller/Gelsin in Just/Plößl 2021: 167).

Digitalisierung und Nachhaltigkeit sind Megatrends, die alle Aspekte der Stadtentwicklung beeinflussen. Aus diesem Grund ist vonseiten der Kommunalverwaltung eine ganzheitliche Betrachtung erforderlich, um die Handlungsfelder zu identifizieren, in denen Smart-City-Lösungen und -Initiativen dazu beitragen können, Entwicklungschancen zu nutzen oder die Stadt im Hinblick auf Lebensqualität und Wohlstand für alle Beteiligten zukunftssicher zu gestalten (Gorynski/Müller/Gelsin in Just/Plößl 2021: 167).

11.4 ESG-Konformität

Immobilieninvestitionen richten sich zukünftig nicht mehr nur nach rein wirtschaftlichen, renditeorientierten Kriterien aus. Im Bereich der Kapitalanlage hat sich in neuerer Zeit die Orientierung an sogenannten ESG-Kriterien ergeben. Nachhaltige Investments verfolgen demnach ESG-Ziele.[118] Die E(Environment)-S(Social)-G(Governance)-Kriterien

---

118 Vgl. zur Nachhaltigkeit von Investments von Mallinckrodt: in Rock/Schumacher/Bäumer/Pfeffer 2019, S. 391 ff.

werden zukünftig auch Einfluss auf die Entscheidungsfindungsprozesse von Mietinteressenten haben. Environment umfasst dabei die wesentlichen Umweltaspekte. Dabei geht es um eine möglichst ressourcenschonende Erstellung und späteren Betrieb der Immobilie. Kommunen sind häufig mit einer Vielzahl von Bestandsgebäuden im eigenen Portfolio konfrontiert. Es ist zu entscheiden, ob die Erreichung immobilienwirtschaftlicher Ziele durch einen Rückbau und anschließenden Neubau oder die Transformation der Bestandsimmobilie gelingt. Der Neubau wird nicht immer das Mittel der Wahl sein. Dies resultiert zum einen aus rein wirtschaftlichen Erwägungen, zum anderen auch aus dem Umstand, dass neben dem Energieverbrauch während der Betriebsphase der Immobilie auch der Neubau einen ökologischen Fußabdruck hinterlässt. Die »graue Energie« definiert sich dabei wie folgt[119]:

»Die graue Energie eines Produktes ist die benötigte Energie für Herstellung, Transport, Lagerung, Verkauf und Entsorgung.

Berücksichtigt werden auch alle Vorprodukte bis zur Rohstoffgewinnung, als auch der Energieeinsatz aller angewandten Produktionsprozesse. Wenn zur Herstellung Maschinen oder Infrastruktur-Einrichtungen notwendig sind, wird üblicherweise auch der anteilige Energiebedarf für deren Herstellung und Instandhaltung in die ›graue Energie‹ des Endprodukts einbezogen. Das ›Produkt‹ kann auch eine Dienstleistung sein. Graue Energie ist somit der indirekte Energiebedarf durch Kauf eines Konsumgutes, im Gegensatz zum direkten Energiebedarf bei dessen Benutzung. Der kumulierte Energieaufwand (KEA) fasst diese Teilbereiche zusammen.«

Aus dieser Definition folgend wird demnach zukünftig in einem ersten Schritt eine ehrliche Analyse der tatsächlichen Energiebilanz bei den beiden Varianten Neubau und Umwandlung erforderlich sein. Daraus ergibt sich auch die Betrachtung verschiedener Szenarien, um möglichst optimale Ergebnisse in der Praxis zu erzielen. Die Transformation von Bestandsimmobilien wird an Bedeutung zunehmen, um das Ziel der Klimaneutralität erreichen zu können. Im Kontext der Wohngebäudevermietung kann dies Fragen zur Einsparung von Energie- und Wasserressourcen beinhalten. Auch ist es möglich, dass die Einschätzung eines Projekts schon in einem viel früheren Stadium stattfindet. Ein Bauvorhaben, das beispielsweise bereits im öffentlichen Planungsstadium durch Bürgerproteste aufgrund von Umweltbedenken auf sich aufmerksam gemacht hat, wird ggf. zukünftig in der späteren Vermarktung der einzelnen Wohnungen Mühe bereiten.

Insgesamt ist schon heute zu beobachten, dass zunehmend auch Banken und Finanzierungsinstitute bei der Vergabe von Krediten auf die Einhaltung der ESG-Kriterien

---

119 https://de.wikipedia.org/wiki/Graue_Energie (abgerufen am 21.03.2022)

achten. Dabei sind künftig Zinsabschläge zu erwarten, soweit diese Anforderungen von den Kreditnehmern erfolgreich erfüllt werden. Die Einstufung von Projekten erfolgt nach klaren Vorgaben. Green Buildings, die von den Vorteilen profitieren, sind solche, die gemäß EU-Taxonomie als ökologisch nachhaltig eingestuft werden. Eine derartige Einstufung erfordert einen unabhängigen Zertifizierungsprozess. Das Vorliegen einer derartigen Green-Building-Zertifizierung kann somit eine Finanzierungsvoraussetzung sein.

Der Sozialaspekt hingegen beinhaltet vor allem Erwägungen zu Arbeits- und Gesundheitsschutz, Diversity und demografischem Wandel. Dieser Aspekt kommt bereits in den zielgruppengerechten Angeboten zum Vorschein. Insbesondere der neuartige und weit verzweigte Sektor des temporären Wohnens ist Ausdruck des neuen Stellenwerts sozialer Bedürfnisse der Kunden. Der Social-Aspekt wird künftig auch stärker bei der einzelnen Immobilie im Vordergrund stehen müssen. Grund ist auch hier die allmähliche Sensibilisierung der Investoren und Banken für das Thema. Diese werden künftig auch Augenmerk auf die soziale Wirkung des zu finanzierenden Objekts, Projekts oder Quartiers legen. Eine messbare, klar indizierte Darstellung der tatsächlichen, real zu erzielenden sozialen Komponenten steht dabei im Vordergrund. Dies können beispielsweise Ausstattungsvarianten für Menschen mit Handicap sein, Gemeinschaftsräume für integrative Interaktion im Quartier oder die Anlage von Sportplätzen in den Außenflächen, um ein zusätzliches Freizeitangebot zu schaffen.

Die Governance-Kriterien stellen auf eine nachhaltige Unternehmensführung ab, wobei den Leitlinien, Werten und Steuerungs- sowie Kontrollprozessen besondere Bedeutung zukommt. Eine Adaption dieses Kriteriums im Hinblick auf das Nachfrageprofil am Wohnungsmarkt aus Mietinteressentensicht ist in naher Zukunft eher fraglich. Dazu dürften dem überwiegenden Teil der Kunden die einschlägigen Informationen und vor allem das Interesse an der Thematik fehlen. Ohne eine wie auch immer geartete mediale Sensibilisierung der Kundenkreise wird sich an diesem Verhalten auch in Zukunft wenig ändern.

Erste Anzeichen für die Sensibilisierung der Öffentlichkeit können sich aus der aktuellen Ukraine-Krise herleiten. Die von der EU und auch Deutschland vorgenommenen Sanktionen gegenüber Russland und russischen Unternehmen haben auch Verbraucher zum Nachdenken gebracht. Nicht zuletzt die Frage, woher die Energie stammt, mit der die Wohnung oder das Büro beheizt wird, macht die alltägliche Relevanz dieses Sachverhalts deutlich. Auch auf dem Immobilienmarkt sind Auswirkungen und Fragestellungen spürbar, wenn es nämlich darum geht, wer tatsächlich Eigentümer von bestimmten Immobilien ist. Die Frage, ob für diese Personen dann Dienstleistungen, Finanzierungen etc. erbracht werden können, fließt künftig sicherlich in die Prüfung der Governance-Konformität mit ein.

11.5 Agile, bezahlbare Gemeindetransformation

Just/Plößl (2021: 162) haben in ihrer Untersuchung eindrücklich deutlich gemacht, dass aufgrund des pandemiebedingten, geänderten Nutzungsverhaltens ein erhöhter, individueller Wohnraumbedarf entsteht. Aus diesem Grund müssen die Immobilienmarktakteure mit einem signifikanten Nachfrageanstieg im Wohnsegment rechnen. Die Lösung liegt dabei nicht zuletzt aufgrund der Knappheit in den Ballungsräumen und der damit verbundenen Erschwinglichkeitsprobleme eher in einem Außenwachstum als in einer reinen innerstädtischen Nachverdichtung. Dabei ist unter dem Außenwachstum keine »Rückeroberung des ländlichen Raums« zu verstehen, sondern eine Ausdehnung der Kernstädte in die Fläche.

12 Kommunale Immobilien im Spiegel von Stadt- und Quartiersentwicklung

Bearbeitet von Dieter Kraemer und Torsten Bölting

In den voranstehenden Abschnitten sind verschiedene Grundsätze und Ziele sowie methodische Hinweise auf ein zukunftsorientiertes kommunales Immobilienwesen bzw. -management gegeben worden. Dies ist notwendig, um übergeordneten Zielen, wie etwa der *5-Minuten-Stadt* oder dem *bezahlbaren Wohnen* etc. nachzukommen. Doch auch aus einer stadtplanerischen Perspektive bietet die Einbeziehung der kommunalen Immobilienbestände in ein ganzheitliches Management Chancen für die Generierung von Benefits, die bisher nur begrenzt genutzt wurden.

12.1 Stadterneuerung und Quartierserneuerung aus der Perspektive kommunaler Immobilienbestände

Stadtentwicklung oder – im kleinräumigeren Maßstab – Quartiersentwicklung ist integriert und integrativ. Das heißt, dass Stadtplanung und damit auch die Stadtplanerinnen und Stadtplaner nie nur auf einzelne Dimensionen schauen (können), wenn sie die ihnen anvertraute Stadt oder das von ihnen bearbeitete Quartier zukunftsweisend und resilient gestalten wollen. Somit kommt es darauf an, unterschiedliche Themen und Belange sowie auch verschiedenste Akteure, Stakeholder und Personen in den Planungsprozess miteinzubeziehen und Ergebniskompromisse zu vereinbaren. Langfristig ist Stadt- und Quartiersplanung nur dann erfolgreich, wenn möglichst viele Akteure und Personen in möglichst vielen Themenkreisen und Belangen mit dem Ergebnis nicht nur leben können, sondern sich dadurch beflügelt fühlen, sich selbst und ihr Tun in den Quartieren zu entfalten und zu entwickeln. Die begrenzten Steuerungsmöglichkeiten klassischer Instrumente mit dem Fokus auf den öffentlichen Raum und »Anreizimpulse« über Förderprogramme für Private können durch Impuls- und Vorbildwirkung von Maßnahmen im kommunalen Immobilienbestand nachhaltig bestärkt werden.

Diese integrierte Sicht auf Planung bedeutet auch, dass neben einer (im eher gestalterischen Verständnis von Planung üblichen) Beschäftigung mit dem Städtebau und der Architektur, mit sichtbaren Qualitäten von Gebäuden und Freiräumen auf privaten und öffentlichen Flächen die Steuerungsmöglichkeiten auch auf andere, eher nutzungsorientierte Dimensionen der Planung erweitert werden, wie z. B. die nachhaltige Energieversorgung, die soziale Ausgewogenheit von Angeboten, das Vorhandensein sozialer Infrastruktur usw. Hier kommt der Begriff der (kommunalen) Daseinsvorsorge wieder zum Tragen, aus dem heraus sich zahlreiche dieser Angebote ableiten lassen.

Wie bereits in der Einleitung zu diesem Band dargestellt erfordern diese zunächst einmal abstrakten Angebote, wenn sie konkret werden sollen, Orte, Flächen, Gebäude – eben Immobilien – und wirken sich somit durchaus allein durch ihre Notwendigkeit auf Stadtgestalt und Stadtgestaltung aus.

Das Instrumentarium der Stadt- und Quartiersentwicklung in Deutschland ist nach dem Zweiten Weltkrieg im Spiegel der unterschiedlichen Aufgaben stetig erweitert und verfeinert worden. Die rechtlichen Grundlagen dazu entstanden ausgehend von zwei Polen, an denen die Notwendigkeit eines staatlichen bzw. öffentlichen Regulativs deutlich wurde: Einer dieser Pole ist die Frage nach der Nutzung des zur Verfügung stehenden Raumes, die ausgehend von der Bundesebene zunächst grundlegend über das Raumordnungsgesetz geregelt ist und dann über die Landes- und Regionalplanung bis auf die kommunale Ebene heruntergebrochen wird, wo dann – im Wege des Gegenstromprinzips – die kommunale Planungshoheit mithilfe geeigneter Instrumente des allgemeinen Städtebaurechts die verbindliche Bauleitplanung vornimmt. Den zweiten Pol bildet die Frage nach der (baulichen) Ausgestaltung und Zulässigkeit bestimmter Bauweisen etc., die aus der baupolizeilichen Rechtstradition stammend grundlegend ebenfalls im allgemeinen sowie besonderen Städtebaurecht und in der Baunutzungsverordnung und den Landesbauordnungen bzw. letztlich in den kommunalen Satzungen verhandelt wird.

Die Erarbeitung dieser komplexen Normen und Vorschriften im Zusammenspiel der konkurrierenden Gesetzgebung gelang nicht auf Anhieb. Nach dem Zweiten Weltkrieg, als es zunächst um den raschen Wiederaufbau von Städten und Industrie in Westdeutschland ging, traten derlei komplexe Regelungsversuche freilich zunächst in den Hintergrund. Vielmehr galt es, den immensen Wohnungsbedarf aufgrund der verheerenden Kriegszerstörungen bei gleichzeitigem Zustrom von Geflüchteten zu bewältigen. Erster Schritt war das Baulandbeschaffungsgesetz (1953), mit dessen Hilfe z. B. auch die Enteignung von Gelände zum Aufbau der Infrastruktur etc. möglich war (vgl. beispielsweise Glaser 2020). Erst 1960 entstand das Baugesetzbuch (BauGB), das seitdem mehrfach novelliert und erweitert wurde.[120]

In den 60er-Jahren trat der Wiederaufbau von Wohnungen, an dem kommunale Wohnungsunternehmen maßgeblich beteiligt waren, mehr und mehr in den Hintergrund. Stattdessen gewannen Stadterneuerung und Stadtergänzung – und damit die Quartiersentwicklung – zunehmend an Bedeutung. Dabei setzten viele Kommunen im Westen, wie z. B. Bremen oder auch (West-)Berlin, sowie praktisch alle ostdeutschen Kommunen infolge der dort stärker noch staatlich organisierten Wohnungs-

---

120 Eine umfassende Darstellung der Entwicklung des Bau- und Städtebaurechts liefert z. B. Glaser (2020) sowie auch bspw. Battis et al. (2019).

baupolitik in den 1960er-Jahren zunächst auf die *Flächensanierung*. Diese hatte zum Ziel, durch den Abriss von Blöcken oder ganzen Quartieren Platz für neue, modernen Anforderungen genügende Stadtquartiere zu schaffen. Sie wurde flankiert durch die Schaffung neuer, »großzügiger« Siedlungsschwerpunkte außerhalb der gewachsenen Städte »auf der grünen Wiese«. Ein Ergebnis waren die großen Trabantenstädte und Großwohnsiedlungen aus dieser Zeit, von denen nicht wenige später selbst zu Problemgebieten wurden und einer (erneuten) Erneuerung unterzogen wurden.

Um mehr staatlichen Einfluss und finanzielle Steuerungsmöglichkeiten auf diese Prozesse zu gewinnen, wurde 1971 in der BRD das Städtebauförderungsgesetz erlassen. Förmlich festgelegte Sanierungsgebiete und *städtebauliche* Entwicklungsgebiete sollten als neue *Instrumente* einheitliche Verfahren regeln und den Kommunen in Westdeutschland zudem neue finanzielle Fördermöglichkeiten eröffnen, insbesondere auch für die Errichtung öffentlicher Infrastrukturen, um die Aufgaben der Daseinsvorsorge dort erfüllen zu können. Neben problematischen hochverdichteten Wohnungsbeständen selbst waren es später häufig eben diese öffentlichen Infrastrukturen, die in den Siedlungen zu Problemen führten – entweder, weil sie vernachlässigt wurden und somit angesichts einer Nachfrage im Wandel nicht mehr attraktiv schienen oder weil sie z. T. gar nicht im Endausbau fertiggestellt wurden. Darauf wies – freilich Jahre später – der »Großsiedlungsbericht« der Bundesregierung hin, der 1994 in der Nachfolge eines bereits Ende der 1980er-Jahre vorgelegten städtebaulichen Berichts über die Situation in Großwohnsiedlungen die mittlerweile als nicht mehr zeitgemäß empfundenen Großstrukturen der 1960er- bis 1980er-Jahre in den Blick nahm (vgl. Deutscher Bundestag 1994).

Im Zuge des Aus- und Umbaus der Städtebauförderung in den 1980er-Jahren wandelte sich die vormals praktizierte Flächensanierung in den Altbauquartieren der Kernstädte und mit deutlichem Nachlauf auch in den Großsiedlungen zunehmend zu einer behutsamen Stadterneuerung. Die ersten Ansätze dazu lassen sich bis in die 1970er-Jahre zurückverfolgen, wo es insbesondere in Berlin zu erbitterten Widerständen gegen den »Kahlschlag« an der noch bestehenden Stadtsubstanz u. a. auch vor dem Hintergrund der Verdrängung der ansässigen Bevölkerung kam (vgl. Bodenschatz 1990: 23).

Es gehört zu einer korrekten Berichterstattung anzuerkennen, dass die kommunale Wohnungswirtschaft auch an dieser Phase der Stadtentwicklung mit ihren ambivalenten Effekten einen entscheidenden Anteil hatte. Mit Blick auf ein ganzheitliches Verständnis kommunaler Immobilienpolitik bleibt festzuhalten, dass für die Steuerung der Prozesse in den förmlichen Sanierungsgebieten in den Kommunen häufig die kommunalen Wohnungsunternehmen mit ihrem Know-how als Sanierungsträger tätig waren – eine Rolle, die sie aktuell mit veränderten Aufgaben zunehmend zurückgewinnen.

Heute liefert das besondere Städtebaurecht im BauGB eigene formelle Instrumente und Verfahren, um Quartiere zu sanieren. Mit den dort verankerten und von Bund und Ländern gemeinsam ausgestatteten Programmen der Städtebauförderung beteiligt sich die öffentliche Hand zudem in erheblichem Umfang an der Durchführung entsprechender Maßnahmen. Eine besondere Rolle kommt aber auch hier wieder den Kommunen zu. Allein sie sind als Antragsteller in den Sanierungs- und Erneuerungsprogrammen in der Lage, entsprechende Maßnahmen anzustoßen. Zudem kommt ihnen im Zuge der Vorbereitung, Planung und Durchführung als Sanierungsträger große Verantwortung zu. Ebenfalls tragen sie einen Pflichtanteil an den Kosten – meist mit einem verhältnismäßig geringen Anteil von zehn bis zwanzig Prozent, sofern sie dazu angesichts klammer Haushalte in der Lage sind.

Spätestens im Kontext dieser Stadtsanierung zeigt sich erneut die besondere Bedeutung des Immobilienakteurs Kommune. Kommunen können durch ihre Investitions- und Bewirtschaftungsstrategien in eigenen Immobilien maßgeblich (zusätzlichen) Einfluss auf die Entwicklung entsprechender Quartiere – z. B. durch eine strategische Ankaufspolitik für Einzelimmobilien – nehmen. Zwar geht die Stadterneuerung deutlich über die Sanierung und Modernisierung einzelner Gebäude hinaus – das gerade ist ein wesentlicher Ansatz der Stadterneuerungsprogramme. Doch hat die Verbesserung der Gebäudesubstanz mit Blick auf die energetische Ertüchtigung einen Bedeutungszuwachs innerhalb der Stadterneuerungsprogrammatik erhalten – entweder direkt darüber finanziert (z. B. durch Fassadenprogramme in der Städtebauförderung) oder auch begleitend durch private oder aus der Wohnraumförderung finanzierte Bau- und Modernisierungsvorhaben (vgl. z. B. Schröteler-von-Brandt/Schmitt 2016).

Dieser starke Zusammenhang zwischen der Qualität von Gebäuden und Quartieren lässt sich mithilfe der *Broken-Windows-Theory* nach Kelling und Wilson erklären (vgl. Wilson/Kelling 1982). Demnach ziehen Zeichen mangelnder sozialer Kontrolle, wie eben die Vernachlässigung von Gebäuden, zwangsläufig einen Rückzug der verantwortungsbewussten Bevölkerung bis hin zur Flucht aus dem Quartier nach sich. Infolgedessen verstärken sich die Abwärtstendenzen des Stadtteils weiter. Kommunen als direkter Eigentümer und Bewirtschafter zahlreicher Immobilien im Verbund mit ihren Wohnungsunternehmen in vielen Quartieren – und so auch in solchen vernachlässigten Stadtteilen – haben hier eine mindestens ebenso große Verantwortung wie andere (private) Eigentümer auch. Im Sinne der kommunalen Strategien in der Stadterneuerung können sie aber als Vorbild und damit als Impulsgeber wirken und sich durch eine werterhaltende und zukunftsweisende Strategie der Immobilienbewirtschaftung der sozialen und städtebaulichen Vernachlässigung entgegenstellen.

Als Verstärkung dieses Effektes kommunalen Handelns wird seit mehreren Jahren sogar ein verstärktes Engagement der Kommunen im immobilienwirtschaftlichen Sinne gerade dort diskutiert, wo private Investitionen (aufgrund der schmalen Renditeerwartungen in problematischen Stadtteilen) gänzlich ausbleiben. Ein solcher, nach dem aufsehenerregenden Neubau des Guggenheim-Museums in einem problematischen Hafenviertel der baskischen Stadt Bilbao inzwischen generalisierend als »Bilbao-Effekt« bekannter Ansatz wird auch hierzulande (wenn auch meist in kleinerem Maßstab) genutzt. Ein Beispiel ist der Neubau des Dortmunder Konzerthauses vor knapp 20 Jahren im zuvor durch weniger hochwertige Nutzungen bekannten Brückstraßenviertel. Die Hoffnung ist, dass durch entsprechende neue Nutzungen ein anderes Publikum angezogen wird, das den Stadtteil belebt und von einem negativen Image befreit. Auch die hochwertige Architektur selbst soll dazu beitragen, ein Zeichen für die nachhaltige Entwicklung des Stadtteils zu setzen.

Sichtbare Investitionen sind immer auch ein Zeichen dafür, dass jemand an das Quartier glaubt – das ist wichtig für die Menschen, die dort leben und das als Bestärkung erleben, sowie Außenstehende, die auf die Bedeutung des Stadtteils hingewiesen werden. Wenngleich es keine Garantie für derlei Aufwertungseffekte für ganze Quartiere gibt, ist doch deutlich, dass kommunale Leitinvestitionen neben ihrer Kernfunktion als Immobilie auch strategische Impulse für Aufwertungsprozesse in Gang setzen können.

12.2 Neue Aufgaben für das kommunale Immobilienmanagement

Die beschriebenen Effekte lassen sich nicht nur in den ausgewiesenen Gebieten der Stadterneuerung nutzen. Ein großer Vorteil kommunaler Immobilien ist, dass sie weitläufig über das Stadtgebiet verteilt. sind Das bedeutet, dass sich Ausstrahlungseffekte jedenfalls in der Theorie an vielen Stellen erzeugen lassen. Dafür bedarf es allerdings einer zukunftsweisenden Orientierung des kommunalen Immobilienmanagements an einer strategisch ausgerichteten Stadtentwicklungspolitik mit Quartiersbezug in Verbindung mit einer kombinierten Sicht auf alle kommunalen Immobilien.

Bis heute sind die kommunalen Immobilienbestände vielerorts noch immer nicht strategisch zusammengefasst. Einzelne Fachämter übernehmen auch wesentliche Aufgaben der technischen und/oder kaufmännischen Immobilienverwaltung, weil dies »schon immer« so gemacht wurde. Das führt neben der betriebswirtschaftlichen Ineffizienz dazu, dass die o. g. Effekte ggf. nicht erzeugt werden können, weil ein »Durchgriff« auf die Immobilien gar nicht ohne Weiteres möglich ist. Zudem erfolgen Sanierungen usw. dann zum einen meist losgelöst von anderen Vorhaben in der Stadt und zudem auch (häufig) selten strategisch an Quartierserfordernissen ausgerichtet. Die häufig rigide Trennung der Fachbereiche mit einer strikten Einhaltung von Zuständigkeiten auf (politischer) Dezernatsebene behindert einheitliches Handeln.

Ziel muss es also sein, Planung, technisches und kaufmännisches Management der Immobilien sowie Sanierung und Modernisierung in eine Hand zu legen. Es bietet sich an, hierfür ein Dienstleistungsunternehmen zwecks Bündelung der Aufgaben zu gründen oder – falls möglich – die Aufgaben auf vorhandene Partner, wie z. B. kommunale Wohnungsunternehmen, entsprechend zu übertragen.

Angesichts der Heterogenität der kommunalen Bestände müsste ein umfassendes Portfoliomanagement erarbeitet werden, das technische und nutzenorientierte Facetten mitberücksichtigt. Auch dies kann im besten Fall von einem zentralen Dienstleister umgesetzt werden; es ist Grundlage für die Identifizierung von Normstrategien sowie die Konkretisierung dieser auf der Gebäudeebene. Im Zweifel können in das Managementsystem externe Anforderungen, wie z. B. der verstärkte Sanierungsbedarf im Quartier angesichts einer Kombination mit anstehenden Städtebaufördermitteln miteinbezogen werden. Grundlage hierfür wäre ein strategischer mehrstufiger Ansatz, wie er aus der integrierten Planung auch bekannt ist (Survey, Analysis, Design).

Die entstehenden integrierten kommunalen Immobilienunternehmen können als kommunale Dienstleister – neben der Bewirtschaftung der Bestände – auch weitere Ziele verfolgen und entsprechende Maßnahmen umsetzen. Sie können aktiv zum Klimaschutz beitragen, Grün- und Freiräume entwickeln, Flächen und Objekte im Zuge von ÖPNV-Konzepten herstellen und bewirtschaften und vieles mehr.

In diesem Kontext wird deutlich, dass kommunale Wohnungsunternehmen »geborene« Partner für die Bewirtschaftung weiterer kommunaler Immobilienbestände sind. Sie könnten neben der bereits gängigen Bewirtschaftung von Mietwohnungen und Gewerbeeinheiten sowie dem Neubau von Wohnobjekten für das Anlage- und Umlaufvermögen auch – wie schon in der Vergangenheit – als Sanierungsträger in Stadtteilen auftreten, die im Zuge der Stadterneuerung entwickelt werden, und zudem die Räumlichkeiten für Stadtteiltreffs und Quartiersläden vorhalten. Zudem könnten sie, in Kooperation mit den Stadtwerken als kommunalen Energieversorgern, ausgehend von kommunalen Infrastrukturgebäuden (Schulen, Krankenhäusern, Feuerwachen etc.) quartiersbezogene Energieversorgungskonzepte für eigene und fremde Wohnungsbestände aufsetzen. Mithilfe ihrer fachlichen Kompetenzen in der Bewirtschaftung, aber insbesondere in Planung, Modernisierung oder Neubau von Immobilien können sie viele immobilienbezogene Aufgaben möglicherweise wirtschaftlicher erbringen, als dies ansonsten innerhalb der zersplitterten behördlichen Strukturen denkbar wäre.

Wichtig ist allerdings, dass diese Unternehmen nicht als Träger finanzieller Risiken überfordert werden. Die Errichtung von komplizierten Kultur- und Infrastrukturgebäuden ist in den wenigsten Fällen nach rein wirtschaftlichen Gesichtspunkten umsetzbar und muss, wenn die Politik sich dazu entschließt, auch aus öffentlichen

Quellen finanziert werden. Eine Querfinanzierung teurer Prestige-Projekte aus den Mieteinnahmen der sozialen Wohnungsbauten kann nicht das Ziel einer nachhaltig orientierten und verlässlichen kommunalen Immobilienwirtschaft sein.

12.3 Verankerung des kommunalen Immobilienmanagements der Zukunft in Haushalten und Ressourcenplänen

Mittel- und langfristig müssen die Kommunen – ob mit oder ohne eigenes kommunales Immobilienunternehmen – Ressourcen und Kompetenzen aufbauen und vor allem bündeln, um den eigenen Immobilienbestand zukunftsweisend effizient zu bewirtschaften und fortzuentwickeln. Entscheidend ist, dass auch für die Erhaltung und Entwicklung kommunaler Zweckbauten und Infrastrukturen ein auskömmliches Investitionsvermögen geschaffen werden muss. Qualitätsvolle kommunale Infrastrukturgebäude sind ein Schlüssel zu einer nachhaltigen Quartiersentwicklung und damit ein wichtiger Baustein für die zukünftige Entwicklung der Städte und solide kommunale Haushalte. Das geht nicht ohne Investitionen. Sofern die Kommunen selbst damit überfordert sind, benötigen sie möglicherweise Hilfe von Land oder Bund, um dieser Aufgabe nachzukommen. Eine ganzheitliche kommunale Immobilienpolitik wird es also nicht leisten können, die strukturellen Disparitäten zwischen »reichen« und »armen« Städten abzubauen.

Gleichwohl sollten Kommunen – wenn das nicht schon geschehen ist – damit beginnen, personelle Ressourcen für die nachhaltige Immobilienbewirtschaftung aufzubauen. Bau und Bewirtschaftung von Immobilien werden vor dem Hintergrund von Klimaschutz und der aktuell explodierenden Energiekosten zu noch gewichtigeren Ausgabepositionen in den kommunalen Haushalten. Insbesondere angesichts der heterogenen Immobilienbestände in vielen Kommunen ist das nicht nebenher zu erledigen – dafür werden technische und kaufmännische Fachleute benötigt. Der Markt für entsprechendes Personal ist allerdings sehr eng geworden, wie sich nicht zuletzt in der Immobilienwirtschaft selbst zeigt (vgl. Bölting et al. 2022). Umso wichtiger ist es, Weiterbildungsprogramme für eigene Mitarbeiterinnen und Mitarbeiter mit immobilienwirtschaftlichem Bezug auch in interkommunaler Kooperation und in Zusammenarbeit mit Hochschulen zu bieten sowie gezielt Fachleute anzuwerben, die sich künftig mit der nachhaltigen Entwicklung der eigenen Immobilen befassen. Zudem ist bereits heute absehbar, dass nicht zuletzt in den angesprochenen erneuerungsbedürftigen Stadtteilen eine große Zahl privater Immobilien ebenfalls einer zukunftsweisenden Entwicklung bedarf, die allerdings von den Eigentümern aus unterschiedlichen Gründen nicht erbracht werden kann. Hier braucht es starke Sanierungsträger, die auch in kommunaler Steuerung solche Leistungen erbringen können. Auch hierzu werden erneut Fachkräfte benötigt, womit sich der Kreis zur Stadt- und Quartiersentwicklung wieder schließt.

In vielen Fällen werden einzelne Kommunen die komplexen Aufgaben, die ihr eigener Immobilienbestand mit sich bringt, gar nicht vollständig erfüllen können. Hier bietet sich eine interkommunale Kooperation an. Nicht jede Kommune braucht ein Immobilienmanagement, das alles kann. Es ist denkbar, bestimmte Aufgaben oder z. B. auch bestimmte »spezielle« Immobilientypen regional zu bewirtschaften – entweder über lockere Kooperationen, wie es sie bereits jetzt in der Wohnungswirtschaft gibt, oder über eigens dazu gegründete Joint Ventures oder Regionalunternehmen. Auch hierzu gibt es bereits Vorbilder, etwa Kreis-Wohnungsunternehmen auf Kreisebene, an denen die Städte und Gemeinden eines gesamten Landkreises beteiligt sind.

Noch sind viele der hier aufgezeigten Perspektiven eines integrierten kommunalen Immobilienmanagements Optionen für die Zukunft. Aber es mehren sich die Beispiele für erfolgreiche bzw. viel versprechende Ansätze von Vernetzung, Kooperation und Integration von vormals isolierten kommunalen Handlungsfeldern im immobilienwirtschaftlichen Kontext.

Die Verfasser sind sicher, dass ökonomischer Handlungsdruck, ständig verbessertes digitales Instrumentarium und auch die Freude der Akteure an den wachsenden Gestaltungsmöglichkeiten den laufenden Prozess weiter beschleunigen werden.

Literaturverzeichnis

AK OGA – Arbeitskreis der Oberen Gutachterausschüsse, zentralen Geschäftsstellen und Gutachterausschüsse in der Bundesrepublik Deutschland (Hg.) (2021): Immobilienmarktbericht Deutschland 2021. Oldenburg

Battis, U.; Krautzberger, M.; Löhr, R.-P. (2019): Baugesetzbuch. Kommentar. Fortgeführt von Battis, U.; Mitschang, St.; Reidt, O., München

Bauer, U. (2006): Die sozialen Kosten der Ökonomisierung von Gesundheit. APuZ – Aus Politik und Zeitgeschichte. Bundeszentrale für politische Bildung, verfügbar unter: https://www.bpb.de/shop/zeitschriften/apuz/29905/die-sozialen-kosten-der-oekonomisierung-von-gesundheit/ (Abruf: 30.03.2022)

BBSR – Bundesinstitut für Bau-, Stadt- und Raumforschung im Bundesamt für Bauwesen und Raumordnung (Hg.) (2015): Privateigentümer von Mietwohnungen in Mehrfamilienhäusern. Erarbeitet durch empirica ag (Braun, R.; Schwede, P., Rachowka, A.), Bonn

BBSR – Bundesinstitut für Bau-, Stadt- und Raumforschung im Bundesamt für Bauwesen und Raumordnung (Hg.) (2019): Künftige Wohnungsleerstände in Deutschland. Regionale Besonderheiten und Auswirkungen. BBSR-Online-Publikation 02/2015, Bonn, erarbeitet durch das IWU – Institut Wohnen und Umwelt GmbH, Darmstadt

BBSR – Bundesinstitut für Bau-, Stadt- und Raumforschung im Bundesamt für Bauwesen und Raumordnung (Hg.) (2021): Die Wohnraumoffensive und ihr Umsetzungsstand. Bezahlbares Wohnen und Bauen – Bilanz der Wohnraumoffensive am 23. Februar 2021. Bonn/Berlin

BBSR – Bundesinstitut für Bau-, Stadt- und Raumforschung im Bundesamt für Bauwesen und Raumordnung (Hg.) (2021): Ausweitungsaktivitäten kommunaler Wohnungsanbieter. Bonn

BBSR – Bundesinstitut für Bau-, Stadt- und Raumforschung im Bundesamt für Bauwesen und Raumordnung (Hg.) (2011): Kommunale Wohnungsbestände aus verschiedenen Perspektiven. Bonn

BBSR – Bundesinstitut für Bau-, Stadt- und Raumforschung im Bundesamt für Bauwesen und Raumordnung (Hg.) (2010): Strategien der Kommunen für ihre kommunalen Wohnungsbestände – Ergebnisse einer Kommunalbefragung. Berlin

Berliner gemeinnützige Baugesellschaft (1848): Gesellschaftsvertrag. Berlin, publiziert bei Litfass, Berlin, verfügbar unter: https://digital.zlb.de/viewer/metadata/15478624/1/ (Abruf: 30.03.2022)

BNP Paribas Real Estate (Hg.) (2021): Healthcare-Investmentmarkt Deutschland, verfügbar unter: https://www.realestate.bnpparibas.de/marktberichte/healthcare-investmentmarkt/deutschland-at-a-glance (Abruf: 30.03.2022)

Bodenschatz, H. (1990): Die »Mietskasernenstadt« in der Kritik des 20. Jahrhunderts. In: Senatsverwaltung für Bau- und Wohnungswesen (Hg.): Stdterneuerung Berlin – Erfahrungen, Beispiele, Perspektiven. Berlin, S. 19–32.

Bogumil, J.; Jann, W. (2020): Verwaltung und Verwaltungswissenschaft in Deutschland. Lehrbuch. 3. Auflage, Wiesbaden

Boksteen, M. (2021): Praxishandbuch Vermietungsvertrieb – Wohnungsvermietung in der Immobilienwirtschaft. Freiburg

Bölting, T. (2017): Regionale Kooperation von Wohnungsunternehmen. Analyse von Mechanismen der Zusammenarbeit und von Erfolgsfaktoren am Beispiel der Kooperation kommunaler Wohnungsunternehmen im Ruhrgebiet. Dissertation an der TU Dortmund

Bölting, T.; Eisele, B.; Dylewski, C. (2021): VdW-Wohnungsmarktbarometer 2021 – Entwicklung der Wohnungsmärkte in 13 großen Städten in NRW. Im Auftrag des VdW Rheinland Westfalen e. V., Bochum/Düsseldorf

Bölting, T.; Eisele, B.; Jüngling, J.; Keller, T. (2022): Human Resources Monitor Immobilienwirtschaft 2022. Ergebnisbericht zur Branchenbefragung Aus-, Fort- und Weiterbildung in der Wohnungs- und Immobilienwirtschaft. Im Auftrag des EBZ, Bochum

Bölting, T.; Niemann-Delius, V. (2019): Investitions- und Bewirtschaftungsstrategien privater Wohnungsbestandshalter_innen – Zwischen Irrationalität und Professionalisierung. FGW-Studie / Reihe Integrierende Stadtentwicklung Nr. 19, hg. von Heike Herrmann, Jan Üblacker, Düsseldorf

Borgloh, S.; Westerheide, P. (2010): Social Return on Investment of Mutual Support Based Housing Projects: Potential for Socio-Economic Cost Savings and Higher Living Quality. ZEW-Discussion Paper No. 10-029. Mannheim, verfügbar unter: https://www.netzwerk-song.de/downloads-publikationen (Abruf: 28.03.2022)

Brune, W.; Pump-Uhlmann, H. (2009): Centro Oberhausen – Die verschobene Stadtmitte: Ein Beispiel verfehlter Stadtplanung. Wiesbaden

Burgi, M.; Dreher, M. (2017): Beck'scher Vergaberechtskommentar. 3. Auflage, München

Busch-Geertsema, V. (2013): Housing First: Die Wohnung als Grundvoraussetzung für weitergehende Hilfen. In: Keicher, R.; Gillich, S. (Hg.): Wenn Würde zur Ware verkommt. Wiesbaden, S. 155–177

Bussfeld, K. (2020): 1970–2020: Ein unvollständiger Bilderbogen verpasster Chancen sozialer Wohnungspolitik. In: Roters, W.; Gräf, H.; Wollmann, H. (Hg.): Zukunft denken und verantworten. Herausforderungen für Politik, Wissenschaft und Gesellschaft im 21. Jahrhundert. Wiesbaden, S. 443–452

CBRE Research (2021): Wie werden Quartiere zu einer neuen Erfolgsstory in Deutschland? Report, verfügbar unter: https://www.cbre.de/en/research/Deutschland-Major-Report-Quartiere-2021 (Abruf: 23.04.2022)

Cushman & Wakefield (Hg.) (2021): Der Pflegeimmobilienmarkt in Deutschland. Vom Nischenprodukt zum Liebling institutioneller Investoren. Report 2021, verfügbar unter: https://www.cushmanwakefield.com/de-de/germany/insights/pflegeimmobilien-report (Abruf: 23.04.2022)

Deffner, V.; Meisel, U. (2013): Stadtquartiere – Sozialwissenschaftliche, ökonomische und städtebaulich-architektonische Perspektiven. Essen

Deutscher Bundestag (Hg.) (1994): Großsiedlungsbericht 1994. Unterrichtung durch die Bundesregierung in der 12. Wahlperiode. Drucksache 12/8406

Deutscher Bundestag (Hg.) (2019): Antwort der Bundesregierung auf die Kleine Anfrage der Abgeordneten C. Lay, G. Lötzsch, D. Achelwilm sowie weiterer Abgeordneter und der Fraktion Die Linke. Drucksache 19/27484

Dietlein, J. (2002): Der Begriff des funktionalen Auftraggebers nach § 98 Nr. 2 GWB. In: NZBau 2002, S. 136–142

Dietrich, P. (2009): Führung und Steuerung von Wohnungsunternehmen. 2. Auflage, Hamburg

DIHK – Deutscher Industrie- und Handelskammertag (Hg.) (2018): Herausforderungen für eine zukunftsweisende Boden- und Flächenpolitik. Vorschläge aus Sicht der IHK-Organisation, verfügbar unter: https://www.dihk.de/de/themen-und-positionen/wirtschaftspolitik/raumordnung-und-stadtentwicklung/-wirtschaft-benoetigt-bauland--4224 (Abruf: 30.03.2022)

DZHYP (Hg.) (2021): Immobilienmarkt Deutschland 2021/2022. Erarbeitet von DZ BANK AG im Auftrag der DZ HYP AG, verfügbar unter: https://dzhyp.de/de/ueber-uns/marktresearch/gewerbeimmobilien-und-pfandbriefmarkt/ (Abruf: 30.03.2022)

Egner, B.; Kayser, M. A.; Böhler, H.; Grabietz, K. J. (2018): Lokale Wohnungspolitik in Deutschland. Düsseldorf

Empirica Institut (Hg.) (2022): empirica-Preisdatenbank – Immobilienpreisindex 4/2021 (Juli 2021), verfügbar unter: https://www.empirica-institut.de/nc/nachrichten/details/nachricht/empirica-immobilienpreisindex-iv2021/ (Abruf: 30.03.2022)

Faller, B. et. al. (2020): Soziale Wohnungspolitik auf kommunaler Ebene, Entwurf des Endberichts der Quaestio Forschung & Beratung GmbH, Bonn

FES – Friedrich-Ebert-Stiftung (Hg.) (1999): Wohnungspolitik für Einkommensschwache – Eckdaten. Online-Bibliothek der Friedrich-Ebert-Stiftung, verfügbar unter: https://www.fes.de/fulltext/stabsabteilung/00518001.htm (Abruf: 10.03.2022)

Fontaine-Kretschmer, M.; Stratmann, A. (2022): Stadtentwicklungsgesellschaften. Transformationsmanagement im Auftrag der Kommunen. In: RaumPlanung Nr. 216/2-2022, S. 46–53

Freitag, L. (2007): Unverzichtbar – Kommunale und öffentliche Wohnungsunternehmen sichern vitale Städte. In: Steinert, J. (Hg.): Kommunale Wohnungsunternehmen – Tafelsilber oder Saatkartoffeln? Positionen des Arbeitskreises Stadtentwicklung, Bau und Wohnen der Friedrich-Ebert-Stiftung. 1. Auflage, Berlin, S. 26–40

GdW (Hg.) (2000): Typisch kommunale Wohnungsunternehmen – wirtschaftlich kompetent, sozial unverzichtbar, ökologisch vorbildlich. GdW-Forum 26 Dokumentation, Berlin

GdW (Hg.) (2014): 90 Jahre Die Wohnungswirtschaft. Die Geschichte des GdW und seiner Vorläuferverbände. Berlin

GdW (Hg.) (2015): Schwarmstädte in Deutschland. Ursachen und Nachhaltigkeit der neuen Wanderungsmuster. Erstellt durch empirica Forschung & Beratung (Simons, H.; Weiden, L.), Berlin

GdW (Hg.) (2016): Kommentar zum Kontenrahmen der Wohnungswirtschaft. 9. Auflage, Freiburg

GdW (Hg.) (2020): Wohnungswirtschaftliche Daten und Trends 2020/2021, Zahlen und Analysen aus der Jahresstatistik des GdW. Berlin

GdW (Hg.) (2021): Wohnungswirtschaftliche Daten und Trends 2021/2022, Zahlen und Analysen aus der Jahresstatistik des GdW. Berlin

Glaser, H. (2020): Rechtsprechung aus dem Bau-, Grundstücks- und Nachbarrecht, Bd. 2. Berlin, Boston

Glaser, H. (2020): Rechtsprechung aus dem Bau-, Grundstücks- und Nachbarrecht, Bd. 2. Berlin, Boston

Gondring, H.; Zoller, E.; Dinauer, J. (2003): Real Estate Investment Banking – Neue Finanzierungsformen bei Immobilieninvestitionen. Wiesbaden

Grohs, S.; Zabler, S. (2021): Wohnungspolitik als Sozialpolitik? Zum Wechselspiel von Haushaltslage, Sozialausgaben und kommunalen Investitionen in Wohnraum. In: Egner, B.; Grohs, S.; Robischon, T. (Hg.): Die Rückkehr der Wohnungsfrage. Ansätze und Herausforderungen lokaler Politik. Wiesbaden, S. 37–58

Hafner, T. (1993): Vom Montagehaus zur Wohnscheibe. Entwicklungslinien im deutschen Wohnungsbau 1945–1970. Stadt-Planung-Geschichte Bd. 13, Basel, Berlin, Boston

Heuvels, K.; Höß, S.; Kuß, M.; Wagner, V. (2013): Vergaberecht – Gesamtkommentar zum Recht der öffentlichen Auftragsvergabe. Stuttgart

Hill, H. (1996): In welchen Grenzen ist kommunalwirtschaftliche Betätigung Daseinsvorsorge? Vortrag beim 5. Kommunalpolitischen Forum der IHKs in NRW am 29.8.1996 in Castrop-Rauxel, Manuskript, S. 8–9

Holm, A.; Lebuhn, H.; Junker, S.; Neitzel, K. (2018): Wie viele und welche Wohnungen fehlen in deutschen Großstädten? Die soziale Versorgungslücke nach Einkommen und Wohnungsgröße. Working Paper Forschungsförderung Nr. 63, Hans-Böckler-Stiftung, Düsseldorf

Immenga, U.; Mestmäcker, E.-J. (2020): Wettbewerbsrecht. 6. Auflage, München

Jenkis, H. W. (1985): Die gemeinnützige Wohnungswirtschaft zwischen Markt und Sozialbindung. Aufsätze und Abhandlungen, Bd. 1., Schriften zum Genossenschaftswesen und zur öffentlichen Wirtschaft, Bd. 14, Berlin

JLL – Jones Lang LaSalle (Hg.) (2020): Nach Corona – Szenarien für die künftige Bedeutung der Büronutzung. Research Report, verfügbar unter: https://www.jll.de/de/presse/nach-corona-koennte-der-buerobedarf-sogar-noch-steigen (Abruf: 30.03.2022)

Just, T.; Plößl, F. (2021): Die Europäische Stadt nach Corona – Strategien für resiliente Städte und Immobilien. Regensburg

Kaas, L.; Kocharkov, G.; Preugschat, E.; Siassi, N. (2020): Gründe für die niedrige Wohneigentumsquote in Deutschland. Research Brief 30. Ausgabe. Herausgegeben von der Bundesbank, verfügbar unter: https://www.bundesbank.de/de/publikationen/forschung/research-brief/2020-30-wohneigentumsquote-822090 (Abruf: 23.04.2022)

Kamis, A. (2019): Digitalisierung in der Wohnungs- und Immobilienwirtschaft. Freiburg

Kiepe, F.; Kraemer, D.; Sommer, G. (2011): Kommunale Wohnungsunternehmen. In: Mann, T.; Püttner, G.: Handbuch der kommunalen Wissenschaft und Praxis 2 – Kommunale Wirtschaft, 3. Auflage, Heidelberg, S. 661–691

Kippes, S. (2020): Professionelles Immobilienmarketing. 2. Auflage, München

Kleefisch-Jobst, U.; Ködderrmann, P.; Jung, K. (2017): Alle wollen wohnen: gerecht. sozial. bezahlbar, Berlin

Klöppel, S.; v. Lojewski, H. (2021): Lösungsansätze zwischen inzentivierender und regulativer Wohnungs- und Bodenpolitik aus kommunaler Sicht. In: Egner, B.; Grohs, S.; Robischon, T. (Hg.): Die Rückkehr der Wohnungsfrage. Ansätze und Herausforderungen lokaler Politik, Wiesbaden, S. 175–197

Kofner, S. (2004): Wohnungsmarkt und Wohnungswirtschaft. München

Kühne-Büning, L.; Galonska, J.; Kivelip, F. (2005): Marktstrukturen und Marktbeteiligte. In: Kühne-Büning, L.; Nordalm, V.; Steveling, L. (Hg.): Grundlagen der Wohnungs- und Immobilienwirtschaft, 4., überarbeitete und erweiterte Auflage, Frankfurt am Main, S. 99–169

Kulartz, H.-P.; Kus, A.; Portz, N. (2020): Kommentar zum GWB-Vergaberecht. 5. Auflage, Düsseldorf

Laschewski, L.; Tietz, A. (2020): Auswirkungen überregional aktiver Investoren in der Landwirtschaft auf ländliche Räume: Ergebnisse aus zwei Fallstudien. Thünen Report 80, Braunschweig

Lieberknecht, C. (2016): Renaissance der kommunalen Wohnungsunternehmen. In: FWS (2), S. 78–81

Manager-Magazin/DER SPIEGEL (2019): 49.000 weniger Sozialwohnungen in Deutschland, verfügbar unter: https://www.manager-magazin.de/lifestyle/artikel/miete-zahl-der-sozialwohnungen-in-deutschland-geht-drastisch-zurueck-a-1273129.html (Abruf: 30.03.2022)

Michels, W.; Oberst, C.; Hiller, N. (2011): Wohnungsmarktregionen in Deutschland – Abgrenzung und Struktur funktionaler Wohnungsmärkte. Forschungsprojekt des InSiWo – Institut für Siedlungs- und Wohnungswesen an der Westfälischen Wilhelms-Universität Münster im Auftrag der Wüstenrot Stiftung, Münster/Ludwigsburg

Moser, J.; Wenner, F.; Thierstein, A. (2021): The Corona pandemic and working from home. Where could residents in the Munich Metropolitan Region move to? Working Paper, TU München, verfügbar unter: https://mediatum.ub.tum.de/doc/1613216/1613216.pdf (Abruf: 30.03.2022)

Murfeld, E. (2018): Spezielle Betriebswirtschaftslehre der Immobilienwirtschaft. 8. Auflage, Freiburg

Pahnke, B. (1998): Einkommensorientierte Förderung des sozialen Mietwohnungsbaus: Bestandsaufnahme und Kritik. Dissertation, Finanzwirtschaftl. Schriften Bd. 85, Frankfurt am Main

Pfeiff, C. (2002): Die Versorgung mit Wohnraum als Aufgabe der Daseinsvorsorge. Erschienen u. a. online bei Schader-Stiftung, verfügbar unter: https://www.schader-stiftung.de/themen/gemeinwohl-und-verantwortung/fokus/oeffentliche-daseinsvorsorge/artikel/die-versorgung-mit-wohnraum-als-aufgabe-der-daseinsvorsorge (Abruf: 28.03.2022)

PwC (Hg.) (2021a): Der Covid-19 Baufi-Boom. Erste Anzeichen eines Höhepunktes? Verantwortet von Tomas Rederer, verfügbar unter: https://www.pwc.de/de/finanzdienstleistungen/banken/der-grosse-baufinanzierungs-boom.html (Abruf: 15.01.2022)

PwC (Hg.) (2021b): Home bleibt Office. Neuauflage der PwC-Studie zum ortsunabhängigen Arbeiten und zur Wirtschaftlichkeit bei Flächenanpassungen, verfügbar unter: https://www.pwc.de/de/real-estate/pwcs-real-estate-institute/home-bleibt-office.html (Abruf: 30.03.2022)

Reidt, O.; Stickler, T.; Glahs, H. (2003): Vergaberecht. 2. Auflage, Köln

Reimon, M.; Felber, C. (2003): Schwarzbuch Privatisierung. Wien

Rock, V.; Schumacher, C.; Pfeffer, T.; Bäumer, H. (2019): Praxishandbuch Immobilien-Fondsmanagement und –Investment. 2. Auflage, Wiesbaden

Roters, W.; Gräf, H.; Wollmann, H. (Hg.) (2020): Zukunft denken und verantworten. Herausforderungen für Politik, Wissenschaft und Gesellschaft im 21. Jahrhundert. Wiesbaden

Rottke, N.; Wernecke, M. (2008): Lebenszyklus von Immobilien. In: Betriebswirtschaftliche Grundlagen, München, S. 209–229

Schäfer, J.; Conzen, G. (2020): Praxishandbuch Immobilien-Investitionen. 4. Auflage, München

Schlüter, T.; Luserke, M.; Roth, S. (2019): Handbuch Wohnungsgenossenschaften. 2. Auflage, Freiburg

Schmidt-Eichstaedt, E.; Weyrauch, B.; Zemke, R. (2018): Städtebaurecht. Einführung und Handbuch. 6., erweiterte und überarbeitete Auflage, Stuttgart

Schröteler-von-Brandt, H.; Schmitt, G. (2016): Stadterneuerung. Wiesbaden

Spars, G.; Heinze, M.; Mrosek, H. (2008): Stadtrendite durch kommunale Wohnungsunternehmen. Abschlussbericht. Herausgegeben v. BMVBS / BBR (BBR-Online-Publikation, 01/2008), verfügbar unter: http://www.bbsr.bund.de/BBSR/DE/Veroeffentlichungen/BBSROnline/2008/DL_ON012008.pdf?__blob=publicationFile&v=2 (Abruf: 23.11.2016)

Steinert, J. (2007): Kommunale Wohnungsunternehmen – Tafelsilber oder Saatkartoffeln? Positionen des Arbeitskreises Stadtentwicklung, Bau und Wohnen der Friedrich-Ebert-Stiftung, Berlin

Thomsen, S.; Vogt, D.; Brausewetter, L. (2020): Mietwohnungsknappheit in Deutschland: Ursachen, Instrumente, Implikationen. In: Wirtschaftsdienst, Ausgabe 100, Hamburg, S. 461–467

VdW Rheinland Westfalen (Hg.) (2001): Wohnkultur in gesellschaftlicher Verantwortung. 100 Jahre Wohnungswirtschaft in Rheinland und Westfalen 1901–2001, Düsseldorf

Voigtländer, M. et al. (2017): Wirtschaftsfaktor Immobilien 2017. Gutachten für den Deutschen Verband für Wohnungswesen, Städtebau und Raumordnung und die Gesellschaft für Immobilienwirtschaftliche Forschung, Berlin

Vornholz, G. (2021): Immobilienwirtschaft. In: WISU 10/21: Volkswirtschaftslehre, S. 1–6

Wendt, W. R. (1995): Geschichte der sozialen Arbeit. 4., neu bearbeitete Auflage, Stuttgart

Wenzel, D. (2009): Kennzahlenorientiertes Berichtswesen in der Wohnungswirtschaft. Hamburg

Wilson, J. Q; Kelling, G. E. (1982): Broken Windows. The Police and Neighborhood Safety. In: The Atlantic Monthly, März 1982, verfügbar unter: https://www.theatlantic.com/magazine/archive/1982/03/broken-windows/304465/ (Abruf: 30.03.2022)

Windheimer, B. (1995): Nürnberg Langwasser. Geschichte eines Stadtteils. 2. Auflage, Nürnberg

Wüstenbecker, H.; Teipel, Kai H. (2020): Kommunalrecht NRW, 12. Aufl., München

ZIA – Zentraler Immobilien Ausschuss e. V.; AGA – Arbeitskreis der Oberen Gutachterausschüsse, Zentralen Geschäftsstellen und Gutachterausschüsse in der Bundesrepublik Deutschland (Hg.) (2016): Strukturierung des sachlichen Teilmarktes wirtschaftlich genutzter Immobilien für die Zwecke der Marktbeobachtung und Wertermittlung. 1. Ergebnisbericht, Berlin

Ziekow, J.; Völlink, U.-C. (2020): Vergaberecht. 2. Auflage, München

Stichwortverzeichnis

Symbole
15-Minuten-Stadt 278

A
Aktienbaugesellschaften 258
Ankauf
— Due Diligence 154
— öffentliche Beratung 155
— Schrottimmobilien 154
Anreizsysteme 103
Anzeigenwerbung
— Bezug zur Publikation 222
— Imagemarketing 222
— Mediadaten 224
— Motiv 222
— Printanzeige 221
— Slogan 222
— Spektrum der Printmedien 223
Arbeitsgemeinschaften
— bundesweite 272
— regionale 272
Asset-Management 128
— Aufgaben 129
— kaufmännische Steuerung 130
— operative Ausrichtung 129
— rentable Bewirtschaftung 129
— strategische Ausrichtung 129
— technische Budgetplanung 130
Aufsichtsrat
— Interessen 118
— Zusammensetzung 117
Auftraggebereigenschaft
— aktuelle Rechtsprechung 206
— Aufgaben im Allgemeininteresse 193
— Ausgleichsverpflichtungen 202
— Checkliste 208
— Eigenschaften öffentlicher Auftraggeber 189
— fehlende Gewinnerzielungsabsicht 198
— fehlender Wettbewerb 197
— funktionale Betrachtung 207
— Gesellschaftsverträge 194
— gewerbliche Tätigkeit 195
— Infizierungstheorie 194, 207
— juristische Person des Privatrechts 190
— nichtgewerbliche Tätigkeit 195
— öffentliche Finanzierung 202
— öffentlich vs. privat 188
— Prüfung 189
— Rechtsformen 188
— Rechtsunsicherheit bei Gewerblichkeit 196
— Satzung 194
— Staatsverbundenheit 190
— Tätigkeit unter Wettbewerbsbedingungen 195
— Wettbewerb untereinander 197
— Wettbewerb zu anderen Anbietern 197
— wirtschaftliches Risiko 201
Außenwerbung
— Einbeziehung der Bewohner 225
— Standorte 224
— Streuverlust 224
— Zielgruppen 224

B
Baugenossenschaften 261
— Dachstruktur 263
Baugesetzbuch 286
Baulandmarkt 22
— Preisentwicklung 23
Bauvereine 48, 261
Berliner gemeinnützige Baugesellschaft 49
Bewirtschaftungsplanung 146
Bodenmarkt
— Bodenfonds 22
— Einfluss der Kommunen 22
— landwirtschaftliche Flächen 22
— Share-Deals 22
— strategisches Flächenmanagement 22

Stichwortverzeichnis

Built Environment 280
B- und C-Städte
— bürgerschaftliches Engagement 84
— Heterogenität 82
— Image 83
— Schwarmstädte 84
— Vorteile 83
Bundesanstalt für Immobilienaufgaben 63
Bundesarbeitsgemeinschaften 272
Büroimmobilien 39
— Einfluss der Corona-Pandemie 40
— Entwicklung 39
— Homeoffice 40
— künftiger Flächenbedarf 41
— Nachfragerückgang 88

C
Checkliste
— Auswahl eines Immobilienberaters 157
— Auswahl von Entscheidungsträgern 110
— kommunaler Auftraggeber 208
— Personen und Institutionen für kommunale Bündnisse 102
— Social-Media-Management 245
Continuum of Care 33
Controlling
— Bewirtschaftungsplanung 146
— Kapazitätsauslastung 144
— Leerstandsquote 144
— Leitbild 143
— Mietausfälle 144
— Mieteinnahmen 144
— operative Ziele 144
— Soll-/Ist-Vergleich 142
— strategische Ziele 144
— taktische Ziele 144
— Vermietungsplanung 145
— Vision 143
— Zielsystem 143

D
Daseinsvorsorge 15, 45, 285, 287
— Infrastruktur 61
Dekarbonisierung 277
Digital Advertising 235
— redaktionelle Inhalte 236
— Search Engine Advertising 236
— Search Enginge Optimization 236
digitale Vermarktung 228
— Internetportale 228
— Social Media 231
Digitalisierung
— Ausdifferenzierung der Bildungsangebote 88
— Bildungseinrichtungen 88
— Hochschulen 88
— Homeoffice 88
— Klimawende 89
— Konzeption von (Hoch-)Schulgebäuden 89
— Präsenzreduzierung 88
— Remote Work 88

E
eBay Kleinanzeigen 230
ESG-Konformität 281

F
Facebook 232
Fachkräftemangel 254, 274
Facility-Manager 175
Fahrzeugwerbung 225
— Screens 226
Flächenentsiegelung 94
Flächenkonzentration 97
— Schwimmbäder 97
— Synergien 97
Flächennutzungsreduzierung
— Bibliotheken 97
— Hochschulgebäude 96
— kommunale Verwaltungsgebäude 96

- Rathäuser 96
- Schulgebäude 96

Flächensanierung 286

Förderfonds Bezirke 104

Forderungsmanagement 181
- Aufgaben 181
- Ausbildung 182
- Fachkenntnisse 182
- gewerbliche Immobilien 182
- Mahn- und Klagewesen 181
- Soft Skills 182
- Verdienstmöglichkeiten 182

Frauenhäuser 75

G

Gartenstadt 49

GdW 269
- Entstehung 261
- Regionalverbände 261

Gemeindetransformation 284

Gemeinnützigkeit
- Aufhebung 268

gemeinwohlorientierter Wohnungsbau 257

gemischtwirtschaftliche Unternehmen 119

genossenschaftliche Prüfungsverbände 263

Genossenschaftsgesetz 50, 263

Gesundheitsimmobilien 41
- Anforderungen 41
- EULA 41
- Investitionsobjekte 42
- öffentliche Träger 42

gewerbliche Immobilien 36
- Büroimmobilien 39
- Gesundheitsimmobilien 41
- Healthcare-Immobilien 41
- Standortfaktor 36
- Wirtschaftsimmobilien 36

Green Building 282

Grundstücksreserven 161
- Bebauung 161
- Investor 161
- Vergaberecht 162

H

Hausmeisterservice 179
- Aufgaben 180
- Ausbildung 180
- Fachkenntnisse 180
- gewerbliche Immobilien 180
- Soft Skills 180
- Verdienstmöglichkeiten 180

Healthcare-Immobilien 41

HOAI 177

Homeoffice 86, 88
- digitale Kommunikation 88
- Präsenzreduzierung 88

Housing first 33

I

Imagemarketing 220
- Anzeigenwerbung 221
- Zielgruppe Bürgerschaft 220
- Zielgruppen 220

Imagewerbung
- Außenwerbung 224
- Events 226
- Fahrzeugwerbung 225
- Kooperationen 226
- Radio- und TV-Werbung 226
- Sponsoring 227

Immobilienberater
- exklusiver Auftrag 158
- nicht exklusiver Auftrag 158

Immobilienbestand
- Besitzverhältnisse 20
- kommunaler Anteil 21
- Nutzungsarten 20
- Perspektiven 20
- Raum 20
- Vertragsarten 20

ImmobilienScout24 228

Immobilienwirtschaft
- Definition 19

Immowelt 229

Infizierungstheorie 207
- Auftraggebereigenschaft 194

Stichwortverzeichnis

Influencer 255
Innenstädte
— Außenwerbung 93
— Begrünung 93
— Bepflanzung 93
— Beschilderung 93
— Citymanager 95
— Dachbegrünung 93
— energetische Quartiersentwicklung 91
— Fassadenbegrünung 93
— Fassadengestaltung 93
— Flächenentsiegelung 94
— Hotelbranche 91
— Interessenvertretung 95
— Kinobranche 90
— Klimawandel 91
— modernes Verkehrskonzept 94
— Nahversorgung 90
— Netzwerke 95
— Online-Handel 90
— Pop-up-Stores 95
— Reisebüros 90
— Sharing-Modelle 94
— Shoppingcenter 89
— temporäre Nutzung 95
— Umweltspur 94
— urbane Wohnquartiere 90
— Urban Gardening 93
— Vereinheitlichung 93
Instagram 231
interkommunale Flächenkonzentration 97
interkommunale Kooperation 292
Internetportale
— eBay Kleinanzeigen 230
— ImmobilienScout24 228
— Immowelt 229
— IVD24 230
— Nischenportale 230
inverse Gentrifizierung 137
IVD24 230

K

kaufmännische Steuerung
— Controlling 142

— Portfoliomanagement 123
— Reporting 142, 147
Klimaneutralität 132, 282
— interkommunale Zusammenarbeit 134
— öffentliche Förderung 134
Klima- und Mobilitätswende 78
Klimawandel
— energetische Quartiersentwicklung 91
— InnovationCity Bottrop 91
— klimaneutraler Gebäudebestand 79
— Pariser Abkommen 79
kommunale Bündnisse 101
— Checkliste 102
— Personen 103
— Vollversammlung 103
kommunale Eigengesellschaften 119
kommunale Immobiliengesellschaften
— Anforderungen 79
— Aufsichtsrat 108, 117
— Auswahl der Entscheidungsträger 109
— Beteiligungsrichtlinien 108
— Betreuungsleistungen für Problem-
  mieter 75
— Checkliste Entscheidungsträger 110
— Dividendenausschüttung 77
— Eigenkapital 109
— Entscheidungskette 117
— Frauenhäuser 75
— Fremdkapital 109
— Geschäftsführung 117
— Geschäftsordnungen 108
— Gesellschafter 107
— Gesellschaftervereinbarung 108
— gesellschaftliche Entwicklungen 87
— Gründung 107
— Gründungsvorgang 107
— Kassenkredit 109
— Klima- und Mobilitätswende 78
— kommunale Wohnungspolitik 75
— Kommune als Gesellschafterin 110
— Obdachlosenunterkünfte 75
— Organe 107, 116
— Put- oder Call-Optionen 108
— rechtliche Rahmenbedingungen 107

- Rechtsform 107
- Sachkapital 109
- Satzung 107
- sozialverträgliche Mieten 74
- Stadtentwicklung 75
- strategische Ausrichtung 73
- technologische Entwicklungen 87
- Wohnraumversorgung 74
- Wohnungen für Notfälle 75
- Wohnungsmarktsituation 73

kommunale Immobilienwirtschaft
- Arbeitsfelder 163
- Erfolgsfaktoren 256
- Managementstrategien 98
- Spezialwissen 164

kommunale Liegenschaften 45

kommunales Beziehungsmanagement 249
- Influencer 255
- Institutionen 255
- kommunale Unternehmen 254
- Kommunalpolitik 251
- Kommunalverwaltung 250
- Medien 255
- Vereine 255
- Wirtschaft 254

kommunales Immobilienmanagement
- Energieversorgungskonzepte 290
- interkommunale Kooperation 292
- kommunale Haushalte 291
- neue Aufgaben 289
- personelle Ressourcen 291
- Perspektiven 277
- Ressourcenpläne 291
- Weiterbildung 291

kommunale Wirtschaft
- lokale Bündnisse 254
- Networking 254

kommunale Wohnraumversorgung
- Aufgaben 46
- Daseinsvorsorge 45
- Sozialstaatsprinzip 45

kommunale Wohnungsgesellschaften
- geschichtlicher Überblick 257
- öffentlicher Auftraggeber 188
- privater Auftraggeber 188
- Verbandswesen 273

kommunale Wohnungsunternehmen
- Abschaffung der Gemeinnützigkeit 52
- Aktiengesellschaft 51
- Bauvereine 48
- Berliner gemeinnützige Baugesellschaft 49
- Entstehung 47
- Gartenstadt 49
- Gemeinnützigkeit 49
- Genossenschaftsgesetz 50
- Geschichte 264
- GmbH 51
- Heimstätten 50
- innere Kolonisation 49
- kaufmännischer Bereich 166
- Organisationsstruktur 164, 166
- Outsourcing 166
- Privatisierung 51
- Stabsstelle Klimaneutralität 166
- Stabsstellen 166
- technischer Bereich 166
- Verlust der Steuerbefreiung 52
- Volksheimstätten 50
- Wohnungsfürsorgegesellschaften 50
- Wohnungsgenossenschaften 48

kommunale Wohnungswirtschaft
- Betriebskosten 174
- Forderungsmanagement 181
- Gewerbeflächen 168
- Hausmeister 179
- Hauswart 179
- Lebenszyklus eines Gebäudes 167
- Mahn- und Klagewesen 181
- Modernisierung 168
- Nebenkosten 174
- Nutzungsphase 167
- Objektbuchhaltung 174
- Objektverwaltung 169
- Portfoliomanagement 184
- Projektleitung 175
- Rechnunsgswesen 174
- Revitalisierung 168

- Sozialmanagement 182
- Stellenprofile 166
- technisches Objektmanagement 178
- Vermietung 170
- WEG-Verwaltung 172

Kommunalpolitik
- Kommunikationskultur 252
- Themen der Parteien 253
- Vernetzung 252

Kommunalverwaltung
- Funktionen 250

Kommune
- Gebäudewirtschaft 118
- Gemeindeorgane 113
- Gesellschafterin einer kommunalen Immobiliengesellschaft 110
- Kommunikation 113
- Kreise 116
- Krisensituationen 119
- Organisationsformen wirtschaftlicher Betätigung 118
- Rat 113
- Willensbildung 112
- wirtschaftliche Betätigung 118

Kreise
- Landschaftsverbände 116
- Organe 116

Krisensituationen
- Bewältigung 119
- erfolgreiches Krisenmanagement 121
- Kommune 119
- Kommunikation 121
- mediale Berichterstattung 120

L

ländlicher Raum 84
- ärztliche Versorgung 86
- Attraktivitätssteigerung 86
- Baugebiete 87
- Digitalisierung 86
- Diversifizierung 85
- Homeoffice 86
- Mobilitätsgrad 85
- ÖPNV 85
- Remote Work 86
- technische Infrastruktur 87

Leitfaden
- Produktreport 149
- Repositionierung von Problembeständen 138
- strukturierte Transaktion 161

LinkedIn 233

M

Managementstrategien
- Anreizsysteme 103
- Ergebnisorientierung 99
- Fachkräftemangel 101
- Fristen 101
- Handlungsorientierung 99
- immobilienwirtschaftliches Handlungskonzept 98
- kommunale Bündnisse 101
- Krankenstand 100
- Partikularinteressen 99
- sachfremde Erwägungen 99
- Schnelligkeit 100
- verkrustete Strukturen 100

Marketing
- Checkliste Social-Media-Management 245
- Definition 220
- digitale Vermarktung 228
- durch Mitarbeitende 244
- Imagemarketing 220
- kommunale Strategien 242
- Kooperationen 243
- Objektvermarktung 243
- Sportvereine 243
- Street Art 237
- themenbezogene Websites 244
- Unternehmensdarstellung 242
- Urban Art 237

Metropolen
- angespannter Wohnungsmarkt 80
- Baugenehmigungen 81
- Baurecht 81
- Grundstücke zur Entwicklung 81

— kommunale Wohnungen 81
— Nachfrageüberhang 80
Mietwohnungen
— Objektförderung 34
— öffentlich geförderte 33
— Subjektförderung 34
Museum Küppersmühle 76

N
Neue Heimat 52

O
Obdachlosenunterkünfte 75
Objektbuchhaltung 174
— Aufgaben 174
— Ausbildung 175
— Fachkenntnisse 175
— Soft Skills 175
— Verdienstmöglichkeiten 175
Objektverwaltung 169
— Aufgaben 169
— Ausbildung 170
— Fachkenntnisse 170
— gewerbliche Immobilien 170
— Soft Skills 170
— Verdienstmöglichkeiten 170
öffentliche Gebäudeinfrastruktur
— Bildungsimmobilien 66
— Bundesanstalt für Immobilienaufgaben 63
— Bundesbehörden 65
— Büroimmobilien 62
— Daseinsvorsorge 61
— Fläche 63
— Freizeitimmobilien 67
— Immobilien der öffentlichen Sicherheit und Ordnung 65
— Kultureinrichtungen 67
— Nachfragespektrum 63
— Nutzungsarten 63
— Polizei 65
— Schulimmobilien 66
— soziale 61

— Sportimmobilien 67
— Staatsanwaltschaften 65
— technische 61
— Typologie 61
— Verwaltungsimmobilien 62
öffentliche Immobilien
— Asset-Management 128, 129
— Betreiberverantwortung 128
— Gebäudewirtschaft 127
— Grundstückskauf 131
— immobilienspezifische Strukturen 128
— Nettoanlagevermögen 58
— Neubau 131
— Nichtwohnbauten 58
— Organisation der Immobilienaktivitäten 128
— Projektentwicklung 131
— Property-Management 128, 130
— wirtschaftliche Dimension 56
öffentlich geförderte Mietwohnungen 33
— Entwicklung 34
— Fehlbelegungsabgabe 34
— Zielgruppe 34
Öffentlichkeitsarbeit
— Finanzkrise 219
— Mietpreistrend 219
— Migrationskrise 219
— Wohnungsmarktkrise 219
öffentlich-private Partnerschaften (ÖPP) 68
— Bonität 69
— geringe Ausfallwahrscheinlichkeit 69
— Investitionsstau 68
— langfristige Anmietung 69
— private Investoren 69
— Schulbauoffensive 70
— Standorttreue 69

P
Pendlerdistanz 25
Performance-Report
— persönliche Performance 151
— Prozessorganisation 151
— Prozessumsetzung 150

Pinterest 233
Portfoliomanagement 123, 184
— Aufgaben 185
— Ausbildung 185
— diskriminierende Mieterselektion 127
— erfolgreiche Vermietung 124
— Fachkenntnisse 185
— Fluktuation 124
— friktioneller Leerstand 124
— Inflation 123
— Klimaneutralität 132
— Klimastrategie 133
— Klimawende 123
— Leerstände 123
— Leitfaden Repositionierung 138
— Mieteinnahmen 123
— Portfoliomatrix 132
— Portfoliostrategie 132
— Problemimmobilien 135
— Schrottimmobilien 135
— Soft Skills 186
— steigende Kosten 123
— struktureller Leerstand 125, 136
— Strukturwandel 135
— Umsatzpotanziale 126
— Up-Renting 126
— Urbanisierung 136
— Verdienstmöglichkeiten 186
— Vermietungsvertrieb 125
Presse- und Öffentlichkeitsarbeit 245
— Auslöser medialer Berichterstattung 246
— Strategien 247
— Themen 245
Privatisierung
— Rendite 53
— staatliche Aufgaben 51
— Verkaufswelle 54
Problemimmobilien 135
Produktreport
— Datenpflege 148
— Leitfaden 149
— technischer Zustand 149

— Wohnungsangebotsübersicht 148
— Wohnungsinventarisierung 149
Projektentwicklung
— Aufgaben 177
Projektleitung 175
— Asset-Manager 176
— Aufgaben 176
— Ausbildung 176
— Bauleiter 176
— Baumanager 176
— Fachkenntnisse 177
— HOAI 177
— Projektentwickler 176
— Projektmanager 176
— Soft Skills 177
— Verdienstmöglichkeiten 177
Property-Management 128, 130
— Betreuung der Nutzer 131
— effiziente Bewirtschaftung 131

Q
Quartiersentwicklung
— Built Environment 280
— Energieversorgung 290
— Erfolgsfaktoren 278
— Identität 279
— Infrastruktur 279
— Instrumentarium 286
— Konnektivität 280
— Urban Mix 278
— Urban Needs 278
Quartierserneuerung 285
Quartiersmanagement 280

R
Radio- und TV-Werbung
— Kosten 227
— Streuverlust 227
Rat
— Allzuständigkeit 113
— Aufgaben 115
— Ausschüsse 115
— freiwillige Ausschüsse 115

— Pflichtausschüsse 115
— Themengebiete 115
— Übertragung von Entscheidungen 115
Raumordnungsgesetz 286
Rekommunalisierung 155
Remote Work 86
— digitale Kommunikation 88
— Präsenzreduzierung 88
Reporting
— Betriebsvergleich 147
— Daten 147
— Kennzahlen 147
— Kosten- und Leistungsrechnung 147
— Liquiditätssicherung 147
— Performance-Report 150
— Produktreport 148
— Vermietungsreport 149
Repositionierung
— Einzelstrategieentwicklung 138
— Investition 138
— Kreativität 141
— Quartiersmanagement 141
— Situationsanalyse 138
— Standortvermarktung 140
— Team 141
— Vernetzung 141
Revitalisierung 168

S
Schrottimmobilien 135, 154
Schwarmstädte 84
Search Engine Advertising 236
Search Enginge Optimization 236
Shrinking Cities
— moderne Nutzung 84
— Pandemie 84
— Problemimmobilien 84
— Rückbau 84
Smart City 281
Social Media
— Facebook 232
— Instagram 231
— LinkedIn 233
— Pinterest 233

— TikTok 234
— Twitter 234
— Xing 235
Sozialmanagement 182
— Aufgaben 183
— Ausbildung 184
— Fachkenntnisse 184
— Krisensituationen 183
— Soft Skills 184
— Verdienstmöglichkeiten 184
Sozialstaatsprinzip 45
Sponsoring
— Vereine 227
Staatsverbundenheit
— Aufsicht 191
— Auftraggebereigenschaft 190
— Finanzierung 190
— mediatisierte 192
— Organbesetzung 191
— Zwischenschaltung einer juristischen Person 193
Stadtentwicklung 75
— kommunale Immobilien 285
Stadterneuerung 285
— Flächensanierung 286, 287
— Gebäudesubstanz 288
— Instrumentarium 286
— Städtebauförderungsgsetz 287
Stadtrendite 53
Street Art
— Mural 237
— Netzwerk des Künstlers 237
— Nutznießer 239
— Quartiersentwicklung 237
subsidiäres Allzuständigkeitsprinzip 15

T
technisches Objektmanagement
— Aufgaben 178
— Ausbildung 179
— Fachkenntnisse 179
— Soft Skills 179
— Verdientsmöglichkeiten 179
temporäres Wohnen 283

TikTok 234
Transaktionen 151
— Ankauf 154
— Development 162
— Exit 155
— Grundstücksreserven 161
— Verkauf 155
— Vorkaufsrecht 152
Twitter 234

U
Up-Renting 126
Urban Gardening 93
Urbanisierung 136

V
VdW Rheinland Westfalen 269
Verbandswesen
— Einkaufs- und Verhandlungsvorteile 275
— Fachkräftemangel 274
— Informationstransfer 273
— Kernthemen 274
— Personalentwicklung 274
— Wissenstransfer 273
Vergabe
— Auflagenverstoß bei Förderung 218
— Auftragswert 210
— Bauauftrag 210, 211
— Bauleistungen 209
— Bauleistungen als Nebenarbeiten 212
— beschränkte Ausschreibung ohne Teilnahmewettbewerb 214
— Einzelfälle 213
— europaweite 210
— Förderbescheid 218
— Fördermittelbewilligung 218
— freihändige 215
— Funktionszusammenhang 213
— Immobilientransaktionen 211
— landesspezifische Besonderheiten 216
— Liefer- und Dienstleistungen 209
— oberhalb des Schwellenwerts 209
— rechtliche Rahmenbedingungen 209

— typengemische Verträge 212
— unterhalb des Schwellenwerts 214
— Verfahrenserleichterungen 216
— Zuwendungsbescheid 218
Vergaberecht 187
— Allgemeine Nebenbestimmungen für Zuwendungen 217
— Auftragswert 187
— Ausnahme 212
— Fördermittel 217
— gesetzliche Grundlagen 187
— Landeshaushaltsrecht 217
— Oberschwellenbereich 187
— Schwellenwert 187
— Unterschwellenbereich 187, 188
— Vergabestellen 188
— Verordnungen 187
— Zuwendungsrecht 217
Verkauf
— Beauftragung eines Immobilienberaters 158
— Checkliste Immobilienberaterauswahl 157
— digitaler Datenraum 159
— Due Diligence 161
— Fachkenntnisse 157
— Immobilienberater 156
— Informationen für Verkäufer 160
— Leitfaden strukturierte Transaktion 161
— Makler 156
— Privatisierung 155
— Sparkasse 157
— Teaser 160
— Verkaufsprozess 159
— Vertraulichkeitserklärung 160
Vermietung 170
— Aufgaben 171
— Ausbildung 171
— Bestandsvermietung 171
— Fachkenntnisse 172
— Nach- und Neuvermietung 171
— Soft Skills 172
— Verdienstöglichkeiten 172

Vermietungsplanung 145
Vermietungsreport
— Aufgaben- und Leistungsspektrum 150
— Vermietungsleistung 149
Vermietungsvertrieb 125
— Vermarktungskonzept 126
Vorkaufsrecht 152
— Wohl der Allgemeinheit 154

W
Wanderungsverflechtung 25
WEG-Verwaltung 172
— Aufgaben 172
— Ausbildung 173
— Fachkenntnisse 173
— gewerbliche Immobilien 174
— Soft Skills 173
— Verdienstmöglichkeiten 174
wirtschaftliche Betätigung
— gemischtwirtschaftliche Unternehmen 119
— kommunale Eigengesellschaft 119
— Kommune 118
— Negativkatalog 119
— Organisationsformen 118
Wirtschaftsimmobilien 36
— Typologie 37
Wohnraumversorgung 74
Wohnungsbau 30
— Baufertigstellung 30
— Baugenehmigung 30
— Bedarf 30
— kommunale Wohnungsunternehmen 32
— öffentliche Bauherren 32
— öffentliche Wohnungsunternehmen 32

— Unternehmen als Bauherrn 30
— Wohnraumoffensive 30
Wohnungsmarkt 25
— Amateurvermieter 27
— Anbieterstruktur 26
— Förderpolitik 34
— gewerbliche Anbieter 26
— kirchliche Wohnungsunternehmen 27
— Objektförderung 34
— öffentliche Eigentümer 26
— Pendlerdistanz 25
— Preisentwicklung 28
— privatwirtschaftliche Wohnungsgesellschaften 27
— Segmentierung 25
— staatliche Eingriffe 33
— Typologie 25
— Wanderungsverflechtung 25
— Wohnungsgenossenschaften 27
Wohnungspolitik
— Aufgaben 55
— kommunale Immobiliengesellschaft 75
— Renaissance kommunalen Wohnens 55
— sozialpolitisch orientierte 55
wohnungswirtschaftliche Interessenvertretung 260
— Verbände 260
— Verbandsstrukturen 264

X
Xing 235

Z
Zyklizität 19

Die Autoren

Dr. Marco Boksteen

Dr. jur. Marco Boksteen ist Founder und Vorsitzender des Aufsichtsrats der RUHRWERT Immobilien und Beteiligungs GmbH mit Sitz in Oberhausen. Seit 2012 war er über einen Zeitraum von zehn Jahren zudem Alleingeschäftsführer der kommunalen Hagener Gemeinnützigen Wohnungsgesellschaft mbH. Zudem gehörte er bis 2022 mehrere Jahre dem Vorstand von WIR – Wohnen im Revier e. V., einem Verbund kommunaler Wohnungsgesellschaften im Ruhrgebiet mit rund 96.000 Wohnungen, an. Er ist seit 2006 zugelassener Rechtsanwalt und verbunden mit einer auf Bau- und Immobilienrecht spezialisierten Kanzlei. Marco Boksteen war lange Jahre Syndikus und stellvertretender Vorsitzender des Rings Deutscher Makler (RDM) Bezirksverband Essen. Er ist zudem Mitglied verschiedener Verbände der Immobilienwirtschaft und veröffentlicht regelmäßig Fachbeiträge.

Prof. Dr. Torsten Bölting

Studium der Raumplanung an der TU Dortmund (Dipl.-Ing., 2006), 2017 Promotion zum Dr. rer. pol. an der TU Dortmund mit einer Arbeit über die Kooperation kommunaler Wohnungsunternehmen.

Seit 2007 bei der InWIS Forschung & Beratung GmbH tätig, zunächst als wissenschaftlicher Mitarbeiter (Markt- und Standortanalysen), seit 2009 in verschiedenen Führungsfunktionen, 2012 zunächst Prokurist und seit 2013 Geschäftsführer der InWIS Forschung & Beratung GmbH. Ab Oktober 2018 Professor für Sozialwissenschaften, insbesondere Wohn- und Raumsoziologie an der EBZ Business School Bochum; Leiter des Studiengangs Kommunales Immobilienmanagement (KIM).

Seit vielen Jahren diverse Lehraufträge an der EBZ Business School, der TU Dortmund und der RWTH Aachen zu wohnsoziologischen oder wohnungsmarktbezogenen Themen. Im Rahmen der o. g. Tätigkeit bei InWIS 2007 bis 2019 Geschäftsführung für den

Verein WIR – Wohnen im Revier e.V. (Kooperation kommunaler Wohnungsunternehmen im Ruhrgebiet); 2009 bis 2013 zudem Geschäftsbesorgung für den Verein »Qualitätssiegel Betreutes Wohnen für Ältere in NRW«. Seit 2012 Leitung des »Landesbüros altengerechte Quartiere.NRW« im Auftrag der Landesregierung NRW. 2014 bis 2016 Geschäftsführung für das »Bündnis für Wohnen.NRW« der Landesregierung NRW. Seit 2020 wissenschaftlicher Sachverständiger in der Enquetekommission zur Bekämpfung sozialer Isolation des Landtags NRW.

Torsten Bölting lebt mit Frau und drei Kindern in Recklinghausen.

Dirk Buttler

Dirk Karl Buttler startete seine berufliche Laufbahn als Referent beim Bildungswerk der Kommunalpolitischen Vereinigung der CDU NRW. Seine Schwerpunkte lagen bei den Grundlagen kommunaler Tätigkeit für Mandatsträger, Haushaltsrecht und Finanzen sowie Baurecht. Es folgten Stationen als Referent der CDU-Fraktion im Kommunalverband Ruhr (01/1996 bis 1998) und als Referent des Bürgermeisters der Stadt Recklinghausen (11/1999 bis 02/2000). Im Jahr 2000 übernahm er die Leitung des Bürgermeisterbüros.

Als Dezernent für Bürgermeisterangelegenheiten beschäftigte sich Dirk Buttler dann mit Grundsatzfragen und Standortpolitik (01/2001 bis 07/2002). Zudem war er nebenamtlicher Geschäftsführer der Stadtentwicklungsgesellschaft Recklinghausen (01/2002 bis 07 /2002). Weitere wertvolle Erfahrungen sammelte er als Geschäftsführer der Grundstücksentwicklungsgesellschaft Oberhausen und der Oberhausener Bauförderungsgesellschaft mbH (01/2004 bis 12/2007) sowie als Geschäftsführer der Wirtschaftsbetriebe Oberhausen GmbH (2007 bis 2010). Darüber hinaus bekleidete er das Amt des Beigeordneten der Stadt Oberhausen und war als Dezernent für die Bereiche Bürgerservice, öffentliche Ordnung, Recht, Feuerwehr und Umwelt zuständig (2002 bis 07/2010).

Von August 2010 bis Juli 2013 war Dirk Buttler Mitglied der Geschäftsleitung (Vice President) und Bereichsleiter Government Service bei arvato/Bertelsmann, bevor er sich schließlich ganz auf seine Tätigkeit als selbstständiger Rechtsanwalt mit den

Schwerpunkten Verwaltungsrecht, Bau- und Immobilienrecht sowie Vergaberecht konzentrierte. Heute betreut Rechtsanwalt Dirk Karl Buttler als Managing Partner der Aurantia Legal & Tax im Bereich des juristischen Projektmanagements verschiedene Unternehmen der Immobilienwirtschaft.

Dr. Dieter Kraemer

Geburtsort Göttingen, Jahrgang 1947

1966 bis 1971 Studium der Wirtschaftswissenschaften an der Ruhr-Universität BO Abschluss: Dipl.-Ökonom

1972 bis 1975 wissenschaftlicher Assistent am Lehrstuhl Wirtschafts- Finanzpolitik, Promotion zum Dr. rer. oec.

1976 bis 1986 Dezernent der Bezirksregierung Arnsberg im Bereich »Wirtschafts- und Infrastrukturpolitik«; ab 1980 Städtebauförderungsdezernent

1986 bis 1992 Beigeordneter für die Geschäftsbereiche »Wirtschaftsförderung und Stadtentwicklung«

ab 1988 auch Stadtdirektor der Stadt Hamm; 1992 bis 1999 Oberstadtdirektor der Stadt Hamm

1999 bis 2014 Geschäftsführer des mehrheitlich kommunalen Wohnungsunternehmens VBW BAUEN und WOHNEN in Bochum, ab 2002 Sprecher der Geschäftsführung

ab 2010 auch Präsident des VdW Rheinland Westfalen und Lehrbeauftragter der EBZ Business School in Bochum

Nach dem Ende seiner hauptberuflichen Tätigkeit ist der Bochumer neben seiner Lehrtätigkeit als Berater bei InWIS zum Thema »Wohnen und Quartier« sowie als Berater für die evangelische Kirche in Immobilienfragen tätig und aktiv in verschiedenen in der Stadtentwicklung tätigen Organisationen sowie als Bochumer natürlich engagierter Fan des VfL.

Die Autoren

Thomas Körzel

Thomas Körzel ist Diplom-Psychologe mit den Schwerpunkten Arbeits- und Organisationspsychologie sowie Eignungsdiagnostik. Seit 1999 ist er Berater/Trainer/Coach in der Immobilienwirtschaft mit folgenden Schwerpunkten:

- Durchführung von über 1.500 Interviews zur Rekrutierung von Fach- und Führungskräften der Branche, Begleitung von über 400 Einstellungsverfahren, Entwicklung und Durchführung von Assessmentcentern und Management-Audits zur Auswahl und Entwicklung von Fach- und Führungskräften
- Trainings und Moderation von Workshops in den Bereichen Personal, Kommunikation, Führung und Organisation; unter anderem Seminare zum Thema »Mitarbeitergespräche führen« bei der BBA Akademie für Immobilienwirtschaft e. V. Berlin, Tagesveranstaltungen beim Arbeitgeberverband Südwestfalen zu den Themen Mitarbeiterrekrutierung und Mitarbeiterbindung
- Beratung von Immobilienunternehmen zur Erarbeitung von Personalentwicklungskonzepten

Henrik Trockel

Henrik Trockel (Jahrgang 1990) ist Rechtsanwalt bei der Aurantia Rechtsanwaltsgesellschaft Steuerberatungsgesellschaft mbH. Er berät seit mehreren Jahren Mandanten auf den Gebieten des Vergabe- und Beihilferechts sowie des Zuwendungsrechts. Henrik Trockel absolvierte das Studium der Rechtswissenschaft an der Rheinischen Friedrich-Wilhelms-Universität in Bonn. Nach bestandenem erstem Staatsexamen leistete er sein Referendariat am Landgericht Essen ab, das 2018 mit dem Bestehen des zweiten Examens seinen Abschluss fand. Seitdem ist er als Rechtsanwalt im Vergabe- und Zuwendungsrecht tätig. Sein beruflicher Weg führte zunächst in mittelständische Wirtschaftskanzleien in Düsseldorf und Essen, in denen er ausschließlich im Vergaberecht tätig war. Seit März 2021 ist Henrik Trockel Rechtsanwalt bei der Aurantia Legal & Tax und leitet dort das Team Vergaberecht. Ein weiterer Fokus seiner beruflichen Tätigkeit ist die Durchführung von Schulungsveranstaltungen im Bereich des Vergabe- und Zuwendungsrechts (u. a. für den forum Vergabe e. V.). Zudem ist er Dozent beim Studieninstitut Ruhr im Bereich des allgemeinen Verwaltungsrechts. Er ist überdies Mitglied der ARGE Vergaberecht im Deutschen Anwaltverein sowie Mitglied im deutschen Vergabenetzwerk.

Die Autoren

Alexander Rychter

Alexander Rychter (Jahrgang 1967) ist Mitglied des Vorstandes und Verbandsdirektor des VdW Rheinland Westfalen. Nach Abitur und Wehrdienst absolvierte er ein Doppelstudium der Rechtswissenschaft sowie Rechts- und Verfassungsgeschichte und Wirtschaftsrecht in Heidelberg und Freiburg/Breisgau. Nach dem Magister Artium (1996) folgte das zweite juristische Staatsexamen (1998). Im Anschluss trat Alexander Rychter zunächst als Mitglied der Geschäftsführung dem Bundesverband Freier Immobilien- und Wohnungsunternehmen bei. Ab 2005 leitete er als Bundesgeschäftsführer die Geschicke des Spitzenverbandes der privaten Wohnungswirtschaft. Seit Januar 2010 verantwortet Alexander Rychter als Verbandsdirektor die Interessenvertretung der Wohnungs- und Immobilienwirtschaft gegenüber Bundes- und Landesministerien, Bundes- und Landesparlamenten, Bundesrat, Banken sowie sonstigen wohnungs-, bau- und immobilienwirtschaftlichen Verbänden und Organisationen und ist zudem Mitglied des Vorstandes.

Andreas Schulten

Andreas Schulten hat 1987 als Studienabgänger im Unternehmen begonnen und ist seit 2018 Generalbevollmächtigter bei bulwiengesa. Er verantwortet dort die Markenführung, Netzwerke und Beratungsqualität und hat im Laufe der Jahre den Wachstumsprozess von bulwiengesa maßgeblich mitgestaltet. Er trägt dazu bei, die DNA von bulwiengesa (und RIWIS) mit ihren Daten und ihrer Expertise in die Aufgabenstellungen der nächsten Generation zu tragen. Der Brückenschlag von Stadt- und Raumentwicklung zu den Potenzialen und Risiken der Immobilienwirtschaft und wieder zurück prägen das berufliche Handeln des diplomierten Geografen. Als Dozent ist er an der International Real Estate Business School wie auch am REM-Studiengang der TU Berlin tätig.

NOTIZEN

NOTIZEN

NOTIZEN

NOTIZEN

NOTIZEN

NOTIZEN